*MARQUIS X. DE BELLEVÜE*

# Généalogie

DE LA

# MAISON FOURNIER

ACTUELLEMENT REPRÉSENTÉE PAR LES

# Fournier de Bellevüe

RENNES

IMPRIMERIE BREVETÉE FRANCIS SIMON

M·CM·IX

# Généalogie

### DE LA

# MAISON FOURNIER

ARMOIRIES DE LA MAISON DE FOURNIER

*Marquis X. de BELLEVÜE*

# Généalogie

## DE LA

# MAISON FOURNIER

ACTUELLEMENT REPRÉSENTÉE PAR LES

# Fournier de Bellevüe

RENNES

IMPRIMERIE BREVETÉE FRANCIS SIMON

MCMIX

L'homme qui d'un grand nom reçut la marque insigne,
Moins pour en être fier que pour en être digne,
Doit donner à son tour autant que recevoir :
L'héritage, avant d'être un droit, est un devoir,
Les gloires d'une race, en s'augmentant peut-être,
Descendant sur le fils, remontent à l'ancêtre,
Et leurs noms, quand chacun fut noblement porté,
N'en forment plus qu'un seul pour la postérité.

Vicomte H. DE BORNIER.

C'est un sang rouge et chaud qui coule dans nos veines ;
C'est le sang pur et généreux
Des bardes couronnés de chêne et de verveines,
Des saints, vainqueurs des sens et des voluptés vaines ;
C'est le sang des martyrs, des héros et des preux.

X. Marquis DE BELLEVÜE.

*Laudemus viros gloriosos et parentes nostros in generatione sud... homines magni virtute et prudentiâ suâ præditi... homines divites in virtute, pulchritudinis studium habentes; pacificantes in domibus suis... Omnes isti in generationibus gentis suæ gloriam adepti sunt, et in diebus suis habentur in laudibus... Qui de illis nati sunt reliquerunt nomen narrandi laudes eorum... Illi viri misericordiæ sunt, quorum pietates non defuerunt... Cum semine eorum permanent bona... Hereditas sua nepoles eorum, et in testamentis stetit semen eorum... Et filii eorum propter illos usque in æternum manent; semen eorum et gloria eorum non derelinquetur... Corpora ipsorum in pace sepulta sunt, et nomen eorum vivit in generatione et generationem... Sapientiam eorum narrant populi, et laudem eorum nuntiet ecclesia.*

(Ecclésiaste, LXIV.)

Louons les grands hommes, qui sont nos pères et dont nous sommes la race ; grands par leur vertu, renommés par leur prudence, riches de bienfaits, ils ont fait régner la paix dans leurs demeures. Ils ont été honorés pendant leur vie et ils ont mérité les louanges de leurs contemporains. Ceux qui sont nés d'eux n'ont fait qu'accroître l'honneur du nom qu'ils avaient reçu d'eux ; hommes de piété et de miséricorde, leurs œuvres de charité ne périront pas, et leur postérité perpétue leurs bienfaits. Leurs descendants sont leurs dignes héritiers, et leur race demeure fidèle à leurs traditions. Aussi, tant par leurs propres mérites que par les mérites de leurs pères, leurs fils vivront éternellement ; leur race et leur gloire ne défaillira pas. Si leurs corps ont été ensevelis dans la paix, leur nom vit de génération en génération. Les populations exaltent leur sagesse, et la foule chante leur louange.

Louons les grands ayeux dont nous sommes la race.
C'étaient de vrais chrétiens et de vaillants Français :
D'âge en âge leurs fils ont marché sur leur trace ;
Gardons leur foi, leurs mœurs, imitons leurs bienfaits.

X. Marquis DE BELLEVÜE.

# CHAPITRE PREMIER

ORIGINE. — RÉSIDENCES. — ALLIANCES.
TITRES, HONNEURS ET MAINTENUES ET REPRÉSENTANTS ACTUELS
DE LA FAMILLE FOURNIER DE BELLEVÜE.

## I

### ORIGINE ET RÉSIDENCES

LA FAMILLE DE FOURNIER, en latin « *Fournerius* » ou « *Fornerius* », est originaire de la province du Berry, où, dès le XIII$^e$ siècle, elle possédait des fiefs importants dans le ressort de Romorantin. Ses membres, nobles de noblesse d'épée et d'ancienne extraction de chevalerie, eurent comme chefs-lieux, de 1250 à 1559, le château de la Noühe, en la paroisse de la Ferté-Imbault, puis celui de Boismarmin, en la paroisse de Chitray, qu'ils portèrent en 1806 aux Thomas des Colombiers.

1

La branche cadette, devenue branche aînée en 1806 et dite des seigneurs de Varennes, de Bellevüe et de la Chapelle, quitta l'Orléanais vers 1685 pour aller se fixer dans l'île de Saint-Domingue; chassée et expropriée par la révolte des nègres à la fin du XVIIIe siècle, elle vint s'établir en Bretagne, où elle est encore représentée par la branche des Marquis, Comte et Vicomte de Bellevüe.

## II

## ALLIANCES

La famille DE FOURNIER compte actuellement dix-huit générations; sa filiation suivie remonte au milieu du XIIIe siècle.

Elle s'est alliée entre autres aux maisons *Prévost, de Rabeau, de Braye, de la Châtre,* au XIVe siècle;

*De Chol, de Rolland, de Fontboutière, le François, de Loynes, d'Arcemalle, d'Orléans de Rère,* au XVe siècle;

*De Niort, le Lavandier, le Clerc, de Foyal, de Moncellard, de Voisines, de Roquemore, des Colliers, de Poix, d'Estoré, le Beauvier, de Fontenay, le Doulx, de Signy, Garin de la Chapelle,* au XVIe siècle;

*De Malleret, d'Arnault, de Boislinard, de Mareuil, de Barville, d'Estevard, le Febvre, de Beaurepaire, de la Thuile, de Lorme,* au XVIIe siècle;

*De Boislinard, de Goyon, de Savary, de l'Age-Hélie, de Chateaubodeau, de Fermé, de Cluys, de Castellane, de Vintimille, le Gentil de Paroy, de Miniac, Menoire de Beaujeu, Bourdas, Pichard de Saint-Julien, de Lys de Beaucé, Dureau, de l'Hospital, de Montholon, de Cheylus, du Gast, de Ferron de la Ferronnays, de la Courcière, Pierrès, David de la Tour,* au XVIIIe siècle;

*Thomas des Colombiers, le Play, Blaize de Maisonneuve, le Poitevin de la Villenoël, Huet de la Tour du Breuil, Herbert de la Portbarrée, de Saint-Germain, aux Coustaux, de la Fruglaye, de Gohin de Montreuil, Mouësan de la Villirouët, Besnier, Regnault de Bouttemont, Huchet de*

*Cintré, Héme de Lacotte, le Ménager, le Gouvello de la Porte, Hardy de la Largère, du Perron,* au XIX<sup>e</sup> siècle;

Par suite de ces alliances, la branche des Fournier de Bellevüe, seule actuellement existante, a compté ou compte encore parmi ses parents, entre autres les *ducs et comtes de Narbonne-Lara, les princes de Berghes de Saint-Vinock, les comtes de Montholon, les comtes de Ségur, les comtes de Castellane, les marquis du Luc de Vintimille, les marquis de Muy, les comtes de Lostanges, les marquis de Paroy, les comtes de la Belinaye, les comtes de Gouyon de Beaucorps, les comtes de la Fruglaye, les marquis et comtes de la Ferronnays, les marquis de Chabrillan, les comtes de Rougé, les marquis de Gontaut de Saint-Blancard, les comtes de Cossé-Brissac, les marquis et comtes de Mun, les comtes de la Panouze, les comtes de la Tour du Breuil, les comtes et vicomtes de Lorgeril, les comtes d'Avoust, les comtes de Palys, les comtes de la Moussaye, les comtes de Legge, les comtes de Saint-Germain, les comtes et vicomtes de Courcy, les comtes de Gohin de Montreuil, les barons de Castelnau, les comtes et vicomtes de Freslon, les comtes de Ferron, les Raguenel de Montmorel, les vicomtes Hersart de la Villemarqué, les comtes Mouësan de la Villirouët, les comtes et vicomtes Desgrées du Loû, les marquis, comtes et vicomtes de Lambilly, les comtes de la Monneraye, les comtes et vicomtes de Roquefeuil, les comtes de Saint-George, les comtes de Troguindy, les marquis de Keranfleç'h-Kernezne, les comtes du Pontavice, les barons de la Rüe du Can, les marquis du Plessix de Grénédan, les comtes de Kramezel de Kerhué, les comtes de Chousy, les comtes Magon de la Villehuchet, les comtes le Doüarain de Lemo, les comtes le Provost de la Voltais, les comtes de l'Estourbeillon, les vicomtes de la Croix de Beaurepos, les vicomtes de Baglion de la Dufferie, les vicomtes Libault de la Chevasnerie, les marquis et comtes le Gouvello de la Porte, les marquis le Mintier, les comtes Huchet de Cintré, les comtes et vicomtes du Bois-baudry, les comtes de la Choue de la Mettrie, les comtes de Cheffontaines, les comtes et vicomtes de Castellan, les comtes de Laubier, les marquis et comtes de Chivré,* etc...

## III

## TITRES, HONNEURS ET MAINTENUES

Qualifiés de toute ancienneté de *damoiseaux, chevaliers, écuyers,* les Fournier portaient dès 1770 les titres de MARQUIS DE BOISMARMIN, DE BELLEVUE, DE LA CHAPELLE, et de COMTES DE VARENNES.

Ils produisirent : *un lieutenant-colonel, dix capitaines, six lieutenants ou cornettes, trois pages, trois lieutenants de vaisseau, quatre chevaliers de Saint-Louis, et trois chevaliers de la Légion d'honneur.*

Ils comptent parmi leurs membres :

HUGUES DE FOURNIER (*Fornerii*), qualifié de *chevalier* (*miles*) en 1270 ;

JEAN I DE FOURNIER, qualifié de *damoiseau* en 1343 ;

FOULQUES DE FOURNIER, *Chanoine et Prieur de Saint-Thaurin de la Ferté-Imbault* en 1380 ;

JEAN DE FOURNIER, qui parut comme *écuyer* dans une montre au Mans en 1392 ;

PIERRE DE FOURNIER, *Maître d'hôtel et Gentilhomme du duc de Berry* en 1416 ;

JEAN DE FOURNIER, *Argentier du comte de Montfort* en 1449 ;

GUILLAUME DE FOURNIER, *Archer* dans la compagnie du comte de Maulévrier en 1484 ;

JEAN DE FOURNIER, *Secrétaire des guerres au commandement du Berry* en 1484 ;

JEAN DE FOURNIER, dit le *Capitaine de Montifaut,* blessé en Italie en 1551 ;

CHARLES DE FOURNIER, *Capitaine au régiment de Navarre* en 1710 ;

JEAN DE FOURNIER DE VARENNES, *Capitaine de cavalerie, Lieutenant-colonel au régiment de Pardieu, Conseiller au Conseil supérieur du Cap français* en 1713 ;

LOUIS-CHARLES DE FOURNIER, *Cornette au régiment de Nicolaï* en 1743;

LOUIS-CHARLES DE FOURNIER, *Page* en 1767, *Maître de Camp de cavalerie et Chevalier de Saint-Louis* en 1788;

JEAN-JACQUES DE FOURNIER, COMTE DE VARENNES, *Commandant des milices du Cap français, Chevalier de Saint-Louis* en 1769; guillotiné à Paris en 1794 avec sa sœur, la comtesse de Lys de Beaucé, née Fournier de Varennes;

CHARLES DE FOURNIER, MARQUIS DE LA CHAPELLE, *Intendant à Saint-Domingue* en 1736, *Procureur général aux Conseils supérieurs de cette colonie* en 1755;

PIERRE-CHARLES DE FOURNIER, MARQUIS DE LA CHAPELLE, *Membre du Conseil privé du Roi, Commissaire de sa Maison et Maître des Requêtes* en 1780, guillotiné à Paris en 1794;

JEAN DE FOURNIER, COMTE DE VARENNES, *Major de Milices à Saint-Domingue* en 1732;

PIERRE DE FOURNIER, COMTE DE BELLEVÜE, *Page du Roi* en 1725, *Capitaine de cavalerie* en 1741, *Commandant des Milices à Saint-Domingue* en 1745, *Chevalier de Saint-Louis* en 1750;

ROBERT DE FOURNIER DES SALINES, *Lieutenant des vaisseaux du Roi*, tué dans un combat naval en 1781;

JEAN-JACQUES DE FOURNIER, MARQUIS DE BELLEVÜE, *Lieutenant de vaisseau* en 1770, *Chevalier de Saint-Louis* en 1779;

JEAN-RENÉ DE FOURNIER, MARQUIS DE BELLEVÜE ET DE BOISMARMIN, *Page du duc d'Orléans* en 1789, *Capitaine de la Cavalerie des Gardes d'Honneur* en 1813, *Inspecteur des Beaux-Arts* en 1825, *Chevalier de la Légion d'honneur*;

JEAN DE FOURNIER, MARQUIS DE BELLEVÜE ET DE BOISMARMIN, *Lieutenant de dragons* en 1828, *démissionnaire* en 1830;

JEAN DE FOURNIER, MARQUIS DE BELLEVÜE ET DE BOISMARMIN, *Sergent-Major aux Zouaves pontificaux*, tué à la bataille de Patay, le 2 décembre 1870;

JEAN-PASCAL DE FOURNIER DE BELLEVÜE, *Commissaire de Marine*, tué dans un combat naval en 1814;

CHARLES DE FOURNIER DE BELLEVÜE, *Lieutenant d'Infanterie*, tué à la bataille d'Eylau, en 1807;

RENÉ-PASCAL DE FOURNIER, COMTE DE BELLEVÜE, *Conseiller au Conseil supérieur du Cap* en 1763, *Capitaine de Cavalerie* en 1776, *Secrétaire du maréchal de Ségur, Ministre de la guerre* en 1782, *Chevalier de Saint-Louis*;

RENÉ-CHARLES DE FOURNIER, COMTE DE BELLEVÜE, *Capitaine de Cavalerie* en 1787;

JEAN-JACQUES-LOUIS DE FOURNIER, COMTE DE BELLEVÜE, *Conseiller général d'Ille-et-Vilaine* de 1812 à 1830;

JEAN-JACQUES DE FOURNIER DE BELLEVÜE, *Chef légitimiste d'une division du Morbihan* en 1830, décoré de l'ordre du LYS;

JOSEPH DE FOURNIER, VICOMTE DE BELLEVÜE, *Sous-Lieutenant aux Volontaires de l'Ouest* en 1871;

HENRY DE FOURNIER DE BELLEVÜE, *Capitaine aux Zouaves pontificaux, Chevalier de la Légion d'honneur*, tué glorieusement à la bataille du Mans, le 11 janvier 1871;

JEAN DE FOURNIER DE BELLEVÜE, *licencié en théologie, Chanoine du diocèse de Vannes* en 1902;

XAVIER DE FOURNIER, MARQUIS DE BELLEVÜE, *Sous-Lieutenant de Cavalerie* en 1880, *Capitaine de Cavalerie territoriale* en 1887, *Conseiller général de la Loire-Inférieure* depuis 1895.

La famille DE FOURNIER est classée dans les « Mémoires de la Marquise de Créquy », comme l'une des plus anciennes de France, ayant fourni des Preuves remontant au XIIIe siècle.

Les FOURNIER DE BOISMARMIN firent leurs Preuves de Cour, et furent admis à monter dans les carrosses du Roi en 1788.

Les membres des différentes branches de la famille de Fournier furent maintenus dans leur noblesse d'ancienne extraction :

1° Rôle des vassaux nobles de la châtellenie de Montlhéry en 1270;

2° Montre de Philippe de la Châtre à Paris, le 7 août 1383;

3° Montre de Jean Gouffier, seigneur de Bonnivet, au Mans, le 28 juillet 1392;

4° Arrêt des Commissaires de la généralité d'Orléans, du 10 novembre 1598;

5° Arrêt des Commissaires de l'élection de Châteauroux, du 2 juin 1634;

6° Arrêt de Charles Tubœuf, baron de Vert, commissaire député pour la Réformation de la noblesse de la province du Berry, sous la généralité de Bourges, du 4 octobre 1668;

7° Arrêt de M. de Machault, intendant à Orléans, commissaire député pour la Réformation dans la généralité d'Orléans, le 25 juin 1669;

8° Certificat de noblesse du 21 novembre 1674;

9° Appels du ban et arrière-ban de la noblesse de la province du Berry, les 10 septembre 1674 et 3 juin 1675;

10° Jugement de M. Foullé de Martangy, commissaire pour la recherche de la noblesse de la province du Berry, du 17 janvier 1715;

11° Arrêts du Conseil supérieur du Cap français, dans l'île de Saint-Domingue, des 25 avril 1712 et 25 août 1727;

12° Certificat de noblesse délivré par M. de la Cour, généalogiste du Roi, le 26 mai 1767;

13° Arrêt du Conseil d'État du Roi, et Lettre en forme d'édit du 24 août 1782;

14° Ordonnance du Conseil d'État du Roi, admettant aux honneurs de la Cour, du 25 octobre 1788;

15° Jugement du tribunal de Saint-Malo pour rectification de nom en 1851;

16° Preuves fournies pour être admis aux Pages les 24 mai 1725, 26 mai 1767 et 12 juin 1789.

IV

## ACTES, DOCUMENTS ET PUBLICATIONS, CONCERNANT LA FAMILLE DE FOURNIER

I. — *Bibliothèque Nationale.* — *Pièces originales.* — Reg. 1224, cote 27452, n° 30; cote 27444, n°s 41 et 42; Reg. 1227, cote 27462. — Relevé des archives de la châtellenie de la Noühe, en la paroisse de la Ferté-Imbault, et Manuscrit de M. dé la Cour, généalogiste du Roi. — N°s 2, 7, 12, 14, 15, 16, 17, 18, 19, 20, 21, 27, 28, 29, 30, 32, 35, 37, 40, 41, 42, 43, 45, 48, 49, 50, 51, 53, 54, 55, 58, 61, 62, 64, 65, 66, 67, 68, 70, 72, 73, 77, 78, 81, 82, 83, 84, 89 et 93 (ce dernier numéro dans la généalogie des Fournier de Boismarmin de 1374 à 1767, écrite par M. de la Cour);

II. — *Bibliothèque Nationale.* — *Cabinet des titres.* — Dossier bleu 7311;

III. — *Bibliothèque Nationale.* — *Cabinet des titres.* — Manuscrit Français, Atlas 31791, p. 119. — Volume relié : « *Nobiliaire de la généralité de Bourges ;* »

IV. — *Bibliothèque Nationale.* — *Collection Chérin.* — Volume 85. Généalogie de branches des Fournier de Varennes, de Bellevüe et de la Chapelle;

V. — *Le Palais de l'Honneur,* par le Père Anselme, continué par M. Potier de Courcy, t. IX, p. 118, 299, 417, 694 et 950;

VI. — *Dictionnaire généalogique de la Chesnaye des Bois.* — Articles Fournier, le Gentil, de Castellane, et tome VIII, p. 502;

VII. — *Extrait imprimé des Registres du Conseil d'État du Roi,* arrêt du 25 octobre 1788;

VIII. — *Archives de l'Indre.* — E. 224, et passim;

IX. — *Extraits des archives paroissiales de la Ferté-Imbault, de Selles-Saint-Denis, de Chitray, de Limonade, de Saint-Malo, de Saint-Coulomb, de Saint-Méloir, d'Augan,* etc. ;

X. — *Annales historiques et nobiliaires*, par H. Tisseron, année 1897, p. 45 à 485 ;

XI. — *Armorial Breton*, de M. de la Grasserie, p. 182;

XII. — *Nobiliaire et Armorial de Bretagne*, de M. de Courcy. t. I;

XIII. — *La Noblesse de Bretagne*, du M$^{\text{is}}$ de l'Estourbeillon, t. I, p. 55;

XIV. — *Généalogie des principales Familles de l'Orléanais*, de C. de Vassal, p. 184;

XV. — *État présent de la Noblesse Française*, de M. Bachelin-Deflorenne, p. 180;

XVI. — *L'Armorial Français*, de M. de Morthomier, année 1891, p. 368;

XVII. — *Armorial de la Touraine*, de Carré de Busseroles;

XVIII. — *Armorial des principales Familles du Berry*, de P. de Marsange;

XIX. — *Recherches de la Noblesse en Berry*, du C$^{\text{te}}$ de Toulgouët;

XX. — *Histoire héraldique du Berry*, de M. Pallet;

XXI. — *Armorial général de France*, de d'Hozier;

XXII. — *Annuaire de la Noblesse de France*, de Borel d'Hauterive, année 1896, p. 287 à 290;

XXIII. — *Dictionnaire des origines des Maisons nobles de France*, J. Lainé;

XXIV. — *Recueil généalogique*, du V$^{\text{te}}$ de la Messelière;

XXV. — *Tableaux de la parenté de mes enfants*, du V$^{\text{te}}$ de Saint-Pern;

XXVI. — *Bio-Bibliographie Bretonne*, de H. de Kerviler, t. XIV, p. 322;

XXVII. — *Armorial de Bretagne*, de L. Briant, p. 100;

XXVIII. — *Revue historique de l'Ouest*, année 1895;

XXIX. — *Revue de Bretagne et Vendée*, année 1871;

XXX. — *Dictionnaire biographique du Morbihan et de la Loire-Inférieure*;

Etc.

## V

## DIFFÉRENTES BRANCHES ET REPRÉSENTANTS ACTUELS DE LA FAMILLE DE FOURNIER

La famille de Fournier a formé quatre branches :

I. — *Branche aînée des Seigneurs de la Noüe et des Marquis de Boismarmin*, éteinte en 1806, fondue en Thomas des Colombiers;

II. — *Branche des Comtes de Varennes*, éteinte en 1794, fondue en de Castellane, de Saint-Julien et de Lys de Beaucé;

III. — *Branche des Marquis et Comtes de la Chapelle*, éteinte en 1794, fondue en de Montholon et Le Play;

IV. — *Branche des Marquis, Comtes et Vicomtes de Bellevüe*, actuellement seule existante, et ayant comme représentants mâles :

*Xavier de Fournier, Marquis de Bellevüe*, ex-capitaine de Cavalerie, Conseiller général de la Loire-Inférieure, demeurant aux châteaux de la Touraille, en Augan (Morbihan), et du Moulinroul, en Soudan (Loire-Inférieure);

*Henri de Fournier, Comte de Bellevüe*, demeurant à la Hunaudaye, en Plédéliac (Côtes-du-Nord);

*Joseph de Fournier, Vicomte de Bellevüe*, demeurant au château de Kérangat, en Plumelec (Morbihan).

# CHAPITRE SECOND

SEIGNEURIES QUE LA FAMILLE FOURNIER A POSSÉDÉES
DANS LE BERRY, L'ORLÉANAIS, LE POITOU,
L'ANJOU, A SAINT-DOMINGUE, EN BRETAGNE ET EN NORMANDIE.

*Dans le Berry, l'Orléanais et le Poitou :*

A NOÜHE, LE GUÉ, MONTELTIER, MOILINS, LES ALLIOUX, en la Ferté-Imbault (Loir-et-Cher) ; LA LANDE, VILLARY, LA PINAUDIÈRE, en Souësmes (Loir-et-Cher); MONTIFAUT, en Selles-Saint-Denis (Loir-et-Cher) ; VARENNES, LA CHAPELLE, BELLE-VÜE, en Millançay et en Sainte-Colombe (Loir-et-Cher); LA CHATENAUDIÈRE, en Saint-Gourgon (Loir-et-Cher); LA MAHAUTIÈRE, en Pontlevoye (Loir-et-Cher); LA BOULAYE, en Bouzy (Loiret); MONTAIGU, en Gredy (Loiret); MONTEREAU, en Vitry (Loiret); BOISMARMIN, LA GRANGE, LES VAUX, LA BOURLIEUE, MEUN-DE-VAUX, en Chitray (Indre) ; LA VAUBLANCHE CIRON, en Ciron (Indre); LES CHÉZEAUX, en Rivarennes (Indre); SAINT-GENOULX, en Saint-Genoulx (Indre); CHAMPTEMBRE, en Buno

(Indre); CHANTELOUP, en Blancafort (Cher); LE PEUX, en Journet (Vienne); ALLÉE, en Brigueuil-le-Chantre (Vienne), LE BOIS, LA BINNERIE, en Chaumaçé ; LE PORCHE, en Fourchault ; LES HERMITES, LAVAL, ROISETTE, BRION, ARGILIERS;

*A Saint-Domingue :*

BELLEVÜE, LA CHAPELLE, LES SALINES, ROCOU, LA PLAINE DE LA CROIX DE L'ACUL;

*En Bretagne :*

LE DOMAINE ou MURBLANC, en Saint-Méloir-des-Ondes (Ille-et-Vilaine); LA GRAND'MAISON, LA VILLEASSE, en Saint-Coulomb (Ille-et-Vilaine); LE MONTFLEURY, en Paramé (Ille-et-Vilaine); BEAUMARCHAIS, en Pleudihen (Côtes-du-Nord); LA GALMANDIÈRE, CHADOUX, en Châteaubourg (Ille-et-Vilaine); LA VILLEDER, au Roc-Saint-André (Morbihan); LES AULNAYS, en Lanouée (Morbihan); LA TOURAILLE, CODUENT, LA VILLEJÉGU, en Augan (Morbihan); LES MARCHIX, la MARRE, en Campénéac (Morbihan); KÉRANGAT, en Plumelec (Morbihan); LES QUISTINIC, en Locminé (Morbihan); TRÉBRESSAN, en Hénanbihen (Côtes-du-Nord); LE BASLIN, en Ruca (Côtes-du-Nord); LE GUÉCOQ, LE CHATELET, en Saint-Glen (Côtes-du-Nord); LE PEILLAC, en Bréhan-Moncontour (Côtes-du-Nord); LA HUNAUDAYE, en Plédéliac (Côtes-du-Nord); ROC'H-MARIA, en Penvenan (Côtes-du-Nord); LA RENAUDAYE, en Saint-Etienne-de-Montluc (Loire-Inférieure); LE MOULINROUL, en Soudan (Loire-Inférieure);

*En Anjou :*

MONTREUIL, en Montreuil-sur-Loir (Maine-et-Loire); POCÉ, MILLY, en Saumur (Maine-et-Loire);

*En Normandie :*

LE CLOS-AU-LOUP, en Airel (Manche); LE GOSSET, en Saint-Marcouf (Manche); LA ROUGERIE, en Anneville-en Saire (Manche).

Nous allons donner un court historique des principales de ces seigneuries :

### SEIGNEURIE DE LA NOÜHE.

Dite anciennement « de Nohâ », la seigneurie de la Noühe est située dans la paroisse de Saint-Thaurin de la Ferté-Imbault, canton de Salbris (Loir-et-Cher); elle relevait de la châtellenie de la Ferté-Imbault, qui était elle-même mouvante du Comté de Blois (1). Elle comprend un château avec cour, jardin, donjon, douves, deux étangs et environ deux cent cinquante hectares de terres. Elle avait droits de haute justice, d'enfeu dans l'église de la Ferté-Imbault; son fief comprenait la grande dixme de la paroisse de Marcilly-en-Gault, et la petite dixme de la paroisse de Selles-Saint-Denis. Le château, situé à six kilomètres au nord du bourg de la Ferté-Imbault, a conservé son ancien donjon et ses douves pleines d'eau, dont le pont-levis a été remplacé vers 1850 par un pont en briques. La ferme est à côté du château, et près d'elle est un petit étang qui sert de réservoir aux douves et à un autre étang situé en-dessous et qui a une contenance d'environ cinquante hectares.

La seigneurie de la Noühe est mentionnée dans des actes de 1270, 1295, 1304, 1341, 1346, 1358, 1374, 1378, 1486, 1532, 1533, 1556, 1559.

Elle appartenait dès le XIIIᵉ siècle aux FOURNIER. Saisie à la mort de François de Fournier, chevalier, seigneur de la Noühe, elle fut achetée le 12 juin 1559, moyennant 6 120 livres tournois (plus de 80.000 fr.) par Pierre du *Griffon*, écuyer, gentilhomme de la Maison du Roi, capitaine et gouverneur du Comté de Dreux, maître des eaux et forêts de Romorantin et de Millançay, époux d'Anne d'Escollier. Les du Griffon s'armaient : « d'or au griffon de sable.» Pierre du Griffon eut d'Anne d'Escollier : Pierre II du Griffon, écuyer, seigneur de la Noühe, de la Motte,

---

(1) La *Châtellenie de la Ferté-Imbault* appartenait au XIIIᵉ siècle à Aénor de la Ferté-Imbault, qui la porta à son mari Hervé, sire de Vierzon, qui fonda en 1164 la collégiale de Saint-Thaurin-de-la-Ferté-Imbault. Des Vierzon, elle vint par alliance vers 1280 aux Brabant, qui la portèrent en 1302 aux d'Harcourt et ceux-ci en 1400 aux Montmorency, qui la vendirent en 1447 aux d'Etampes, seigneurs de Salbris, de Souësmes, en faveur desquels elle fut érigée en Marquisat, vers 1650, et dont la branche de la Ferté-Imbault s'éteignit en 1749. — *Nunc* : au Comte A. de Fresson.

de Villeneuve, qui épousa : 1º Elisabeth de Courault, 2ºAnne de Lesse, et eut : Charles du Griffon, seigneur de la Noühe, mort sans postérité vers 1639, et Olympe du Griffon, héritière de la Noühe en 1639, qui avait épousé, le 1er août 1627, Jacques *de Poix*, seigneur de Marécreux; leur fils, Jacques de Poix, fit, le 27 octobre 1681, avec son beau-frère Jean de Menou, époux de Françoise de Poix, hommage de la seigneurie de la Noühe à Charles d'Estampes, chevalier, châtelain de la Ferté-Imbault. Le petit-fils de Louis de Poix, Louis-François-Vincent, comte de Poix, semble avoir vendu la Noühe en 1754 à Louis *de Sain*, écuyer, seigneur de la Baronnie, qui portait : « d'azur à la fasce d'argent chargée d'une tête de Maure au naturel, accompagnée de trois coquilles d'or, deux en chef, une en pointe. » Louis de Sain mourut vers 1770, sans postérité, et la Noühe devint la propriété de M. *de Beaurepaire*, dit en 1786, chevalier, vicomte de la Noühe, seigneur du Gué, de Monteltier; du Chesne, et qui s'armait : « de sable à trois gerbes de blé d'argent. » Vendue nationalement lors de la Révolution, la Noühe eut depuis successivement comme propriétaires MM. Georges-Hippolyte *Delanouë,* Clément *Grandcour, Billardet, Froment, Rahart* et *Normant*. Elle appartient actuellement aux héritiers de M. Normant.

### Seigneurie de la Lande.

Cette seigneurie, située en la paroisse de Souësmes, près de la Noühe, se composait d'un manoir, d'une métairie et de moulins à eau sur les rivières de la Petite-Sauldre et du Naon. Mentionnée dans des actes de 1360, 1407, 1428, 1459, 1475, 1565 et 1572, elle appartenait aux Fournier, qui la vendirent vers 1572 aux *du Griffon*, avec le Gué et Monteltier, qu'ils rattachèrent à la seigneurie de la Noühe.

### Seigneuries de Monteltier et du Gué.

Seigneuries situées en la paroisse de la Ferté-Imbault, près de la Noühe, vers le sud. Elles sont dites «lieu, chézeau et héritage », dans un acte de 1408. Elles apartenaient aux *du Fresne* ; et Jean *Moret,* époux de Demoiselle du Fresne, les céda vers 1476 aux FOURNIER, qui y parurent en 1479, 1484, 1488, 1544, 1549, 1567, et les vendirent le 4 février 1572 aux *du Griffon*, moyennant 19.000 livres tournois.

### SEIGNEURIES DE MOILINS ET DES ALLIOUX.

Terres nobles en la paroisse de la Ferté-Imbault, à 3 kilomètres à l'ouest de la Noühe; dites « lieux et métairies » en 1408; les FOURNIER y parurent comme propriétaires en 1446, 1480, 1485, 1558, 1563 et 1574.

### SEIGNEURIE DE VILLARY.

Seigneurie située en la paroisse de Souësmes, au nord du bourg, près de la rivière de Sauldre. Elle appartenait anciennement aux FOURNIER et comprenait « un hostel et une métairie », dont ils firent aveu aux seigneurs de la Ferté-Imbault en 1370, 1388, 1446, 1480, 1488 et 1550.

### SEIGNEURIE DE LA PINAUDIÈRE.

Seigneurie avec manoir et droits de haute justice, dite ancienne-ment « la Pinardière », située en la paroisse de Souësmes, à 4 kilomètres au nord du bourg, près de Pierrefite. Elle est mentionnée sous le nom de « Pinarderia » dans un acte de 1217 existant aux archives de l'Hôtel-Dieu de Châteaudun. Elle appartenait alors à Geoffroy de *Droué*, chevalier. Les FOURNIER en étaient seigneurs en 1541, 1565, 1572 et 1638.

### SEIGNEURIE DE MONTIFAUT.

Seigneurie avec manoir et dépendances située en la paroisse de Selles-Saint-Denis, près de la Noühe et des Varennes. Elle apparte-nait au XVe siècle aux *Foyal*, qui s'armaient : « de gueules à quatre chevrons d'argent, » et qui la portèrent, par alliance en 1516, aux FOUR-NIER, qui y parurent en 1532, 1558, 1572, 1600, 1604 et 1690. Elle vint ensuite aux *le Maire*, dits « *de Montifaut* », qui s'armaient : « d'argent à deux fasces de sable chargées de trois épis de froment d'or, deux serpents volants accolés de sinople brochant sur le tout. »

Il y avait d'autres terres nobles de ce nom dans les paroisses de Pierrefite, d'Aize, de Saint-Sylvain-du-Levroux, de Rouvre-les-Bois, et près de Dun-le-Roy : cette dernière appartenait aux l'Hospital de 1420 à 1540.

## Seigneuries des Varennes, de la Chapelle et de Bellevüe.

La châtellenie des Varennes (« Varenne », signifie dans le Berry une terre sablonneuse) est située près de Millançay, dans la paroisse de Sainte-Colombe, à 6 kilomètres à l'Ouest de la Noühe. Elle comprenait les terres nobles de la Chapelle et de Bellevüe. Elle appartenait au XVI<sup>e</sup> siècle aux *de Signy*, qui la portèrent par alliance en 1573 aux Fournier ; Jean IX de Fournier, avant de partir pour Saint-Domingue, la vendit vers 1685 aux *Nepoux*, mais il garda ainsi que sa postérité les noms de Varennes, de Bellevüe et de la Chapelle, et ses descendants se titrèrent Comtes des Varennes, Marquis de Bellevüe et de la Chapelle. Les Nepoux possédaient les Varennes en 1699 et 1735. Actuellement le château des Varennes est habité par *M. Charles Foujeu*, celui de la Chapelle par *M<sup>me</sup> Bourdon*, et celui de Bellevüe par *M<sup>me</sup> Duveau*.

Il y avait dans le Berry d'autres seigneuries de Varennes, entre autres en Poinçonnet, près d'Ardentes (« hôtel fortifié avec douves, cours, vergers », anciennement aux Varennes, puis par acquêt vers 1540 aux Jacob) ; en Argenton (« maison flanquée d'une grosse tour », appartenant aux Vallenciennes au XVII<sup>e</sup> siècle, et aux Estévien en 1760).

Il y avait aussi dans le Berry beaucoup d'autres seigneuries du nom de Bellevüe, entre autres en Jeu, Chabris, la Chapelle-Saint-Mesmin, Olivet, Nogent, Tizay, Montierchaume, Luynes. Le château de Bellevüe en Jeu-les-Bois existe encore. Il était fortifié, avait droits de justice, de colombier, de garennes, d'enfeu et de prééminence dans l'église de Jeu. Il appartenait au XV<sup>e</sup> siècle aux *Ancellon*, qui s'armaient : « de gueules semé de fleurs de lys d'or, au franc canton de même » (1). Les Ancellon le portèrent par alliance en 1621 aux *de Laigue*, qui portaient : « échiqueté d'argent et de gueules ». Il appartint ensuite aux *du Vivier* en 1749, aux *Girard de Vasson* en 1760 ; et ceux-ci le vendirent vers 1815 aux *Simon*, auxquels il appartient aujourd'hui.

## Seigneurie de la Chastenaudière.

Seigneurie en Saint-Gourgon, aux Fournier en 1484 et 1488.

## Seigneurie de la Mahautière.

Seigneurie en la paroisse de Pontlevoye, qui appartint aux Fournier et appartient actuellement à M^me *Laurentie*, née Gentil de Bussy.

## Seigneurie de la Boulaye.

Seigneurie en Bouzy, qui appartenait aux *des Colliers*, qui la portèrent par alliance aux Fournier, qui y parurent en 1572, 1574, 1580 et 1604.

---

(1) Nous trouvons : *Antoine Ancellon*, seigneur de la Motte, en Jeu, de la Cottinière, en Arthon, en 1459, qui épousa Jeanne d'Azay, veuve en 1485, et eut :

*Jean Ancellon*, seigneur de la Motte, de la Cottinière, en 1493, dont :

*Antoine II Ancellon*, écuyer, seigneur d°, qui eut de Marie de Mareuil :

*Ursin Ancellon*, écuyer, seigneur d° en 1549, dont :

  1° *Charles*, qui suit ;

  2° *Françoise*, qui épousa Pierre de Genest et acheta les Chézeaux en 1578, de Claude de Boislinard ;

  3° *René*, prieur de la Chaize.

*Charles Ancellon*, écuyer, seigneur de Bellevüe, de la Motte, de Visly, de Fontbaudry, eut d'Anne Morat, dame de Visly :

  *Anne Ancellon*, dame de Bellevüe, qui épousa, le 21 janvier 1621, Claude de Laigue, seigneur de Chandaire, dont postérité à Bellevüe.

## Seigneurie de Montaigu.

Seigneurie en Gredy, qui appartenait en 1570 aux Fournier, qui la portèrent par alliance en 1577 aux *le Beauvier*.

## Seigneurie de Montereau.

Seigneurie en la paroisse de Vitry, qui appartenait en 1560 aux Fournier, qui la portèrent par alliance en 1578 aux *Fontenay*.

## Seigneurie de Boismarmin.

Ancienne châtellenie avec château, métairies et moulins à eau sur la rivière de Creuse, située en la paroisse de Chitray, à 2 kilomètres du bourg. Elle avait droits de moyenne justice, d'enfeu et de prééminence dans l'église de Chitray.

Elle fut le berceau d'une famille *de Boismarmin*, qui s'armait : « d'or à trois branches de corail de gueules », et produisit : Marguerite de Boismarmin, épouse, en 1407, de Guischard Daulphin, seigneur de Jaligny et de Bometz, conseiller et chancelier du Roi. Elle vint ensuite aux *Malleret*, puis, par alliance en 1604, aux Fournier, qui portèrent au XVIIIe siècle le titre de *Marquis de Boismarmin*, et desquels elle vint par alliance en 1805 aux *Thomas des Colombiers*, qui furent autorisés par arrêt du 4 mars 1868 à relever le nom de Boismarmin. Le château est actuellement habité par *le comte Christian de Boismarmin*, et sa femme, née de Marolles.

## Seigneuries de Meun et de Vaux.

Seigneuries en la paroisse de Chitray, venues par alliance en 1683 des *Barville* aux Fournier; et en 1719 Charlotte de Barville, veuve de Louis de Fournier de Boismarmin, les vendit moyennant 9 400 livres à Louis de *Douhault*.

### SEIGNEURIES DE LA GRANGE ET DE LA BOURLIEUE.

Seigneuries en la paroisse de Chitray, qui appartenait aux FOUR-
NIER en 1644, 1696 et 1729.

### SEIGNEURIES DE CIRON ET DE LA VAUBLANCHE.

Seigneuries en la paroisse de Ciron, venues par alliance en 1604
des *Malleret* aux FOURNIER, auxquelles elles appartenaient en 1748
et 1758.

### SEIGNEURIE DES CHÉZEAUX.

Seigneurie avec manoir et dépendances située dans les paroisses
de Rivarennes et de Saint-Gauthier, près de Chitray. Elle appartenait
au XVI^e siècle aux *Boislinard*; Claude de Boislinard la vendit en 1578
à Pierre *du Genest*, époux de Françoise Ancellon, qui eut pour fils :
François du Genest, qui eut de Jeanne de Fournioux : Georges du
Genest, qui vendit les Chézeaux, le 6 décembre 1628, à Jean *de Boislinard*, moyennant 4 000 livres.

Ils vinrent par alliance en 1720 des Boislinard aux FOURNIER. —
Le château des Chézeaux appartient maintenant à M. *Loisillon*.

Il y avait d'autres seigneuries de Chézeaux en Vendœuvres, et
en Arthon, également dans l'Indre.

### SEIGNEURIE DE SAINT-GENOULX.

Seigneurie en la paroisse de Saint-Genoulx, près de Millançay,
achetée vers 1475 des *des Nohes* par les FOURNIER, qui la possédaient
en 1488. — *Nunc* : aux *Henry*.

### SEIGNEURIE DE CHANTELOUP.

Seigneurie en la paroisse de Blancafort, qui appartenait aux
*Foucault*, puis aux FOURNIER en 1484.

## SEIGNEURIES D'ALLÉE, DU PEUX, DU BOIS, DE LA BINNERIE.

Terres nobles dans la Vienne, venues par alliance en 1752 des *Savary* aux FOURNIER. — Le château du Peux, en Journet, appartient actuellement au *baron d'Oiron.*

## SEIGNEURIE DU PORCHE.

Seigneurie en la paroisse de Fourchault, venue par alliance vers 1382 des *de Braye* aux FOURNIER, qui y parurent en 1382, 1424 et 1460.

## PROPRIÉTÉS DANS L'ÎLE DE SAINT-DOMINGUE.

Jean IX de Fournier, écuyer, seigneur des Varennes, de Bellevüe et de la Chapelle, ayant quitté le Berry vers 1685 pour s'établir dans l'île de Saint-Domingue, construisit dans la plaine du Cap, en la paroisse de Limonade, deux habitations, auxquelles il donna les noms des seigneuries qu'il avait possédées en France, *Bellevüe* et *La Chapelle*; et fit bâtir l'église Sainte-Anne de Limonade, dont ses descendants restèrent fondateurs et prééminenciers.

BELLEVÜE vint par alliance en 1727 des FOURNIER aux *le Gentil, marquis de Paroy*, et fut dite depuis BELLEVÜE-PAROY, puis PAROY. Lors de l'évaluation des terres pour le paiement de l'indemnité de Saint-Domingue, en 1826, Bellevüe-Paroy fut estimée valoir 3 millions 146 mille francs. — Ce fut à Bellevüe-Paroy, alors possédée par un nègre, dit le baron Pierre Poux, que demeura du 15 juillet au 8 octobre 1820 le roi d'Haïti, Christophe. On a découvert sur le terrain de cette habitation, en 1881, une ancre que l'on croit avoir appartenu à la cara- velle de Christophe-Colomb, qui fit naufrage sur cette côte dans la nuit du 24 au 25 décembre 1492.

LA CHAPELLE vint par alliance en 1735 des FOURNIER aux *Miniac de la Villèsnouveaux*, et prit le nom de LA CHAPELLE-MINIAC et MINIAC. Lors de l'indemnité de Saint-Domingue elle fut évaluée valoir 2 millions 130 mille francs.

Les FOURNIER possédèrent en outre à Saint-Domingue :

LA SUCRERIE FOURNIER DE BELLEVÜE, en la paroisse de Limonade, estimée valoir en 1826 : 3 millions 1/2 ;

LA SUCRERIE FOURNIER DE BELLEVÜE, en la paroisse du Limbé, estimée 3 millions 1/2 ;

LA SUCRERIE FOURNIER DES VARENNES, en la paroisse de Limonade, estimée 590 000 francs ;

LA SUCRERIE FOURNIER DE LA CHAPELLE, en la paroisse de Limonade, portée par alliance en 1766 des FOURNIER aux *Montholon*, et dite depuis MONTHOLON, estimée 1 million 1/2 ;

LA SUCRERIE DE LA PLAINE DE LA CROIX DE L'ACUL, en la paroisse du Gros-Morne, estimée 750 000 francs ;

LA SUCRERIE DE ROCOU ;

LA SUCRERIE DES SALINES, LA SUCRERIE DU MORNE-PELÉ, et UN TERRAIN dans la paroisse de l'Acul.

Les FOURNIER possédaient en outre dans la ville du Cap français, à l'embranchement de la rue du Palais et de la ruelle conduisant au Morne de la Providence, à l'extrémité nord de la ville, un hôtel dit HÔTEL DE BELLEVÜE. Une des rues du Cap s'appelle encore « Rue de Varennes », et une des collines du voisinage, près de la baie de Békly, porte le nom de « Morne de Bellevüe ».

Lors de la révolte des Noirs, la famille FOURNIER possédait donc dans l'île de Saint-Domingue des propriétés valant plus de vingt-cinq millions, pour lesquelles ils ne reçurent qu'une indemnité de moins de 700 000 francs.

### CHÂTEAU DU DOMAINE OU DU MURBLANC.

Terre noble et manoir en la paroisse de Saint-Méloir des Ondes, à 4 kilomètres au nord du bourg, et près de Paramé (Ille-et-Vilaine). Il se compose d'un château du XVIIIᵉ siècle, avec avenues, dépendances, métairie et terrain d'environ 12 hectares enclos de murs. Il y avait autrefois au Domaine une chapelle. — Il appartint de 1674 à 1771 aux *du Fresne*, de la famille des barons de Renac, et vint aux *Saint-Gilles* par le mariage, à Saint-Malo, le 3 juin 1771, de Thérèse-Jeanne du Fresne, avec Joseph, vicomte de Saint-Gilles, seigneur de la Fosse-au-Loup, officier de marine. Ils eurent : 1° Marie-Joseph-Auguste, vicomte de Saint-Gilles, qui épousa vers 1789 Anne-Marie-Joséphine-Thérèse-Ursule d'Andigné, et eut : Marie-Joseph-Auguste et Marie-Josèphe, nés au Domaine, baptisés à Saint-Méloir les 15 juillet 1791 et 12 septembre 1792. Vendu nationalement pendant la Révolution, le Domaine fut acheté, avec l'autorisation des Saint-Gilles, le 16 septembre 1807, par le COMTE JEAN-JACQUES-LOUIS FOURNIER DE BELLEVÜE, à la mort duquel, en 1869, il fut estimé 65 000 francs et attribué à son fils aîné, dont la fille, Marie de Bellevüe, le possède actuellement.

### CHATEAU DE LA GRAND'MAISON ET LA VILLEASSE.

Anciennes seigneuries situées en la paroisse de Saint-Coulomb (Ille-et-Vilaine), qui, par alliance en 1799, vinrent des *Poitevin de la Villenoël* aux FOURNIER DE BELLEVÜE. Le comte Paul de Bellevüe les vendit vers 1878. — La Grand'Maison sert actuellement de presbytère.

### CHATEAU DU MONTFLEURY.

Situé au Petit-Paramé, en la paroisse de Paramé (Ille-et-Vilaine), il fut donné vers 1840 au MARQUIS DE BELLEVÜE, par M. *Garnier du Fougeray*. Vendu peu après, il a appartenu aux *du Pontavice*.

### CHATEAU DE BEAUMARCHAIS.

Situé en la paroisse de Pleudihen (Côtes-du-Nord), il appartint par acquêt au MARQUIS DE BELLEVÜE, de 1850 à 1870.

### SEIGNEURIES DE LA GALMANDIÈRE ET DE CHADOUX.

Anciennes seigneuries et terres nobles en la paroisse de Château-bourg (Ille-et-Vilaine). — *La Galmandière*, avec manoir du XVII<sup>e</sup> siècle, cour fermée, jardin, avenue, étang, ferme, appartenait au xv° siècle aux *Vettier*, qui le portèrent par alliance en 1645 aux *Gault*, et ceux-ci en 1740 aux *Varin*. Par suite d'héritage en 1887, elle est actuellement la propriété de *M^{me} Léopold Regnault de Bouttemont*, née *Pauline Varin de la Brunelière*, et mère de la MARQUISE XAVIER FOURNIER DE BELLEVÜE. — On remarque encore sur la porte d'entrée du manoir de la Galmandière, un écusson en granit aux armes des Gault : « d'azur à l'épervier d'argent. » — *Châdoux* appartenait de 1600 à 1660 aux *le Gouverneur*, et vint depuis aux *Gault* et aux *Varin*, qui le rattachèrent à la Galmandière. — *Nunc* : deux fermes appartenant à *M^{me} de Bouttemont*.

## CHATEAU ET SEIGNEURIE DE LA VILLEDER.

Très ancienne seigneurie, avec château, cour fermée, douves, chapelle, fuye, métairies, bois, moulins, droits de haute justice, de prééminence et d'enfeu dans les églises de Sérent et du Roc-Saint-André, située dans la paroisse du Roc-Saint-André, près de Ploërmel (Morbihan), à 2 kilomètres à l'ouest du bourg. Elle appartenait au xIv° siècle aux *Gaillard*, qui s'armaient : « d'argent à la guivre de sable, » et qui la portèrent par alliance en 1585 aux *de Lemo*, qui s'armaient : « de sable à trois mains dextres d'argent. » Les Lemo la portèrent, également par alliance en 1609, aux *de Lezenet* (« de sable à trois coquilles d'argent »); et ceux-ci en 1627 au *marquis de Kermeno du Garo* (« de gueules à trois mâcles d'argent »), qui la vendit en 1667 aux *Moro, vicomtes de Maugremieux* (« d'argent au renard passant de sable, accompagné de cinq hermines de même »), desquels elle vint aux *Hardoin* en 1716 (« d'argent à l'aigle d'azur tenant dans sa patte dextre un foudre de gueules »), qui la portèrent par alliance vers 1745 aux *de Lys, comtes de Beaucé* (« de gueules à la fasce d'argent chargée de quatre hermines de sable et surmontée de deux fleurs de lys d'argent »), alliés aux Fournier de Varennes en 1778. Des de Lys elle vint par alliance en 1801 aux de la *Fruglaye* (« d'argent au lion de sable »), qui la vendirent le 2 août 1826, moyennant 115 000 francs, au COMTE JEAN-JACQUES-LOUIS FOURNIER DE BELLEVÜE. Cette seigneurie comprenait alors : 1° le château, de construction nouvelle, avec ses dépendances; 2° la retenue, avec jardins, vergers, bois de futaie et taillis, contenant environ 250 journaux; 3° la métairie de la Porte; 4° la métairie de Tréfosso–de–bas; 5° la métairie de Tréfosso-de-haut; 6° la métairie des Prassais; 7° la métairie de Plinet; 8° le moulin à eau des Vaux et le moulin à vent de Plinet. Le comte de Bellevüe revendit la Villeder, le 29 septembre 1843, moyennant 158 250 francs, à *M. Tallon*, avoué à Angers, qui l'a revendue en 1878 au *comte du Boisbaudry* (« d'or à deux fasces de sable, chargées, la première de trois, la seconde de deux besants d'or».) — Le château de la Villeder appartient actuellement à son fils, *Alfred du Boisbaudry*, époux de Jeanne de la Croix de Beaurepos.

### CHATEAU ET SEIGNEURIE DES AULNAYS.

Très ancienne seigneurie, avec château, cour fermée, jardins, avenues, chapelle, fuye, futaie, métairies, moulins, fief, droits de haute justice, enfeu et chapelle dans l'église de Lanouée, située dans la paroisse de Lanouée, à 3 kilomètres à l'est du bourg. Elle appartenait en 1427 aux *le Bel* (« d'argent à trois fleurs de lys de gueules), puis elle vint aux *de Kéradreulx* (« d'argent à trois léopards d'azur »), qui la possédaient en 1447, et la portèrent par alliance en 1655 aux *de Lantivy* (« de gueules à l'épée d'argent en pal, la pointe en bas »), desquels elle vint par alliance en 1705 aux *de Rougé, marquis du Plessix-Bellière* (« de gueules à la croix pattée d'argent »), qui la vendirent vers 1747 aux *Le Mintier* (« de gueules à la croix engreslée d'argent »); ceux-ci la revendirent en 1835 aux *du Bot* (« d'azur à trois quintefeuilles d'argent »), desquels elle fut rachetée en 1843 par JEAN-JACQUES FOURNIER DE BELLEVÜE, époux d'Augustine de la Fruglaye, laquelle, veuve en 1862, vendit les Aulnays vers 1868 à un notaire de Redon, qui les a revendus à *M. Henry Pellan*, propriétaire actuel.

### CHATEAU ET SEIGNEURIE DE LA TOURAILLE.

Seigneurie, avec château, chapelle, fuye, futaye, métairie, droits de moyenne justice, de banc et d'enfeu dans l'église d'Augan, située en la paroisse d'Augan (Morbihan), à 2 kilomètres à l'ouest du bourg. Elle était dès le XIVe siècle la propriété des Desgrées («d'azur à la fasce d'hermines, accompagnée de trois étoiles d'argent. 2. 1. »), qui furent titrés au XVIe siècle *Vicomtes de la Touraille*; et qui la vendirent en 1622 aux *le Doüarin* (« d'azur au pal d'hermines »), lesquels la revendirent en 1709 aux *Liger de la Châteigneraye*, desquels elle fut achetée peu après par les *Larcher, seigneurs du Bois-du-Loup* (« de gueules à trois flèches d'argent »); un des membres de cette famille, dit « le Comte de la Touraille », Jean Chrysostome Larcher, fut célèbre vers la fin du XVIIIe siècle (¹). Il vendit la Touraille en 1765 aux *le Doüarin*, qui la portèrent par alliance en 1824 aux *Mouësan de la Villirouët* («d'azur à trois molettes d'argent, une fleur de lys de même en abyme »), desquels elle est venue par alliance aux FOURNIER DE BELLEVUE. — *Nunc* : Château au marquis Xavier de Bellevüe.

## SEIGNEURIE DES MARCHIX.

Très ancienne seigneurie, avec manoir, chapelle, droits de moyenne justice, chapelle et enfeu dans l'église de Campénéac, située en la paroisse de Campénéac (Morbihan), à 5 kilomètres au S.-O. de ce bourg. Elle fut le berceau d'une famille *des Marchix*, qui la porta vers 1400 aux *de Lézenet*, et ceux-ci en 1628 au *marquis de Kermeno*; elle fut achetée en 1667 par les *le Doüarin*, desquels elle est venue avec la Touraille aux *Mouësan de la Villirouët*, et aux FOURNIER, MARQUIS DE BELLEVÜE. — *Nunc* : fermes au marquis de Bellevüe.

## CHATEAU ET SEIGNEURIE DE KÉRANGAT.

Ancienne seigneurie, située en la paroisse de Plumelec (Morbihan), avec manoir, chapelle, métairie, moulins à vent et à eau, enfeu dans l'église de Saint-Jean-Brévelay. Elle appartenait en 1427 aux *de Les-*

---

(1) Voir « le comte de la Touraille », soldat, philosophe et poète, au XVIIIe siècle, par le Vte X. DE BELLEVÜE. — Rennes, Plihon, 1890. — Le portrait du comte de la Touraille est dans le salon du château de la Touraille.

*mais*, qui la portèrent en 1477 aux *Evenard*; elle vint en partie en 1510 aux *Callac* (« d'or à deux fasces nouées de sable, accompagnées de neuf merlettes de même »); puis, par alliance, en 1570, aux *Kerguisec* (« Ecartelé : aux 1 et 4, vairé d'or et d'azur; aux 2 et 3, de gueules pleins »); ceux-ci la portèrent aux *Quifistre*, qui semblent l'avoir vendue vers 1610 aux *le Meignan*, dits depuis *de Kerangat* (« de gueules à la bande d'argent chargée de trois coquilles de sable »), lesquels la vendirent vers 1847 à M. Talbot, lequel la revendit en 1853 à CHARLES FOURNIER, VICOMTE DE BELLEVÜE, époux de Marie-Thérèse Huchet de Cintré. Elle appartient maintenant à leur fils Joseph, vicomte de Bellevüe de Kérangat, qui y demeure.

## SEIGNEURIE DE QUISTINIC.

Ancienne seigneurie en Moustoirac, près de Locminé (Morbihan), avec ancien château fortifié, flanqué de tours et entouré de douves, actuellement en ruines. Berceau de la famille *de Quistinic* (« de gueules à trois étoiles d'argent »), elle appartenait en 1427 et en 1536 aux *Eudoux* (« d'argent à trois feuilles de châtaigner de sinople »); puis, au XVIIe siècle aux *la Chesnaye* (« d'argent à trois roses de gueules, une feuille de chêne de sinople en abyme »), qui semblent l'avoir vendue vers 1735 aux *Lambilly* (« d'azur à six quintefeuilles d'argent »), desquels elle est venue par alliance en 1787 aux *Mouësan de la Villirouët*, qui l'ont portée par alliance aux FOURNIER DE BELLEVÜE. — *Nunc* : deux fermes appartenant à M^{lle} Claire de Bellevüe.

## SEIGNEURIE DE TRÉBRESSAN.

Terre noble en la paroisse d'Hénan-Bihen (Côtes-du-Nord), à 5 kilomètres au nord du bourg, qui avait droit d'enfeu dans l'église de cette paroisse. Elle appartenait dès le XIIe siècle aux *Rouxel*, qui la portèrent en 1580 aux *Bertho*, desquels elle vint aux *Gaudin* vers 1629, lesquels la cédèrent aux *Lessart* vers 1710. Elle fut achetée en 1763 par la *comtesse de Caradeuc de Kéranroy*, née Mouësan de la Villirouët, et belle-sœur du fameux la Chalotais. Elle vint par héritage en 1799 aux *Mouësan de la Villirouët*, qui l'ont portée, par alliance en 1852, et par succession en 1874, aux FOURNIER DE BELLEVÜE. — *Nunc* : ferme, avec les prés et les champs de Monbran au marquis Xavier de Bellevüe.

## SEIGNEURIE DU BASLIN.

Terre noble en la paroisse de Ruca, près d'Hénan-Bihen (Côtes-du-Nord), qui fut vendue en 1723 par les *Kergus* aux *Fontlebond*, desquels elle vint en 1752 aux *Mouësan de la Villirouët*. — *Nunc* : ferme au marquis Xavier de Bellevüe.

## SEIGNEURIES DU GUÉCOQ ET DU CHATELET.

Seigneuries en la paroisse de Saint-Glen (Côtes-du-Nord). Le Guécoq, avec manoir, cour fermée, métairie, avait droits de moyenne justice et chapelle avec enfeu dans l'église de Saint-Glen. Elle appartenait au commencement du xve siècle aux *Ferragus*, qui la portèrent par alliance en 1569 aux *Couëspelle*, desquels elles vinrent en 1579 aux *du Bouilly*, en 1654 aux *de la Roüé*, en 1722 aux *du Chastel*, en 1729 aux *le Paige*, puis en 1731 aux *Mouësan de la Villirouët*. — *Nunc* : fermes à Mlle Claire Fournier de Bellevüe.

## BARONNIE DE LA HUNAUDAYE.

Châtellenie et baronnie en la paroisse de Plédéliac (Côtes-du-Nord), qui faisait partie du Comté de Penthièvre, et fut donnée en 1214 par le duc de Bretagne Pierre de Dreux à Olivier *Tournemine*, qui fit bâtir dans la forêt de Lamballe un château fortifié, qu'il appela la Hunaudaye. Les Tournemine la portèrent par alliance en 1540 aux *d'Annebaud*, desquels elle revint en 1572 aux *Tournemine* et de ceux-ci également par alliances en 1609 aux *Rosmadec*, et en 1640 aux *Rieux*. Achetée en 1783 par le *comte de la Moussaye*, elle fut reprise par retrait lignager par les *Talhouët*, qui la portèrent en 1803 aux *Collobel*, dont héritèrent en 1850 les *du Haffont de Lestrédiagat*; par alliance en 1836, elle est venue aux *le Gouvello de la Porte*, et de ceux-ci, par alliance en 1865, et par héritage en 1898 aux FOURNIER DE BELLEVÜE. Le domaine de la Hunaudaye et les belles ruines de cette importante forteresse appartiennent actuellement au comte Henry de Bellevüe, qui a fait bâtir à un kilomètre au sud-ouest du vieux château une maison où il demeure ([1]).

### CASTEL ROC'H-MARIA.

Situé dans la paroisse de Penvenan (Côtes-du-Nord), près du Port-Blanc, il fut acheté vers 1884 par le COMTE PAUL DE BELLEVÜE, et a été revendu par ses enfants en 1904.

### SEIGNEURIE DE LA RENAUDAYE.

Métairie noble en la paroisse de Saint-Etienne de Montluc (Loire-Inférieure), qui appartenait au XVIIIe siècle aux *Gaudin de la Bérillaie*, qui la portèrent par alliance en 1760 aux *Desgrées du Loû*, desquels elle vint également par alliances, en 1798 aux *le Doüarin de Lemo*, en 1874 aux *Mouësan de la Villirouët*, puis aux FOURNIER DE BELLEVÜE. — *Nunc* : ferme à Mlle Claire de Bellevüe.

### SEIGNEURIE ET CHATEAU DU MOULINROUL.

Ancienne seigneurie, avec manoir, chapelle, étangs, droits de moyenne justice et huit métairies, située dans la paroisse de Soudan (Loire-Inférieure), à 4 kilomètres à l'ouest de ce bourg. Le château, reconstruit en 1576, a été restauré et agrandi en 1895 et en 1908. — Le Moulinroûl appartenait au XVe siècle aux *Godart*, puis aux *Rouault*, desquels il vint en 1575 aux *Hamel* (« d'azur au chevron d'argent accompagné de trois croisettes d'or »), qui le portèrent en 1746 aux *Rouault*

---

(1) Voir : « La Baronnie de la Hunaudaye », par le marquis DE BELLEVÜE. In-8º de 73 p. Rennes, Fr. Simon, 1908.

*de la Valais* (« d'argent au sautoir de gueules, accompagné en chef d'une moucheture d'hermines, et en pointe d'une rose de gueules »), desquels il vint par alliance en 1756 aux *Béchu*, dits depuis du *Moulinroûl* (« d'azur à six coquilles, 3. 2. 1 »). Il est venu par héritage, en 1875, des *Béchu du Moulinroûl* à *M^{me} Léopold Regnault de Bouttemont* (« d'argent à la croix ancrée de sable »), née *Pauline Varin de la Brunelière* (« d'or au chevron d'azur, accompagné de trois étoiles de même ») et dont la fille unique, Gabrielle de Bouttemont, a épousé en 1883 le MARQUIS XAVIER FOURNIER DE BELLEVÜE, conseiller général du canton de Châteaubriant depuis 1895.

### CHATEAU ET DOMAINE DE MONTREUIL.

Le château de Montreuil est situé dans la paroisse de ce nom, près de Tiercé (Maine-et-Loire). Il domine la rivière du Loir et a été reconstruit vers 1840 par le marquis Frédéric de Bellevüe. Autour s'étend un beau parc et un vaste domaine de plus de mille hectares. La châtellenie de Montreuil avait droits de haute justice, avec auditoire, cep et collier, et potence à quatre piliers, sur une butte féodale près de l'ancien manoir de la Brosse; droits de fuye, de garennes, de four-à-ban, de moulins, de chasse, de pêche, d'enfeu, de fondation et de prééminence dans l'église de Montreuil, qui était anciennement la chapelle du château.

Elle appartenait au XV^e siècle aux *Belot* (« d'argent à la croix de sable, accompagnée de quatre pieds de corbeau de même »), qui la portèrent par alliance, vers 1540, aux *Gohin*, dits *comtes de Montreuil*, depuis 1720, qui s'armaient : « écartelé, aux 1 et 4, d'argent à l'aigle éployée de sable, accompagnée en chef de trois fleurs de lys de même; aux 2 et 3, d'azur à la croix tréflée d'or »), et desquels elle vint par alliance en 1830 au MARQUIS FRÉDÉRIC FOURNIER DE BELLEVÜE. Le château de Montreuil appartient actuellement à sa fille, M^{lle} Marie de Bellevüe.

## SEIGNEURIES DE POCÉ ET DE MILLY.

La seigneurie de Pocé, située à 4 kilomètres à l'ouest de la ville de Saumur (Maine-et-Loire), avait juridiction de haute justice et jouissait de droits féodaux importants.

Le vieux château féodal, dont il reste encore le tiers des anciens bâtiments, fut construit vers la fin du XIVᵉ siècle. Il était flanqué de quatre grosses tours, reliées entre elles par une enceinte continue de terrasses et chemins de ronde, couronnés de remparts et entourés de douves. La poterne, à laquelle on accédait par un pont-levis ; le donjon, avec créneaux, machicoulis et meurtrières ; et la partie des bâtiments au nord, qui renfermaient la chapelle, existent encore. Un souterrain reliait ce château à celui de Saumur. Dans la cour intérieure, de grandes caves voûtées servirent de lieu de réunion aux Huguenots, lors des guerres de la Ligue durant lesquelles Pocé soutint plusieurs sièges [1].

La seigneurie de Pocé appartint primitivement à une famille dite *de Pocé*, ramage des comtes d'Anjou, et qui s'armait : « losangé d'or et d'argent. » Elle produisit entre autres un sire de Pocé, chevalier en 1180 ; Marguerite de Pocé, abbesse de Fontevrault en 1284 ; Bonabes de Pocé, chevalier, seigneur de Pocé en 1480, dont la fille, Arthuze de Pocé, épousa, vers 1500, Gilles *de l'Espinays*, seigneur de Villiers (« d'argent au lion de sable »), auquel elle porta Pocé, qui vint ensuite aux *Gouffier* (« d'or à trois jumelles de sable posées en fasce ») ; et Louis Gouffier, duc de Roannez, marquis de Boissy, baron de Doué, pair de France, gouverneur de Poitiers, époux de Claude de Lorraine, vendit, le 11 décembre 1621, les château, seigneuries et fiefs de Pocé, et les moulins de Presles, moyennant 40 000 livres tournois, à Gilles *de Baglion de la Dufferie, seigneur de la Dufferie, de Marson* (« d'azur au lion léopardé d'or, accompagné en chef de trois fleurs de lys d'or, surmontées d'un lambel à quatre pendants de même »), qui avait épousé en 1604 Anne du Bois de Maquillé, laquelle fut marraine en 1632 de la cloche de l'église de Distré, paroisse dont dépendait le château de Pocé. Il eut entre autres :

---

(1) Voir : « Recherches historiques sur la ville de Saumur et les monuments de son arrondissement », par J. F. BODIN, p. 172.

Jacques de Baglion de la Dufferie, chevalier, baron de Pocé, lieutenant-colonel d'Infanterie, mort sans postérité en 1562, et René de Baglion de la Dufferie, baron de Pocé, de Marson, chevalier de l'Ordre et gentilhomme ordinaire de la Chambre du Roi, qui vendit, le 21 octobre 1644, Pocé et Presles à Urbain de Maillé, seigneur de Milly, de Brézé, dit le maréchal de Brézé, gouverneur de l'Anjou, et époux de Nicole du Plessis de Richelieu. Les *de Maillé-Brézé* s'arment : « d'or à trois fasces ondées de gueules ». Le maréchal de Brézé eut une fille, Claire-Clémence de Maillé, dame de Milly, de Pocé, de Brézé, de Marson, baronne de Trêves, qui épousa en 1641 Louis II de Bourbon, prince de Condé, baron de Chateaubriant, dit le *Grand Condé*, et mourut en 1694; son arrière-petit-fils, Charles de Bourbon-Condé, comte de Charolais, vendit le 27 mars 1747 la baronnie de Trêves, avec Milly, Pocé, Marson, moyennant 510 000 livres, à Jean, *comte de Stapleton* (« d'argent au lion de sable »). La famille Stapleton, d'origine irlandaise, était venue en France avec le roi Jacques II Stuart, et s'était fixée au château des Dervalières, près de Nantes. Jean de Stapleton avait épousé en 1733 Agnès O'Shiell, et la baronnie de Trêves, avec Milly, Pocé, etc., fut érigée en comté de Trêves en sa faveur en 1755. Il mourut en 1774, et sa femme lui survécut jusqu'en 1791. Ils avaient eu, entre autres, Hélène-Agnès de Stapleton, dame de Trêves, de Pocé, de Marson, et de la moitié de Milly, qui avait épousé en 1767 Pierre-André *Gohin, comte de Montreuil*, dont la petite-fille, Anna de Gohin de Montreuil, épousa en 1830, Frédéric Fournier, marquis de Bellevüe, auquel elle porta Pocé et la moitié de Milly, qui appartiennent actuellement à leur fille unique, M^lle Marie de Bellevüe, châtelaine de Montreuil.

### Seigneurie du Clos-au-Loup.

Terre noble en la paroisse d'Airel (Manche), avec manoir, dépendances et herbages, qui appartenait au xvii^e siècle aux *Bauquet* (« d'argent au chevron de gueules, accompagné de trois losanges de même »), qui la portèrent par alliance en 1808 aux *Regnault de Bouttemont* (« d'argent à la croix ancrée de sable »). — *Nunc* : maison, avec dépendances et herbages, appartenant à M^lle Gabrielle Regnault de Bouttemont, épouse, depuis 1883, du marquis Xavier de Bellevüe.

### SEIGNEURIE DE LA ROUGERIE.

Maison et métairie nobles avec cour fermée, terres et herbages en la paroisse d'Anneville-en-Saire (Manche). Propriété au XVIIe siècle des *d'Agouay*, elle vint par alliance vers 1680 aux *le Rouge* (« d'argent au chevron d'azur, surmonté d'un soleil de pourpre et accompagné de trois croisettes de sable soutenant chacune une feuille de houx de sinople ») ; portée par alliance en 1790 aux *Bauquet, seigneurs du Clos-au-Loup*, elle est venue également par alliance en 1808 aux *Regnault de Bouttemont* ; et elle appartient actuellement à Mlle Gabrielle Regnault de Bouttemont, épouse du MARQUIS XAVIER DE BELLEVÜE.

### SEIGNEURIE DU GOSSET.

Manoir et métairie noble, avec cour fermée, terres et herbages, situés en la paroisse de Saint-Marcouf-de-l'Isle (Manche). Le Gosset appartenait au XVIIe siècle aux *Pierrepont* (« d'argent au chevron de gueules, accompagné de trois lions de même »), desquels il fut acheté en 1727 par les *le Rouge*, qui l'ont porté en 1790 aux *Bauquet*, et ceux-ci en 1808 aux *Regnault de Bouttemont*. — *Nunc* : à la MARQUISE FOURNIER DE BELLEVÜE, née Gabrielle Regnault de Bouttemont.

# CHAPITRE TROISIÈME

## FILIATION DE LA FAMILLE FOURNIER

### ARTICLE PREMIER

### BRANCHE AÎNÉE

## I

**UGUES FOURNIER, Chevalier, Sire de la Noühe.**

Il vivait avant 1250. Il parut, avec la qualification de « Chevalier » (*Miles*), et comme seigneur de la Noühe (*de Nohâ*), dans un acte passé en 1270 au prieuré de Saint-Thaurin près de la Ferté-Imbault (1). Il est porté au rôle des chevaliers qui vinrent en 1270 à l'hôtel de Foix, avec M^re Renault de la Boissière, comme vassaux nobles du comté de Mâcon et de la châtellenie de Montlhéry.

(1) L'Église collégiale du prieuré de Saint-Thaurin (ou Saint-Taurin), fut fondée en 1164 par Hervé, sire de Vierzon, époux d'Aliénor, dame de la Ferté-Imbault.

Il eut pour fils :

1° JEAN I FOURNIER, qui ayant été arrêté à tort par le prieur de Charlieu et le bailli de Mâcon, fut réhabilité et reçut des dédommagements par arrêt du Parlement de Paris, à la date du 1er novembre 1293. Il est dit dans cet acte « *Joannes Furnerii* » ([1]).

2° GUILLAUME, qui suit;

3° PIERRE I FOURNIER, qui passa, le 16 mai 1301, un acte d'accord avec Bertrand de Guiscard, chevalier, seigneur de la Coste ([2]). Il acheta, le 4 mai 1318, des terres auprès de Tours. Ayant été peu après emprisonné par Gérard du Pont, de la ville d'Orléans, qui avait refusé de recevoir comme paiement d'une dette les espèces qu'il lui offrait et l'avait fait enfermer à Lagny (Oise), Pierre Fournier en appela au Parlement de Paris, qui, par arrêt du 28 mars 1320, débouta Gérard du Pont de ses prétentions et le condamna à payer une indemnité à Pierre Fournier([3]).

4° GEOFFROY FOURNIER, GARDE-SCEL DE LA PRÉVOTÉ DE LA CHAPELLE-GILON, en 1321 et 1329 ([4]).

(1) *Actes du Parlement de Paris*, n° 2831. *Olim*, II, fol. 99 v°.
(2) *Généalogie de la Maison Guiscard ou Quercy*, par D'HOZIER. — Reg. III, p. 230.
(3) *Actes du Parlement de Paris*, n° 6337. Jugés, I, fol. 95 v°.
(4) *Archives du Cher*, fonds de Saint-Etienne.

## II

**G**UILLAUME FOURNIER, Écuyer, Seigneur de la Noühe.

Il épousa *AGATHE*.....

Il vendit vers 1295 des terres à Nicolas d'Orléans, seigneur de Villemain, et à sa femme; et, après sa mort, ceux-ci furent contraints, par un arrêt en date du 20 décembre 1304, à abandonner à sa veuve une rente viagère. « Arrêt condamnant Nicolas d'Orléans et sa femme, « acquéreurs des biens de Guillaume le Fornier, vendus par autorité « de la justice de Vaugirard (*de Vallo-Girardi*), à abandonner, en « viager et à titre de douaire, à Agathe, veuve dudit Fornier, le quart « des biens de son mari, sauf à se faire indemniser sur les deniers pro- « venant de la vente des biens. Il ne s'agit ici que des immeubles pos- « sédés par ledit Fornier quand il contracta mariage » ([1]).

Il est probable, d'après cet acte, que Agathe, femme de Guillaume Fournier, devait appartenir à la famille d'Orléans de Rère.

Elle eut pour fils :

---

([1]) *Arrêts du Parlement de Paris*, n° 3270, *Olim*, III, fol. 108 v°.

# III

## JEAN II FOURNIER, Écuyer, Seigneur de la Noühe.

Il est qualifié de « DAMOISEAU », dans un acte de vente qu'il fit en 1345 à Geoffroy de la Motte, damoiseau, seigneur d'Houé, ou de Boué, époux de Jeanne de Salvert ([1]).

Il épousa demoiselle *Brice PRÉVOST*, fille d'*Emeric Prévost, écuyer, seigneur d'Aizée, et de Berthe d'Ignac* ([2]).

Il eut :

1° JEAN III, qui suit.

---

(1) Bibliothèque nationale. Cabinet des titres, dossier bleu 7311, intitulé « Fournier, seigneurs de Boismarmin ».

(2) La famille *Prévost* est du Berry, où elle posséda dès le XIVᵉ siècle les terres *du Seux, de Touchimbert, d'Aizée, de Lilleau, de Londigny*; elle s'armait : « d'argent à deux fasces de sable. » *Guillaume Prévost, seigneur d'Aizée*, vivait en 1370; *Marie-Anne Prévost de Touchimbert* épousa, vers 1705, Pierre Rousseau, seigneur de Fayolles; *Guillaume Prévost de la Janès, Conseiller au Présidial d'Orléans*, épousa, vers 1700, Marie-Anne Pasquier, et eut : *Marie-Anne Elisabeth Prévost de la Janès*, qui épousa, en 1726, Pierre François d'Orléas de Rère.

2° REGNAUD FOURNIER, ÉCUYER, SEIGNEUR DE LA NOÜHE, AVOCAT DU ROI A BOURGES, de 1350 à 1357, qui, l'an 1358, le lundi après la Pentecôte, passa un acte par-devant Me Jean de Toue, notaire de l'officialité de Bourges. Cet acte, rédigé en latin, est cité au fonds de la châtellenie de la Noühe parmi les pièces qui furent inventoriées le 6 septembre 1486, après le décès de Pierre Fournier, et dont la minute existe à la Bibliothèque nationale (¹).

3° FOULQUES FOURNIER, PRÊTRE, CHANOINE ET PRIEUR DE L'ÉGLISE COLLÉGIALE DE SAINT-TAURIN DE LA FERTÉ-IMBAULT, en 1380. Il eut pour successeur dans cette charge, vers 1402, son neveu Jacques-Pierrre-Foulques Fournier de la Lande (²).

4° PIERRE II FOURNIER, qui épousa *Pline*..... et loua, le 27 avril 1388, à frère Florent Dilles, prieur de Saint-Soulein de Blois, une maison située dans la rue Vasseleur, en la ville de Blois (³).

(1) *Pièces originales*, reg. 1227.
(2) *Cartulaire du prieuré de Saint-Taurin*.
(3) *Archives de la famille Fournier*, acte original.

# IV

## JEAN III FOURNIER, Écuyer, Seigneur de la Noühe, de Villary, de la Lande.

Il épousa vers 1370 *demoiselle De RABEAU*, probablement fille de *Rabeau de Rabeau, chevalier, seigneur de Chabris,* à quelques lieues de la Noühe, et de *demoiselle de la Châtre.*

Il vendit, le 8 décembre 1374, d'accord avec sa femme, la seigneurie de la Noühe et ses dépendances en la paroisse de Selles-Saint-Denis, à Jean Morillon : « Vente faite à Me Jan Morillon par Jehan de « Fournier *(Furnerii)* et de Rabeau *(Rabelli)*, sa compagne, demeu- « rant en la Chapelle-Gilon *(parrochiani de Capella-Gilonis)*, du lieu « et manoir de la Nouhe *(de Nohâ)* avec ses appartenances et dépen- « dances situées en la paroisse de Selles-Saint-Denis *(de Sellis-Sancti-* « *Dionisii)*, à la réserve dependant du pré des Rogons. Ladite vente « faite moyennant quarante francs d'or. Acte passé, quant au dit « Jehan de Fournier, le jeudi après la fête de la Conception de la Bien- « heureuse Vierge Marie; et, quant à la dite de Rabeau, sa femme, le « vendredi suivant, l'an 1374; par-devant Me Jean du Gué *(de Vado)*,

« clerc-juré de l'officialité de Bourges. Signé : *Johannes de Vado* ».
(Sceau perdu) (₁).

Le 27 novembre 1378, Jean de Fournier reçut bail à rente perpétuelle de douze deniers parisis de Monseigneur Guillaume de Harcourt,
chevalier, seigneur de la Ferté-Imbault, des taillis situés près de la
Noühe : « Bail à rente perpétuelle fait le Mercredi après la Saint-Martin
« d'hiver l'an 1378, par noble et puissant seigneur Monsᵉʳ Guillaume
« de Harcourt, chevalier, seigneur de la Ferté-Imbault, à Jehan Four-
« nier, écuyer, de toutes les hayes appartenant au dit seigneur, assises
« entre le bois de Villêmes et le bois de Faubert, tenant aux terres
« de Morillon de Faverolles, à celles de Berthomier de Lessé, et à celles
« de la métairie de la Nouhe, qui était dernièrement au dit écuyer.
« Ce bail fait moyennant la somme de douze deniers parisis, payables
« chacun an au dit seigneur de la Ferté-Imbault ou à son receveur, le len-
« demain de la fête Saint-Georges. Acte passé par devant Mᵉ Imbault
« Buet, clerc-juré, sous le scel de la Cour de la Ferté-Imbault ; Guil-
« laume de la Forest étant bailli de la dite cour ». Signé : I. Buet, avec
paraphe (sceau perdu (²).

Jean de Fournier parut comme un des quinze écuyers de la compagnie de Philippe de la Châtre à la montre faite à Paris le 7 août 1383.

Le 10 avril 1388 « Jean de Fournier, seigneur de Villary », acquit
des héritages près du lieu de la Noühe (³), par acte passé devant Imbault Buet.

Le vendredi 3 mars 1390, il reçut « donation de Mᵍʳ Guillaume
« de Harcourt, seigneur de la Ferté-Imbault, des héritages et biens
« nobles de feu Jehanne, fille de feu Naudin Michon ». Acte passé
devant Mᵉ Imbault Huet (⁴).

Jean III de Fournier mourut avant l'année 1407, époque à laquelle

(1) Acte original, rédigé en latin et sur parchemin, existant à la Bibliothèque nationale.
Pièces originales. Reg. 1227, cote 27462, n° 12, et archives Fournier.
(2) Acte original, rédigé en français et sur parchemin, existant à la Bibliothèque nationale.
Pièces originales. Reg. 1227, cote 27462, n° 12, et acte sur parchemin, aux archives de la famille
Fournier.
(3) *Id.*
(4) *Id.*

on fils aîné, Jean, partagea noblement son frère cadet, Jacques, et sa sœur, Marguerite.

Quelques personnes ont discuté le nom de sa femme. Elles ont cru ire dans l'acte de 1374 « *Babelli* », au lieu de « *Rabelli* », et ont prétendu que ce mot ne serait qu'un nom de baptême « Babeau » ou « Babelle », diminutif d'Isabeau ou d'Isabelle. Mais alors l'acte aurait porté « *Babella* »; et les de Rabeau sont bien dits « *Rabelli* » dans tous les actes les XII^e et XIII^e siècles; entre autres dans des lettres de l'officialité de Bourges du mois de février 1256 portant donation de huit septiers de seigle de rente faite par Hervé de Rabeau, chevalier, seigneur de Dun-le-Poëllier (*Herveus Rabelli, dominus de Duno-Patellarii, miles*), donation qui fut confirmée par Aymeric de Rabeau, chevalier (*Aymericus Rabelli, miles* »).

La famille *de Rabeau* est une des plus anciennes du Berry sous les ressorts de Romorantin et de Vatan. Elle s'armait : « d'or au chef émanché d'azur de trois pièces »; cimier : un léopard dragonné de sinople; supports : deux léopards dragonnés de même (sceau de 1146).

Sa généalogie, qui a paru dans l'*Histoire du Berry*, de M. de la Thaumanière, livre IX, chap. XLII, p. 282, remonte à *Regnaud de Rabeau* (*Rabelli*), vivant en 1046. Elle posséda dans le Berry les seigneuries de Chabris, de Beauregard, de Bouges, de Sembleçay, de la Sauzaye, de Dun-le-Poëlier, de la Haye-Rabeau, d'Aise, de Givry, etc.

Elle a produit entre autres :

*Rabeau, seigneur de Bouges* (*Rabellus de Bolge*), qui fit en 1207 une donation à l'abbaye de Glatigny, en la paroisse de Chabris, et *Rabeau de Chabris* (*Rabellus de Carrobriis*) fut témoin de cette donation.

*Hervé de Rabeau, chevalier, seigneur de Dun-le-Poëlier* (*Herveus Rabelli, miles, dominus de Duno-Patellarii*), fit en 1256 à la même abbaye une donation, qui fut confirmée par *Aimeric de Rabeau, chevalier* (*Aymericus Rabelli, miles*), lequel avait paru sous Châteauroux en 1220 et 1251.

*Rabeau V de Rabeau, seigneur de Chabris*, en 1250, eut :

*Rabeau VI de Rabeau, seigneur de Chabris*, qui fit hommage en 1283 à la comtesse de Blois pour des terres qu'il possédait sous la seigneurie de Vatan.

*Guillaume Rabault*, écuyer, 1454, capitaine de Beaucaire en 1487.

*Gabriel de Rabeau*, seigneur de Beauregard, enseigne des gens d'armes du Maréchal de Saint-André, en 1535.

*Jean Rabeau*, écuyer, seigneur de la *Vau-du-Breuil*, eut de Jacquine de Montloys :

*Pierre Rabeau*, écuyer, seigneur de la *Vau-du-Breuil*, qui épousa en 1563 Andrée Thébault, dame de la Carte, en Poitou.

*Charles I de Rabeau, seigneur de Beauregard, de Chabris, de Launay, maréchal des logis de la Compagnie d'ordonnance du Maréchal de Saint-André,* nommé en 1657 *gouverneur d'Issoudun,* puis *maréchal des logis de la Compagnie de deux cents hommes d'armes de Mᵍʳ le duc d'Orléans ;* il épousa : 1º Barbe de Chamborant, 2º en 1567 Claude de Voisines.

*Charles II de Rabeau, seigneur de Beauregard, de Chabris, de Launay, d'Aise,* fut *gentilhomme de la Chambre du Roi, gouverneur de Mgr le comte de Moret* (fils naturel du roi Henri IV et de Jacqueline du Bueil); il épousa Marie de Boisvilliers, et mourut avant 1653 ; sa veuve testa en 1660. Il avait eu pour fils, de Marie de Boisvilliers : *Claude de Rabeau, seigneur de Givry, capitaine-major des dragons du Roi* en 1647, et *Charles III de Rabeau, seigneur de Beauregard, d'Aise, de Chabris, conseiller du Roi, maréchal de camp* en 1667, *gouverneur de Portlouis, d'Hennebont et de Quimperlé,* mort en 1699, ayant eu : *Charles IV et Marie de Rabeau.*

*Claire de Rabeau* épousa vers 1610 N. Jacquet, seigneur du Courtiou; *Marguerite Rabeau de Beauregard* épousa en 1655 Sylvain de la Châtre; *Claude de Rabeau* était veuve en 1672 de Sylvain de Launay, seigneur de Boisé. — *François de Rabeau,* chevalier, seigneur de Launay, fut maintenu en 1669 sous Châteauroux.

Jean III de Fournier avait eu de demoiselle de Rabeau :

1º JEAN IV, qui suit.

2º COLIN FOURNIER, ÉCUYER, qui parut en qualité d'écuyer, avec son frère Jean, dans la compagnie de Jean Gouffier, à la montre faite au Mans le 28 juillet 1392 (¹). Il mourut sans postérité avant 1407.

3º JACQUES-PIERRE-FOULQUES FOURNIER, SEIGNEUR DE LA LANDE, PRÊTRE, CHANOINE ET PRIEUR DE SAINT-TAURIN DE LA FERTÉ-IMBAULT vers 1402, après le décès de son oncle Foulques Fournier. Il fut partagé par son frère aîné de la seigneurie de la Lande le 30 décembre 1407, et il en fit aveu au seigneur de la Ferté-Imbault, le 4 avril 1411, par-devant Mᵉ Pierre Blanchard, notaire (²). Il acheta, le 28 avril 1428, par-devant Mᵉ Naudin Garnier, notaire, la ferme de la Lande (« le petit lieu de la Lande ») (³). Par son testament, en date du 8 mai 1457, passé par-devant Mᵉ Pierre Sauzay, notaire, et par acte du 7 août 1459, il donna « le lieu noble de la Lande », en Souësmes, à son arrière-neveu Jean V Fournier, fils aîné de Jean et de Guillemette de Fontboutière (⁴). Il mourut le 7 août 1459 (⁵).

4º MARGUERITE FOURNIER, qui fut partagée noblement par son frère aîné en décembre 1407, et vendit la métairie de la Lande (« sa part dans la seigneurie de la Lande ») le 28 avril 1428, à son frère Jacques. Elle avait épousé, par contrat du 22 janvier 1402, *François de Chol*, d'une famille noble du Lyonnais. Elle est dite, dans le contrat de mariage, « fille majeure de noble Jehan Fournier, damoiseau, et tante de Pierre Fournier ». Un des témoins fut Pierre Chappuis, écuyer, seigneur de Condrieu. Elle eut postérité, et nous voyons une de ses descendantes, *Françoise de Chol*, épouser vers 1580 Thomas de Baudran, écuyer, seigneur de la Combe. *François de Chol* était fils de *Jean de Chol*, de la paroisse de Longes (⁶).

---

(1) *Archives du château de la Noühe.*
(2) *Id.*
(3) *Id.*
(4) *Id.*
(5) *Cartulaire du prieuré de Saint-Taurin.*
(6) *Armorial général de France*, de D'HOZIER, V, 242, et archives de la Noühe.

5° HUGUETTE FOURNIER, DAME DE VAUDENAY, qui épousa, vers 1390, *Jean de la Châtre, chevalier, seigneur de Nançay,* fils de *Guillaume, seigneur de Bessigny, de Nançay,* et d'*Agnès de Linières,* dont : *Pierre de Châtre, seigneur de Nançay, de Bessigny, chambellan et maître d'hôtel du duc de Berry, capitaine de Meun-sur-Yèvre,* qui continua la descendance (¹). L'illustre maison de la Châtre, dont la filiation remonte au Xe siècle, s'armait : « de gueules à la croix ancrée de vair. »

(1) *Histoire héraldique du Berry,* par PALLET, p. 168.

# V

## JEAN IV DE FOURNIER, Écuyer, Seigneur de la Noühe, de Villary, de la Chapelle-Gilon.

Il parut comme écuyer, avec son frère Colin, dans la montre faite au Mans le 28 juillet 1392, de la compagnie de Jean Gouffier, seigneur de Bauchenville [1].

Il partagea noblement, par acte passé par-devant Me Chaudeveau, ou Jean Chancebot, notaire de la cour de la Ferté-Imbault, le vendredi après la Nativité de Notre-Seigneur, en l'an 1407, la seigneurie de la Lande, entre son frère Jacques et sa sœur Marguerite. Jacques racheta le 28 avril 1428 la part de sa sœur, comme nous l'avons dit.

Jean de Fournier mourut en décembre 1418.

Il avait épousé vers 1382 *demoiselle Marguerite de BRAYE*, fille de *Thomas de Braye (de Brayâ), chevalier, seigneur de l'Espiais*, qui parut dans un acte du 6 juillet 1370, et de *Guillemette de Champferré*.

---

[1] *Histoire de Bretagne*, de dom Morice, *Preuves*, t. II, p. 602.

Sa veuve reçut, le 16 mars 1419, de son oncle Guillaume de Champferré, donation des biens qui lui avaient été promis par son contrat de mariage; et, le 2 mai 1420, conjointement avec son fils, Jean Fournier, elle reçut d'Imbault de Vertus quittance d'une somme de 200 livres, représentant une rente de 25 livres ([1]).

La famille *de Braye* est originaire du Cotentin, où elle vivait dès le XIe siècle. Une de ses branches s'établit au XIIIe siècle sous le ressort de Romorantin, dans le Berry, et s'éteignit au XVIIe siècle; une autre branche, fixée en Picardie, en 1642, est encore représentée.

Cette famille s'arme : « d'argent au chef de gueules chargé d'un léopard d'or. » Elle produisit entre autres :

*Baudry de Braye, chevalier*, qui accompagna Guillaume de Normandie à la conquête de l'Angleterre en 1066;

*Adam de Braye*, père de *Thibaud de Braye*, qui fit en 1172 une fondation à l'abbaye de Saint-Martin des Champs; *Geoffroy de Braye, chanoine de Vatan*, en 1250 ;

*Ferrand, Tristan* et *Torain de Braye*, qui vivaient sous Romorantin en 1263;

*Guillaume de Braye, seigneur de Barenton, de Cernon, de Rouilly, de la Chapelle-Angebout*, en 1380, eut : *Blanche de Braye*, qui épousa : 1° vers 1360, Guillaume d'Harcourt, seigneur de la Ferté-Imbault; 2° vers 1570, Guillaume de Vasye, seigneur de l'Isle-Savary;

*Marguerite de Braye*, qui épousa Jean du Fresne, et eut parmi ses héritiers, en 1595, son parent Pierre Fournier, seigneur de la Noühe.

Jean IV Fournier eut pour enfants :

1° JEAN V, qui suit.

2° PIERRE III FOURNIER, ÉCUYER, SEIGNEUR DU PORCHE, MAITRE D'HOTEL ET GENTILHOMME DE JEAN DE FRANCE, DUC DE BERRY; né à Saint-Marcel près Argentan (Berry) (*aliàs* : né à Fourchaud). Il assista en 1402 au mariage de sa tante, Marguerite Fournier, avec François de Chol. Il fit actes de foi et d'hom-

---

(1) Bibliothèque nationale. Cabinet des titres, dossier bleu 7311.

mage les 3 et 31 août 1402. Il est cité dans des actes de 1413, 1416
et 1417 comme maître d'hôtel et gentilhomme de la Chambre de
Jean de France, duc de Berry. En 1424, d'accord avec sa femme,
il fonda une vicairerie à l'autel du crucifix dans l'église Notre-
Dame de Fourchaud, par acte passé devant Me Barthélemy
Mareschal, notaire à l'Officialité de Bourges (¹); fondation qui
fut approuvée en 1425 par Mgr Henry d'Avaugour, archevêque
de Bourges (²). Pierre Fournier mourut sans postérité au Porche,
en 1459, et fut inhumé dans l'église de Fourchaud. Sa veuve
fit aveu en 1460 de la seigneurie du Porche à Jean, duc de
Berry (³), et fut inhumée près de son mari dans l'église de Fourchaud.
Pierre de Fournier avait épousé dans cette église, en 1422,
*demoiselle Jeanne de Rolland*, fille de *Pierre de Rolland*,
d'une famille noble du Berry, sous les ressorts de Bourges, de
Châteauroux, de Gien et de la Charité, qui s'armait : « de gueules
au griffon volant d'or, accompagné de trois étoiles d'argent,
deux en chef, une en pointe. » Elle a possédé les seigneuries
de la Croix, du Coudray, de Vineux, des Troches, de Challuy,
d'Arthon, d'Arbourse, du Boisborgne, de Nizerolles, de la Mandonnière, etc. Elle s'est alliée entre autres aux familles de Châ-
tardier, vers 1540; de Voulsy, en 1598; de Thianges, en 1646;
de Grosbois, 1535; de Bonnault, 1580; du Trochet, 1614; de
Saint-Olivier, 1652, d'Etampes, de Sathenat, de Mallony, 1671.
— Elle a produit entre autres : *Guérin Rolland, procureur royal
de Dun-le-Roi*, de 1360 à 1378; *Marguerite de Rolland*, épouse
vers 1350 de Jean de Dorée; *Imbault de Rolland, médecin de
Jean de France, duc de Berry*, en 1380; *Macé de Rolland, pru-
d'homme de la ville de Bourges*, en 1402; *Antoine de Rolland,
gouverneur et capitaine pour la Ligue de Montfort-l'Amaury*,
en 1594; *Marie Rolland*, épouse vers 1520 de Guillaume Campain,
seigneur d'Azenay.

(1) Bibliothèque nationale. Dossier bleu 7311.
(2) *Id.*
(3) *Id.*

*Noël*, seigneur d'Arthon, 1669. — *François*, seigneur du Bois-borgne, 1653.

*Jean de Rolland*, écuyer, seigneur de la Mandonnière, en Luçay-le-Mâle, maintenu sous Châteauroux. R.1669.

*Gabriel de Rolland*, écuyer, seigneur de Nizerolles, né en 1612, main-tenu sous Bourges, 1667, avec son fils *François*, et ses cousins issus de germains, *Henry* et *Charles de Rolland*. — *Pierre*, époux en 1650, d'Anne de Sourches.

*Jacques de Rolland*, seigneur de Venet, épousa : 1º Marie de Lau-nay, 2º en 1718, Anne de l'Age, dame du Broutet.

*Pauline* épousa, vers 1750, Charles de Boisvilliers.

*Charles de Rolland*, chevalier, seigneur de Coulanges, parut sous le bailliage de Blois en 1789.

*Madeleine-Appolline de Rolland* épousa, vers 1765, Charles-François de Boisvilliers, et eut Marie-Charlotte de Boisvilliers, née à Fontenay, diocèse de Bourges, le 13 mars 1768, admise à Saint-Cyr en 1778, qui se fit religieuse.

Pierre de Fournier semble avoir eu pour fille :

MARIE FOURNIER, qui épousa vers 1450 *Colin Nicolas George*, *écuyer, seigneur de Closlemoy et d'Ormay*, échevin de la ville de Bourges en 1474, fils de *Jean, seigneur de Barenthôme, de Saint-Paul, de Mané,* en Berry, conseiller et avocat général du duc de Berry, et de *Philippe Leroy*, laquelle était fille de *Paul Leroy, écuyer, seigneur de Tharieux, de Chennevières, vicomte de Villemenard*, et de *Péronnelle Pellorde*. Il fit hommage en 1460, de fiefs relevant de Mehun, tant en son nom qu'au nom de ses enfants mineurs. Il avait pour frère cadet Jean George, auquel il céda son droit d'aînesse. Sa femme, Marie Fournier, est dite défunte dans un acte de 1477 (¹).

La famille George s'armait : « parti d'argent et de gueules, au lion de l'un dans l'autre, à l'orle de six croix de même. » Cimier : une vierge au naturel, entre un vol; supports : un

---

(¹) *Histoire de Bretagne,* de dom MORICE, *Preuves,* II, p. 1193.

Saint-George armé et un dragon de sinople. — Cri : « Saint-George-le-Noble. »

La famille Leroy s'armait : « de sable à neuf tiercefeuilles d'or. 3. 3. 2. 1. » Elle remontait à Pierre le Roy, qualifié de « *miles* » dans une charte de 1277 ; elle portait au XVIIe siècle le tire de barons de Buxières.

## VI

# JEAN V DE FOURNIER, Écuyer, Seigneur de la Noühe, de Villary, de Moislins, des Allioux, huissier=clerc d'office de Jean de France, duc de Berry, puis Argentier du Comte de Montfort=l'Amaury.

Il était, en 1425, argentier du comte de Montfort.

Il fit aveu, le 18 juillet et le 15 septembre 1446, de la seigneurie de la Noühe et des fiefs de Villary et de Moislins à Catherine de Montmorency, dame de la Ferté-Imbault : « aveu et dénombrement donné « le 15 septembre 1446 par noble homme Jehan Fournier, écuyer, à « très noble et puissante dame Madame Catherine de Montmorency, « dame de Roye, de Beaussault et de la Ferté-Imbault, à cause de son « chasteau, châtellenie et seigneurie de la dite Ferté-Imbault, d'un « lieu, manoir, métairie et hébergement, nommé l'hôtel et métairie « de *Villary*, assis en la paroisse de Souësme. Dans le nombre de ses « censitaires est nommé Jean Marquet, à cause des terres qu'il a « acquises de feu Jean Fournier. Il déclare tenir de la dite dame douze « arpents de pré et trois arpents de bois, assis en la paroisse Saint-Denis

7

« joignant a ceux d'Etienne de Rolland, et aux terres gangnables
« (labourables) de la Nouhe; un étang et autres biens et garenne au
« dit lieu de la Nouhe; plus la grande dixme de la paroisse de Marcilly-
« en-Gaud; plus la petite dixme de blé en la paroisse de Selles-Saint-
« Denis, etc., qu'il tenait en fief de la dite dame. Cet acte passé devant
« Me Jean Dangau, notaire juré de la cour de Vierzon; Archambault
« Charrier étant garde du scel royal de la dite cour de Vierzon. » —
Signé : J. Pavau (le sceau est perdu) (1).

Les 9 décembre 1445, 14 février 1448, 8 mars 1449 et 27 février 1451,
Jean de Fournier passa des contrats d'échanges avec Jean de Villebon
(ou Villedon, ou Villepon), dit « de la Morillère », et reçut l'étang de
Forêt : « échange d'héritages fait le 8 mars 1449 entre Jean Fournier,
« écuyer, et Jean Villepon, dit « de la Morillère », demeurants en la
« paroisse de Selles-Saint-Denis. Le dit Fournier cède au dit de la
« Morillère le grand clos des Bouchardières, tenant au chemin de la
« Nouhe à Sallebris, tenu en censive du seigneur de Châteauvieux;
« et le dit Jean Villepon cède au dit Jean Fournier le pré de Tardillart
« acquis de Huet de Vingues, écuyer, etc. Cet acte passé devant Tassin
« du Bois, notaire juré de la châtellenie de la Ferté-Imbault; Jean
« Norellon, prêtre, étant garde des sceaux de la dite châtellenie. » —
Signé : du Bois, avec paraphe (le sceau est perdu) (2).

Jean V Fournier mourut en 1463.

Il avait épousé, par contrat du 10 juin 1414, , *Guillemette de FONT-
BOUCHIER* ou de Fontboutière, *dame de Launay*, sœur de *Jean de
Fontbouchier, écuyer*, issue d'une famille dont je n'ai pu retrouver les
armoiries, Fontbouchier devant être un nom de terre (Il y avait
dans le Berry une seigneurie de Fontrocher, qui appartint à la fin du
XVIIe siècle à la famille d'Arcemale. Un *Odon de Fontboucher* était
chanoine de Chartres en 1387).

Jean V de Fournier eut pour enfants :

(1) Original sur parchemin. Bibliothèque nationale. Pièces originales, reg. 1227, cote 27462,
nº 14.

(2) Original sur parchemin. Bibliothèque nationale. Pièces originales, reg. 1227, cote 27462,
nº 15.

1º JEAN VI, qui suit.

2º PIERRE IV DE FOURNIER, ÉCUYER, SEIGNEUR DE LA NOÜHE, DES ALLIOUX, dont il fit hommage au châtelain de la Ferté-Imbault, le 6 mai 1480. Il mourut au château de la Noühe, le 20 mai 1485; et, après un inventaire fait à ce château le 6 septembre 1488, ses biens furent partagés le 27 octobre suivant entre ses sœurs, Catherine Fournier, veuve de Jean de Loynes; Marie Fournier, épouse de Jean le François, seigneur de la Huctière; Étiennette, épouse de Clément d'Arcemale; et son neveu Pierre Fournier, mineur et sous la tutelle de son oncle, Robinet d'Orléans. Les exécuteurs testamentaires étaient : Jean de Fontbouchier, oncle ou cousin du défunt; Jean le François, seigneur de la Huctière, son beau-frère, et Robinet d'Orléans, beau-frère de son frère (1).

3º JACQUES FOURNIER, qui était mort sans postérité avant 1483. C'est peut-être le même que Jacques Fournier, conseiller au Parlement de Bourgogne, qui, par lettres royales datées du château d'Amboise, le 17 mai 1470, fut envoyé en ambassade près du duc de Bourgogne (Archives de la Loire-Inférieure. L. 106).

4º MARIE FOURNIER, qui épousa, par contrat du 24 octobre 1468, passé devant Me Bellac, *Jean le François, écuyer, seigneur de la Huctière*, près de Loches. Elle céda, par acte du 6 février 1483, à son frère Jean VI de Fournier et à son neveu Pierre Fournier, sa part dans les successions de son frère Jacques et de sa sœur Guillemette.

La famille *le François* ou *de François* était originaire de Touraine; une de ses branches vint s'établir au XIVe siècle dans le Berry, où elle posséda les seigneuries de Boisgisson, d'Epagne, du Chézeau, de Beauvais, de Vilaines, de Saint-Senon. Elle s'armait : « d'or à trois fasces de gueules, accompagnées de trois

(1) Archives du château de Boismarmin.

étoiles de même en chef », (*aliàs* : « d'azur à la croix pattée d'or, accompagnée de quatre fleurs de lys de même ».) La branche de Beauvais et d'Epagne s'éteignit en 1738, fondue en Beauregard ; celle de Boisgisson se fondit à la fin du xviiie siècle en Dagoret, qui furent autorisés en 1817 à relever le nom de Boisgisson ([1]). Marie Fournier, dans l'acte de partage de la

<hr>

([1]) Nous trouvons parmi les membres de la famille de François :

*François de François, seigneur de la Garenne,* qui eut : 1º *Jacques,* qui suit ; 2º *Léonard.*

*Jacques de François, écuyer, seigneur d'Epagne,* en Mounet-sous-Vatan, *de la Garenne,* qui épousa, vers 1550, Antoinette de Villedon, veuve en 1587, et eut entre autres :
- 1º *François,* qui suit ;
- 2º *Jean de François, écuyer, seigneur du Chézeau,* dont : *Pierre, seigneur du Chézeau,* qui eut : 1º *Paul, seigneur de Pleix, de Soulanges* ; 2º *Marguerite, dame du Chézeau,* qui épousa, vers 1650, Jonathan de Courauld, seigneur de Guérigny, et mourut en 1661, laissant postérité.

*François de François, écuyer, seigneur d'Epagne,* épousa en 1606 demoiselle Vincente de Mussard, ou de Massard, et eut :
- 1º *Jean,* qui suit ;
- 2º *Marguerite,* qui épousa vers 1640 Charles de Mareuil, seigneur de Montifault, dont : Charles *épousa en 1677 Jeanne de Fournier ;*
- 3º *Charles, écuyer, seigneur de Boisgisson,* qui épousa, en 1645, d[lle] Marie Agard, laquelle épousa en secondes noces Louis-Olivier de Sathenat ; il fut maintenu, en 1666, sous l'élection de Bourges ; il fut chef de la branche de Boisgisson, dont le dernier représentant fut *M. de François de Boisgisson, député de la noblesse du Berry aux Etats généraux de 1789,* et dont la fille unique, *Louise-Thérèse de Boisgisson,* épousa M. Dagoret et eut : Auguste-Théodore Dagoret, qui fut autorisé, par décret de 1817, à relever le nom de Boisgisson ;
- 4º *Anne,* qui épousa, en 1640, François de Durbois, seigneur de la Garenne, en Berry.

*Jean de François, écuyer, seigneur d'Epagne,* né en 1610 ; il épousa, en 1642, Anne de Bertier, et fut maintenu en 1666 avec ses trois fils ; il eut :
- 1º *Jean,* qui suit ;
- 2º *François, seigneur d'Epagne,* né en 1648, qui épousa Françoise de Vellard ; laquelle épousa en secondes noces, en 1690, Louis-Dieudonné de Marolles, seigneur de Rabry ;
- 3º *Charles,* né en 1654.

*Jean de François, écuyer, seigneur d'Epagne,* né en 1645, fut maintenu en 1666 et vivait en 1691 ; il eut :
- 1º *Philippe, seigneur d'Epagne,* qu'il vendit en 1705 au marquis de Vatan ;
- 2º *Charles,* qui suit ;
- 3º *Nicolas, seigneur de Beauvais,* en 1705 ;
- 4º *Catherine,* épouse, en 1705, de Jean de la Trolière, seigneur de Beauvallon ;
- 5º *Marie, prieure de Valençay,* en 1705.

*Vincente de François d'Epagne,* épouse, en 1748, de François d'Huissel, seigneur de la Ferté.

*Charles de François, chevalier, seigneur de Beauvais, de Vilaines, de Saint-Senon,* n'eut d'Anne-Angélique de Thiville qu'une fille : *Marie-Charlotte,* qui épousa, en 1738, René de Beauregard, dont postérité.

*Nicole de François des Courtis,* épousa, vers 1865, Louis de Bonnault, châtelain de Montpensier (Cher).

succession de son frère Pierre, le 27 octobre 1488, est dite épouse de Jean le François, seigneur de la Huctière.

5° GUILLEMETTE FOURNIER, dont héritèrent ses frères et sœurs avant 1483.

6° CATHERINE FOURNIER, qui épousa *Jean Pierre de Loynes, chevalier*, fils de *Jacques, seigneur de la Barre*, et de *Marguerite Rousseau*, d'une très ancienne famille de l'Orléanais, issue de *Robert de Loynes, écuyer*, vivant sous Beaugency, en 1353, et qui s'arme : « coupé : au 1, de gueules à la fasce gironnée d'or et d'azur de six pièces, accompagnée de deux vivres d'argent; au 2, d'azur à sept besants d'or, 4 et 3. » Cette famille est encore représentée par les comtes d'Autroche et les barons de Fumichon et du Houlley (¹). Jean de Loynes, époux de Catherine Fournier, versa, le 16 avril 1482, devant Mᵉ Jean du Breuil, notaire à Tremblay, trois cent trente écus d'or à sa belle-sœur, Jeanne Fournier. Sa femme est dite veuve et tutrice de son fils *Jean de Loynes*, dans l'acte du partage de la succession de son frère, Pierre Fournier, le 27 octobre 1488. Ce Jean de Loynes était en 1510 bailli de Beaugency, et eut : *François, président aux Enquêtes au Parlement de Paris*, dont : *Marie*, qui épousa Jean le Normant, seigneur de Mancy.

7° JEANNE FOURNIER, qui reçut 330 écus d'or de son beau-frère Jean de Loynes, le 16 avril 1482, et mourut avant 1483.

8° ETIENNETTE FOURNIER, qui épousa *Clément d'Arce-malle, chevalier, seigneur de l'Ecluze*, d'une ancienne famille du Berry, où on la trouve dès le XIVᵉ siècle, et qui s'armait : « d'azur au chevron d'argent, accompagné en pointe d'un crois-

---

(1) La famille *de Loynes*, dont nous avons à nos archives une généalogie manuscrite, contenant douze pages et composée à la fin du XVIIIᵉ siècle, forma les branches des Berceaux et de la Potinière, en Brie; de la Barre, des Chasteigniers, de Villefavreux, de Porteric et de Mazères, dans l'Orléanais; de Parras, en Berry. — *Jean de Loynes d'Autroche, chevalier d'honneur au Présidial d'Orléans*, en 1750, eut de Marie-Thérèse du Coing : *Jean-Jacques, chevalier, officier aux gardes françaises*, qui épousa, en 1778, Adélaïde d'Orléans de la Villechauve, dont : *Amélie-Félicité de Loynes d'Autroche*, épousa, en 1805, le comte Jacques *d'Orléans de Rère*.

sant renversé de même. » Elle posséda les seigneuries de Marembert, en Trélaire, ou Tremblevie; des Marais; des Landes; de la Frétière; de la Blanchardière, en Villegouin (Indre); de la Grange, en Chitray; de l'Ecluze; du Langon; du Breuil; de Granchamp; de Fontrocher, d'Arembert, dans l'Aunis; etc. Elle s'éteignit en 1795 (¹).

(1) Voici les notes généalogiques que nous avons trouvées sur la famille d'Arcemalle :

Iº. Bernard d'Arcemalle parut comme écuyer en 1360.

IIº. Guillaume d'Arcemalle est dit damoiseau en 1377.

IIIº. Robert d'Arcemalle, seigneur de Maremberg, était époux, en 1410, de Marie de Guilly, dame des Marais, et eut :

IVº. Louis d'Arcemalle, seigneur de Maremberg, de l'Écluze, dont :
  1º Jean, qui suit;
  2º Clément, seigneur de l'Ecluze, qui épousa Catherine Fournier.

Vº. Jean d'Arcemalle, écuyer, seigneur de Marembert, en 1488, eut :
  1º N... d'Arcemalle, seigneur de Marembert, chef de la branche aînée, éteinte vers 1680, après huit générations;
  2º Jean-Baptiste, qui suit :

VIº. Jean-Baptiste d'Arcemalle, seigneur de la Fretière, en 1530, qui eut :

VIIº. Louis d'Arcemalle, écuyer, seigneur de la Blanchardière, qui épousa : 1º Sébastienne Bodot, dame de la Viorne; 2º en 1573, Anne Bodin, fille de François et de Jeanne Limbourg, dont il eut : 1 Henry, baron du Langon, chef de cette branche éteinte en 1769 ; 2º Jean-Baptiste, qui suit; 3º Louis, chef de la branche de la Blanchardière, éteinte vers 1780.

VIIIº. Jean-Baptiste II d'Arcemalle, seigneur de la Grange, du Breuil-Langon, en Saint-Pierre-de-Langon, qui épousa, en 1610, Jacqueline du Pin, fille d'Antoine, seigneur de la Guérivière, et de Jeanne du Val, dame des Ages; il eut :
  1º Louis II, seigneur du Breuil, de Langon, de Grandchamp, qui épousa, vers 1465, Françoise Bonin, dame de la Beaumanière, dont : 1º Suzanne, baptisée le 2 septembre 1647; 2º Françoise, baptisée le 24 avril 1658, qui épousa en 1670 Charles-Louis de Crugy de Marcillac, seigneur du Tillou; 3º Antoine, seigneur de Grandchamp, baptisé le 8 octobre 1651, qui épousa en 1701 Madeleine-Anne Triault, et mourut à Champagné en 1708, dont postérité;
  2º Jean-Baptiste III, écuyer, seigneur de la Grange, du Fief-Barré, de la Forgerie, de la Chabinaudière, qui eut d'Anne Serin : 1º Henry, seigneur de la Touche, dont postérité; 2º Louis III, seigneur du Fief-Barré, qui épousa en 1670 Catherine Merland ou Marsand, et eut postérité; 3º Jacqueline, qui épousa Germain Foucher, seigneur du Gué de Sainte-Flaive, et baron de Sainte-Flaive;
  3º Jacques, seigneur de Langon, qui épousa Claude de Berthou, dame de Lorgerie;
  4º Adam, seigneur des Chaumes, qui épousa Hippolyte Béneteau, dont postérité;
  5º Antoine II d'Arcemalle, écuyer, seigneur de Grandchamp, de Fontrocher, qui eut de Jeanne Jamet : Antoine III, seigneur de Fontrocher, qui épousa Anne Guillemot, et mourut à Champagné en 1702; il fut le trisaïeul de Joachim d'Arcemalle, chevalier, seigneur de Fontrocher, de la Fuzelière, lieutenant à l'armée des Princes, né en 1748, dernier du nom, qui périt dans l'émigration le 17 mars 1795.

Clément d'Arcemalle, époux d'Etiennette Fournier, fut l'un des exécuteurs testamentaires de son beau-frère Pierre Fournier, le 27 octobre 1488; et son frère, Jean d'Arcemalle, seigneur de Marembert, avait été témoin de l'inventaire fait au château de la Noühe, le 6 septembre 1488, à la suite du décès dudit Pierre Fournier.

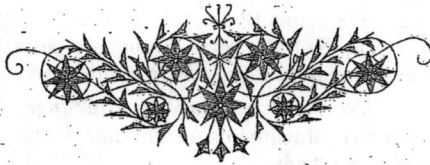

# VII

## JEAN VI FOURNIER, Écuyer, Seigneur de la Noühe, des Allioux, de la Lande, de Chanteloup, de la Chassenaudière, Secrétaire des Guerres au Commandement du Berry.

Il est dit « fils aîné et émancipé de feu Jean Fournier et de Guillemette de Fontboucher », quand il hérita le 7 août 1459 de la seigneurie de la Lande de son grand-oncle Jacques-Foulques Fournier, chanoine, prieur de Saint-Taurin de la Ferté-Imbault.

Le 27 avril 1476, il acheta « de Pierre Gareau, laboureur, demeu-
« rant au village de Montboullant-sur-Saudre, en la paroisse de Salbris,
« une pièce de pré assise sur la rivière de Saudre, partant pour moitié
« avec Guillaume Brethon et Jean du Chesne, qui l'avaient acquis des
« enfants de feu Anthoine Gareau, ses neveux, et chargée d'un denier
« de cens envers le seigneur du Chesne. Vente faite moyennant la
« somme de vingt et une livres tournois. Acte passé devant Me Jean
« Gautheson, clerc-notaire juré en la châtellenie de la Ferté-Imbault;

« Pierre Archeron, licencié en lois, étant garde des sceaux de la dite
« châtellenie. » Signé : J. Gautheron, avec paraphe (Le sceau est
perdu) (1).

Le 1er août 1479, il fit aveu à Guillaume d'Harcourt pour l'étang
de Forest, acheté en 1449 par son père des Villepon de la Morillère (2).

Le 12 janvier 1481, il fit des échanges d'héritages assis au grand
Etang, avec les Villepon, par acte passé devant Me Adam Barangier,
prêtre (3).

Le 26 décembre 1479, il donna à bail les moulins de la Lande à
Pierre Simon, par-devant Me Jean Lorrain, notaire (4).

Le 12 janvier 1481, il (« noble homme Jean Fornier, écuyer, seigneur
de la Nohe ») acheta de Jacques Conighan, écuyer (5), « époux de
« Perrine, trois sextéries de terre, situées au terroir du petit Teillay,
« joignant d'une part au chemin de la Bardelière, d'autre aux terres
« à Prely, d'un bout au chemin de Conflans à Aubigny-sur-Nerre et
« d'autres aux terres d'Etienne Bennyer. Vente faite moyennant la
« somme de douze livres tournois, par acte passé devant Jean Vaully,
« clerc-notaire juré de la châtellenie de la Ferté-Imbault; Hardouin
« Pasteau, licencié-ès-lois, étant garde des sceaux de la dite châtel-
« lenie. » Signé : Vaully, avec paraphe (Le sceau, qui était celui de la
prévosté de Salbris, est perdu) (6).

Le 19 octobre 1482, « il céda à Jean et à Guillaume Pasquier, frères,
« laboureurs, demeurant en la paroisse de Selles-Saint-Denis, la tierce
« partie en la moitié par indivis d'un pré assise en l'étang du dit écuyer
« Jean Fournier, seigneur de la Nohe, joignant le grand pré du lieu
« de la Nohe, et tenant au chemin du village de Faverolles à Saint-
« Genou; et les dits Pasquier cédant au dit écuyer une pièce de pré
« joignant le dit étang. Acte passé devant Me Jean Gautheron, notaire

(1) Bibliothèque nationale. Pièces originales, reg. 1227, cote 27462, n° 17. Original sur parchemin.
(2) Id.
(3) Id.
(4) Id.
(5) Bibliothèque nationale. De Conigan, seigneurs d'Arcenay, d'Aviray, famille de Bourgogne.
(6) Bibliothèque nationale. Reg. 1227, cote 27462, n° 18.

8

« en la châtellenie de la Ferté-Imbault; Pierre Archeron, licencié
« ès-lois, étant garde des sceaux de la dite châtellenie (¹). »

Le 1ᵉʳ avril 1483 « il acheta de Jean Vallée,-demeurant au vilage
« de Faverolles, un pré de deux journaux, appelé le Pré des Bouloces,
« moyennant la somme de douze livres, douze sols, six deniers. Acte
« passé devant Jean du Guéret, notaire en la châtellenie de la Ferté-
« Imbault; Pierre Archeron, licencié ès-lois, étant garde des sceaux
« de la dite châtellenie (²). »

Il est dit dans les actes de 1484 et 1485 « Secrétaire des guerres
au commandement du Berry ».

Il mourut en 1487, et ses enfants, mineurs et orphelins, furent,
par acte du 27 octobre 1488, placés sous la tutelle de leurs oncles
Clément d'Arcemalle, Jean de Fontboucher, seigneur de Launay, et
Robinet d'Orléans, seigneur de Bastarde. Pierre Fournier, son fils
mineur, reçut les seigneuries de la Noühe, de la Lande, des Allioux,
de Monteltier, de Saint-Genou. Vu l'importance de cet acte, nous le
citons en entier :

« Partage original sur parchemin, fait le 27 octobre 1488 entre
« noble homme Robinet d'Orléans, écuyer, seigneur de Rère, au nom
« et comme tuteur de Pierre Fournier, fils mineur de feus Jean Four-
« nier, écuyer, seigneur de la Noühe, et de demoiselle Louise d'Orléans,
« sa femme, d'une part; et demoiselles Catherine Fournier, veuve de
« Jean de Loynes, écuyer, Marie Fournier, femme de Jean le François,
« écuyer, seigneur de la Hutière (ou de la Cloutière), et Etiennette
« Fournier, femme de Clément d'Arcemalle, écuyer, seigneur de
« l'Escluze; les dites demoiselles Marie et Etiennette autorisées des dits
« écuyers, leurs maris, présents; et aussi en présence de nobles gens
« Jean de Fontboucher, écuyer, seigneur de Launay, coadjuteur
« du dit tuteur, et Jean d'Arcemalle, écuyer, seigneur de Marembert,
« parents et amis des parties; — des biens, métairies, cens, rentes,
« terres, seigneuries et héritages, ci-après déclarés. Par lequel est échu
« au dit Pierre Fournier, mineur, pour tous droits de succession des

(1) Bibliothèque nationale. Pièces originales, reg. 1227, cote 27462, note 19.
(2) *Id.*

« dits défunts Jean Fournier et demoiselle Louise d'Orléans, ses père
« et mère, et autrement, le lieu, manoir et appartenances *de la Noühe*,
« avec le grand étang du dit lieu, etc; plus le lieu, manoir et métairie
« *de la Lande,* étant du patrimoine du dit mineur à cause de son dit
« feu père; le lieu et métairie *des Allioux*; le lieu et la dixme de *Bornevaux*;
« le lieu et la dixme de *Verrières*; la petite dixme des Landes; le lieu,
« château et héritages de *Monteltier*, qui avaient été acquis ci-devant
« par Jean Fournier, l'aîné, et Pierre Fournier, de Jean Moret et sa
« femme; et la maison de *Saint-Genou*, acquise de feu Jean des Nohes.
« A cause desquels héritages de Montelletier et maison de Saint-Genou
« le dit mineur sera tenu d'acquitter, à la décharge des dites demoiselles,
« trois septiers de blé de rente pour trois anniversaires fondés par le
« testament de feu Pierre Fournier et trente sols tournois fondés par
« le testament de feu Jean Fournier, le jeune; et plus tous les héritages
« qui pouvaient appartenir aux dites parties de successions et de con-
« quêts aux paroisses de Selles-Saint-Denis, Sallebris, Teillay et Mar-
« cilly-en-Gault, à l'exception de ce que le dit feu Pierre Fournier,
« oncle du dit mineur, avait ci-devant acquis de Robinet Vaillant,
« et qui reste en partage aux dites demoiselles Catherine, Marie et
« Etiennette Fournier, auxquelles est demeuré de la succession colla-
« térale du dit feu Pierre Fournier, leur frère, le lieu et métairie de
« *Villary*, assis en la paroisse de Souësme, avec tous autres héritages
« que les dits défunts Jean et Pierre Fournier, frères, possédaient en
« la dite paroisse de Souësme, à la réserve du dit lieu et métairie de la
« Lande et autres héritages demeuré au dit Pierre Fournier, mineur.
« Comme aussi est demeuré aux dites demoiselles le lieu, manoir et
« appartenances de *Chantelou*, assis en la paroisse de Blanquafort;
« les cens, rentes, coutumes et terrages, qui appartenaient aux dits
« défunts, et les cens qui furent à feu Jacques Foulques tant à Coulons
« qu'à Blanquafort; et tout ce que les dits défunts, Jean et Pierre Four-
« nier, possédaient en la paroisse de Blanquafort; plus le lieu et métairie
« de la *Chassenaudière*, en la paroisse de Saint-Goudon; plus le droit
« de péage de Sully, partant avec le François de Drunay; la terre et
« seigneurie de *Brion*, au comté de Joigny, partant par indivis avec
« le dit de Prunay. Il est dit que, de tous les biens meubles, le dit

« Pierre Fournier, mineur, en aurait la quatrième partie; et les trois
« autres parts aux dites demoiselles, ses tantes; que le dit mineur sera
« tenu de payer aux dites demoiselles quinze livres tournois (environ
« 1500 francs monnaiea ctuelle) pour leur aider à acquitter la somme de
« quatre-vingts livres tournois que le dit feu Jean Fournier, père du
« dit mineur, avait légué par son testament à Pierre Fournier, son
« bâtard, à prendre sur la dixme du Buc; que les dites demoiselles seront
« tenues d'acquitter et accomplir le testament du dit Pierre Fournier,
« leur frère, et de payer ce qui restait dû par les testaments de leurs
« défunts frères. — Cet acte passé devant Jean du Guéret, clerc-
« notaire juré de la châtellenie de la Ferté-Imbault; Hardoin Pasteau,
« licencié ès-lois, étant garde des sceaux de la dite châtellenie. » —
Signé : du Guéret, avec paraphe (Le sceau est perdu) (¹).

Jean VI Fournier avait épousé par contrat du 30 septembre 1480,
passé devant Samson et Davy et sous le scel de Paluau (²), *demoiselle
Louise d'ORLEANS DE RÈRE*, fille de *Pierre d'Orléans, chevalier,
seigneur de Rère, de Bastarde, d'Aubefons, de la Cour-de-Ligny*, et de
*Matheline de Tranchelion*, celle-ci fille de *Bertrand de Tranchelion, chevalier, seigneur de Marteau*, en Clion, sous Châteauroux, et de *Jeanne de
Saint-Julien*, et que Pierre d'Orléans avait épousée par contrat du
21 juillet 1420.

La famille *d'Orléans de Rère* est une des plus illustres de l'Orléanais
et du Berry, où elle est encore représentée au château de Rère, en la
paroisse de Teillay, près de Pithiviers (Loiret). Elle s'arme : « d'argent
à trois fasces de sinople accompagnées de sept tourteaux de gueules
posés trois et trois entre les fasces et un en pointe ». Supports : deux
anges. Cimier : un ange issant. Devise : « *Cunctis nota fides* (³). »

(1) Bibliothèque nationale. Pièces originales, reg. 1227, cote 27462, n° 27, et archives Fournier,
(2) Bibliothèque nationale. Pièces originales, reg. 1227, cote 27462, n° 27, et archives de Boismarmin.
(3) La généalogie de la Maison d'Orléans de Rère existe dans l'*Armorial général de France*, de
D'HOZIER, reg. III, p. 731 à 842; et elle a été refaite par M. de Vassal en 1889 : grand in-8° de
216 pages. — Elle remonte au moins au xᵉ siècle, car son premier auteur connu, *Albéric d'Orléans*,
était qualifié de vicomte dès l'an 966.
Elle a possédé les seigneuries de Champigné, en Anjou; de Cléry, de Donnery, de Montpipeau,
de Charsonville, de la Cour-de-Ligny, de Perthuis, de Rère, de Bastarde, de la Grange, du Breuil,

La famille *de Tranchelion*, maison noble du Berry, s'armait : « de gueules au lion d'or, percé au cœur à dextre d'une épée, ou poignard, d'argent. » Elle s'est alliée, entre autres, aux familles de Saint-Julien de la Tour-du-Breuil, du Cormier, de Tracy, de Montefran, de Souësme, dans l'Orléanais et le Berry. Ses membres furent titrés vicomtes dès le x<sup>e</sup> siècle; puis barons de Preuilly, comtes et vicomtes d'Orléans.

Nous remarquons : *Foucher d'Orléans, chevalier croisé pour la première croisade*, tué à la bataille de Nicée en 1096; *Eudes d'Orléans, chevalier croisé* en 1167; *Payen d'Orléans, chevalier croisé* en 1199, tué en Palestine en 1224; *Jean d'Orléans, chevalier*, assista à la bataille de Bouvines en 1214.

La branche de Rère remonte à :

XIII°. *Jean I d'Orléans, chevalier, seigneur de Rère* par son mariage vers 1350 avec demoiselle héritière de Rère. Il eut :

XIV°. *Geoffroy d'Orléans, chevalier, seigneur de Rère*, qui eut, entre autres, de Jeanne d'Autry :

XV°. *Pierre d'Orléans, chevalier, seigneur de Rère, d'Aubefons, de Bastarde, de la Cour-de-Ligny*, qui épousa, par contrat du 21 juillet 1421, Matheline de Tranchelion, fille de Bertrand, chevalier, seigneur de Marteau, et de Jeanne de Saint-Julien. Elle reçut 1500 livres tournois de dot, et vivait veuve en 1461 et 1466, ayant eu :

1° *Robinet*, qui suit;

2° *Isabeau*, qui épousa en 1452 Guillaume Raboutin, seigneur de la Garenne, et reçut 100 écus d'or de dot;

3° *Catherine, dame de la Grange, de Bastarde*, qui épousa : 1° Jean d'Aucmay; 2° le 30 décembre 1470, Odon de Périgord; 3° avant 1482, Hugues de Signy, chevalier, seigneur du Liège, dont elle était veuve en 1500;

4° *Louise d'Orléans*, qui épousa par contrat du 30 septembre 1480 JEAN III FOURNIER, seigneur DE LA NOÜHE, DE LA LANDE, etc., et mourut veuve au commencement de l'année 1488, ayant eu postérité;

5° *Etienne d'Orléans, curé de Teillay*, en 1500;

6° *Guillemine d'Orléans*, épouse en 1485 de Philippe de Rivaudu, écuyer, seigneur de la Motte de Pierrefite, et reçut de dot 100 livres tournois.

XVI°. *Robinet d'Orléans, chevalier, seigneur de Rère, de Bastarde, de la Cour-de-Ligny, de la Grange, du Breuil, d'Aubefons*, vendit en 1478, moyennant 480 écus d'or, la Cour-de-Ligny à Jean Hue, drapier à Orléans. Il épousa, par contrat passé au château de Bastarde, en la paroisse de Pruniers, sous Romorantin, le 23 août 1482, Jeanne de Signy, dame du Breuil, fille de Louis, et de Jeanne d'Augustin, qui reçut 1600 livres tournois de dot. Il mourut avant 1507, et elle vers 1544, ayant eu :

1° *Jacques*, qui suit ;

2° *Jean, seigneur de Rère*, mort sans postérité en 1563;

3° *Marguerite*, qui épousa, par contrat du 1<sup>er</sup> décembre 1500, Olivier de Maignac, et mourut en 1508;

4° *Catherine*, qui épousa, par contrat du 19 septembre 1508, Charles de la Chatre, seigneur de Paray.

XVII°. *Jacques I d'Orléans, chevalier, seigneur de Bastardes, de la Grange, de Rère, d'Aubefons*, épousa, par contrat du 23 février 1522, Jeanne Asse, dame de la Balluère et du Puymoreau, veuve en 1544, et eut :

1° *Jean II*, qui suit;

2° *Louis*, mort sans postérité en 1563;

vers 1395, de Brillac en 1440, de Bertrand en 1446, de Marais en 1561, de Guénan du Breuil en 1587, de Richebourg en 1615, de Bollène en 1648. Ses membres furent titrés barons de Sénevières, en Touraine,

3° *Pierre, chevalier, seigneur du Breuil, du Puymoreau, chevalier de l'Ordre du Roi*, mort sans postérité en 1607;

4° *Anne*, qui épousa en 1541 François de Mathefelon, seigneur de Grammont.

XVIII°. *Jean II d'Orléans, chevalier, seigneur de Rère, de Bastarde, d'Aubefons, de Souesme, baron de Preuilly, écuyer et conseiller du duc d'Anjou* en 1568, *chevalier de l'Ordre du Roi et gentilhomme de sa chambre* en 1570, *maître des eaux et forêts de Romorantin et de Millançay, gouverneur de Romorantin.* Il épousa, le 5 avril 1554, Gabrielle de la Marche, dame du Plessis. Il acheta en 1578 la baronnie de Preuilly, en Touraine, et la châtellenie de Souesme. Il mourut à Etampes, le 13 novembre 1584, ayant eu :

1° *Jacques d'Orléans, chevalier, seigneur de Bastarde, de la Grange de Rère, gouverneur de Romorantin, chef royaliste sous la Ligue, capitaine de cent chevau-légers, chevalier de l'Ordre du Roi, maître des eaux et forêts de Romorantin et de Millançay,* mort en 1596, ayant eu : Mesdames de Bourzolles et Brun de Magnon;

2° *Louis*, qui suit;

3° *Madeleine, baronne de Preuilly, dame de Souësme, du Puymoreau*, qui épousa : 1° le 20 décembre 1581, Edme du Pé, baron de Tannerre, mort en 1594; 2° Jean de Courtenay; et vivait en 1622;

4° *Gabrielle*, qui épousa, le 28 octobre 1584, César des Roches.

XIX°. *Louis d'Orléans, chevalier, seigneur de Rère, de Bastarde, d'Aubefons, etc., capitaine de 50 chevau-légers et de deux compagnies d'infanterie, gouverneur royaliste de Villeneuve-le-Roi, chevalier de l'Ordre du Roi*, épousa en 1586 Edmée de Montjouan, dame de Vic, fille de Louis et de Louise de la Chastre. Il mourut en 1612, ayant eu :

1° *Pierre II*, qui suit;

2° *Jacques III*, chef de la branche du Plessis-de Rère, qui s'allia aux familles Gallant en 1615, Carré d'Anjoïn en 1640, de Vélard en 1666, du Moulin en 1647, de Bonnefond en 1673, de Mathefelon en 1674, et s'éteignit vers 1690;

3° *Louis, seigneur du Breuil, capitaine d'infanterie*, mort sans postérité en 1636;

4° *Louise*, qui épousa : 1° en 1605, Gaspard de Courtenay; 2° en 1616, François de Tenance, baron de Champinel;

5° *Gabrielle*, qui épousa en 1619 René Allemant, seigneur de Concrenault.

XX°. *Pierre II d'Orléans, chevalier, seigneur de Rère, de Bastarde, de la Tour du Breuil, du Cormier, gouverneur de Villeneuve-le-Roi, chevalier de l'Ordre*, qui épousa, le 17 février 1614, Diane Gaillart, dame de la Motte-d'Haineau; il mourut le 1er avril 1632, elle en 1654, ayant eu :

1° *Louis*, mort sans alliance en 1643;

2° *Pierre III*, qui suit;

3° *Michel*, mort sans alliance en 1653;

4° *Louise*, qui épousa en 1641 René le Fuzelier, *seigneur de Cormeray*;

5° *Charlotte, religieuse à Menetou-sur-Cher*, en 1638, morte en 1658;

6° *Marguerite, prieure de Menetou-sur-Cher*, morte en 1712, âgée de quatre-vingts ans.

XXI°. *Pierre III d'Orléans, chevalier, seigneur de Rère, de Tracy, de Charnay, etc., capitaine*, épousa, le 8 février 1648, Catherine le Chat, fille de Gabriel, chevalier, seigneur de Tracy, et de Catherine de Bonnault. Il fit rebâtir vers 1660 le château de Rère, et mourut le 7 août 1688, ayant eu entre autres :

et ont possédé les seigneuries de Tranchelion, en Villegongis; de Marteau, en Clion. *Antoinette de Tranchelion, dame héritière de Marteau,*

1° *Jacques*, qui suit;

2° *François*, chef de la branche de Tracy, qui s'allia aux Ladmirault en 1696 et 1727, et s'éteignit vers 1730;

3° *Marie-Catherine*, qui épousa en 1696 François d'Etampes, chevalier, seigneur de la Motte.

XXII°. *Jacques IV d'Orléans, chevalier, seigneur de Rère, officier de cavalerie*, épousa le 11 janvier 1684 Elisabeth de Berthereau; sa femme mourut en 1708, et lui en 1710, ayant eu :

1° *Jacques V*, qui suit;

2° *Pierre-François*, chef de la branche de la Villechauve, alliée aux Prévost de la Janés en 1726, de Beaumarchais en 1757, de Loynes d'Autroche en 1778;

3° *Louis, seigneur de la Bretonnière, lieutenant d'infanterie,* tué en duel à Lille en 1723;

4° *Marie-Thérèze*, qui épousa en 1722 Louis David de Conflans, seigneur de Perthuy.

XXIII°. *Jacques V d'Orléans, chevalier, seigneur de Rère, de Montefran, lieutenant d'infanterie*, né à Valenciennes le 12 novembre 1686, épousa : 1° le 14 avril 1714, Marie-Catherine Midou de Cormes; 2° le 25 janvier 1717, Madeleine Lambert de Cottinville. Il mourut le 13 novembre 1726. Ce fut lui qui, interrogé un jour à Versailles d'une façon sarcastique par le Régent de France, Philippe duc d'Orléans, sur la parenté qui pouvait exister entre leurs deux familles, lui fit cette fière réponse : « Monseigneur, je n'ai pas l'honneur d'appartenir à votre famille; mais nous étions vicomtes d'Orléans bien avant qu'on en connût les ducs ». Il eut :

XXIV°. *Jacques-François d'Orléans, chevalier, seigneur de Rère, de Montefran, officier, chevalier de Saint-Louis*, né le 20 avril 1723, qui assista comme lieutenant à la bataille de Fontenoi en 1745, et épousa, le 23 novembre 1745, Marie-Françoise de Troyes. Il mourut au château de Rère, le 30 avril 1770, ayant eu :

1° *Jacques-Guillaume*, qui suit;

2° *Pierre, vicomte d'Orléans de Rère, officier d'infanterie*, puis *capitaine de vaisseau, chevalier de Saint-Louis*, qui fut admis aux honneurs de la Cour le 16 mai 1787, fit en émigration la campagne des Princes, et mourut à Orléans, en mai 1819, sans postérité de d$^{lle}$ de la Touche de Tréville;

3° *Marie-Dubienne*, qui épousa Pierre de Gyvés.

XXV°. *Jacques-Guillaume d'Orléans, comte d'Orléans, seigneur de Rère, lieutenant des Maréchaux de France à Romorantin*, né le 8 août 1746, épousa, le 11 mai 1774, Marie-Félicité Bidé de Chezac, et fut tué dans une émeute à Orléans le 17 septembre 1792, ayant eu :

1° *Jacques-Marie*, qui suit;

2° *Augustin-Charles, chevalier de Malte, maire de Teillay, conseiller général du canton de Salbris*, né le 18 novembre 1779, mort à son château de Rère le 13 juillet 1850.

XXVI°. *Jacques-Marie, comte d'Orléans de Rère*, né en 1777, épousa, le 2 mai 1805, Aurélie-Félicité de Loynes d'Autroche, fille de Jean-Jacques, officier aux gardes françaises, et d'Adélaïde-Marie d'Orléans de la Villechauve. Il mourut le 22 février 1855, ayant eu :

1° *Albéric*, qui suit;

2° *Gabriel-Charles-Joseph, vicomte d'Orléans de Rère*, né le 22 juin 1825; mort au château de la Porte en mai 1907;

3° *Félicité-Laurence*, qui épousa en 1835 le comte O'Riardan, dont : Rachel et Donald.

XXVII°. *Albéric, comte d'Orléans de Rère, châtelain de Rère, chef d'escadron d'Etat-major, officier de la Légion d'honneur*, né le 6 mars 1822, qui a épousé le 9 juillet 1861 Louise Gudin, fille du général comte Gudin.

épousa, vers 1450, Guillaume de Bertrand, et eut : Jeanne de Bertrand, dame de Marteau, qui épousa vers 1480 Jean de Coigne, écuyer. *Anne de Tranchelion* était en 1449 épouse de Pierre de Brilhac, seigneur d'Argy.

*Charles de Tranchelion, seigneur de Palluau,* mort en 1514, eut : 1º *Pierre, seigneur de Rochefort*; 2º *Antoine, abbé de Vernusse et de Saint-Genou*; 3º *Guillaume, prieur de Saint-Hilaire*, près de Linières, en 1524; 4º *Charlotte,* qui épousa en 1524 Claude de Beauvilliers, comte de Saint-Aignan.

*Perrine de Tranchelion,* épousa au XVᵉ siècle Odet de Bellaire, seigneur de Cangy.

*Gabriel de Tranchelion, baron de Sénevières, chevalier de l'Ordre du Roi et gentilhomme de sa chambre,* eut de Renée de Marai : *Antoinette de Tranchelion,* qui épousa, le 26 septembre 1587, Charles Guenant, écuyer, seigneur du Breuil.

Louise d'Orléans de Rère, veuve de Jean VI Fournier, mourut au commencement de l'année 1488. Elle avait eu :

1º PIERRE V, qui suit; et *peut-être* :

? 2º GUILLAUMETTE FOURNIER, qui épousa en 1510 *Jean de Niort, baron de Niort,* d'une ancienne famille qui s'armait : « d'azur à trois chevrons brisés d'or, accompagnés de trois étoiles d'argent, 2 et 1. » Elle eut pour fils : *Jean de Niort,* qui épousa en 1542 Louise d'Aiguebele, baronne de Bélesta, dont postérité, éteinte au commencement du XIXᵉ siècle.

? 3º ANNE FOURNIER, qui épousa *Pierre le Lavandier,* fils de *Jean* et de *Marie Bidault,* d'une famille d'Argenton (Indre), qui s'armait : « d'azur au chevron d'or accompagné de trois gerbes de blé de même. » Elle eut pour fils : *Jean* et *François le Lavandier,* qui épousèrent leurs cousines, Mˡˡᵉˢ Bidault, nièces de Messire Jean Bidault, curé-doyen de Bourges, dont elles héritèrent en 1563.

Nous trouvons plus tard :

*François Lavandier*, seigneur de Villaines, en 1636; *Antoine-Armand Lavandier*, seigneur de Villaines, de la Forêt, lieutenant de Maréchaussée, en 1696, époux de Madeleine Dulet, inhumé dans l'église de Celon, en 1711; *Charles Lavandier*, seigneur de Villaines, en 1734, époux d'Anne Perron; *André Lavandier*, seigneur de Villaines, 1778, époux d'Anne Marandon.

? 4° JEANNE FOURNIER, qui épousa par contrat du 11 mai 1531 *Pierre le Clerc, écuyer, seigneur des Roches*, fils de *Mèry, seigneur des Roches, capitaine du château de Sablé*, et de *Renée Merlet* (¹); d'une ancienne famille actuellement représentée par les le Clerc de Juigné, de Lesseville, etc., qui s'arme : « d'argent à la croix engreslée de gueules, cantonnée de quatre aiglettes de sable. » Devise : « *Ad altá.* »

Jean VI Fournier eut, en outre, un enfant naturel, PIERRE, auquel il laissa par testament 80 livres tournois.

(1) Généalogie de la famille le Clerc de Juigné.

# VIII

# PIERRE V FOURNIER, Chevalier, Seigneur de la Noühe, de la Lande, des Allioux, de Monteltier, de Saint-Genou, de Champtembre.

Né à Saint-Marcel, près d'Argenton (Indre), vers 1482, il était mineur et orphelin sous la tutelle de ses oncles Robinet d'Orléans et Jean de Fontboucher, lors du partage de la succession de ses père et mère, le 27 octobre 1488.

Le 17 mai 1529, devant Eutrope Margat, notaire à Pierreffite-sur-Saudre, il fit constitution de 15 livres tournois de rentes à Pierre de Sorbier, écuyer, seigneur du Bois (Arch. Fournier).

Il passa, le 4 avril 1532, un acte de cession et d'accord avec son beau-frère, François Foyal, écuyer, seigneur d'Herbault, et Clément Pasquier, par-devant Claude de la Fontaine, clerc-notaire juré de la châtellenie de la Ferté-Imbault; Denis du Pont, licencié ès-lois, bailli de la Ferté-Imbault, étant garde des sceaux à la dite châtellenie (¹).

(1) Bibliothèque nationale. N° 28.

Il acheta des Buet, de Bicherieux, le 16 avril 1533, moyennant 40 livres tournois, et par acte passé devant Taurin Harnet, notaire de la châtellenie de la Ferté-Imbault, Denis du Pont, licencié ès-lois, bailli de la Ferté-Imbault, étant garde des sceaux de la dite châtellenie, la sixième partie du pré dit des « Rougerans », joignant la rivière de Saudre (¹).

Il avait reçu de son parent Jean du Fresne, époux de Marguerite de Braye, par testament en date du 12 mars 1519, passé devant Me Jean Pipault, prêtre et notaire, « tous ses biens et héritages assis au Chezau de Monteltier, en la paroisse de Selles-Saint-Denis, sous la juridiction de la Ferté-Imbault (²) »; et dans des actes du 31 mai et du 7 juin 1535, passés devant Adam de la Fontaine, notaire à Romorantin, il est dit héritier pour la quatrième partie des héritages de feus Jean du Fresne et de sa femme, les autres héritiers étant « prudent homme » Jacques Breton, Clément Pasquier, Jean Blanchet et Guillaume du Fresne. Il reçut pour sa part les bâtiments et héritages situés au lieu de *Monteltier* (sentence rendue le 7 juin 1535 par Pierre Nay, licencié ès-lois, lieutenant général du bailliage de la Ferté-Imbault, portant entérinement du partage fait le 31 mai précédent par Macé Villepon et Guillaume Lubier. Cette sentence, signée C. Frédilly, fut représentée par « vidimus », fait le 22 juillet 1572 sur l'expédition originale, par Jacques Maignen et Adam de la Fontaine, notaires royaux jurés de la châtellenie de Romorantin, en présence de David Marie, sergent royal au bailliage de Blois, et de Jacques Arragon, clercs, demeurant au dit Romorantin. — Acte original sur parchemin, signé : de la Fontaine et Maignen, avec paraphe (³).

Pierre V Fournier mourut en 1548, comme le prouve l'acte de partage fait le 22 octobre 1548 entre ses enfants : François, l'aîné; Jean, l'aîné; François, le jeune; Jean, le jeune, et Charles Fournier, frères.

---

(1) Bibliothèque nationale. N° 29.
(2) *Id.* N° 29, et archives Fournier.
(3) *Id.* N° 30.

Il avait épousé, par contrat du 8 avril 1516, passé devant Jean le Breton, notaire à Orléans, *demoiselle Françoise FOYAL*, fille de *Nicolas Foyal, écuyer, seigneur d'Herbault, d'Allonnes, conseiller, maître d'hôtel du Roi, chevalier de son Ordre*, et de feue demoiselle *Marguerite de Lodières*. Elle reçut en dot 2 000 livres tournois. Nicolas Foyal d'Herbault était fils de Guyot, écuyer, seigneur d'Herbault, baron d'Ivry, et de Marie de Boyau, dame de Fay-aux-Loges.

La famille *Foyal*, noble d'ancienne extraction dans l'Orléanais, s'armait : « de gueules à quatre chevrons d'argent. » Cimier : une lance ailée. Devise : « *Virtus addidit alas.* » Elle s'éteignit vers 1770, fondue en Vezeaux (¹).

(1) La généalogie de la *famille de Foyal* est insérée dans l' *Armorial de la Chesnaye des Bois*, t. V, p. 153. Elle a possédé les seigneuries d'Herbault, en Sologne; d'Ivry, d'Allonnes, de Donnery, de la Sourdière, de Saint-Lubin, etc., dans l'Orléanais. Ses membres furent titrés barons d'Ivry dès le xive siècle et marquis d'Herbault. Leurs alliances sont avec les familles de Boyau, 1445; de Lodières, 1470; de la Baume d'Aucoich,1534; de Beauviliers, 1480; de Dammartin, 1495; de l'Huillier, Raguier, 1565; du Refuge, 1599; Sain de Rochefort, 1603; de Pâris, 1616; de Groizil, 1640; de Cambray, 1662; de Savoie, 1690, de Bégon, 1714; de Laumoy, 1732; du Moulin de Rochefort, 1737; Danguy de Vau, 1760; de Beaumont, 1765; enfin de Vezeaux vers 1770.

Nous trouvons entre autres :

Iᵒ. *Jean I Foyal, seigneur d'Herbault*, en 1400, dont :

IIᵒ. *Guyot Foyal, seigneur d'Herbault, d'Allonnes, baron d'Ivry*, qui épousa en 1445 Marie Boyau, dame de Fay-aux-Loges, fille de Jacques et de Jeanne Bellones, et eut :

1ᵒ *Nicolas I*, qui suit;

2ᵒ *Jean II*, chef de la branche de Donnery, d'Allonnes, de la Sourdière, qui suivra;

3ᵒ *Louise*, qui épousa vers 1480 Robert de Beauvilliers, chevalier, seigneur de Morsans.

IIIᵒ. *Nicolas Foyal, chevalier, seigneur d'Herbault, d'Allonnes, conseiller, maître d'hôtel de la Chambre du Roi et chevalier de ses Ordres*, épousa, vers 1470, Marguerite de Lodières, morte en 1516, et eut :

1ᵒ *Françoise*, qui épousa le 8 avril 1516 *Pierre Fournier, seigneur de la Noühe*, et vivait veuve en 1548 et 1560, dont postérité;

2ᵒ *Louis*, qui suit :

IVᵒ. *Louis Foyal, chevalier, seigneur d'Herbault*, en 1557, eut :

1ᵒ *Annibal, seigneur d'Herbault*, mort sans postérité en 1591;

2ᵒ *Jeanne, religieuse à N.-D. de Romorantin*, en 1589.

— Branches de Donnery, d'Allonnes, de la Sourdière, de Nanteau :

IIIᵒ. *Jean II Foyal, écuyer, seigneur de Donnery, de Vernillon*, épousa à Orléans, en 1495, Jacquette de Dammartin et eut :

1ᵒ *Jacques I*, qui suit;

2ᵒ *Marie*, qui épousa *Guillaume de la Rable*, seigneur du Lude, dit proche parent des enfants mineurs de Pierre Fournier, actes de 1557 et 1560.

Françoise Foyal d'Herbault, veuve de Pierre Fournier, vivait encore en 1560.

IV°. *Jacques I Foyal, écuyer, seigneur d'Allonnes, de Donnery,* qui épousa à Jargeau, en 1534, Jeanne d'Aucoy, fille de Jacques, seigneur de Fay-aux-Loges, et de Marguerite de Saintville, et parut comme parent des dits mineurs, 1557 et 1560. Il eut :

V°. *François I Foyal, écuyer, seigneur d'Herbault, de Donnery, de Fay-aux Loges, de Puiseaux, etc., gouverneur de Jargeau, chevalier des Ordres du Roi, maître d'hôtel de sa Maison,* parent des dits mineurs, actes de 1550 et 1567, qui épousa : 1° à Charny en 1565, Aimée de Raguier, fille de François et de Sidoine du Plessis-Périgny; 2° Léonore de l'Huillier, dame de Chalandos; il eut : du 1ᵉʳ lit :

   1° *François II,* qui suit;

   2° *Jacob, chevalier de Malte, commandeur d'Allonnes,* mort en 1649;

Du 2ᵉ lit :

   *Léonore,* qui épousa, le 28 décembre 1603, René Sain, seigneur de Rochefort, intendant des armées du Roi, dont postérité.

VI°. *François II de Foyal, chevalier, seigneur de Donnery, d'Allonnes, de la Touannière, gentilhomme de la vènerie du Roi,* épousa : 1° en 1599, Anne du Refuge, fille de Thomas, seigneur de la Rainière, et de Jeanne de Saint-Mauris; 2° en 1616, Louise de Pâris, fille de Louis, seigneur de Guigny, et d'Anne de Girard. Il eut :

   1° *Pierre, chevalier de Malte,* en 1628;

   2° *Louis II,* qui suit;

   3° *Jacques-Alexandre, seigneur de la Sourdière,* qui épousa Marie de Groizil, fille de Pierre, seigneur de Lubin, et eut : *Pierre-Alexandre, seigneur de Donnery, de la Sourdière, gouverneur de Blois,* qui eut de Marie Bégon ou Brégon :

     A) *Marie-Agnès-Michelle-Françoise, marquise d'Herbault,* qui épousa : 1° en 1735, Louis du Moulin de Rochefort, seigneur de Villouët, près de Blois; 2° Charles-François de Vézeaux, ex-capitaine de cavalerie au régiment Dauphin, dont elle était veuve en 1789, sous Blois;

     B) *Balzamie,* qui épousa Charles-François Danguy, seigneur de Vue, d'Arthon, chevalier de Saint-Louis;

     C) *N....,* dit *l'abbé de Donnery,* abbé de Mureau, et chanoine de Toul, mort en 1765.

VII°. *Louis II de Foyal, chevalier, seigneur d'Allonnes,* épousa à Orléans, en 1662, Marie de Cambray, fille de Adrien, seigneur de Digny, et de Marie de la Rable; il mourut en 1687, ayant eu :

   1° *Nicolas II,* qui suit;

   2° *Joseph-Achille, capitaine au régiment de Languedoc-Infanterie,* tué à Kaiserberg en 1702;

   3° *Louis III, chanoine de Brioude,* en 1690.

VIII°. *Nicolas II de Fayol, chevalier, seigneur d'Allonnes, de Claireau, de Nanteau,* épousa à Étampes, en 1690, Marguerite-Angélique de Savoie, dame de Nanteau; il vendit Allonnes en 1710, et mourut en 1731, ayant eu :

   1° *Nicolas III,* qui suit;

   2° *Madeleine-Angélique, Ursuline à Orléans;*

   3° *Anne-Isidore,* qui épousa en 1732 Alexandre Laumoy de Genonville, et eut *Angélique,* qui épousa en 1750, André, marquis de Bizemont.

IX°. *Nicolas III de Foyal, chevalier, seigneur de Nanteau, de Digny, de Boisminard, d'Allonnes, capitaine aux grenadiers royaux, chevalier de Saint-Louis,* épousa à Paris, en 1736, Anne

Pierre V de Fournier eut de Françoise de Foyal cinq fils :

1º FRANÇOIS FOURNIER, l'aîné, CHEVALIER, SEIGNEUR DE LA NOÜHE, DE MONTELTIER, GOUVERNEUR ET MAITRE DES EAUX ET FORÊTS DE ROMORANTIN ET DE MILLANÇAY. — Il vendit, par acte passé à Blois, le 19 mars 1544, devant Jean Chapelier, notaire royal à Blois, à Guillaume le Roy, bourgeois et marchand à Blois, le lieu et métairie de *Monteltier* (¹); mais cette vente fut annulée par acte passé le 25 mai 1549 devant Martin Huguet, notaire à Blois, moyennant une rente de 50 livres tournois assise sur la seigneurie de la Noühe, et que François Fournier s'engageait à payer à Guillaume le Roy (²).

Il partagea avec ses frères la succession de leur père par acte du 22 octobre 1548.

Le 3 juin 1553, il (« noble homme François Fournier, écuyer, seigneur de la Noühe, en la paroisse de Selles-Saint-Denis, et y demeurant ») fit hommage du lieu seigneurial de *la Noühe*, avec ses appartenances et dépendances, à nobles seigneurs Louis et Robert d'Etampes, et à demoiselles Claude et Françoise d'Etampes, seigneurs, dames et barons de la Ferté-Imbault. (Acte sur parchemin, passé devant Denis de Mores, notaire en la châtellenie de la Ferté-Imbault; Claude du Pont, licencié ès-lois, bailli de la Ferté-Imbault, étant garde des sceaux de la dite châtellenie. — Signé : de Mores, avec paraphe. Sceau perdu) (³).

Il fut nommé le 15 septembre 1555 gouverneur et maître des eaux et forêts de Romorantin et de Millançay.

---

Mitaine, fille de Jean, seigneur de Dournon, et de Charlotte-Louise de Lameth, et fut tué à Berg-op-Zoom en 1747, ayant eu :

1º *Charles-François de Foyal, chevalier, seigneur de Nanteau, de Boisminard, capitaine de cavalerie,* mort à Etampes en 1770, sans postérité de Marie-Geneviève Bourayne;

2º *Anne-Elisabeth-Guillemette,* née à Nanteau, diocèse de Sens, le 30 décembre 1736, qui, reçue *demoiselle à Saint-Cyr* en 1748, en sortit le 14 janvier 1757.

(1) Bibliothèque nationale.

(2) *Id.*

(3) *Id.* Nº 32.

Le 17 mai 1556, par acte passé devant Me Blanchard, notaire, il vendit, moyennant 760 livres, la moitié du lieu de *Corgerais* à son beau-frère, Guillin Baudier, écuyer, seigneur de Neuville([1]), époux de Marie de Voisines.

Le 6 juin 1556, par acte passé devant Georges Brachet, notaire royal à Romorantin, il emprunta 1 084 livres tournois à Jean Rousseau, chevaucheur ordinaire de l'écurie du Roi; somme garantie sur la seigneurie de la Noühe, et qui devait être remboursée au bout d'un an. François Fournier étant mort le 1er décembre suivant (le jour de la fête Saint-Eloi 1556), après avoir testé à Corgerais le 25 juin, Jean Rousseau assigna, le 6 septembre 1557, en remboursement de sa créance, Jean Fournier, l'aîné, seigneur de la Pinaudière, frère de François et tuteur de ses enfants; et, celui-ci n'ayant pas satisfait à sa demande, Rousseau fit ordonner la saisie de *la Noühe*, qui fut vendue en justice et adjugée, le 12 juin 1559, en présence de Martin Pajon, fermier de la Noühe, et moyennant 6120 livres tournois, à Pierre du Griffon, écuyer, gentilhomme de la chambre du Roi, gouverneur et maître des eaux et forêts de Romorantin, capitaine et gouverneur du comté de Dreux, époux d'Anne des Colliers. Mais alors les créanciers et les héritiers de François Fournier firent opposition à cette vente, par acte du 23 septembre 1560, passé devant Jean Connet, licencié ès-lois, lieutenant général de la baronnie de la Ferté-Imbault ([2]). Ces opposants étaient : René de Verdelay, seigneur de Collonges, conseiller à la Cour des aides de Paris; Guillaume le Roy, marchand et bourgeois à Blois; Guillaume le Rable, seigneur du Lude; Jean d'Orléans, seigneur de Rère; Jean de Champeaux, conseiller au Présidial d'Orléans, et Louis de Champeaux, son frère; Guillaume Baudier, seigneur de Neuville; Jeanne Coudray, veuve de Claude de la Fontaine, et tutrice de ses enfants; Pierre Jousselin, prêtre; Mathurin Jamet, et Guillaume Gibert, créanciers du défunt; demoiselle Anne de Voisines, sa veuve; demoiselle Francoise Foyal d'Herbault, sa mère; Jean Fournier, l'aîné, seigneur de la Pinaudière, son frère, et tuteur des enfants de celui-ci, et de Marguerite de Moncellard; Jean Fournier, le jeune, seigneur de Monteltier, et Charles Fournier, seigneur de la Lande, aussi ses frères. — Les créanciers furent sans doute payés, et, par acte de transaction passé le 17 février 1571, d'accord avec Pierre Fournier, son frère, Clément Fournier, fils de François et de Marguerite de Moncellard, et sur l'avis de haut et puissant seigneur Balthazard de la Châtre, seigneur de Bézigny, de Louis d'Etampes, baron de la Ferté-Imbault et de Salbris, de François d'Étampes, seigneur de la Beuvrière, d'André du Moutier, seigneur du Bréau, et de Pierre d'Orléans, seigneur du Breuil et du Puits-Moreau, se désista de tous droits et prétentions sur le lieu de la Noühe, en faveur d'Anne des Colliers, veuve de Pierre du Griffon, moyennant le versement d'une somme de 1 100 livres, faite par Anne des Colliers aux seigneurs de Bézigny et du Breuil. — (Acte passé en présence de Jean Turmeau, licencié ès-lois, avocat à Romorantin, de noble homme Jean Lesbahy, écuyer, et de Jacques Meignan, notaire royal à Romorantin; Jean Trottereau étant garde du scel royal de la châtellenie de Romorantin) (¹).

Les du Griffon conservèrent donc la seigneurie de la *Noühe*; et nous voyons Anne des Colliers, veuve de Pierre du Griffon, acheter le 4 février 1572, de Charles Fournier, seigneur de la Lande, une métairie située au village de Monteltier, moyennant une somme de 1 900 livres tournois, et les charges des cens dus sur cette terre aux chanoines du chapitre de Saint-Taurin de la Ferté-Imbault, et aux seigneurs du Chesne (²). La Noühe vint en 1745 des du Griffon aux de Sain de la Cour, qui la gardèrent jusqu'à la Révolution; elle fut alors vendue nationalement, et, après avoir changé souvent de propriétaires, elle appartient actuellement aux héritiers de M. Normant.

(1) Bibliothèque nationale. N° 42.
(2) *Id.* N° 43.

François Fournier, seigneur de la Noühe, avait épousé en premières noces, par contrat passé devant Sébastien Famin, notaire royal de la châtellenie de Lorris (Loiret), le 11 mai 1540 (¹), *demoiselle Marguerite de Moncellard, dame de Champtembre,* fille de feu *Claude, écuyer, seigneur de la Bruyère,* et d'*Etiennette de Saintville, dame de Champtembre,* en Brunoi-en-Beauce, sœur de *Mathurin de Moncellard, écuyer, seigneur de la Bruyère,* et nièce d'*Etienne de Moncellard, seigneur de Milleret et de la Planchette,* qui paraissent à l'acte de tutelle de leurs neveux Clément et Pierre Fournier en 1557 et en 1560. Elle reçut en dot 3 500 livres tournois (environ 150 000 francs valeur actuelle), et eut en partage la terre de *Champtembre.* Elle mourut en 1549.
— La famille *de Moncellard* posséda dans l'Orléanais et la Beauce les seigneuries de la Bruyère, de Champtembre, de Milleret, de la Planchette, de la Vernède, etc.; elle s'est alliée aux d'Aucoich au XVᵉ siècle, aux Saintville vers 1510; aux Monteil en 1640. — Nous n'avons pu retrouver ses armes. — *Laurent de Moncellard, écuyer, seigneur de la Vernède,* épousa en 1640 Benoîte Monteil, laquelle épousa 2º, en 1650, Pierre de Riom. *Louis de Monselard* épousa Marie-Constance Séguier, et eut : *Elisabeth-Catherine-Gabrielle,* née à Courtempierre (Loiret), le 7 septembre 1754, admise le 29 janvier 1763 à Saint-Cyr, où elle mourut le 24 septembre 1768.

François Fournier épousa en secondes noces, par contrat passé le 8 janvier 1553 devant Denis de Moxes, notaire en la Ferté-Imbault (²), *demoiselle Anne-Gilberte de VOISINES,* fille de *Claude, écuyer, seigneur de Corgérais,* et de *demoiselle du Moutier,* et sœur de *Marie de Voisines,* épouse de Guillin Baudier, seigneur de Neufville. — La famille de *Voisines,* d'ancienne extraction sous le ressort de Romorantin, s'armait : « d'azur au chevron d'or, accompagné en chef de deux étoiles d'or et en pointe d'un croissant d'argent, » ou : « d'argent à la fasce d'azur, chargée de deux étoiles et d'un croissant d'argent. »

(1) Bibliothèque nationale et archives de la Noühe.
(2) Bibliothèque nationale. Nº 43.

Elle a possédé les seigneuries de Laleu, de la Salle, de Beauregard, de Saint-Martin, de Corgeray, de la Mourandière, de Courson. Elle s'est alliée entre autres aux Courtenay en 1330, d'Argemont en 1380, d'Annet en 1404, le Groing en 1460, de la Villeblanche vers 1495, du Moustier vers 1530, des Roches en 1552, de Bailli en 1589, de Rabeau en 1567, le Chat en 1602, d'Argy en 1644, de Senneville en 1651. Elle a produit : *Marguerite de Voisines*, qui épousa, le 18 février 1404, Annet de la Chapelle, seigneur du Cluzeau ; *Jean de Voisines*, qui épousa vers 1460 Jeanne le Groing, fille de Jean, seigneur de la Motte-Groing, et de Héliette de Chamborant ; *Claude de Voisines*, qui épousa, le 4 août 1567, Charles Rabeau, seigneur de Launay, de Chabris, de Beauregard, gouverneur d'Yssoudun, veuf de Barbe de Chamborant ; *Jean de Voisines*, seigneur de Beauregard-Laleu, épousa, vers 1560, Gabrielle des Roches, fille de Guillaume et de Marie Herpin, sœur de Louise des Roches, qui épousa Christophe *de Voisines*, seigneur de Chaussepoix ; *Claude de Voisines, seigneur de Laleu*, épousa Claude de Bailly, dame de Breuilleré, laquelle épousa en secondes noces, en 1597, Pierre de Vimeur, seigneur de Montubert ; *François de Voisines*, épousa Louise-Angélique-Elisabeth Séguier, et eut : *Françoise-Louise-Césarine*, née à Chateaulandon (diocèse de Sens), le 6 juin 1731 ; admise à Saint-Cyr le 7 juin 1742, elle en sortit le 6 juin 1751.

François Fournier mourut le 1er décembre 1556, il avait eu de son premier mariage avec Marguerite de Moncellar :

A) FRANÇOIS FOURNIER, qui vivait sous la tutelle de ses oncles en 1557 et 1560 et mourut avant 1563, sans alliance ;

B) CLÉMENT FOURNIER, qui vivait également en 1557, était majeur en 1571 et mourut aussi sans postérité ;

C) PIERRE FOURNIER, vivant en 1557, 1560 et 1571.

François Fournier eut de son second mariage avec demoiselle Anne de Voisines un fils :

PIERRE DE FOURNIER, né en 1554, mort en bas âge.

2° PIERRE VI Fournier, qui fut assassiné en 1572 par les huguenots Jean d'Etampes, baron de la Ferté-Imbault; Jacques Baffart, seigneur de Boisdevay, dit « seigneur de la Villechemin », et huit de leurs serviteurs ([1]), et eut pour héritier son frère Charles Fournier, seigneur de la Lande.

3° FRANÇOIS Fournier, dit le jeune, partagé en 1548 de la succession de son père Pierre V Fournier; il mourut sans alliance avant 1555 et eut pour héritiers ses frères : François Fournier, l'aîné; Jean Fournier, l'aîné; Jean Fournier, le jeune, et Charles Fournier.

4° JEAN VII, qui suit.

5° JEAN Fournier, seigneur de Monteltier, dit le jeune, perçut des dixmes sur la Ferté-Imbault le 14 octobre 1555, et sa succession fut partagée le 14 mars 1565, entre ses frères et ses neveux, devant André le Maître, notaire à Marcilly, entre son frère, Charles de Fournier, écuyer, seigneur de la Lande, et sa belle-sœur, Jeanne de Roquemaure, veuve de Jean Fournier, écuyer, seigneur de la Pinaudière. Charles reçut les moulins à eau de la Lande, sur la rivière de la petite Saudre, en Souësmes, avec terres et pêcheries; M^me veuve Jeanne de Roquemaure reçut le lieu, manoir et métairie de Monteltier, en Selles-Saint-Denis (Archives Fournier).

6° CHARLES Fournier, écuyer, seigneur de la Lande, de Monteltier, qui fut partagé en 1548 de la succession de son père. Il fit aveu le 1^er mai 1563 à Monseigneur Louis d'Etampes, baron de la Ferté-Imbault, seigneur de la Ferté-Imbault, de Salbris, de la Gravelle, et à Georges de Lenfernat, seigneur de Pouriers, époux de Françoise d'Etampes, du lieu et métairie de la Lande, en la paroisse de Souësmes, à lui échus par succession de son père, Pierre Fournier; il fit aveu aux mêmes, par acte

[1] Bibliothèque nationale. N° 43.

du 14 mai 1563, de la moitié du moulin à blé de la seigneurie
de la Lande et de la huitième partie du lieu *des Allioux*, échues
de la succession de son frère Jean Fournier, le jeune. (¹). —
(Acte original sur parchemin, passé devant Pierre Ménard
et François Courriou, notaires jurés de la Ferté-Imbault; Vincent
Guignard, licencié ès-lois, étant bailli et garde des sceaux de
la dite baronnie). Par le même acte sa belle-sœur, Jeanne de
Roquemore, veuve de Jean Fournier, seigneur de la Pinaudière, reçut le lieu, manoir et métairie de *Monteltier*. Il demeurait
en Marcilly-en-Gault. Il parut le 17 février 1571 comme témoin
de l'acte de transaction et d'accord passé par ses neveux, Clément et Pierre Fournier, avec Anne de Colliers, veuve de Pierre
du Griffon, relativement à la seigneurie de la Noühe.

Il demeurait en la paroisse de Loreux (Loir-et-Cher), quand il
vendit, le 4 février 1572, à la dite dame de Colliers, moyennant
1 900 livres tournois (76 000 francs valeur actuelle), la métairie
de *Monteltier*. — (Acte original sur parchemin, passé à Romorantin, en présence de Jean d'Orléans, chevalier, seigneur de Bastarde et de Rère, premier écuyer de Monsieur, frère du Roi, et
de Jean Turmeau, licencié ès-lois, avocat à Romorantin et
Millançay, devant Nicolas le Guénault, sergent des eaux et forêts
de Romorantin et de Millançay, et Jean le Griffe, notaire royal
à Romorantin) (²).

Il hérita de son frère Pierre Fournier, assassiné en 1572; et il
assista le 4 juin 1572 au mariage de son neveu, Robert Fournier,
avec Françoise des Colliers.

Il mourut sans alliance et sa succession fut partagée le 26 juin 1574,
entre ses neveux.

(1) Bibliothèque nationale. Nº 40, et archives Fournier.
(2) *Id.* Nº 43, et archives Fournier.

# IX

**J**EAN VII FOURNIER, Écuyer, Seigneur de Monteltier, de la Pinaudière, des Allioux, de Montifaut, capitaine dans la Compagnie de Monsieur de la Châtre.

Il partagea, le 22 octobre 1548, la succession de son père avec ses frères.

Il servit dans la compagnie de M. Joachim de la Chastre, capitaine des gardes du corps des rois François Ier et Henry II, gouverneur de la ville et duché d'Orléans, d'abord comme homme d'armes, puis comme capitaine. Il fit la campagne du Milanais, lors de la guerre entre le roi Henry II et l'empereur Charles-Quint. Et, en 1551, « il reçut un « coup de pique en la cheville, pour lequel on dut lui couper la jambe, « ce qui fust grand domaige, le capitaine Montifaut étant gentilhomme « bien loué et estimé ([1]) ».

(1) *Histoire du Capitaine Breil de Bretagne*, par le comte DE PALYS.

A la suite de cette glorieuse blessure, il dut quitter l'armée, et il se retira à sa terre des Allioux, en la paroisse de Marcilly-en-Gault (près de Romorantin).

Il passa différents actes. Le 10 juillet 1549, noble Jean Fournier, écuyer, passa devant Maure, notaire, un contrat d'échange avec Martin Pournin et Bertrand Courion. Le 14 octobre 1555 et le 8 juin 1558 (¹), devant Me Jean Colas, notaire à la Ferté-Imbault, Jean Fournier, l'aîné, écuyer, seigneur de la Pinaudière, de Montifaut, demeurant à Montifaut, en Selles-Saint-Denis, acheta de Guillemette Fredeilly, veuve de Toussaint Pignaudière (ou Regnadière), une ferme, près de Montifaud, venant de feu Denis Fredeilly, père de Guillemette, moyennant 75 livres tournois et 50 sols pour vin (Archives Fournier).

Il était, le 12 juin 1559 et les 31 mars et 23 septembre 1560, tuteur des enfants de son frère François.

Il mourut avant le 14 mai 1565, date à laquelle sa veuve, Jeanne de Roquemore, demeurant aux Allioux, et tutrice de ses enfants, partagea devant le Maine, notaire, sa succession avec son frère, Charles Fournier, écuyer, seigneur de la Lande, et reçut en lot le lieu, manoir et métairie de *Monteltier* (²).

Il avait épousé, par contrat passé à Orléans en 1541, devant Me Péquy, notaire, *demoiselle Jeanne de ROQUEMORE*, veuve de François de Marescot, écuyer, seigneur de la Source, du Loiret, et fille de feu *Jean, seigneur de Roquemore*, et de *Marie Ferrière, dame de Montifaut*, en Selles-Saint-Denis, laquelle Marie Ferrière avait épousé en secondes noces Jean Millet, avocat au Présidial d'Orléans, dont elle était veuve en 1574, et fille de Jean *Ferrière, écuyer, seigneur de Montifaut, de Champigny*, et de Marie *de Rion*, ou *de Riom*, fille de Jean de Rion, et de Marguerite de Chauvigny.

La famille *de Roquemore*, illustre famille du pays de Cahors, dite au xiie siècle « *de Rocamaurâ* » ou « *de Rupemaurâ* », s'armait : « d'azur

(1) Bibliothèque nationale. Manuscrit français, atlas 31791, p. 119. Nobiliaire de la généralité de Bourges.

(2) Bibliothèque nationale. N° 41, et Nobiliaire de la généralité de Bourges.

à la bande de sable, chargée de trois molettes d'or. » — *Marie de Roquemore* était épouse en 1540 de Mouton de Clüys.

La famille de *Ferrière*, ou de *Ferrières*, originaire du Poitou, où elle vivait dès le XIIIᵉ siècle, s'armait : « d'azur à trois pommes de pin d'or. 2. 1. (¹). »

Après la mort de son mari, Jean VII Fournier, Jeanne de Roquemore continua à habiter les Allioux avec ses enfants. Elle assista en 1572 au mariage de son fils Robert; est citée dans des actes du 26 juin, du 14 juillet et du 16 novembre 1574, et est dite défunte dans un acte du 27 mars 1578.

Jeanne de Roquemore acheta, le 8 mars 1572, des Massonneau, par contrat passé devant Mᵉ André le Maitre, notaire à Marcilly, des terres aux lieux de la Gaultière et de la Coudraye, moyennant 72 livres tournois et 60 sols pour pot de vin.

Le 28 octobre 1753, elle partagea devant Jean de Lambert, notaire à la Ferté-Imbault, la succession de Simon Manceau, seigneur de la Gaultière, père de Jeanne Manceau et aïeul de Jeanne de la Châtre, avec Jacques Gallette, époux de Jeanne Manceau, et Jean ..... époux de Jeanne de la Chastre. Elle reçut les deux tiers de cette succession, en terre, près de la Coudraye et des Allioux.

Le 26 janvier 1574, dame Marie Ferrière, veuve de Jean Millet, avocat à Orléans, et sa fille Jeanne de Roquemore, veuve de Jean de Fournier, écuyer, seigneur de la Pinaudière, et demeurant aux Allioux, firent aveu devant Gérard du Bois, notaire à Orléans, à dame Jeanne Lejard, veuve de Girard Aubelin, écuyer, seigneur de la Bruère, demeurant à Orléans, mère et tutrice de David Aubelin, écuyer, seigneur de la Bruère (Archives Fournier).

Le 26 juin 1574, Jeanne de Roquemaure, demeurant aux Allioux, vendit, au nom de son fils, Jean Fournier, écuyer, seigneur

___

(1) *Jean de Ferrières, écuyer, seigneur de Champigny* (Vienne), 1457 à 1501, épousa : 1° Jeanne du Rivault; 2° Marie de Rion; il eut du 1ᵉʳ lit : François, qui continua la descendance, éteinte en 1833, fondue en Frottier de la Messelière (voir filiation dans le *Recueil généalogique de la Maison Frottier de la Messelière*, par le comte DE LA MESSELIÈRE, I, p. 270 et suiv.); du 2ᵉ lit : 1° Antoinette, qui épousa, en 1501, Jean de Montléon; 2° Marie, qui épousa : 1° Valérien de Cernis; 2° vers 1520, Jean de Roquemore; 3° Jean Millet.

de la Pinaudière, époux de Louise de Tigny, à Robert Fournier, écuyer, seigneur de la Pinaudière, demeurant à la Boulaye, moyennant 1 426 livres tournois, la part de Jean Fournier dans la succession de leur oncle, Charles Fournier, seigneur de la Lande; cette part était d'un tiers, M^{lles} Françoise, Gabrielle, Claude et Louise Fournier, sœurs de Jean et de Robert, ayant renoncé à leurs droits (Archives Fournier).

Le 19 novembre 1574, « Damoiselle Jeanne de Roquemore, veuve de Jean Fournier, écuyer, sieur de la Pinaudière, se faisant fort pour Jean Fournier, écuyer, sieur de Montégu, son fils, et pour demoiselle Louise de Tigny, sa femme, cède les droits successifs de Jean Fournier, écuyer, sieur de la Lande, au profit de Robert Fournier, écuyer, sieur de la Pinaudière.» — Acte de cession reçu par M^e Blanchard, notaire (Nobiliaire de la généralité de Bourges).

Elle avait eu sept enfants :

1° ROBERT FOURNIER, ÉCUYER, SEIGNEUR DE LA PINAUDIÈRE, DE LA BOULAYE, DE MONTIFAUT, DE LA LANDE.

Il épousa, par contrat passé à Romorantin, le 4 juin 1572, devant Jean le Griffe, notaire royal à Romorantin, *demoiselle Françoise des Colliers*, fille de feu *Claude, écuyer, seigneur de la Boulaye*, en Volry (Sologne), et de feue *Renée de la Nibaudière*. Il fut assisté de sa mère, Jeanne de Roquemore; de son oncle, Charles Fournier, écuyer, seigneur de la Lande; de son frère, Jean Fournier, écuyer, seigneur de la Pinaudière; de sa sœur, Françoise Fournier, et de ses parents et amis, Charles Thibault, écuyer, seigneur de Corgeray, et de Charles de Barbanson ou Barbançois, écuyer, seigneur de Longueville. La future fut assistée de son oncle paternel, René des Colliers, écuyer, seigneur de Pastureau, au pays du Poitou; de son oncle maternel, Frère Antoine de la Nibaudière, aumônier de l'abbaye de Villeloin (Indre-et-Loire); de ses cousines germaines Anne des Colliers, veuve de Pierre du Griffon, écuyer, seigneur de la Noühe, et de demoiselle Marie des Colliers; de son cousin, Charles du Griffon, écuyer; de Claude Forget, écuyer, et de Claude Baffard. — Il reçut en avance d'hoirie, le lieu et métairie de Montifaut ([1]). — Il vendit Monteltier à sa cousine Anne des Colliers, veuve de Pierre du Griffon.

Il demeurait à la Boulaye, quand il passa le 26 juin 1574 l'acte de partage de la succession de son oncle, Charles Fournier de la Lande; il reçut le tiers de cet héritage, et son frère, Jean Fournier, lui céda sa part, également du tiers, moyennant 1 426 livres tournois (Acte passé à Bracieux) ([2]).

Le 14 juillet 1574, il céda à Guillaume des Roches, écuyer, seigneur de la Morinière, demeurant à Bracieux, moyennant 1 500 livres tournois, tant en son nom qu'aux noms de ses frères, Jean et François Fournier, les droits et actions qu'ils pouvaient avoir contre Jean d'Etampes, baron de la Ferté-Imbault, et Jacques Baffart, seigneur de Boisdury, dit le seigneur de Villechemin, pour demander réparations du meurtre de son oncle Pierre Fournier, assassiné par les dits seigneurs et leurs gens. (Acte passé en présence de Laurent Bertheaumier, praticien, et d'André Bertheaumier, son frère, sergent royal, demeurants à Bracieux, devant Merry Farineau, notaire royal à Bracieux; Jacques Viart, licencié ès lois, conseiller du Roi, étant gouverneur et bailli de Blois) ([3]).

Le 27 mars 1578, il fit hommage à Révérend Père en Dieu, Messire Mathurin de la Saunaye, conseiller du Roi, évêque d'Orléans, pour deux corps de maison où pendait pour enseigne « l'Image Saint-Pierre », située au coin des rues d'Illiers et du Poitevin, en la paroisse de Saint-Pierre-en-Sautilly (Eure-et-Loir), à lui échue de la succession de sa mère Jeanne de Roquemore; la dite maison mouvante du dit évêque, à cause de la châtellenie de la Fauconnerie, dépendant de son évêché. — (Acte passé devant Sébastien Blanchart, notaire royal au Châtelet d'Orléans; Germain Rebours, écuyer, seigneur de Villiers, étant conseiller du Roi et prévôt d'Orléans) ([4]).

(1) Bibliothèque nationale. N° 45 et archives Fournier.
(2) Id. N°s 49 et 51.
(3) Id. N° 50.
(4) Id. N° 53.

Le 15 mars 1580, en son nom et aux noms de son frère, Jean
Fournier; de ses beaux-frères, Charles le Doulx, écuyer, époux
de Claude Fournier; François d'Estoré, écuyer, seigneur de
Montenay, époux de Françoise Fournier, demeurants au lieu
de Montenay, en la paroisse de Bauldres, en Berry, et Menault
le Beauvier, écuyer, époux de Gabrielle Fournier, demeurants
au lieu de Montaigu, en la paroisse de Gidy, près d'Orléans,
il passa un acte de transaction avec son autre beau-frère, René
de Fontenay, écuyer, seigneur de la Rouasnière, époux de
Louise Fournier, demeurants au lieu de la Rouasnière, en la
paroisse de Donnery, près d'Orléans; et ceux-ci durent rapporter
à la masse, afin de le mettre dans le partage des successions de
Jeanne de Roquemore et de Marie de Ferrière, le lieu et appar-
tenance de *Montereau*, en la paroisse de Vitry-aux-Loges
(Loiret), qui leur avait été donné par contrat de mariage. —
(Acte passé devant Gérard du Bois, notaire royal au Châtelet
d'Orléans; Germain Rebours, écuyer, seigneur de Villiers, de
Laleu, de Luisart, étant conseiller du Roi et prévôt d'Orléans)[1].
Sa femme, Françoise des Colliers, demeurant aux Allioux, passa,
le 9 juillet 1580, un acte avec Charles le Doulx, écuyer, seigneur
de Recourt, demeurant à Dijon, époux de Claude Fournier.
(Liquidation devant Gérard du Bois, notaire à Orléans, faite
entre Françoise des Colliers, femme de Robert Fournier, écuyer,
seigneur de la Pinaudière, demeurant aux Allioux, et Charles
le Doulx, écuyer, seigneur de Recourt, demeurant à Dijon,
époux de Claude Fournier, Madame le Doulx cède à Robert
Fournier, son frère, la moitié de la Pinaudière, en la paroisse
de Souësmes (Archives Fournier).
Le 1er février 1587, Robert Fournier, écuyer, seigneur de la Pinaudière, des Allioux, de la Lande, de la Boulaye, passa avec sa
femme un acte à Orléans.
Enfin le 7 avril 1587, devant Pierre du Tertre, notaire à Bauges,
il acheta de Mathurin de Lestre, moyennant 200 écus d'or, une

(1) Bibliothèque nationale. Nº 53, et archives Fournier.

pièce de terre située devant la maison des Voisines, près de l'étang d'Avaray, en la paroisse de Bauges (Archives Fournier). Robert Fournier et sa femme, Françoise des Colliers, étaient morts lors du mariage de leur fille Diane, en 1596. Ils avaient eu :

A) ANTOINE FOURNIER, qui reçut, le 1er juillet 1599, bail à ferme pour neuf ans des RR. PP. religieux de Notre-Dame de Déols (Indre), la métairie et le moulin de Bitray. Il n'eut pas de postérité (¹).

B) DIANE FOURNIER, DAME DE LA PINAUDIÈRE, qui épousa, par contrat passé au lieu seigneurial de Croilleravaise, en la paroisse du Rouvre, près de Levroux (Indre), le 3 août 1596, noble *René de Poix, écuyer, seigneur de la Genestière*, fils de feu *Joachim, écuyer, seigneur de Marescreux et de Montansault*, et de *demoiselle Jeanne de Gaudelan, dame de Montansault et de la Genestière*. Elle était DEMOISELLE DE LA PINAUDIÈRE, et d'une partie DE LA LANDE. Elle fut assistée de noble Jean de Fournier, écuyer, seigneur de Montifaut, son oncle; de haut et puissant messire et seigneur Pierre d'Orléans, chevalier de l'Ordre du Roi, seigneur du Breuil, de Puits-Moreau et d'autres lieux, son cousin du côté paternel; de noble Louis de Chanteault, écuyer, seigneur de Croilleravaize et de la Cour; de demoiselle Marie du Breuil et de demoiselle Radegonde d'Estoré, ses cousines germaines. Le futur époux fut assisté de René de Poix, écuyer, seigneur de Marivaux, son frère aîné, et de Louise de Fadate, son épouse; de Gabriel de Poix, écuyer, seigneur de la Genestière, son frère; de Joachim de Boislisnard, écuyer, seigneur de Terrières, époux de Jeanne de Poix; de Christophe de Forges, seigneur de Barreneuve; de Balthazard Potin, seigneur de Joue et de Montifaut (²). René de Poix et sa femme vivaient encore en 1621.

(1) Archives du château de Chabenet. *Généalogie de la famille Tyrel de Poix*, par M. CUVILLIER MOREL D'ACY, en 1869.

(2) Archives de l'Indre, A, p. 69.

René avait pour frères : 1° *René de Poix*, l'aîné, *écuyer*, seigneur de Marescreux, de Motheux, qui continua la descendance et qui assista, en 1599, au mariage de Jean VIII Fournier, et en 1604, au mariage de François II Fournier; 2° *Gabriel de Poix, écuyer, seigneur de la Grange Perrault*, qui assista au dit mariage, en 1599; et pour sœurs : *Jeanne de Poix*, qui épousa en 1594 Joachim de Boislisnard de Tessière, et *Antoinette de Poix*, qui épousa Hubert de Vaugiraud. La maison de Poix, dont le nom patronymique est *Tyrel*, s'arme : « de sable à trois aiglettes d'or (¹). »

2° JEAN VIII, qui suit.

3° FRANÇOIS II FOURNIER, qui est cité dans les actes du 14 juillet 1574 et du 16 novembre 1574, et qui était mort avant le 10 septembre 1578.

4° FRANÇOISE FOURNIER, qui assista le 4 juin 1572 au mariage de son frère, Robert, avec Françoise des Colliers, et est citée comme demoiselle dans les actes de 1574; elle épousa, avant le 19 mars 1580, *François d'Estoré, écuyer, seigneur de Montenay*, en la paroisse de Baudres, en Berry (Indre). Elle mourut en 1584, et son mari épousa en secondes noces *Madeleine d'Auberive*; il était mort avant l'année 1592, et sa veuve, Madeleine d'Auberive, est citée comme vivant encore dans un acte du 10 juillet 1597. Les enfants mineurs et orphelins de François d'Estoré, *demoiselles Radegonde, Claude* et *Marguerite d'Estoré*, eurent comme tuteur leur oncle Jean Fournier de Montifaut, époux de Louise de Tigny. *Claude et Marguerite d'Estoré* prirent, le 2 mars 1592, l'habit de *Novices au couvent et abbaye de Notre-Dame de Beaumont-lèz-Tours, de la règle de Saint-Benoît*; et par acte passé la veille dans le parloir du dit couvent, leur tuteur et leur sœur Radegonde s'étaient engagés à payer à la communauté 100 écus pour les frais de vêture, et une rente et pension viagère de 20 écus

---

(1) Voir à l'Appendice la généalogie de la Maison de Poix.

à la vie durant des dites demoiselles Claude et Marguerite. — (Acte passé en présence de l'Abbesse, de M. Louis Bourgault, procureur au présidial de Tours, et de M. Jean Boussier, receveur de la dite abbaye, devant M⁽ᵉ⁾ Michel Pasquet, notaire juré à Tours) [1].

L'abbaye de Notre-Dame de Beaumont-lèz-Tours comptait alors seize religieuses :

Révérende Dame Anne Babou, abbesse;
Marie des Guets, prieure du prieuré de la Coisne;
Françoise de Conigan, prieure du prieuré de Saché;
Renée Trousseau, prieure du prieuré de Thavers;
Françoise de Maraffin, prieure du prieuré de Miré;
Marthe de Villiers, professe à Notre-Dame de Beaumont;
Françoise de Villiers, professe à Notre-Dame de Beaumont;
Anne de Villiers, professe à Notre-Dame de Beaumont;
Marie Brunet, professe à Notre-Dame de Beaumont;
Marie Royer, professe à Notre-Dame de Beaumont;
Louise du Cellier, professe à Notre-Dame de Beaumont;
Jeanne Roirand, professe à Notre-Dame de Beaumont;
Radegonde de la Coustardière, professe à Notre-Dame de Beaumont;
Marie Berziau, professe à Notre-Dame de Beaumont;
Marie de Beauvilliers, professe à Notre-Dame de Beaumont;
Bénigne de Menou, professe à Notre-Dame de Beaumont;

La famille *d'Estoré*, noble d'ancienneté sous le ressort de Romorantin, s'armait : « d'azur à trois têtes de bœuf d'or. 2. 1. » Elle posséda les seigneuries de la Villegouthard, de la Villehardy, de la Martinière, de Montenay. Elle s'est alliée aux du Bourg, de Valenciennes, de Renier, le Texier, 1607; de Lion, 1635; Joannet, 1653. *Pierre d'Estoré, seigneur de la Villegouthard*, épousa Jeanne de Valenciennes, et eut : *Pierre II d'Estoré*, qui épousa, vers 1530, Claudine de Renier, fille de Pierre et de Catherine de Thiville.

---

(1) Bibliothèque nationale. N° 58.

5° GABRIELLE FOURNIER, DAME DE MONTAIGU, est citée comme
demoiselle dans les actes de 1574, et était avant le 15 mars 1580,
la femme de son cousin, *Menault le Beauvier, écuyer, seigneur
de Neuville*, fils de *Guillin le Beauvier* (ou *le Beaudier*), *écuyer,
seigneur de Neuville*, et de *Marie de Voisines*, avec lequel elle
demeurait à Montaigu, en la paroisse de Gidy, près d'Orléans, en
1580.

La famille *le Beauvier* ou *le Beaudier* vivait dès le XIIIe siècle dans
l'Orléanais, et s'armait : « de sable semé de fleurs de lys d'or,
au lion d'argent » (*aliàs* : « d'argent à trois têtes de Maure de
sable tortillées d'argent »). Elle s'est alliée aux Prunelé, le Clerc,
de Bougy, de Voisines, de Coulon, aux Cousteaux, etc. *Guillin
le Beaudier* épousa, vers 1550, Marie de Voisines, sœur d'Anne
de Voisines, qui épousa, en 1553, François Fournier. *Edme
Beaudier, seigneur de la Chapelle*, épousa, en 1736, Marie-Anne
Aux-Cousteaux, dont la famille s'allia aux Fournier de Bellevüe
au XIXe siècle.

6° LOUISE FOURNIER, DAME DE MONTEREAU, en la paroisse de
Vitry (Loiret), est citée comme demoiselle aux actes de 1574,
et dite, dans l'acte du 19 mars 1580, épouse de *René de Fontenay,
écuyer, seigneur de la Rouasnière*, en la paroisse de Donnery,
près d'Orléans. Elle avait reçu, par son contrat de mariage,
le lieu de Montereau, qu'elle dut faire rentrer dans la masse
commune lors du partage des successions de sa mère Jeanne
de Roquemore et de sa grand'mère, Marie de Ferrière, le
19 mars 1580.

La famille *de Fontenay* s'arme : « d'azur au cheval passant d'argent, au chef de gueules chargé de trois étoiles d'or. »

Ses membres furent barons de Fontenay, seigneurs du Boissier,
de la Branière, de la Heurtaudière, de Saint-Hilaire, de Souazay,
de la Rouasnière, de Saint-Libaud, de la Motte. Ils se sont
alliés aux l'Hospital, 1395; Desmazis, 1502; du Mouchet,
Moreau, 1540; de la Martelière, 1594; d'Aubusson, 1470;
Regnoust, de Kaërbout, 1687, etc.

*Foulque de Fontenay (de Fonteniaco)* vivait en Touraine en 1073,

*Amaury de Fontenay, chevalier, baron de Fontenay, chambellan du Roi,* épousa vers 1470, Isabeau d'Aubusson, et sa petite-fille, *Catherine, baronne de Fontenay,* épousa, en 1535, François de Montsaulnin.

*Robert de Fontenay, seigneur de la Brenière,* épousa Françoise du Mouchet, veuve en 1540;

*Louis de Fontenay, seigneur du Boissier,* épousa Françoise Moreau et eut : *Antéaume de Fontenay, seigneur de la Heurtaudière, de Souazaye, maréchal de camp d'infanterie, gouverneur de Mortagne et de la Ferté-Bernard,* qui épousa en 1594 Marie de la Martelière.

*René de Fontenay, seigneur de Saint-Hilaire,* épousa Marguerite Regnoust, et eut : *Marie,* qui épousa, en 1687, Jacques de Kaërbout, seigneur de Teillé.

*Louis-César de Fontenay, chevalier, seigneur de la Motte,* vivait sous Blois en 1789.

Cette famille est encore représentée dans la Saône-et-Loire et la Meurthe.

7° CLAUDE FOURNIER, demoiselle lors des actes de 1574, est dite, dans l'acte du 19 mars 1580, épouse de *Charles le Doulx, écuyer, seigneur de Recourt, de Cailhambert,* avec lequel elle demeurait à Dijon en 1580. Son mari épousa en secondes noces, en 1584, Marguerite de la Barthe.

La famille *le Doulx* s'armait : « d'azur à trois têtes de griffon d'or ». Elle posséda les seigneuries de Recourt, de Cailhambert, de Montigny, de Melleville, de Calmontier, de Maignan, de Nogout, et ses membres furent titrés barons de Saint-Amand et de Melleville.

*Gauthier le Doulx, conseiller et secrétaire du duc de Lorraine,* époux de Catherine de Mérode, fut anobli en 1477 pour la vaillance dont il avait fait preuve au siège de Nancy contre les troupes de Charles le Téméraire. *Antoine le Doulx* vivait en 1530; *Guyon le Doulx,* en 1559;

*Adrien le Doulx*, *conseiller au Parlement de Rouen*, en 1594, eut :
*Christophe le Doulx, seigneur de Nogout, conseiller au Parlement
de Rouen*, qui vivait en 1605.

*Claude I le Doulx, seigneur de Nieul, de la Fleurandry, du Moulin-
neuf*, en 1629 et 1668, eut :

*Claude II le Doulx, baron de Melleville, seigneur d°*, en 1689,
*Conseiller au Parlement de Paris*, épousa Françoise de Nau, et
eut : *Catherine-Marguerite*, qui épousa, en 1714, Mathieu de
Montholon, oncle de *Nicolas de Montholon*, qui épousa, en 1766,
Marie-Marguerite-Charlotte-Laurence Fournier de la Chapelle.

*Gauthier le Doulx*, anobli en 1477, avait eu :

*René le Doulx*, qui eut de Marguerite de Coursel :

*Bernardin le Doulx, seigneur de Calmontier*, qui épousa Isabelle
de Mathay de Perceval et eut : 1° *Anne*, dame de Calmontier,
qui épousa, en 1576, Etienne de Lavier ; 2° *Marguerite*, qui
épousa Bertrand Michotay, écuyer.

*Marie le Doulx* épousa, vers 1550, Jean de Quiévremont, seigneur
de Heudreville.

*Jean le Doulx, avocat au Parlement*, épousa, vers 1680, Anne
Marchis, et eut : *Anne*, qui épousa, en 1707, François Hocart,
seigneur de Falcourt.

*Joseph le Doulx de Montigny, baron de Saint-Amand*, épousa, en
1719, Catherine d'Aubert, dame de Peyrelongue.

# X

JEAN VIII FOURNIER, Écuyer, Seigneur de Montifaut, de Montaigu, de la Pinaudière, de Monteltier, de la Chapelle, Capitaine d'une Compagnie de vingt arquebusiers à cheval, en 1595.

Il assista au mariage de son frère, Robert, en 1572. Par actes du 26 juin 1574, il reçut le tiers de la succession de son oncle, Charles Fournier de la Lande, et le céda, moyennant 1 426 livres tournois, à son frère Robert, auquel il donna quittance de cette somme, par acte passé à Bracieux le 16 novembre 1574 [1].

Le 19 novembre 1578, il passa bail pour neuf ans du lieu et métairie de *Montaigu*, en la paroisse de Gidy, en Beauce, (avec maison à un étage avec grenier, dépendances, pigeonnier et terres,) à Ezéchiel Richault, laboureur, époux de Jacquette Jumeau, demeurant à la Provenchère, en la paroisse d'Huêtre (Loiret), (Acte passé en présence de Jean du Haut, écuyer, seigneur de Pierre-Sèche, et d'Oudin Richault,

(1) Bibliothèque nationale. Nº 51.

42

demeurant au dit lieu de la Provenchère, devant Pierre Baraton, notaire royal, au lieu de Lengenerie, en la paroisse d'Andeglou (?); Germain Rebours, écuyer, seigneur de Villiers et de Laleu, licencié ès lois, étant conseiller du Roi et garde de la prévôté d'Orléans) (1).

Il parut le 1er mars 1592 comme tuteur de ses nièces Radegonde, Claude et Marguerite d'Estoré, et demeurait à Montifaut, en Selles-Saint-Denis.

Il fit à Angers, sur la place des Lices, le 20 mars 1595, la montre (revue) de sa compagnie de vingt arquebusiers à cheval de l'ordonnance du Roi.

Le 10 novembre 1598, il (« Jean Fournier, écuyer, seigneur de la Pinaudière ») réclama son maintien pour l'exemption des tailles, en qualité de noble, et produisit comme preuves aux Commissaires députés par le Roi pour le règlement des tailles, sous la généralité d'Orléans :

1º Le contrat de mariage de son frère aîné, Robert, en date du 4 juin 1572 ;

2º Un acte de foi et hommage fait par Jean, son père, et Charles Fournier, son oncle, le 8 juin 1564 ;

3º Une quittance d'amortissement de rentes ;

4º L'acte de tutelle de son père, Jean Fournier, fils de Pierre, écuyer, seigneur de la Noühe, et de Françoise Foyal, du 10 janvier 1527 ;

5º Un acte de foi et hommage de Pierre Fournier, écuyer, seigneur de la Noühe, du 20 mai 1485.

Il fut *maintenu dans sa qualité de noble,* par arrêt des commissaires : Charles Boucher, sieur d'Orsay, conseiller du Roi en son Conseil d'Etat, et président au Grand Conseil ; Jacques Blanchart, conseiller du dit sieur et trésorier général de France à Orléans ; et Robert Regnault, aussi conseiller du dit sieur à sa Cour des Aides. — Signé : Lemoine (2).

Il fut entendu à Châteauroux, le 17 mars 1600, comme témoin dans l'enquête faite pour établir la noblesse de Jacob de Fadate, écuyer, seigneur de Varennes, en la paroisse de Bouges (Berry). Les

---

(1) Bibliothèque nationale. Nº 54, et archives Fournier.
(2) Bibliothèque nationale. Reg. 1227, cote 27462, note 64, et archives Fournier.

autres témoins furent Pierre d'Orléans, chevalier, seigneur du Breuil, du Puymoreau; François de Douhault, écuyer, seigneur de Chamousseau, et Christophe des Tables, seigneur de Monchenin.

Il était mort avant le mariage de son fils, François, contracté en janvier 1604.

Il avait épousé : 1º en 1573, *demoiselle Louise de SIGNY, dame de VARENNES.*

La famille *de Signy* posséda les seigneuries de la Tour-du-Breuil, du Liège, du Breuil, sous Valençay; de Butot, sous Caën. Elle s'armait : « de gueules au cygne d'argent, » et s'est alliée aux Pinart de la Pinaudière, 1260; de Bomiers, 1280; de Launay de Saint-Serlin, 1500; de Beauvilliers, 1510; de la Chapelle de Cordouan, 1549; d'Augustin, 1460; d'Orléans de Rère, 1480 et 1482; de Rocheaymon, 1484; d'Aubigné, 1610; de Ferrière, 1601; le Roi de Brée, 1626.

*Louis de Signy, écuyer, seigneur du Breuil, du Liège,* épousa, vers 1456, Jeanne d'Augustin et semble avoir eu :

1º *Hugues de Signy, chevalier, seigneur du Liège,* qui épousa, vers 1480, Catherine d'Orléans, dame de la Grange de Rère, de Bastarde, qui parut étant veuve dans un acte du 1er décembre 1500;

2º *Jeanne,* qui épousa, le 24 août 1482, Robinet d'Orléans de Rère, beau-frère de Jean VI Fournier, et mourut veuve en 1543, laissant postérité;

3º *Gabrielle,* qui épousa François de la Rocheaymon, seigneur de Langé.

*Charles de Signy* épousa Jeanne de Beauvilliers, qui épousa en secondes noces, en 1518, François de Ferrières, seigneur de Champigny-le-Sec, veuf de Marie de l'Estang.

*Jeanne de Signy* épousa, en 1560, Charles Richard, seigneur de la Barre, dont postérité.

*Françoise de Signy* épousa, vers 1530, Julien de la Chapelle, seigneur de Cordouan, dont postérité.

*Charles de Signy, écuyer, seigneur de Butot,* épousa, vers 1600, Perrette de la Ferrière, et n'eut qu'une fille : *Adrienne,* qui épousa, le 23 avril 1626, Pierre le Roy, seigneur de Drée.

*Catherine de Signy* épousa, vers 1620, Joseph d'Aubigné, écuyer, seigneur de la Haye, dont postérité.

Jean VIII Fournier, dit « écuyer, seigneur de Montifaut, fils de Jean, écuyer, seigneur de la Pinaudière, et de demoiselle Jeanne de Roquemore », épousa en secondes noces, par contrat passé au pavillon du château de Buzançais (Indre), devant Maréchal, notaire à Buzançay, le 10 novembre 1599, *demoiselle Claude-Marguerite GARIN, demoiselle d'Ellé,* fille majeure de feus *Etienne Garin, écuyer, seigneur de la Chapelle-Arthemalle,* et de *demoiselle Jeanne Joubert* (¹). Il fut assisté de son neveu, René de Poix, le jeune, écuyer, seigneur de la Genestière et de Motheux; et de ses parents et amis, René de Poix, l'aîné, écuyer, seigneur de Marescreux, en Buzançais; Gabriel de Poix, écuyer, seigneur de la Grange-Perrault; et de Joachim de Boulligny, écuyer, seigneur de Terrières. La future fut assistée de ses frères, noble et religieuse personne Frère Louis Garin, prieur de Vignory, et Charles Garin, écuyer, seigneur de la Chapelle-Arthemalle; et de ses parents et amis Léonard de Brouilly, écuyer, seigneur de la Brosse et de Bray, capitaine-gouverneur du comté de Buzançais, et de Claude Barathon, écuyer, seigneur de Boudan. — (Acte passé en présence de François du Mesnil, écuyer, seigneur de Déors, et de Antoine de Boislisnars, devant Mᵉ Sylvain Mareschal, notaire de la Cour du comté de Buzançais) (²).

Nous trouvons trois familles *Garin* :

L'une, originaire du Périgord, s'armait : « d'azur à la chapelle d'or, soutenue de même et ouverte de champ. » Elle produisit : *Jean Garin, notaire à Bourges,* en 1460; à Montauban, en 1496;

L'autre, originaire de Normandie, s'armait : « de gueules à deux coquilles d'or en chef, et une autre en pointe. » Elle produisit : *Caradas Garin, avocat du Roi aux Echiquiers,* en 1464; *Jean Garin, conseiller au Parlement de Rouen,* en 1544;

La troisième, en Poitou, s'armait : « d'azur à trois étoiles d'or, un bâton écarté de même péri en bande. » Elle produisit : *Jean Garin,*

(1) Bibliothèque nationale. Nº 62, et Nobiliaire de la généralité de Bourges.
(2) Archives Fournier.

*seigneur de la Motte*, époux, en 1387, de Jeanne de Pons, dame de Vouillon (Indre) ; *Charles Garin, seigneur de la Chapelle-Arthemalle*, près de Buzançays (Indre), vivant en 1587.

La famille *Joubert*, noble en Berry ou en Poitou, s'armait : « de gueules à trois tours d'or, ouvertes et maçonnées de sable. » Elle s'est alliée aux la Beraudière en 1560 ; de Saint-Georges, 1590 ; Jousland, 1650 ; Rousseau, 1687 ; Roatin, 1695 ; de Saint-Garence, 1723.

Jean VIII Fournier était mort avant 1604, et avait eu de son premier mariage avec Louise de Tigny :

1º FRANÇOIS III, qui suit ;

2º (peut-être) DENISE FOURNIER, qui épousa, vers 1600, *Pierre le Fer, écuyer, seigneur d'Authon*, près de Chartres, dont elle eut postérité (1).

(1) Bibliothèque nationale. Nouveau d'Hozier, 286. dossier 6628, fol. 21. Nous trouvons. :

Iº. *Jean le Fer, chevalier, seigneur de la Bourdavère*, en 1327, qui eut de Vincente de Montholon :

IIº. *Jacques le Fer, chevalier, seigneur de la Bourdavère, greffier des Grands Jours à Blois, conseiller et procureur général de Louis, duc d'Orléans, comte de Blois*. Il eut de Marguerite Camus :

IIIº. *Jean II le Fer, chevalier, seigneur de la Bourdavère, échanson de Charles, duc d'Orléans, comte de Blois, qui eut, :*
    1º *Jacques II*, qui suit ;
    2º *Bertrand*, qui s'établit vers 1458 dans le pays de Saint-Malo, où il eut postérité.

IVº. *Jacques II le Fer* continua la branche du Berry, et eut pour arrière-petit-fils :

VIIº. *Pierre le Fer, écuyer, seigneur d'Authon*, qui épousa, vers 1602, DENISE FOURNIER, et eut :

VIIIº. *Denis le Fer, écuyer, seigneur d'Authon, receveur général des Finances à Bourges*, qui eut de Catherine du Mousseau :

IXº. *Charles le Fer, écuyer, seigneur du Breuil, de Sauzay, conseiller du Roi, receveur général des Finances à Bourges*, qui eut d'Hélène de Bengy, dame des Pâtureaux, qu'il épousa en 1658 :
    1º *N... le Fer*, qui continua la descendance, représentée à la fin du XVIIIe siècle par M. *le Fer de la Nouaire*, époux de Charlotte Dodart, fille de Claude, mestre de camp de cavalerie, chevalier de Saint-Louis, et de Charlotte de Menou, mort sans postérité ;
    2º *Marguerite le Fer*, qui épousa, le 24 juillet 1698, Antoine-François Robin, seigneur de Belair, capitaine au régiment de Bassigny, chevalier de Saint-Louis.

La famille *le Fer*, originaire de Blois, posséda dans le Berry les seigneuries d'Authon, du Rousselan, de Châteaufer, de la Bourdavère, du Breuil, de Sauzai, de la Nouaire, et s'armait : « d'argent à trois coqs de gueules. » Une branche s'établit, vers 1458, dans le pays de Saint-Malo, où elle est encore représentée par les le Fer de la Motte, de la Gervinais et de Bonaban; cette branche s'arme : « Echiqueté d'or et de gueules. »

# FRANÇOIS III FOURNIER, Écuyer, Seigneur des Varennes, de la Pinaudière, de Boismarmin, de Ciron, des Chézeaux.

Il demeurait à Bouges, près de Levroux (Indre), quand il épousa, par contrat passé au château de Boismarmin, en la paroisse de Chitray, près de Saint-Gaultier (Indre), le 18 janvier 1604, *Mademoiselle Catherine de MALLERET*, fille de feu *Antoine de Malleret, écuyer, seigneur de Boismarmin, de Ciron, des Chézeaux, et d'Anne de Boisbertrand.*

« Contrat de mariage de François Fournier, écuyer, seigneur des
« Varennes, fils de défunts Jean Fournier, écuyer, seigneur de la
« Pinaudière, et de demoiselle Louise de Tigny, demeurant au bourg
« de Bouges, dans le pays du Blaisois, accordé le dimanche 18 jan-
« vier 1604, du consentement de vénérable et discrète personne Mes-
« sire Louis Garin, prieur du prieuré de Vignory, en Bassigney, son
« oncle maternel; de René de Poix, l'aîné, écuyer, seigneur de Mares-
« creux; de René de Poix, le jeune, écuyer, seigneur de Marescreux
« et de Motheux, ses cousins; — avec demoiselle Catherine de Malleret,

« fille de défunt Antoine de Malleret, écuyer, seigneur de Boismarmin,
« et de demoiselle Anne de Boisbertrand, sa veuve, demeurant au
« château de Boismarmin, en la paroisse de Chitray, en Berry ; assistée
« de la dite dame, sa mère ; de Laurent de Malleret, écuyer, seigneur de
« Boismarmin, son frère germain ; de Jean de Boisbertrand, écuyer,
« seigneur de Conives, son oncle maternel ; de Jacques de Lamet, écuyer,
« seigneur de la Roustière et du Breuil, époux de demoiselle Margue-
« rite de Boisbertrand, sa tante maternelle ; de demoiselle Gabrielle de
« Boisbertrand, veuve de Charles Guérin, écuyer, seigneur de la Renau-
« dinière, sa tante maternelle ; de Christophe de Forges, écuyer, sei-
« gneur de Barneuve (¹), son oncle ; d'Antoine de Vouet, écuyer,
« seigneur de Boubon (²), son cousin ; de Louis de Boislisnards, écuyer,
« seigneur de la Toue ; de Louis du Ligondès, écuyer, seigneur de Saint-
« Domer (³), époux de demoiselle Françoise de Boisbertrand, sa cousine
« germaine ; de Claude de Boislisnards, écuyer, seigneur de Margoux ;
« de Jean de Boislisnards, écuyer, seigneur de Terrières, son cousin
« et parrain. — Le futur époux s'oblige à aller demeurer avec sa future
« belle-mère, demoiselle Anne de Boisbertrand, et son futur beau-
« frère, Laurent de Malleret, écuyer, seigneur de Boismarmin. —
« Contrat passé au château de Boismarmin, en présence de Messire
« Antoine Perrière, prêtre, curé de Chitray, devant Philippe Venin,
« notaire royal en la ville d'Issoudun. — Signé : P. Venin. » — (Expédition originale sur parchemin) (⁴).

A la suite de son mariage François Fournier de Varennes alla
habiter aux châteaux de Boismarmin et des Chézeaux ; et, le 23 juin
1604, il fit aveu à Georges Babou, comte de Sagonnes, seigneur de la
Bourdaisière et de Cors, chevalier des Ordres du Roi, conseiller en ses
Conseils d'Etat et privé, capitaine d'une compagnie de cent gentilshommes de sa Maison (⁵), de la moitié par indivis des lieux, terres et

(1) De Forges, seigneurs de Barreneuve, de Boubon (Berry).
(2) De Vouhet, seigneurs de Boubon (Berry).
(3) Du Ligondès, seigneurs de Saint-Domer, de Conives (Berry).
(4) Bibliothèque nationale. N° 63, et Nobiliaire de la généralité de Bourges.
(5) Il était fils de Jean Babou, maître général de l'artillerie, gouverneur de Touraine et de Brest,
et de Françoise de Robertat ; il avait épousé Madeleine du Bellay, et mourut en 1607. Sa postérité
s'éteignit vers 1630.

seigneuries de Boismarmin et de Ciron, situés ès paroisses de Chitray et de Ciron, et mouvants de la châtellenie de Cors. (Acte scellé d'un cachet aux armes du seigneur de la Bourdaisière : « Écartelé : 1 et 4, d'argent au bras vêtu de gueules, issant d'une nuée d'azur, à la main tenant un rameau de sinoples : 2 et 3, parti de sinople et de gueules à deux fasces d'argent ») (¹).

Anne de Boisbertrand étant morte à Boismarmin, en février 1606, sa succession et celle de son mari fut partagée, le 4 avril 1606, entre François Fournier, écuyer, seigneur des Varennes, demeurant à la seigneurie de Chézeaux, en la paroisse de Rivarennes, époux de Catherine de Malleret, et son beau-frère, Laurent de Malleret, écuyer, seigneur de Boismarmin, y demeurant. D'après les volontés testamentaires de sa mère, Laurent de Malleret reçut tous les domaines, héritages ou biens immeubles, et François Fournier de Varennes et sa femme reçurent tous les biens meubles, montant à la somme de 4 000 livres tournois, environ 160 000 francs. — (Acte passé au lieu seigneurial des Chézeaux, en présence de Jean de Boisbertrand, écuyer, seigneur de Conives, y demeurant en la paroisse de Thenay, près de Saint-Gaultier (Indre), oncle maternel des dits seigneur et demoiselle de Malleret; de Christophe de Forges, écuyer, seigneur de Barreneuve, y demeurant en la paroisse de Rivarennes, parent et parrain de Laurent de Malleret; de Joachim de Boisbertrand, écuyer, seigneur de Ferrière, y demeurant en la paroisse de Rivarennes, parent et parrain de Catherine de Malleret; et de François de Sauvat, écuyer, seigneur de Brousse, demeurant à Bésignoux. En présence de Louis Fiaud, notaire de la châtellenie d'Argenton (²).

François Fournier de Varennes assista, le 1er août 1627, au contrat de mariage de Jacques de Poix, seigneur de Marescreux, avec Olympe du Griffon, dame de la Noühe; il fut maintenu dans sa noblesse par arrêt des commissaires de l'élection de Châteauroux, en date du 2 juin 1634 :

« Les Président, Lieutenant, élus contrôleurs, conseillers du Roi,

---

(1) Bibliothèque nationale. N° 64.
(2) *Id.* N° 65, et archives Fournier.

« sur le fait des Aides et Tailles de l'élection du Berry, établie à Châ-
« teauroux, sur la requête présentée par François Fournier, écuyer,
« seigneur des Varennes, demeurant dans la paroisse de Sainte-Colombe,
« contenant qu'il est noble d'extraction, vivant noblement, et que,
« suivant l'édit de règlement fait par Sa Majesté au mois de janvier
« dernier, il présente ses titres à l'appui de sa requête, par lesquels il
« est reconnu que le dit seigneur de Varennes est d'extraction noble. —
« Disons que le dit seigneur de Varennes, comme noble, issu et descendu
« d'extraction noble, jouira, tant et si longuement qu'il ne fera acte
« dérogeant à son extraction de noblesse, des privilèges concédés tant
« par le Roi à présent régnant que les rois ses prédécesseurs au corps
« de la noblesse de ce Royaume... Fait et donné au dit Châteauroux
« par nous, conseillers du roi susdits le deuxième jour de juin mil-six-
« cent trente-quatre. Signé : Beschon, avec paraphe » [1].

François Fournier de Varennes mourut avant 1640. Son beau-frère,
Laurent de Malleret, était décédé à Boismarmin le 13 août 1636, ne
laissant qu'un fils, Jean de Malleret, qui, par testament, en date du
24 avril 1640, ordonna des prières, services et distribution de vête-
ments aux pauvres de la paroisse de Chitray, pour le jour de son inhu-
mation, et fit une fondation de 16 livres tournois de rentes, hypo-
théquées sur la seigneurie de Boismarmin, pour la célébration annuelle
d'un service anniversaire dans l'église de Chitray. Sa succession fut
partagée le 7 juillet 1640 entre sa tante, Catherine de Malleret, veuve
de François Fournier, et ses parents Joachim et Jean-Baptiste de
Boislisnards. Mme de Varennes reçut les seigneuries de Boismarmin,
de Ciron et des Chézeaux. Elle assista au mariage de son fils Claude,
le 20 janvier 1643.

La famille de Malleret, noble d'extraction dans la province du
Berry, s'armait : « d'or au sautoir d'azur, accompagné en chef d'un
lion de gueules. » (Sceau de 1383).

Elle posséda les seigneuries de Lussac, de la Roche-Guillebault,
des Maisons, de Flayet, de Boismarmin, de Ciron, des Chézeaux, de
Montoumar, de la Leuf, de Saint-Palais, de Cessat, de la Roussière,

[1] Bibliothèque nationale. N° 67.

de la Nozière, de la Chassagne. Ses membres portèrent au XVIII⁰ siècle
le titre de marquis de Saint-Maixent. Ils se sont alliés aux Flajac,
en 1385; de Chamborant, en 1450 et 1480; du Val, en 1480 ; de Lau-
zanne de l'Etang, en 1540; le Vasseur, en 1620; de la Rocheaymon,
vers 1660; de la Pivardière, en 1684; de Laizer, 1779.

Nous trouvons :

Iº. *Jean Malleret, seigneur de Malleret, chevalier*, qui avait sous
ses ordres un autre chevalier et huit écuyers dans la compagnie du duc
de Berry dans la guerre de Flandre; il fit une montre de ses gens en1383,
montre qui est scellée de son sceau portant « un sautoir avec un lion
en chef. » Il eut de Dauphine de Flajac :

IIº. *Guillaume de Malleret, seigneur de la Roche-Guillebaut*, en
Saint-Palais,en 1412, dont :

1º *Philbert*, qui suit;

2º *Lancelot, chevalier*, qui fit montre de sa compagnie, composée
de quatorze écuyers, à Carcassonne, le 29 mars 1419.

IIIº. *Philbert de Malleret, écuyer, seigneur de la Roche-Guillebaut,
de Lussac*, eut de Jeanne Brandonne :

1º *Gadifert*, qui suit;

2º *Blanche*, qui épousa Durant de Babute.

IVº. *Gadifert de Malleret, chevalier, seigneur de la Roche-Guillebaut*, en 1458, eut :

1º *Galéas*, qui suit;

2º *Brunissande*, qui épousa Guy de Chamborant;

3º *Hugues, écuyer, seigneur de la Roche-Guillebaud*, qui épousa, le
6 novembre 1498, Jeanne d'Aubusson, fille de Louis, seigneur
de la Feuillade, et de Catherine de Rochechouart.

Vº. *Galéas de Malleret, écuyer, seigneur des Maisons*, épousa,
vers 1480, Souveraine de Chamborant, et semble avoir eu :

1º *Guillaume*, qui suit;

2º *Pierre de Malleret, seigneur de Boismarmin, prêtre, curé de Château–Larché*, au diocèse de Poitiers, qui donna, le 16 octobre
1517, à l'église de la paroisse de Chitray, dans laquelle il était

né, une chasuble, deux dalmatiques et des étoles, à charge à la fabrique de cette paroisse de concéder aux châtelains de Boismarmin un banc et un enfeu en la chapellé de la Vierge dans la dite église (Archives de l'Indre, G., 609).

3° *Louis de Malleret*, écuyer, *seigneur de Flayet*, en 1527.

VI°. *Guillaume de Malleret, écuyer, seigneur de Laleuf*, en Nohan, en 1529, eut :

    1° *Olivier, seigneur des Combres*, en 1539, qui eut d'Antoinette de la Roche-Aymon : *Jean de Malleret, seigneur des Combres*, en 1576 et 1612;

    2° *Jacques*, qui suit;

    3° *Françoise*, qui épousa, vers 1540, Jacques de Lauzanne, seigneur de l'Etang;

    4° *Louis, seigneur de Flayet*, en 1579.

VII°. *Jacques de Malleret, écuyer, seigneur de Laleuf, du Plessis-Palluau*, en 1549 et 1559, eut :

VIII°. *Antoine de Malleret, écuyer, seigneur de Boismarmin, de Ciron, des Chézeaux*, qui épousa, vers 1580, Anne de Boisbertrand, veuve en 1604, et eut :

    1° *Laurent de Malleret, écuyer, seigneur de Boismarmin*, où il mourut le 13 août 1636, qui eut de Jeanne de Boislisnard :

        1° *Jean*, mort à Boismarmin, en mai 1640, sans postérité;

        2° *Gabrielle*, qui épousa, en 1637, Henry-Charles de Noblet, seigneur de la Chesnaye;

    2° *Catherine de Malleret, dame de Boismarmin*, qui épousa, à Boismarmin, le 20 janvier 1604, *François Fournier de Varennes*, dont postérité.

Nous trouvons plus tard :

*Renaud de Malleret, chevalier, seigneur de Montoumar*, qui épousa, vers 1660, Marie-Suzanne de la Rocheaymon ; et eut : *Françoise-Éléonore*, qui épousa, le 30 septembre 1684, Gilbert de la Pivardière, écuyer, seigneur de Lâge.

*Joseph de Malleret, seigneur de la Nouzière*, qui eut de Marguerite Françoise Barthon :

1º *Gabrielle*, née à Lussat (Puy-de-Dôme), le 20 avril 1750 ; demoi-selle à Saint-Cyr, en 1762 ; puis religieuse à Préaux, en 1770 ;

2º *Jean-Baptiste-François de Malleret*, né à Lussat-les-Nonnes, près de Moulins, en 1751 ; fut avec son frère, 3º *Jean-Baptiste de Malleret*, né à Lussat-les-Nonnes, en 1755, admis aux Ecoles royales, en 1760 et 1766.

*Demoiselle de Malleret*, fille du *marquis de Saint-Maixent*, épousa, à Versailles, devant la Cour, le 6 juin 1779, le marquis de Laizer.

La famille *de Boisbertrand*, d'ancienne noblesse du Berry, posséda les seigneuries de Boisbertrand, de Lâge, de Ferrière, de Conives, de Greuil, du Breilbrun. Elle s'armait : « d'argent à trois merlettes de sable ; » et s'allia aux Chamborant, 1530 ; la Rocheaymon, 1596 ; de Ligondès, vers 1600 ; de Bridiers, en 1650. — Son nom patronymique était *Laujon*.

Elle produisit :

*Jean Laujon, seigneur de Boisbertrand*, en Montchevrier (Indre), en 1390 ;

*Jacques Laujon, seigneur de Boisbertrand*, en 1452 ;

*Pierre Laujon, seigneur de Boisbertrand*, vivant sous Cors, en 1480 ;

*Guillaume Laujon, seigneur de Boisbertrand, du Plessis-Palluau*, en Velles (Indre), 1484, 1497, époux de Marguerite Couraud, dont : *Anne*, épousa en 1497 François de Boislisnard, écuyer, seigneur de la Bastide ;

*Jacques de Boisbertrand, seigneur des Maretz*, en Thenay (Indre), 1532 ;

*Antoinette de Boisbertrand*, épousa, en 1541, Jean de Vaillant, seigneur d'Avignon ;

*Charles de Boisbertrand, seigneur de l'Age, du Breilbrun*, en Velles, *chevalier de l'Ordre du Roi*, en 1530, eut de demoiselle de Chamborand : *René* et *Ursin*, vivants en 1579 ; et *Claude*, qui épousa, en 1556, Jeanne de Bethoulat, dont :

*Joachim de Boisbertrand, seigneur de Ferrière*, fut parrain en 1580 de Catherine de Malleret, fille d'Antoine et d'*Anne de Bois-bertrand*, et vivait en 1606 ;

*Pierre de Boisbertrand, seigneur de Connives, des Grames, de Ville-brun, de la Tour de Rivarennes,* qu'il vendit en 1561, à Pierre de Bois-lisnard ; et *des Prunes,* qu'il vendit en 1548, à Macé de Valenciennes ;

*Hélène de Boisbertrand,* épousa, vers 1560, Louis de Bridiers, seigneur de Nouzerines, et eut : Louis de Bridiers, père de demoiselle de Bridiers qui épousa M. de Ligondès, seigneur de Fortumies.

*Catherine de Boisbertrand,* épousa, en 1582, Christophe de Forges, seigneur de Tizay, lieutenant d'Yssoudun.

*Charlotte de Boisbertrand,* épousa, en 1583, Antoine de la Rocheaymon, seigneur de Langay, auquel elle porta le Boisbertrand.

*Jean de Boisbertrand, seigneur de Connives, de Mâran,* 1579, épousa Françoise de la Ménardière ;

*Jean de Boisbertrand, seigneur de Connives, de Mâran,* 1579 et 1606, épousa Marguerite-Martine de la Rocheaymon, dame de Mâran, morte veuve en 1612 à Mâran, et eut : 1º *Jean,* qui suit ; 2º *Gabrielle,* qui épousa, le 14 février 1592, Charles Guérin, seigneur de la Renau-dière ;

*Jean de Boisbertrand, seigneur de Boisbertrand, du Breilbrun, de Bordésoule, de la Renaudière, de Lautepelotte, de Connives,* 1615, épousa Françoise de la Ménardière, et eut :

1º *Françoise, dame dº,* qui était épouse, le 10 juin 1602, de Léon de Ligondès, seigneur de Saint-Domer, et veuve en 1637, dont : Charles de Ligondès, seigneur de Saint-Domer, de Nouzerines, de Boisbertrand, du Breilbrun, baron de Fortuniers, époux de Marguerite de la Marche, 1643 et 1675 ; témoin, en 1644, du mariage de Claude de Fournier avec Catherine de Boislisnard ;

2º *Marguerite de Boisbertrand, dame du Breilbrun,* épousa, en 1601, Louis de Boislisnard, seigneur de la Tour de Rivarennes, et vivait veuve en 1643 ;

*Marguerite de Boisbertrand,* épouse en 1575 et 1604, de Jacques de Lanet, seigneur du Breuil, et de la Roussetière ;

*Marguerite de Boisbertrand,* veuve, en 1620, de Pierre Ratin, sei-gneur de Pessepoin ;

*Gabrielle de Boisbertrand,* veuve, en 1604, de Charles Guérin, sei-gneur de la Renaudinière ;

*Claude de Boisbertrand, seigneur de Greuille, de Courtaille*, en 1594; eut de Catherine de Fontbernard :

1º *Jean de Boisbertrand, seigneur de Greuilles*, qui épousa : 1º Anne Lierre ; 2º Françoise Dessoubrayes, veuve de Charles de la Roche-Aymon; il fut maintenu sous Châteauroux, R. 1669, et, eut: *Michel-Henry*, ruiné par son père, admis par charité aux Cordeliers d'Issoudun, vers 1675;

2º *Jacques de Boisbertrand*, seigneur de Bordesoule, en 1660.

François III Fournier de Varennes avait eu trois enfants :

1º CLAUDE I, qui suit;

2º CATHERINE-JEANNE DE FOURNIER, DAME DE VARENNES, qui assista, le 20 janvier 1643, au mariage de son frère, Claude. Elle épousa par contrat du 9 mai 1651, passé devant Mᵉ Mauduit, notaire royal à Issoudun, *Florimond de Hernaud, écuyer, seigneur des Places*, en Berry. Le contrat de mariage porte : « Florimond de Hernaud, écuyer, seigneur de Charmes et des Places, demeurant aux Places, paroisse de Bouge, fils de défunts Michel, écuyer, seigneur de Charmes, et de Suzanne de Douhault; il fut assisté de ses sœurs, Mesdemoiselles Hélène et Suzanne de Hernaud; de son beau-frère, Florimond de Ribot, écuyer, seigneur de Montenay; de son neveu, Louis Hernaud, écuyer, seigneur de la Beaumais; de son cousin germain, Jean de Douhault, écuyer, seigneur de Paluau ; de Marthe des Champs, sa nièce, à cause du dit seigneur de Beaumais; de Marie de Barville, sa nièce; de Charles des Champs, écuyer, seigneur de Boisjaury, son ami; et autres. — La future épouse, demeurant au château de Boismarmin, fut assistée de sa mère, de ses frères Claude de Fournier, écuyer, seigneur de Boismarmin, et Jean de Fournier, écuyer, seigneur des Varennes; de son cousin, Charles du Ligondais, écuyer, seigneur de Saint-Domay, de Connives; de ses cousins, Louis de Villemenars, écuyer, seigneur du Breuil; Florimond de Ribot, écuyer, seigneur de Montenay;

Louis de Boislisnard, écuyer, seigneur de Lavau; Claude de Ligondais, écuyer, chevalier de l'Ordre de Saint-Jean de Jérusalem; de Mathieu de Lamet, écuyer, seigneur de Prizay, aussi son cousin; de demoiselle Charlotte de Boislisnard, sa cousine, et de Jacques de Launay, écuyer, seigneur de Vauneuf et de Villeneuve, ami des futurs époux. » (Archives Fournier.)

(Une demoiselle Marie-Thérèse de Hernault de Marmagne, dame de Champ-le-Roy, vivait sous Blois en 1789.)

Catherine Fournier reçut en dot, par avance d'hoiries, la seigneurie de Varennes (¹) et mourut sans enfant, vers 1653; son mari, veuf, céda son usufruit sur Varennes à son beau-frère, Jean Fournier, par actes des 11 août 1684, 27 septembre 1655, 16 mai 1658 et 20 avril 1661.

Ils eurent un fils : *Florimond de Hernaud*, mort au berceau.

3º JEAN IX DE FOURNIER DE VARENNES, *chef des branches de Varennes, de la Chapelle, de Bellevüe*, qui suivra.

---

(1) Bibliothèque nationale. Pièces originales 1516, dossier 34427; et archives Fournier.

# CLAUDE I FOURNIER, Écuyer, Seigneur de Bois-marmin, de Ciron, des Chézeaux, de la Grange, de la Vaublanche.

Né au château de Varennes, en Sainte-Colombe, il fut baptisé le 7 décembre 1619, dans l'église de Saint-Sylvain de Levroux, paroisse où demeurait son parrain, « haut et puissant seigneur, messire Charles-Léon de Fiesques, comte de Castellan (1) »; il eut pour marraine demoiselle Claude de Sabrevois (2) (Extrait du registre des baptêmes de l'église Saint-Sylvain du Levroux) (3). Le 8 novembre 1646, il passa,

---

(1) La Maison des Fiesques était l'une des principales de Gênes, ses membres furent dès le XII⁰ siècle, comtes de l'Empire; elle donna deux Papes à l'Église : Sinibaldo de Fiesques, dit Innocent IV, en 1243, et Ottobon de Fiesques, dit Adrien IV, en 1276. Une de ses branches se fixa en France au XVI⁰ siècle. Charles-Léon de Fiesques, comte de Lavaigne et de Castellan, était fils de François, comte de Lavaigne et de Bressuire, et d'Anne le Veneur, fille de Jacques le Veneur, comte de Tillières; il épousa en 1643, Gillonne d'Harcourt, veuve de Louis de Brouilly, marquis de Diennes, et fille de Jacques, marquis de Bouvron, et de Léonore de Chabot-Jarnac.

(2) La famille de Sabrevois était fort ancienne dans le Berry, où elle s'allia aux Hellenvilliers vers 1510; d'Osmont, en 1538; de Mailly, vers 1645; Hennequin, en 1670; de Huzeville, vers 1660,

(3) Bibliothèque nationale. N° 66.

14

d'accord avec sa mère, un acte de transaction avec sa sœur, Catherine Fournier (Arch. Fournier.) Il céda, le 20 avril 1661, la seigneurie de Varennes à sa sœur, Catherine, qui la recéda à son frère Jean. Il avait déjà, par un acte passé à Saint-Gauthier, devant Me Jean Mauduit, fait transaction pour la seigneurie de Varennes avec son frère Jean Fournier, écuyer, seigneur de Varennes, et sa sœur Catherine Fournier, épouse de Florimond Hernault, écuyer, seigneur des Places, et mère de Florimond Hernault, mort avant 1654, moyennant une somme de 1575 livres tournois (Acte du 16 mai 1658, arch. Fournier); témoin, Charles du Ligondais, chevalier.

Il épousa, comme nous le dirons plus loin, par contrat du 20 janvier 1643, reçu par Me Mauduit, notaire royal à Issoudun, *demoiselle Catherine De Boislinards.*

Lors de la recherche faite pour la Réformation de la noblesse de 1667 à 1671, il fournit ses preuves à Messieurs Charles Tubœuf, chevalier, baron de Vert, conseiller du Roi, maître des Requêtes, et d'Herbigny, conseiller du Roi, commissaires départis pour les généralités de Bourges et de Moulins. Il présenta ses titres le 23 septembre 1667, et fut maintenu, comme noble d'extraction avec qualité d'écuyer, par arrêt du 4 octobre 1668 :

« Claude Fournier, écuyer, seigneur de Boismarmin, y demeurant « en la paroisse de Chitray, élection de Bourges et comptoir de la « Chastre, appelé à comparaître pour justifier sa qualité de noble et « d'écuyer, a produit les titres et preuves de sa noblesse, contenant sa « généalogie, par lesquels il articule être fils de François Fournier, « écuyer, et de demoiselle Catherine de Malleret; le dit François, fils « de Jean Fournier, écuyer, et de demoiselle Louise de Tigny; le dit « Jean, fils d'autre Jean Fournier et de demoiselle Jeanne de Rocque-« more; et le dit Jean, fils de Pierre Fournier, écuyer, seigneur de la « Noühe, et de demoiselle Françoise de Foyal.

« Pour justifier les dites filiations et degrés, il a produit les pièces « suivantes :

« *Premier degré.* — Pour le degré de Jean Ier Fournier. — Une « ordonnance sur papier rendue par les commissaires députés par « le Roi pour le règlement des Tailles en la généralité d'Orléans, par

« laquelle Jean Fournier, deuxième fils de Jean Ier et de demoiselle
« Jeanne de Roquemore, est déclaré exempt comme noble tant qu'il
« vivra noblement et ne fera acte dérogeant; la dite ordonnance, en
« date du 10 novembre 1598, signée Le Moine, et par laquelle il paraît
« encore le dit Jean Ier être fils de Pierre Fournier, écuyer, et de demoi-
« selle Françoise de Foyal.

« Un contrat sur parchemin portant partage fait entre demoiselle
« Jeanne de Roquemore, veuve de Jean Fournier, écuyer, seigneur
« de la Pinaudière, comme ayant la garde noble de ses enfants, et
« Charles Fournier, écuyer, seigneur de Montheltier, frère du dit défunt
« Jean Fournier, seigneur de la Pinaudière, et du dit Charles Fournier
« — reçu par le Maistre, en date du 14 mai 1565.

« Un contrat sur parchemin de vente des héritages mentionnés,
« fait par Michel et Jacques Ferré au profit de la dite demoiselle de
« Rocquemore, veuve du dit Jean Fournier, écuyer, seigneur de la
« Pinaudière. Signé : Le Maistre; en date du 8 mars 1572.

« Un acte de foi et hommage sur parchemin rendu par Robert
« Fournier, écuyer, seigneur de la Pinaudière, fils aîné de Jean Four-
« nier, écuyer, seigneur de la Pinaudière, et de demoiselle Jeanne de
« Rocquemore, au seigneur Évêque d'Orléans; reçu et signé Blanchard,
« le 27 mars 1578.

« 2e *degré*. — Pour le degré de Jean II Fournier. — Un contrat
« de cession sur parchemin des droits successifs de Charles Fournier,
« écuyer, seigneur de la Lande, fait par demoiselle Jeanne de Rocque-
« more, veuve de Jean Fournier, écuyer, seigneur de la Pinaudière,
« tant en son nom que se faisant fort pour Jean Fournier, écuyer,
« seigneur de Montégu, son fils, et demoiselle Louise de Tigny, sa
« femme, au profit de Robert Fournier, écuyer, seigneur de la Pinau-
« dière; signé : Farineau, notaire royal, en date du 26 juin 1574.

« Un acte sur parchemin, contenant la ratification faite du contrat
« de cession ci-dessus par Jean Fournier, écuyer, seigneur de Montégu,
« et demoiselle Louise de Tigny, son épouse; le dit acte reçu et signé
« Blanchard, le 19 novembre 1574.

« Un contrat de transaction passé entre Robert Fournier, écuyer,
« seigneur de la Pinaudière, et François d'Estauré, écuyer, seigneur

« de Montenay, et demoiselle Françoise Fournier, sa femme; le dit
« Robert se faisant fort pour Jean Fournier, écuyer, son frère; en
« date du 19 mars 1580; au bas duquel est la ratification du dit
« contrat faite par Jean Fournier et procuration qu'il passe à demoi-
« selle Louise de Tigny, sa femme, pour prendre communication des
« prisées faites des biens de Jeanne de Rocquemore, sa mère, du 21 des-
« dits mois et an, signé du Bois.

« Un bail sur parchemin des héritages appartenant aux enfants
« mineurs de François d'Estauré, écuyer, seigneur de Montenay, dont
« le dit Jean Fournier, écuyer, était curateur : fait par devant le bailli
« de Buzançais, et signé de la Pleine, le 10 juillet 1590.

« Un contrat sur papier pour le noviciat de demoiselles Claude et
« Marguerite d'Estauré, filles du dit François d'Estauré, au couvent
« de l'abbaye de Beaumont, fait entre les abbesses et religieuses du dit
« couvent et demoiselle Louise de Tigny, épouse et procuratrice spé-
« ciale du dit Jean Fournier, écuyer; le dit contrat reçu par Pasquier,
« notaire, le 1er mars 1592.

« Un contrat de mariage sur parchemin du dit Jean Fournier,
« écuyer, avec demoiselle Claude Garin ; par lequel il appert le
« dit Jean Fournier être fils de Jean, écuyer, seigneur de la Pinaudière,
« et de demoiselle Jeanne de Rocquemore; le dit contrat du 10 novem-
« bre 1599, signé Mareschal, notaire.

« 3e degré. — Pour le degré de François Fournier : — Pour Fran-
« çois Fournier, fils de Jean, écuyer, et de demoiselle Louise de Tigny,
« son contrat de mariage sur parchemin avec demoiselle Catherine de
« Malleret, par lequel il est qualifié écuyer, seigneur des Varennes;
« reçu par Bonin, le 18 janvier 1604.

« 4e degré. — Pour Claude Fournier. — Un contrat de mariage
« sur papier du dit Claude Fournier, seigneur de Boismarmin, avec
« demoiselle Catherine de Boislisnards; par lequel il appert que le dit
« Claude est fils de François Fournier, écuyer, et de demoiselle Cathe-
« rine de Malleret; reçu par Mauduit, notaire, le 20 janvier 1643.

« Le dit Claude Fournier a produit en outre les nouvelles pièces
suivantes :

« 1o La grosse d'un contrat d'échange sur parchemin fait entre

« Martin Pournin et Bertrand Conriou, des héritages mentionnés, par
« lequel le dit Jean I<sup>er</sup> Fournier est qualifié noble et écuyer; en date
« du 10 juillet 1549, reçu par des More, notaire.

« 2° Autre contrat de vente, aussi sur parchemin, des héritages
« y mentionnés, au profit de Jean Fournier, écuyer, seigneur de Mon-
« tifault, contre Guillemette Fredilley, veuve de Toussaint Ragnedieu;
« reçu par Collas, notaire à la Ferté-Imbault, le 8 juin 1558.

« 3° Inventaire de la dite production nouvelle; contredits fournis
« par M<sup>e</sup> Jacques Trabot, préposé à la recherche de l'élection de Bourges
« contre les dites productions principale et nouvelle; salvations du dit
« Fournier; conclusions du Procureur du Roi en la Commission...
« Et, tout considéré,

« *Nous avons maintenu et gardé* le dit Claude Fournier et sa posté-
« rité, née et à naître en loyal mariage, *en la possession de la dite qualité*
« *d'écuyer*; ce faisant, ordonnons qu'il jouira des privilèges et préro-
« gatives à gens nobles, appartenants comme les autres nobles du
« royaume, tant et si longuement qu'il vivra noblement et ne fera acte
« dérogeant; et, qu'à cet effet, il sera couché et employé sur l'état et
« catalogue qui sera fait des nobles de cette généralité, suivant l'arrêt
« du Conseil du 22 mars 1666.

« Fait à Bourges, ce quatrième octobre mil-six-cent-soixante-huit.

« Signé : Tubeuf (¹). »

Lors de la convocation du ban de la noblesse du Berry, en 1674,
le fils de Claude de Fournier « Louis de Fournier, écuyer, demeurant
« en la paroisse de Chitray, et alors âgé de dix-sept ans, déclara, le
« 10 septembre 1674, qu'il marchait au service du Roi au ban et arrière-
« ban de la province du Berry, pour et au lieu de son père, Claude de
« Fournier, écuyer, seigneur de Boismarmin, y demeurant. » (Acte
original sur parchemin; signé : Danjou, avec paraphe) (²).

Le 16 mai 1675 « Claude de Fournier, écuyer, seigneur de Bois-
« marmin, y demeurant en la paroisse de Chitray, donna procuration
« à Charles de Forges, écuyer, seigneur de Barreneuve, de présenter

(1) Bibliothèque nationale. Pièces originales, registre 1 227, cote 27 462, n° 70. — Archives
Fournier et Nobiliaire de la généralité de Bourges.

(2) Bibliothèque nationale. N° 72.

les certificats et congés de service dans le ban et arrière-ban du bail-lage du Berry, justifiant que Louis de Fournier, écuyer, avait servi dans le dit ban, au lieu et place du dit seigneur de Boismarmin, son père ». (Acte passé au village de Sotoury, en la paroisse de Ciron, en présence de Jacques Matheron, bailli de Ciron et de Saint-Gaultier, devant Me Charles Girard, archer en la maréchaussée du Blanc) (1).

Le 3 juin 1675, Claude de Fournier, écuyer, seigneur de Boismar-min, parut dans un acte, avec son fils Louis de Fournier, dit « âgé alors de 17 à 18 ans. »

Il était veuf, quand il assista, le 23 novembre 1683, au château des Nots-Maraffin, en la paroisse de Sauzay (Indre-et-Loire), au mariage de son fils, Louis, avec demoiselle Charlotte de Barville; il lui fit cession de tous ses biens aux lieux de Boismarmin et de Ciron.

Il semble être mort peu après le mariage de son fils.

Sa femme avait été inhumée dans l'église de Chitray, le 9 mars 1680.

Il avait épousé, comme nous l'avons dit, par contrat passé le 20 janvier 1643, au château de Lavault, devant Me Jean Mauduit, notaire royal à Yssoudun, demoiselle Catherine de BOISLISNARDS, née vers 1625, fille de Baptiste de Boislisnards, écuyer, seigneur de Lavault, de Margou, et de feue demoiselle Marguerite de Bellaire, demeu-rant au château de la Grange, en la paroisse de Chitray.

« Contrat de mariage de Claude Fournier, écuyer, seigneur de Bois-
« marmin, fils de feu François de Fournier, écuyer, seigneur des
« Varennes, et de demoiselle Catherine de Malleret, demeurant au lieu
« de Boismarmin, paroisse de Chitray; assisté de la dite demoiselle
« de Malleret, sa mère; de Jean de Fournier, enfant et ne pouvant
« signer, et de Catherine de Fournier, ses frères et sœur; de Frère
« Georges de Launet (ou Lamet), prieur de l'abbaye de Méobecq, son
« cousin; de demoiselle Marguerite de Boisbertrand, veuve de Louis
« de Boislisnards, écuyer, seigneur de la Tour, et de demoiselles Renée
« et Charlotte de Boislisnards, ses cousines; de Charles du Ligondés,
« écuyer, seigneur de Connives et de Saint-Domer; de Louis de Coës-

---

(1) Bibliothèque nationale. No 75.

« mes écuyer, seigneur du Chesne; de François de Bongards, écuyer,
« seigneur de la Romagère; — accordé le 20 janvier 1643 avec
« demoiselle Catherine de Boislisnards, fille de Baptiste de Boislisnards,
« écuyer, seigneur de Lavault, et de défunte Marguerite de Bellaire,
« demeurants à la Grange, paroisse du dit Chitray; assistée du dit
« seigneur son père; de Joachim de Boislisnards, écuyer, seigneur de la
« Salle et de Villeneuve, son oncle, époux de demoiselle marquise de
« Bourges, son épouse; de demoiselle Jeanne de Boislisnards, épouse
« de Jacques de Launay, écuyer, seigneur de Vauneuf, sa sœur; de
« René, *alias* Jacques, de la Trémouille, écuyer, seigneur de la Bruère;
« de Jean de Boislisnards, écuyer, seigneur d'Aché, et de Jean de
« Boislisnards, écuyer, seigneur de la Fond-Parnat, fils du dit seigneur
« d'Aché, ses cousins; de Jean de Boislisnards, écuyer, seigneur de
« Margoux, aussi son cousin; de demoiselle Jeanne de Boislisnards,
« épouse de Hamon de Durieu ou de Duris, écuyer, seigneur de Con-
« flans; de demoiselle Jeanne de Fadate, épouse de Charles de Boislis-
« nards, écuyer, seigneur du Chastelier. — La dite demoiselle de Mal-
« leret donna au dit Claude de Fournier, son fils, tous ses biens meubles
« et immeubles, à la réserve du lieu de Varennes, qu'elle destinait pour
« la dot de demoiselle Catherine de Fournier, sa fille.
        « Ce contrat passé au lieu de Lavault, devant Me Jean Mauduit,
« notaire royal, garde note héréditaire sous le siège royal, prôvoté et
« ressort d'Issoudun. » (Original sur parchemin) (1).

La future reçut en dot 3 250 livres tournois, auxquelles son oncle
Joachim de Boislisnards ajouta 1 250 livres tournois; et en 1664, son
frère, Louis de Boislisnards, lui donna par testament 10 000 livres.

La famille *de Boislisnards*, d'ancienne extraction chevaleresque du
Berry, avait pour nom patronymique *Vergnaud*, et possédait, dès le
XIIIe siècle, la seigneurie de Boislisnards, en la paroisse de Rançon
(Berry-Haute-Vienne) : elle s'armait : « d'argent au vergne (chêne) de
sinople, à la bordure engreslée de gueules. » Elle posséda les terres
de Villeneuve, d'Aché, de Mesle, du Châtelier, de la Salle, de Lavault,
de la Tour, de la Grange, de Ferrière, du Breuil, de Margoux, de Mon-

(1) Bibliothèque nationale. No 68, et archives Fournier.

tagnan, des Rivarennes, des Chézeaux, de Fond-Parnat, de Miran, du Coudray, de la Rivière, de la Besaude, de la Norais, etc. — Leur généalogie a paru dans le *Dictionnaire généalogique des familles du Poitou*, par BEAUCHET FILLEAU, p. 590; et dans le XVIIIe volume des *Mémoires de la Société des antiquaires du Centre-Bourges*, 1891 ([1]).

La famille *de Bellaire (de Bellair* ou *de Belair)* semble la même que celle des *Robin de Belair*, originaire d'Angleterre, qui se fixa d'abord en Bretagne, avec Guillaume Robin, en 1239, et plus tard dans le Poitou et le Berry en 1605, avec *Thomas Robin*, qui acheta la vicomté de Coulogne ; *Pierre Robin, seigneur de Belair,* et *Charles Robin, seigneur de Coulogne,* furent maintenus sous l'élection de Bourges, en 1668. Ils s'armaient : « d'or au chevron de gueules, accompagné de trois palmes de sinoples ». Ses membres furent vicomtes de Coulogne et marquis de la Tremblaye.

Claude de Fournier perdit sa femme le 9 mars 1680, et lui-même mourut en 1684, ayant eu :

1º CHARLOTTE DE FOURNIER, baptisée à Chitray, le 5 janvier 1646;

2º CATHERINE DE FOURNIER, baptisée à Chitray, le 28 décembre 1646;

3º JEHANNE DE FOURNIER, baptisée à Chitray, le 15 janvier 1650, qui y épousa, le 6 février 1677, par contrat passé à Saint-Gaultier, *Charles de Mareuil, écuyer, seigneur de Montifault,* fils de *Charles, écuyer, seigneur de Montifault,* et de *Marguerite de François d'Espagne, dame de Rouvre-les-Bois.* La famille *de Mareuil*, très ancienne en Poitou et en Berry, s'armait : « Fascé ou burelé d'or et de gueules de dix pièces » ([2]). La famille *de François,*

---

(1) Généalogie de la famille de Boilisnards. — *(Voir à l'Appendice).*

(2) Elle produisit entre autres :

*Eudes de Mareuil, chevalier,* en 1127;

*Eudes II de Mareuil, chevalier,* en 1197;

*Jean I de Mareuil, chevalier,* en 1217:

*Hubert de Mareuil, chevalier,* en 1299;

dont nous avons parlé ci-dessus, s'armait : « d'or à trois fasces de gueules accompagnées de trois étoiles de même en chef. » Marguerite de François devait être *descendante de Jean de François de la Huctière, qui avait épousé, en 1648, Marie Fournier.* Jeanne de Fournier eut de Charles de Mareuil : *Anne de Mareuil,* qui épousa à Balzesme, le 10 juin 1698, *Claude de Lanet, écuyer, seigneur de Fesque, garde du corps du Roi, fils de Jean* et de *Madeleine de Boislisnards.* Il épousa en secondes noces, en 1707, Gabrielle de Besdon. *Il assista en 1720, au mariage de son neveu, Charles de Fournier* ; et eut, du premier lit : *Jean II de Lanet, seigneur*

*Jean II de Mareuil*, qui épousa en 1330 Antoinette de Chabanes;

*Paul de Mareuil*, qui épousa en 1508 Jacquette Couraud;

*Michel de Mareuil, religieux à Péols*, en 1521;

*Joachim de Mareuil, seigneur de Treuillant, de Villers*, en 1513 et 1556, eut : *Claude de Mareuil, religieux à Saint-Gildas-sous-Châteauroux,* en 1534; et *Marie*, épouse, en 1535, de Antoine Ancelon, seigneur de Bellevüe;

*Louis-Pierre de Mareuil, seigneur de Treuillant, du Chaillou*, en 1561 et 1574, épousa Renée de Boisé, dont : *Jean, seigneur de Treillant, de la Ferté-Saint-Fauste*, en 1574 et 1607;

*Etienne de Mareuil*, était époux, en 1567, de Jeanne le Borgne, dame de la Feuge;

*Jacques de Mareuil, seigneur de Combloux*, en 1563 et 1583, était époux de Gabrielle le Borgne et vendit Combloux à *Louis de Mareuil*, 15 300 livres tournois;

*Georges de Mareuil, seigneur du Pocé*, en 1601, épousa Anne Herpin;

*Louise de Mareuil, dame de Vernusse*, 1613, épousa Pierre de Barathon;

*Balthazard de Mareuil, seigneur de la Coifferie*, était époux, en 1620, de Françoise de Laigue, dame de Corbilly, dont : 1° *Louis de Mareuil, seigneur de Corbilly, de la Motte*, épousa Françoise Dessoubreys, et eut : *Anne, dame de Corbilly*, épouse, en 1582, de Pierre Girard, seigneur de Vasson ; 2° *Claude de Mareuil, seigneur du Minaray*, R. 1669;

*Louis de Mareuil, chevalier, seigneur de Quindray, de la Folie, de la Quesnière*, épousa Catherine de Bailleau, et mourut en 1654; frère de *Charles de Mareuil, écuyer, seigneur de Montifaut*, qui épousa, vers 1640, Marguerite de François d'Espagne, et eut :

1° *Charles II, seigneur de Montifaut, de Rouvre-les-Bois*, qui épousa, le 6 février 1677, JEHANNE DE FOURNIER, dont : *Anne*, qui épousa, en 1698, Claude de Lanet, et fut marraine en 1725, de son neveu LOUIS-CHARLES DE FOURNIER;

2° *Vincente*, qui épousa, en 1660, Jean de Boislisnards de la Noraye;

3° *Colombe*, épouse, en 1675, d'Achille des Champs.

*François de Mareuil, seigneur de Piedgut*, vers 1670;

*Charles de Mareuil, écuyer, seigneur de Montifault*, avait été maintenu en 1667, sous l'Election do Châteauroux, avec son frère *Louis de Mareuil, seigneur de Corbilly*, en Arthon, et son parent, *Claude de Mareuil, seigneur du Mineray*, en Lucay-le-Mâle.

15

de Coussy, qui épousa, en 1740, Berthe de Boislisnards, de Pierre-Levée et de Lesse, qui vivait encore en 1785, et eut sept enfants, entre autres : *Marie-Anne du Lanet*, qui épousa, en 1773, Pierre Alexandre des Sorbiers, qui fut l'un des chefs de l'armée vendéenne, en 1794, et fut fusillé par les Républicains à Buzançais, en 1795 ; et *Jean III de Lanet, seigneur de Coussy, de Montusson*, qui épousa, en 1777, Marie-Anne Portrait. Claude de Lanet eut du second lit : 1º *Joseph, officier aux gardes du corps*, avec rang de *lieutenant-colonel*; 2º *Claude II, gendarme de la garde du Roi*, en 1740. La famille *de Lanet*, originaire du Poitou et de race chevaleresque, s'armait : « de gueules au taureau passant d'argent, corné et onglé d'or. » Devise : « Ne dévie, ne faillit. » Ses membres se titrèrent comtes de Lanet (¹).

---

(1) Nous trouvons :

Iº. *Mathurin de Lanet*, qui épousa Jeanne d'Arnac, en 1498, dont :

IIº. *Mathurin de Lanet, seigneur de Champeaux*, sous Montmorillon, qui eut :

IIIº. *Raoul de Lanet, seigneur du Breuil*, qui épousa : 1º vers 1570, Élisabeth de Chamborand ; 2º en 1575, Marguerite de Boisbertrand, dont :

IVº. *Jacques de Lanet, seigneur du Breuil*, 1599, dont :

Vº. *Pierre de Lanet, seigneur du Breuil, de la Rustière*, 1608-1638, qui eut de Yolande de Besdon :

1º *Jean I*, qui suit ;

2º *Mathieu, seigneur de Tussac*, qui épousa, en 1657, Sylvine de Boislisnards des Chézeaux, dont : 1º *Jacques*, qui épousa, en 1682, Marie de Vérisne, et eut : *Claude*, garde du corps, qui épousa, en 1707, Gabrielle de Besdon, dont *Joseph* et *Claude*, officiers de la garde royale, et 2º *Anne*, qui épousa, en 1682, Charles des Mazières ;

3º *Françoise*, qui épousa Claude de Boislisnard de la Noraye ;

VIº. *Jean I de Lanet*, épousa Madeleine de Boislisnards, qui épousa en secondes noces Gaspard de Mazières. Il eut :

VIIº. 1º *Claude, seigneur de Fesque de Mondusson*, qui épousa en 1698 Anne de Mareuil, et continua la descendance ;

2º *Anne*, qui épousa en 1704 François de Mazières ;

3º *Jeanne*, qui épousa : 1º en 1700, Jean de Boislisnards de Pierre-Levée ; 2º en 1712, Sylvain de Boislisnards de Fontparnac ;

4º *Marie*, qui épousa, en 1712, Joseph de Pertuis, seigneur de Saint-Jollet.

VIIIº. *Jean II de Lanet*, épousa Berthe de Boislisnards, et eut :

IXº. *Jean III de Lanet*, qui épousa, en 1777, Marie-Anne-Portrait, dame de Montusson, dont :

1º *Pierre-Alexandre*, 2º *Jean IV*, 3º *François*, détenus comme suspects à Montusson en 1793.

4º MADELEINE DE FOURNIER, baptisée à Chitray, le 10 septembre 1652;

5º SYLVAIN DE FOURNIER, baptisé à Chitray le 17 juin 1653;

6º LOUIS DE FOURNIER, baptisé à Chitray le 10 juin 1657, mort en bas âge;

7º Autre LOUIS DE FOURNIER, qui suit :

## XIII

**L**OUIS DE FOURNIER. Chevalier, Seigneur de Boismarmin, de la Grange, de Ciron, de Meun, de la Vaublanche ; volontaire gentilhomme dans le Régiment de cavalerie du ban de la noblesse de la province du Berry.

Né au château de Boismarmin, il fut baptisé à Chitray, le 20 août 1660.

Il n'avait que quatorze ans quand il servit, à la place de son père, lors de l'appel du ban et arrière-ban de la noblesse du Berry, en 1674, à l'occasion de la guerre de Hollande ; et, le 10 septembre 1674, « Louis « de Fournier, écuyer, déclara qu'il marchait au service du ban et « arrière-ban de la Province du Berry, pour et au lieu de son père, « Claude de Fournier, écuyer, seigneur de Boismarmin, y demeurant « en la paroisse de Chitray. » — (Acte original sur parchemin. Signé : Danjou, avec paraphe) (¹).

(1) Bibliothèque nationale. N° 72.

- Il est cité, en octobre 1674, sous le nom de « sieur de Fournier » dans le contrôle, fait au camp de Tosteveiller, près de Metz, de l'effectif du 1er escadron de la noblesse du Berry, commandé par le comte Rouault de Gamaches, ayant comme capitaine en second le sieur de Fins, et faisant partie de l'armée du maréchal de Turenne. Nous relevons parmi les noms des cinquante-cinq gentilhommes inscrits sur ce contrôle :

> Le sr de Boubon (de Boislisnards) ;
> Le sr de Boislisnards ;
> Le sr chevalier d'Epagne (de François) ;
> Le sr de la Trémouille ;
> Le sr de Lanet ;
> Le sr de Lanet-Martel ;
> Le sr des Fossés ;
> Le sr des Chézeaux (de Boislisnards) ;
> Le sr de la Noraye (de Boislisnards) ;
> Le sr de Connives (du Boisbertrand) ;
> Le sr d'Aché, prisonnier de guerre (de Boislisnards) ;
> Le sr de Fournier.

Il reçut, le 21 novembre 1674, du sieur de Fins, capitaine en second au dit escadron, un congé « certifiant que Monsieur de Fournier « a fort bien servi jusqu'ici dans la compagnie commandée par le dit- « sr de Fins dans l'armée de Monseigneur le Maréchal de Turenne. » — (Acte de congé, signé : Turenne, avec cachet en cire rouge aux armes du maréchal) [1].

A la suite de ce congé, il vint habiter le château de Boismarmin, où il testa, le 14 février 1694, et où il mourut peu de jours après.

Il avait épousé, par contrat passé dans le château de Nots-Marafin, le 23 novembre 1683, devant Me Pain, notaire à Mézières-en-Brennes (Indre), demoiselle Charlotte de BARVILLE, fille majeure de messire Jean-François de Barville, chevalier, seigneur de Nots-Maraffin, du Boislandry, de Fontaine, du Buisson, et de dame Charlotte de Douault, dame d'Aunay. Elle reçut 6 200 livres tournois de dot.

---

(1) Bibliothèque nationale. N° 73.

« Contrat de mariage de Louis de Fournier, écuyer, seigneur de
« Boismarmin, fils de Claude de Fournier, écuyer, seigneur de Bois-
« marmin, et de défunte dame Catherine de Boislisnards, son épouse,
« ses père et mère, demeurant au lieu seigneurial du dit Boismarmin,
« en la paroisse de Chitray; assisté du seigneur son père; de messire
« Paul de Bridiers, chevalier, baron de Saint-Julien, son cousin mater-
« nel (¹); de François de Constantin, écuyer, seigneur de la Gaschon-
« nière, et de dame Marie-Françoise de la Motte, son épouse, son cousin;
« et de Charles d'Allonneau, écuyer, seigneur d'Aigrefeuil; accordé
« le 23 novembre 1683 avec demoiselle Charlotte de Barville, fille
« majeure de messire Jean-François de Barville, chevalier, seigneur
« de Boislandry et de Notz-Maraffin, et de dame Charlotte de Douault,
« son épouse, ses père et mère, demeurants au château du dit lieu de
« Notz-Maraffin; du consentement de ses dits père et mère; de haut et
« puissant seigneur messire Louis Savary, chevalier, marquis de Lan-
« cosme et autres places, et de demoiselle Louise Savary, fille du dit
« seigneur de Lancosme (²).

« Le père dudit futur lui délaisse tous ses biens consistant ès fiefs
« de Boismarmin, Ciron et métairie en dépendant, à la charge de nourir
« le dit seigneur son père, etc.

« La dite dame de Douault, mère de la dite future épouse, lui
« constitue en dot, en avancement de ses droits successifs, la somme de
« 6 200 livres, et elle lui laisse le choix d'entrer en partage avec ses
« frères et sœurs en rapportant la somme de 6 200 livres.

« Ce contrat, passé au dit lieu et château de Notz-Maraffin devant
« François Pain, notaire juré en la ville de Mézières-en-Brenne (³). »

La famille *de Barville*, originaire de Normandie, eut un de ses
membres qui accompagna, en 1066, Guillaume le Conquérant à la
conquête de l'Angleterre. Elle forma plus tard différentes branches,

---

(1) Paul de Bridiers, baron de Saint-Julien, était fils de Sylvain de Bridiers et de Jeanne de Boislisnard, tante de Catherine de Boislisnard.

(2) Louis Savary, marquis de Lancosme, était époux d'Anne de Coutances; sa fille Louise épousa, en 1684, Charles de Montbel, comte de Méré; et son arrière-petite-nièce, Louise-Marie de Savary, épousa, en 1752, Louis-Charles de Fournier de Boismarmin.

(3) Bibliothèque nationale. N° 77, et Nobiliaire de Bourges.

qui s'établirent dans le Perche, le Poitou et le Berry. Elle s'arme :
« d'argent à deux bandes de gueules. » Devise : « Dieu à nous. »

Elle s'est alliée, avant 1660 : aux du Hamel, vers 1550 ; Tascher,
en 1611 ; du Buat, en 1612 ; de Mallard, en 1573, 1580 et 1619 ; de Fies-
quer, en 1637 ([1]).

La famille *de Douault*, d'ancienne extraction chevaleresque, était
originaire de Touraine ; sa filiation remonte à *Barthélemy Douault, sire
de Douault, damoiseau*, vivant en 1305. Elle s'armait : « de gueules
à trois besants d'argent ([2]). »

(1) Nous trouvons :

*N..., sire de Barville, chevalier, en* 1066 ;

*Guillaume de Barville*, qualifié *Miles* en 1260, qui se fixa dans le Perche ;

*Pierre de Barville, seigneur de Maisoncelles*, eut : *Huguette*, qui épousa vers 1410 Regnault le
Normant, seigneur du Mesnil.

*Jean de Barville, seigneur de Boislandry*, épousa, vers 1450, Hélène de Rochefort, dame de
Boismontier.

*Jean de Barville, seigneur des Nots-Maraffin, de Boislandry*, épousa demoiselle de Fiesques, et
semble avoir eu :

*Jean-François de Barville, chevalier, seigneur de Boislandry*, en Saunay (Indre-et-Loire), *de
Nots-Maraffin, de Fontaine, du Buisson*, qui épousa, vers 1660, Charlotte de Douault, dame
d'Aunay, fille de René, et de Françoise de Barathon, dont :

    1º *Charles*, dit *marquis de Barville, seigneur de Boislandry, capitaine de carabiniers, chevalier
     de Saint-Lazare, gentilhomme de la maison du prince de Conty* en 1690, puis *colonel du
     régiment de Barville* ; il fut PARRAIN, EN 1684, DE SON NEVEU CHARLES DE FOURNIER, et
     mourut sans postérité de Marie-Anne Jacquinot du Pressoir ;

    2º *Charlotte*, QUI ÉPOUSA, EN 1683, LOUIS DE FOURNIER, et mourut en 1722 ;

    3º *Marguerite*, qui épousa en 1685 Sylvain d'Arnac, chevalier, seigneur de la Teissonnière,
     curateur, en 1720, de Marie-Angélique de Boislisnard ; dont Pierre et Sylvain d'Arnac,
     vivant en 1720 ;

    4º *Louis*, qui suit :

*Louis de Barville* semble avoir eu pour fils : *Pierre, comte de Barville, seigneur de Nocé,
lieutenant de la ville de Narbonne, chevalier de Saint-Louis*, mort dans le Lyonnais, le 29 décembre 1784, âgé de 86 ans. Il eut :

*Louis-François de Barville, officier aux gardes françaises*, qui épousa, en 1777, Anne Boyetet
de Boissy, et mourut en 1836, âgé de quatre-vingt-sept ans, ayant eu :

    1º *Anne-Louise*, qui épousa, en 1805, Jean-Louis de Belot, qui fut autorisé à relever le nom
     de Barville ;

    2º *Constance*, qui épousa, vers 1816, François de Grimaudet, et eut : la comtesse de Roche-
     bouët ;

    3º *Clotilde*, qui épousa, en 1805, Armand-Charles, marquis de Sailly, et n'eut pas de posté-
     rité.

(2) Nous trouvons :

*François I Douault, chevalier, seigneur de Rancé, de Celon, du Bois-Robert*, qui épousa vers 1510
Marie de Bouéry, et eut :

Veuve en 1694, Charlotte de Barville continua à habiter le château de Boismarmin, avec son fils. Elle adressa, le 25 février 1694, une sup-

1° *François II*, qui suit;

2° *Marie-Louise*, qui épousa vers 1540 Hector-Jacques Ajasson, seigneur de Grandsaigne;

*François II de Douhault, chevalier, seigneur de la Tour-Rancé, de Celon, du Boisrobert*, épousa Jacquette d'Illiers, et eut :

1° *François III, seigneur de Celon, de Rançai*, qui épousa, vers 1570, Francoise de Boisé, dame de Courcenay, sœur de Renée de Boisé, qui épousa Louis de Mareuil, et eut : *Jacques*, seigneur de la Cour, en 1587;

2° *Avoye*, qui épousa, en 1561, Jean de Poyenne, chevalier, seigneur de la Villebussière, et eut : Françoise de Poyenne, qui épousa Jean Aganon, seigneur de Montet;

3° *Louis*, mort en 1668;

4° *Claude*, qui suit;

5° *Renée*, qui était, en 1608, épouse de Jean Paillisson, seigneur de la Vau;

6° *Guyon, seigneur de Rancé, de Celon*, époux, en 1569, de Sylvaine de Thibault, dont : 1° *Sylvain, seigneur de Douhault, de Celon*, en 1604, père de : *Marie, dame de Celon*, épouse, en 1630, de Pierre de Barbançois, et de *Madeleine*, épouse, en 1630, de Jean Crollier, seigneur des Chézeaux, de Puymoreau; 2° *Madeleine, dame de Rancé, du Bois-Robert*, épouse, en 1608, de Sylvain du Château; 3° *Claude, dame de Rancé*, épouse, en 1615, de Timoléon Tahureau.

*Claude de Douhault, seigneur de Douault, de la Lyonnière*, épousa, en 1578, Renée de Coubes, et eut :

1° *Daniel*, mort en 1600, sans postérité de Suzanne de Constantin;

2° *Pierre, seigneur de Douhault*, qui épousa Anne Couraud;

3° *Marie*, qui épousa, en 1631, Salomon Pijault;

*Jacques de Douault, seigneur de Nieul, de Monbris*, en 1618;

*Léon de Douault, seigneur de Douault, du Bois-Douault, de Champmousseau, gentilhomme de la chambre du Roi*, en 1657, maintenu R. 1669, sous Châteauroux, eut de Catherine de Preuille, vivant veuve en 1700 : *Agnès-Angélique*, qui épousa Jean de Maussabré, seigneur de Gâtesouris, dont : 1° Marie-Anne de Maussabré, née à Cluys (Indre), le 23 mars 1708, admise à Saint-Cyr en 1717, y mourut le 21 juin 1718; 2° Marie-Geneviève de Maussabré, née à Montchevrier (Indre), le 19 novembre 1712, admise à Saint-Cyr en 1722, en sortit le 19 novembre 1732, et épousa, le 13 janvier 1737, Edme de Preaulx de Tézeaux; elle mourut à Orsennes (Indre) le 9 octobre 1742; et *Marguerite*, qui épousa, vers 1685, Gabriel de Cluys, seigneur des Tables, et eut : Marguerite de Cluys des Tables, QUI ÉPOUSA, VERS 1720, JEAN DE FOURNIER DE VARENNES.

*René de Douault, seigneur de Mondétour, de Bouvron, chevalier*, en 1647, époux de Françoise de Barathon, eut :

1° *Charlotte, dame d'Aunay*, qui épousa, vers 1660, Jean-François de Barville, et eut : Charlotte de Barville, QUI ÉPOUSA, EN 1683, LOUIS DE FOURNIER;

2° *Louis de Douault, seigneur de Chamousseau, de Mehun*, qui ACHETA, EN 1722, MEHUN, DE SA NIÈCE, CHARLOTTE DE BARVILLE, VEUVE DE LOUIS DE FOURNIER, et semble avoir eu :

*Léon II de Douault, seigneur de Chamousseau*, en 1731, dont :

*Louis-Joseph de Douault, chevalier, seigneur de Chamousseau, de Luzeret, de Chazelet*, époux, en 1787, de Marie de Rogues de Lusignan.

Nous trouvons aussi : *Jacques-Charles de Douault d'Aunay d'Illiers*, qui eut de Marie de Libersac : *Marie-Jacobé Alexandrine*, née à Haringues, près de Dunkerque, le 9 avril 1703, qui, admise à Saint-Cyr, par preuves du 8 août 1711, en sortit le 24 avril 1723.

plique au lieutenant général du bailliage d'Issoudun « déclarant que, « pour dégrever la seigneurie de Boismarmin de la rente de 16 livres « fondée en 1640 en faveur de l'église de Chitray, par testament de « Jean de Malleret, son défunt mari Louis de Fournier, chevalier, « seigneur de Boismarmin, avait cédé au curé de Chitray une vigne « d'une contenance de 20 journaux. » (Archives de l'Indre, G. 611.)

Elle parut dans d'autres actes en 1696, 1719 et 1720.

Dans un aveu et dénombrement, fait le 20 décembre 1715, par Mathurin Pinsonneau, marquis du Blanc, baron de Cors, les fiefs de Ciron et de Lavaublanche sont dits mouvants de la seigneurie de Cors, en la paroisse d'Oulches, et appartenants aux héritiers de Claude Fournier, écuyer, seigneur de Boismarmin (1).

Elle vendit, en 1719, la seigneurie de Mehun à son oncle Louis de Douault, écuyer, seigneur de Chamousseau, moyennant 9 400 livres (2).

Elle mourut au château de Boismarmin et fut inhumée dans l'église de Chitray, le 16 janvier 1722.

Elle n'avait eu qu'un fils : CHARLES DE FOURNIER, qui suit;

(1) Archives de l'Indre, A., p. 103.
(2) Archives de l'Indre A., p. 49.

# XIV

CHARLES DE FOURNIER, Chevalier, Seigneur de Boismarmin, de Ciron, de Meun, de Vaux, de la Bourlieue, de la Vaublanche, Capitaine d'Infanterie.

Né au château de Boismarmin le 21 septembre 1684, il fut baptisé le 24 septembre dans l'église de Chitray. Il eut pour parrain son oncle, Charles de Barville, chevalier, seigneur de Boislandry, y demeurant, en Saunay, et pour marraine sa cousine Françoise de Barville de Boislandry (1).

Ayant perdu son père en février 1694, il fut placé sous la tutelle de sa mère.

Il n'avait que douze ans quand il fut nommé, au commencement de l'année 1697, SOUS-LIEUTENANT AU RÉGIMENT DE ROYAL-INFANTERIE, comme le prouve l'acte suivant en date du 28 février 1697 :

« Nous, Charles Fournier, sous-lieutenant au régiment Royal, « confessons avoir reçu comptant de Mre Jean-Louis Arnauld, conseiller

(1) Bibliothèque nationale. No 78, et Nobiliaire de Bourges.

« du Roi, trésorier général de l'extraordinaire des guerres et cavalerie
« légère, la somme de vingt livres, que le Roi nous a accordée comme
« gratification en qualité de sous-lieutenant au régiment Royal d'In-
« fanterie, et pour nous donner moyen de nous rendre à notre charge.
« Fait à Versailles, ce 28 février 1697. Signé : Charles Fournier (¹). »

Charles de Fournier fit les guerres de la Ligue d'Augsbourg et de
la Succession d'Espagne et fut nommé successivement : en 1700, COR-
NETTE AUX CARABINIERS; en 1702, CAPITAINE AIDE-MAJOR AU RÉGI-
MENT DE BARVILLE, dont son oncle et parrain, Charles, marquis de
Barville, était colonel; puis CAPITAINE COMMANDANT AU RÉGIMENT DE
NAVARRE, poste qu'il occupait quand il reçut, en juillet 1715, un
congé de réforme, par suite de blessure.

Il avait alors trente ans, et il revint habiter avec sa mère le château de Boismarmin. Il fit aveu à la baronnie de Cors du fief de Ciron,
le 20 décembre 1715 (²).

Il avait produit à nouveau ses titres de noblesse, et avait été maintenu, sous le ressort de Bourges, par arrêt du 11 janvier 1715, au rapport de Mgr Foullé, marquis de Martargis, commissaire préposé aux
recherches dans la généralité de Bourges. Nous croyons devoir transcrire ici la requête et l'arrêt de maintenue :

« A Monseigneur Foullé, marquis de Montargis, Prunevaux, Sainte-
« Cécile et autres lieux, conseiller du Roi en ses Conseils, Maître des
« requêtes ordinaires de son hôtel, commissaire départi par sa Majesté
« pour l'exécution de ses ordres dans la généralité de Bourges.

« Supplie humblement messire Charles de Fournier, écuyer, sei-
« gneur de Boismarmin, paroisse de Chitray, élection de la Châtre,
« capitaine au régiment de Navarre,

« Disant que défunt Claude Fournier, écuyer, seigneur de Boismar-
« min, son ayeul, pour satisfaire à l'arrêt du Conseil du 22 mars 1666,
« a produit, en l'année 1669, ses titres de noblesse pour établir sa généa-
« logie et qu'il était issu de noble race; titres par lesquels il a fait con-
« naître qu'il était *fils de François Fournier, écuyer, et de dame Catherine*

(1) Bibliothèque nationale. Pièces originales. Registre 1224, cote 27452, n° 30.
(2) Archives de l'Indre, A., p. 198.

« de Malleret; le dit François, fils de Jean Fournier, écuyer, et de dame
« Louise de Tigny; le dit Jean, fils d'autre Jean et de dame Jeanne de
« Roquemore; et le dit Jean de Pierre Fournier, écuyer, et de dame
« Françoise de Foyal. — Au rapport desquels titres, le dit sieur Claude
« Fournier, seigneur de Boismarmin, a obtenu une ordonnance de
« Monsieur Tubeuf, pour lors intendant de cette généralité, par laquelle
« il a été maintenu et gardé, ainsi que toute sa postérité, née ou à naître
« en loyal mariage, en la possession de la dite qualité d'écuyer pour
« jouir des privilèges et prérogatives attribués à ce titre.

« En sorte que, pour satisfaire par le suppliant à la déclaration
« du Roi de janvier 1714, il lui suffit de produire et rapporter l'ordon-
« nance de maintenue de Monsieur Tubeuf du 4 octobre 1668, obtenue
« par le dit sieur Claude Fournier, écuyer, seigneur de Boismarmin, et
« d'établir qu'il est issu et petit-fils du dit sieur Claude Fournier et
« de dame Catherine de Boislisnard; pour et à quoi parvenir, il rap-
« porte la dite ordonnance établissant la généalogie qui suit, suivant
« les titres y mentionnés :

Ier DEGRÉ
{ Pierre Fournier, écuyer,
{ Dame Françoise de Foyal.

IIe DEGRÉ
{ Jean I Fournier, écuyer,
{ Dame Jeanne de Roquemore.

IIIe DEGRÉ
{ Jean II Fournier, écuyer,
{ Dame Louise de Tigny.

IVe DEGRÉ
{ François Fournier, écuyer,
{ Dame Catherine de Malleret.

Ve DEGRÉ
{ Claude Fournier, écuyer,
{ Dame Catherine de Boislisnard.

VIe DEGRÉ
{ Louis Fournier, écuyer,
{ Dame Charlotte de Barville.

VIIe DEGRÉ : Charles Fournier, produisant.

« Pour prouver le sixième degré et établir que Louis Fournier est
« fils de Claude qui a obtenu l'ordonnance de maintenue, produit le
« contrat de mariage du dit Louis Fournier avec demoiselle Charlotte
« de Barville, passé à la date du 23 novembre 1683, par lequel il
« paraît qu'il est fils de Claude Fournier, écuyer, seigneur de Boismar-
« min, et de dame Catherine de Boislisnard.

« Et pour établir que le dit sieur Charles Fournier, produisant, est
« fils du dit Louis et de la dite dame Charlotte de Barville, il rapporte
« son extrait baptistaire du 24 septembre 1684, en forme, signé du sieur
« de Barathon, curé de Chitray, et légalisé, par lequel il paraît qu'il
« est fils de Louis Fournier, écuyer, seigneur de Boismarmin, et de
« dame Charlotte de Barville.

« A la vue de ces titres, le suppliant, actuellement au service de
« Sa Majesté, capitaine d'un des premiers et plus anciens régiments
« d'infanterie, a lieu d'espérer qu'il sera conservé en la qualité d'écuyer,
« à lui acquise et à ses ancêtres;

« Ce qui l'oblige de conclure

« A ce qu'il vous plaise, Monseigneur, vouloir ordonner que le
« suppliant et sa postérité sera maintenu et conservé dans le titre et
« qualité d'écuyer, à lui acquise et à ses ancêtres; en conséquence
« qu'il jouira des privilèges et prérogatives accordés à la noblesse du
« Royaume, et qu'il sera inscrit dans le catalogue des nobles et gen-
« tilshommes de cette généralité; et ferez justice. »

### AVIS DU COMMISSAIRE ENQUÊTEUR

« Me François Ferrand, chargé de la recherche des usurpateurs de
« noblesse, a pris communication de la présente requête et des titres
« énoncés en icelle, déclare qu'il ne veut contester la noblesse de Charles
« Fournier, sieur du Boismarmin, et consent qu'il y soit maintenu et
« gardé, tant qu'il ne fera acte dérogeant. Fait à Bourges, ce 9 jan-
« vier 1715. — Signé : Ferrand. »

## Avis du Procureur du Roi

« Vu par moi soussigné, procureur du Roi en la Commission de
« Monsieur l'Intendant, l'inventaire ci-dessus et les pièces y énoncées,
« je n'empêche que le sieur Charles Fournier, suppliant, ne soit déclaré
« noble et issu de noble race ; et, en conséquence, attendu même le
« service actuel qu'il rend à Sa Majesté dans ses troupes, qu'il jouisse
« des privilèges de noblesse tant qu'il ne fera acte dérogeant. — Fait
« à Bourges, ce 8 janvier 1715. — Signé : le Roy. »

## Arrêt de Maintenue

« Vus la présente requête, l'inventaire y énoncé, et autres titres
« rapportés par le dit sieur *Charles de Fournier de Boismarmin*, le
« désistement de Me François Ferrand et les conclusions ci-dessus du
« Procureur du Roi de notre commission,
« Nous avons donné acte au dit sieur Fournier de la présentation
« de ses titres, l'avons maintenu et gardé dans la qualité de noble ; et,
« en conséquence, ordonnons qu'il jouira, ses enfants et postérité nés
« et à naître, en légitime mariage, des titres et privilèges accordés à
« la noblesse du Royaume, tant qu'ils ne feront acte dérogeant ; et qu'à
« cet effet il sera inscrit au catalogue des nobles de cette généralité,
« qui doit être dressé en exécution de la déclaration de Sa Majesté du
« 16 janvier 1714, pour y avoir recours quand besoin sera.
« Fait par nous, Maître des Requêtes et Intendant du Berry, à
« Bourges, le onze janvier mil-sept-cent-quinze. »

Signé : Fouillé de Martangis (¹).

Le 30 novembre 1719, par acte passé devant Me Sylvain Baudet,
notaire royal à Argenton, « dame Charlotte de Barville et son fils
« Charles de Fournier, chevalier, seigneur de Boismarmin, de la paroisse
« de Chitray, vendirent à Louis de Douault, chevalier, seigneur de
« Champmoussault, de la paroisse d'Ardon (Loiret), la terre et seigneu-

---

(1) Bibliothèque nationale. Pièces originales, registre 1227, cote 27462, n° 2.

« rie de Meun, four et moulin banaux, la métairie des Vaux, les droits
« de terrages et de boutages, cens, rentes et autres devoirs seigneuriaux
« de la dite terre, moyennant la somme de 9 400 livres [1]. »

Charlotte de Barville mourut au château de Boismarmin et fut
inhumée dans l'église de Chitray, le 16 janvier 1722. Son fils, Charles
de Fournier, mourut lui-même à Boismarmin et fut également inhumé
dans l'église de Chitray, le 30 avril 1743. Il était âgé de 58 ans [2].

Il avait épousé, par contrat passé, le 14 janvier 1720, devant
Me Sylvain Baudet, notaire royal à Argenton, sa cousine demoiselle
*Marie-Angélique de BOISLISNARD*, née au château de la Grange, en
Chitray, le 4 mai 1699, fille de *Jean de Boislisnard, écuyer, seigneur
de l'Etang, des Chézeaux*, mort le 2 novembre 1703, et de *dame Marie
de Boislisnard de Margou*, morte le 28 juin 1718.

« Contrat de mariage de messire Charles de Fournier, chevalier,
« seigneur de Boismarmin, fils de défunt messire Louis de Fournier, che-
« valier, seigneur de Boismarmin, et de dame Charlotte de Barville,
« ses père et mère, demeurants au dit lieu de Boismarmin, paroisse de
« Chitray, assisté de la dite dame de Barville, sa mère, accordé le
« 14 janvier 1720 avec demoiselle Marie-Angélique de Boislisnard,
« fille des défunts messire Jean de Boislinard, écuyer, seigneur de
« Lestang, et de dame Marie de Boislisnard, ses père et mère; procé-
« dante de l'autorité de messire Sylvain d'Arnac, chevalier, seigneur
« de Teissonnières, son curateur et demeurante aux Chézeaux, paroisse
« de Rivarennes [3].

« Les futurs époux se marient avec leurs droits et biens.

« La dite dame mère du dit futur époux lui fait donation de tous
« ses biens meubles et immeubles, dont elle se réserve l'usufruit à sa
« vie durant.

« Ce contrat passé en présence du dit seigneur de Teissonnières

---

(1) Bibliothèque nationale. No 71.

(2) Archives paroissiales de Chitray. Il avait reconnu devoir aux religieux Cordeliers d'Argentan une rente de 45 livres tournois, assise sur sa terre de Boismarmin.

(3) Sylvain d'Arnac avait épousé, en 1685, Marguerite de Barville, sœur de Charlotte, épouse
de Louis de Fournier.

« et de dame Marguerite de Barville, son épouse, oncle et tante du
« futur époux; de Claude de Lanet, écuyer, seigneur du dit lieu, et de
« dame Anne de Mareuil, son épouse, ses cousins germains; de Léonard
« de Boilisnard, écuyer, seigneur de Boilisnards, frère de la future
« épouse; de messire Léonard de Boilisnard, chevalier, seigneur des
« Chezeaulx, son oncle; de demoiselle Anne-Louise de Guinsac, épouse
« du dit seigneur de Chézeaulx; de Jean de Boislinard, écuyer, seigneur
« du Breuil, son cousin-germain; de demoiselle Anne de Boislisnard,
« sa cousine-germaine; de Antoine-Joseph de Boislinard, écuyer,
« seigneur des Chézeaulx, aussi son cousin-germain; de messire Pierre
« d'Arnac, chevalier, seigneur de la Boudonière; et de Barthélémy
« Davy, seigneur de Grandcour, demeurant en la paroisse de Chitray.
« Devant Baudet, notaire royal, résidant à Argenton, en Berry ([1]). »

Pour la famille de *Boislisnard*, qui s'armait : « d'argent au chêne
de sinople, à la bordure engreslée de gueules », voir ci-dessus.

Veuve en 1743, Marie-Angélique de Boislisnard continua à habiter
la seigneurie de Boismarmin, dont elle fit aveu le 24 juillet 1748; elle
fut marraine, le 21 novembre 1752, de son petit-fils, Louis-Charles de
Fournier.

Elle avait eu deux enfants :

1.º MARGUERITE DE FOURNIER, baptisée à Chitray, le 30 décembre 1723, qui épousa, le 14 janvier 1744, *Charles de Goyon,
chevalier, seigneur de Saint-Plantaire, de Bors, de la Fosse,* fils
de *Sylvain-Joseph, seigneur de Saint-Plantaire, de Bors, du
Moulinneuf,* et d'*Anne-Marthe de Quinsac,* sœur d'Anne-Louise
de Quinsac, qui avait épousé Léonard de Boislinard, seigneur
des Chézeaux, grand-oncle de Marguerite de Fournier. Charles
de Goyon était le neveu de Jean de Goyon, chevalier, seigneur
du Moulinneuf, en Argenton, capitaine au régiment de Dauphiné,
qui avait été tué au siège de Fontarabie, en 1719; il avait pour
sœur *Louise de Goyon,* qui avait épousé Jean de la Faire, sei-

gneur de Vauzelles, major de cavalerie, chevalier de Saint-Louis, mort en 1750, âgé de 74 ans, dont postérité.

La famille *de Goyon*, qui semble un ramage de l'illustre maison bretonne des Gouyon, s'était établie dans le Poitou et le Berry, et s'armait : « d'azur à une tête de léopard d'or, surmontée de trois quintefeuilles d'argent rangées en chef. »

A la suite de leur mariage, M. et M^me Charles de Goyon habitèrent le château de Saint-Plantaire, en la paroisse de ce nom (Indre), qui avait appartenu, au XVI^e siècle, aux d'Argier; et Marguerite de Fournier y vivait, veuve, en 1788, quand elle vendit le domaine et la métairie de la Fosse.

Elle avait eu : *un fils* et *une fille.*

2° LOUIS-CHARLES I DE FOURNIER, qui suit:

## XV

**L**OUIS-CHARLES I DE FOURNIER, Chevalier, Seigneur de Boismarmin, de Ciron, de la Bourlieue, du Peux, d'Allée, de la Biennerie, Cornette au régiment de dragons de Nicolaï.

Né au château de Boismarmin, il fut baptisé à Chitray, le 18 mars 1725, et eut pour parrain, son oncle, messire Léonard de Boislisnard, écuyer, seigneur de l'Etang, de Terrière, y demeurant en Rivarennes, et pour marraine, sa tante, Anne de Mareuil, épouse de messire Claude de Lanet, fille de Charles de Mareuil, seigneur de Montifault, et de Jeanne de Fournier [1].

Il n'avait que 18 ans quand il fut nommé CORNETTE AU RÉGIMENT DE NICOLAÏ-DRAGONS, par brevet du 15 septembre 1743.

Il fit les campagnes de la guerre de Succession d'Autriche, de 1744 à 1747 ; puis il revint habiter, avec sa mère, le château de Boismarmin.

[1] Bibliothèque nationale. N° 82.

Il épousa, le 13 janvier 1752, comme nous le disons plus loin, *demoiselle Louise-Marie-Anne-Elisabeth de Savary*, et fit aveu, le 20 mai 1758, des terres qui étaient échues à sa femme à la mort de ses parents.

Il assista, en 1767, au mariage de son cousin Sylvain de Boislisnard de Fontparnac avec Louise de Launay.

Il parut en 1769 comme gros décimateur de la paroisse de Chitray ([1]).

Il eut, de 1772 à 1774, un procès avec le curé de Chitray, relativement au droit de banc et d'enfeu qu'il prétendait avoir dans l'église de Chitray, à cause de sa seigneurie de Boismarmin.

« Le 19 novembre 1772, le curé de Chitray, messire Etienne Mar-
« teau, envoya sommation à Messire Louis-Charles de Fournier, seigneur
« de Boismarmin, y demeurant, « d'avoir à comparaître devant le bailli
« et lieutenant-général d'Argenton pour s'entendre condamner à
« payer à la fabrique de Chitray la somme de 35 livres, montant de
« cinq années d'arrérages qu'il devait pour la jouissance d'un
« banc en l'église de Chitray. » — Louis Charles de Fournier refusa de comparaître et produisit, le 5 juillet 1773, des actes prouvant que sa famille avait de tout temps joui du banc en question : à savoir :

1° Un acte du 16 octobre 1517, par lequel « Pierre de Malleret,
« prêtre, curé de Château-Larché, diocèse de Poitiers, né au château
« de Boismarmin, en Chitray, a donné à l'église paroissiale de Chitray
« des ornements et un tableau, à charge à la fabrique de cette église
« de s'engager à enterrer le donateur et les membres de la famille des
« seigneurs de Boismarmin devant l'autel de la vierge, en la dite église,
« et de lui abandonner dans le chœur l'emplacement d'un banc. »

2° Le testament, en date de 1640, de Jean de Malleret, écuyer, seigneur de Boismarmin, y demeurant, affectant une rente annuelle de 16 livres tournois, hypothéquée sur la terre de Boismarmin, à la fabrique de Chitray, à l'effet de différentes cérémonies religieuses en cette église et un service annuel pour le repos de son âme et des âmes de ses parents.

3° La déclaration faite le 25 février 1694, par dame Charlotte de

Barville, veuve de Louis de Fournier, chevalier, seigneur de Boismar-min, et tutrice de son fils, Charles de Fournier, au lieutenant-général du bailliage d'Issoudun, relatant que, par suite du testament précédent et par transaction, une vigne de vingt journaux avait été cédée au curé de Chitray pour dégrever la seigneurie de Boismarmin des 16 livres de rentes sus-dites ; la dite vigne devant être et demeurer le patrimoine de la dite cure.

Le Curé de Chitray ne se tint pas pour battu, et envoya le 17 juillet 1773 un mémoire au lieutenant-général du bailliage d'Argenton, déclarant que : « Messire Louis-Charles de Fournier, seigneur de Bois-
« marmin, n'était ni patron, ni haut-justicier de la paroisse de Chitray,
« laquelle est mouvante de la châtellenie de Cors, et qu'il devait, pour
« avoir un banc dans l'église de cette paroisse, payer, comme les autres
« habitants, une rétribution annuelle de 7 livres. »

Divers mémoires furent encore échangés sur cette question ; et fina-lement, par arrêt du 20 juillet 1774, les Fournier de Boismarmin furent maintenus dans leur droit de banc (¹).

Louis-Charles de Fournier s'était marié, le 31 janvier 1752, par contrat de mariage suivant :

« Contrat de mariage de Messire Louis de Fournier, chevalier,
« seigneur de Boismarmin et autres lieux, fils majeur de défunt messire
« Charles de Fournier, seigneur du dit Boismarmin et autres lieux,
« et de dame Marie-Angélique de Boislisnard, demeurant en sa mai-
« son noble du dit lieu de Boismarmin, paroisse de Chitray en Berry,
« du consentement de la dite dame sa mère, représentée par messire
« Charles de Goyon, chevalier, seigneur de Bors et de Saint-Plantaire,
« beau-frère du dit futur époux, et demeurant en sa maison noble de
« Bors, paroisse de Saint-Plantaire ; accordé le 31 janvier 1752 avec
« *demoiselle Louise-Marie-Elisabeth-Anne SAVARY*, fille de *messire*
« *Louis Savary, chevalier, seigneur du Peux, d'Allée et autres lieux,*
« *ancien capitaine de dragons au régiment Dauphin et chevalier de l'ordre*
« *de Saint-Louis, et de dame Marie-Anne de Bertre*, son épouse, ses père
« et mère, d'eux assistée, demeurants en la maison noble du Peux,

(1) Archives départementales de l'Indre. Série G., 609, 610, 611 et 612.

« paroisse de Journé; de dame Marie Françoise de Pressigny, veuve
« de messire Jacques Bertre, seigneur du Vanros, son ayeule; de
« demoiselle Anne Savary, demoiselle du Peux, sa tante; et de messire
« Louis de Marans, chevalier, seigneur du Tertre et de la Font, demeu-
« rant en son château de la Font, paroisse de Ruffec, cousin-germain
« du dit seigneur de Savary; et les dites dames de Vanros et demoiselle
« du Peux, demeurant au dit lieu noble du Peux.

« Le futur époux se constitue en dot les biens et droits à lui échus
« par le décès du dit feu seigneur son père, et ceux à échoir de la future
« succession de la dite dame sa mère, par le partage fait entre le dit
« futur époux, le dit seigneur de Goyon et dame Marguerite de Four-
« nier, son épouse, son beau-frère et sa sœur, et ladite dame de Bois-
« lisnard, leur mère et belle-mère.

« Les dits seigneurs et dame Savary constituent en dot à la dite
« future épouse, leur fille, la dite maison noble du Peux, avec les métairies
« de la Porte et du Bois, en dépendant; le lieu et métairie nobles d'Allée
« en la paroisse de Brigueil-le-Chantre (près de Journet, Vienne); la
« métairie de la Biennerie, en la paroisse de Chaumussay, en Touraine
« (Indre-et-Loire); et la moitié de tous leurs meubles, desquels ils se
« réservent l'autre moitié, aux charges et conditions y énoncés, et
« entre autres de payer à la décharge des dits seigneurs et dame Savary
« les rentes viagères de 200 livres tournois d'une part et de 10 livres
« tournois d'autre part, dues aux demoiselles religieuses hospitalières
« Pénitentes de la ville d'Angers, jusqu'au décès de la demoiselle
« sœur dudit seigneur de Savary, étant au dit couvent; celle de 400
« livres tournois aux Dames religieuses de la Trimouille, jusqu'au
« décès de dame de Châteauguillaume étant au dit couvent; et celle de
« 451 livres tournois que les dits seigneurs et dame Savary se propo-
« saient de constituer au profit des dames religieuses de Virsalem (?)
« et de la demoiselle leur autre fille, actuellement novice au dit couvent,
« lors de la profession qu'elle y fera, et jusqu'à son décès; de nourir et
« entretenir la dite demoiselle Anne Savary, demoiselle du Peux,
« tante de la future épouse, suivant son état et son âge, et de lui
« payer pour ses menus plaisirs 10 livres tournois chaque année
« jusqu'à son décès.

« Ce contrat passé au dit lieu noble du Peux, devant Lhuillier et
« Chautade, notaires royaux de la ville et sénéchaussée de Montmo-
« rillon (¹). »

La famille *Savary* est l'une des plus anciennes de Touraine et du
Berry; sa filiation remonte à *Jordain Savary, chevalier croisé*, en 1221.
Ses membres furent titrés *marquis de Lancosme et de Maulévrier*, en 1625;
*comtes de Brèves*, en 1738; *marquis de Jarzé et barons de Montsoreau*.
Elle s'arme : « Ecartelé d'argent et de sable. » Elle est encore
représentée (²).

La famille *de Bertre*, ou *de Berthe*, est originaire du Poitou; elle
posséda les seigneuries de Garel, de Vanros, du Train, de la Guibretière;
et s'armait : « d'azur au chevron d'or, accompagné en chef de deux
étoiles, et en pointe d'un lion de même (³). »

(1) Bibliothèque nationale. Nº 83.

(2) La famille *Savary* s'est alliée entre autres aux Hodènes, vers 1380; d'Allée, vers 1410;
Carrion, vers 1400; de la Châtre, 1453; de Villequier, vers 1480; de Brouilly, vers 1510; Ollivier
de Lenville, vers 1550; de Coutances, 1655; de Preaulx, 1680; le Vaillant, 1725; Barjot de Ronvé,
vers 1750; de la Bourdonnaye de Blossac, vers 1780; de Sesmaisons, vers 1805; du Camboût
de Coislin, en 1828; du Marais de Bricqueville de la Luzerne, vers 1740; de Maillé de la Tour-
Landry, en 1755. Les ascendants de Mᵐᵉ de Boismarmin étaient :

*François Savary, chevalier, seigneur d'Allée*, en 1620, qui eut :

1º *Antoine*, qui continua la branche de Lancosme, alliée aux de Poix en 1723;

2º *Jean*, dit l'aîné, qui suit :

3º *Jean*, dit le jeune, *seigneur de Thollet, des Thibault, de Villenaudoux*. Maintenu 1669.

*Jean de Savary, seigneur d'Allée, des Chézeaux*, épousa Renée de Nollet, et fut maintenu
R. 1669; il eut :

*Pierre de Savary, seigneur d'Allée*, qui épousa, le 14 septembre 1679, Elisabeth Pignonneau,
fille de Isaac Pignonneau, et de Sylvie Ravenet : il eut :

1º *Louis*, qui suit;

2º *Marguerite, religieuse hospitalière aux Pénitentes d'Angers*, en 1752;

3º *Anne de Savary, demoiselle du Peux*, vivant en 1752.

*Louis de Savary, chevalier, seigneur du Peux, d'Allée, capitaine de dragons au régiment dauphin,
chevalier de Saint-Louis*, qui épousa, le 30 novembre 1725, Marie-Anne de Berthe, fille de Jacques,
seigneur de Vanros, et de Marie-Françoise de Pressigny, dame de la Biennerie: il n'eut que
deux filles :

1º *Louise-Marie-Elisabeth-Anne, dame du Poux, d'Allée, de la Biennerie*, qui épousa, LE
31 JANVIER 1752, LOUIS-CHARLES DE FOURNIER DE BOISMARMIN;

2º *Marie, religieuse novice à Virsalem*, en 1752.

(3) Les ascendants du côté maternel de Madame de Boismarmin étaient :

*Adrien-César de Berthe, chevalier, seigneur de la Guibretière, du Train*, qui épousa, vers 1660,
Marie de Barbarin, et eut :

Louis-Charles de Fournier de Boismarmin écrivit de Montluçon, le 6 septembre 1785, à son cousin le comte de Bellevüe, demeurant à Nantes, en l'hôtel de la marquise de Varennes. Il écrivit du Blanc, le 26 juillet 1787, à son cousin, le comte de Bellevüe, capitaine au régiment de Royal-Picardie, à Sarrelouis, pour lui annoncer le mariage de sa fille avec Monsieur de l'Age-Hély, vieux garçon âgé, mais riche et bien allié. (Lettre avec cachet aux armes des Fournier.)

Sa femme, Mme « Savary de Boismarmin », écrivit du Blanc, le 22 septembre 1785, au comte de Bellevüe.

Enfin, nous avons encore à nos archives une lettre du marquis de Boismarmin au comte de Bellevüe, datée du Blanc, le 22 janvier 1788.

Nous n'avons pu retrouver la date du décès de M. et Mme Louis-Charles de Fournier de Boismarmin.

Ils eurent trois enfants :

1º LOUIS-CHARLES II DE FOURNIER, MARQUIS DE BOISMARMIN, qui suit.

2º MARIE-ANNE-BONNE DE FOURNIER, DEMOISELLE DU PEUX, D'ALLÉE, DE LA CORNILLÈRE, qui épousa, en 1787, *Pierre de l'Age-Hélie*, ou *de la Géhélie*, ou *de l'Agélie*, âgé, mais fort riche, d'une famille noble, originaire du Poitou, où elle posséda les terres de Fleix, de la Coste, et s'allia aux de Couhé, vers 1558 ; Sicart, vers 1620 ; Desmier de la Bunière, en 1647 ; de George d'Hollière de Huminy, en 1682. Elle s'armait : « d'argent à trois merlettes de sable. »

1º *Adrien-Jean, seigneur de la Guibretière*, en Saint-Martin des Nogues (Vendée), qui épousa Anne de Monsorbier ;

3º *Jacques*, qui suit.

*Jacques de Berthe, chevalier, seigneur de Vanros, du Train*, épousa, le 25 mai 1694, Marie (de Marans) de Pressigny, dame de la Biennerie, fille d'Hubert, et de Marie Harau, et sœur de Louis de Marans, chevalier, seigneur de la Font, du Tertre ; elle était veuve en 1752, et avait eu :

*Marie-Anne de Berthe, dame de Vanros, du Train*, en Jaunay (Vienne), *de la Biennerie*, qui épousa, le 30 novembre 1725, Louis de Savary, seigneur du Peux, d'Allée, et eut : Louise-Marie-Elisabeth-Anne, QUI ÉPOUSA, LE 31 JANVIER 1782, LOUIS-CHARLES DE FOURNIER DE BOISMARMIN.

Veuve après peu de temps de mariage, elle passa un acte à Montmorillon, en 1789, relativement à son fief de la Corneillère, et est dite « dame de l'Age-Hélie. » Elle testa, le 14 août 1830, dite « dame de la Géhélie », et mourut sans postérité ;

3º LOUISE-MARGUERITE DE FOURNIER épousa, le 22 novembre 1781, *Pierre de Châteaubodeau, chevalier, seigneur de Coudart, de la Roche-Morlon,* fils de feu *Jean-Joachim,* et de *Catherine Collin du Vernay.*

La famille de Châteaubodeau, originaire du Poitou, s'armait : « d'azur au chevron d'or, accompagné de trois quintefeuilles de même, celle en pointe surmontée d'un croissant d'argent (1). »

Ils eurent :

*Eugène de Châteaubodeau,* qui épousa, en 1808, Adélaïde de Boislisnard, et est dit *vicomte de Châteaubodeau,* il eut : *Jules,* vicomte de Châteaubodeau, qui épousa, vers 1836, Marie-Antoinette de Poix, et eut : *Stanislas* et *Jenny.*

---

(1) La famille de Châteaubodeau produisit, entre autres :

*Jean de Châteaubodeau,* né en 1483, *Protonotaire apostolique* en 1562 ;

*Jean de Châteaubodeau, seigneur de Malleret* (Creuse), *de Chault, de Quinsaine, de Fériole,* qui épousa, vers 1500, Marguerite de Cordebœuf, dame de Beauverger, et eut :

1º *Sébastien, seigneur de Chault,* né en 1507, vivant en 1542 ;

2º *Louise,* qui épousa, en 1584, Jean de Chamborand, seigneur du Terrail.

*Jean de Châteaubodeau, seigneur du Palais,* en Bourbonnais, épousa, vers 1630, Marie du Chasteau, et eut :

1º *Isabeau,* qui épousa, en 1656, Louis-Armand de Bigny, comte d'Ainay, seigneur de Saint-Amand, dont : Catherine de Bigny, qui épousa, en 1683, Philippe de l'Aubespine, comte de Sagonne, mort sans postérité ;

2º *René-Marie de Châteaubodeau,* qui fut maintenu en 1700.

*Sébastien de Châteaubodeau* épousa Madeleine de Mayet de la Vilatelle, et eut : *Jeanne-Françoise-Julie,* née à Clermont-Ferrand, le 10 novembre 1780 ; demoiselle à Saint-Cyr en 1789 ; en sortit le 27 octobre 1792, et épousa M. de Frédi. Elle avait été reçue chanoinesse de l'ordre de Malte en 1788.

*Fernand de Châteaubodeau* a épousé Mᶫᶫᵉ Marie Meunier, qui est morte au château de Bouday (Cher), en décembre 1907.

# XVI

LOUIS-CHARLES II DE FOURNIER, Chevalier, Marquis de Boismarmin, Seigneur de Ciron, du Peux, d'Allée, de la Biennerie ; Page de Monseigneur le duc d'Orléans, en 1767 ; Lieutenant aux dragons d'Orléans, en 1772 ; Mestre de camp de Cavalerie ; Lieutenant des Gardes du corps de S. A. R. Monseigneur le Comte d'Artois, et Chevalier de Saint-Louis, en 1788.

Né au château du Peux, il fut baptisé le 21 novembre 1752, dans l'église paroissiale de Saint-Martin de Journet. Il eut pour parrain son grand-père maternel, Louis de Savary, chevalier, seigneur du Peux, d'Allée, ex-capitaine de dragons, chevalier de Saint-Louis; et pour marraine sa grand'mère paternelle, Marie-Angélique de Boislisnard (¹).

_____

(1) Bibliothèque nationale. N° 84, et archives Fournier.

18

Il avait 14 ans quand il fut reçu PAGE DE S. A. MONSEIGNEUR LE DUC D'ORLÉANS, par brevet du 26 mai 1767, après avoir produit à nouveau ses preuves de noblesse par-devant René-François Pierres de la Cour, écuyer, généalogiste du Roi et gardien de la Bibliothèque royale, et reçu le certificat suivant, prouvant onze générations nobles :

« *Certificat de la noblesse de Louis-Charles de Fournier de Boismar-* « *min, page de Monseigneur le duc d'Orléans. — Fournier porte pour armes :* « *de sable au chevron d'argent.* »

« Nous, René-François Pierres de la Cour, écuyer, l'un des gardes « de la bibliothèque du Roi, généalogiste de Sa Majesté et de Monsei- « gneur, premier prince du sang, duc d'Orléans, de Chartres, de Valois, « de Nemours, etc., certifions à Son Altesse Sérénissime et à Messire « Henry-Charles de Thiard de Bissy, comte de Thiard, son premier « écuyer, lieutenant-général des Armées du Roi, que

« Louis-Charles de Fournier de Boismarmin, baptisé en la paroisse « de Saint-Martin de Journet, au diocèse de Poitiers, le 21 novembre « 1752, a la noblesse nécessaire pour être reçu au nombre des Pages « que Monseigneur fait élever dans ses écuries, parce qu'il justifie, par « titres, qu'il est *fils de*

« *Messire Louis-Charles de Fournier*, chevalier, seigneur de Bois- « marmin, dans la paroisse de Chitray, élection de la Châtre, en Berry, « et de dame Louise-Marie-Elisabeth-Anne Savary, mariés par contrat « du 31 janvier 1752; la dite dame, fille de messire Louis Savary, che- « valier, seigneur du Peux, d'Allée, etc., ancien capitaine de dragons, « chevalier de l'ordre militaire de Saint-Louis, et de dame Marie-Anne « Berthe, son épouse, ses père et mère; lequel seigneur de Boismarmin « fut baptisé dans la paroisse de Chitray, au diocèse de Bourges, le « 18 mars 1725.

« *Que son ayeul,*

« *Messire Louis-Charles de Fournier*, chevalier, seigneur de Bois- « marmin, né le 21 septembre 1684 et baptisé en la paroisse de Chitray « le 24 des mêmes mois et an, capitaine dans le régiment de Navarre,

« fut maintenu dans la qualité de noble et dans la jouissance des pri-
« vilèges accordés à la noblesse du royaume, par ordonnance de
« Mr Foullé de Martangis, Intendant de justice en la généralité de
« Bourges, du 11 janvier 1715, sur la représentation qu'il avait faite
« de l'ordonnance de Mr Tubeuf, Intendant de justice en la même
« généralité, du 4 octobre 1668, par laquelle Claude de Fournier, écuyer,
« seigneur de Boismarmin, avait été maintenu, et sa postérité, en la
« qualité d'écuyer. — Le dit seigneur de Boismarmin est seulement
« nommé Charles dans cette ordonnance du 11 janvier 1715, ainsi que
« dans le contrat de son mariage, accordé en présence de la dame de
« Barville, sa mère, le 14 janvier 1720, avec demoiselle Marie-Angé-
« lique de Boislisnard, fille de messire Jean de Boislisnard, écuyer,
« seigneur de Lestang, et de dame Marie de Boislisnard, ses père et
« mère.

« *Que son bisayeul,*

« *Louis de Fournier,* écuyer, seigneur de Boismarmin, comparut
« le 10 septembre 1674 au greffe du ban de la province de Berry, et
« il y déclara qu'il marchait pour le service du Roi au ban et arrière-
« ban, à la place de Claude de Fournier, écuyer, seigneur de Boismarmin,
« son père. Il est dit fils de Claude Fournier, écuyer, seigneur de Bois-
« marmin, dans un acte de notoriété du 3 juin 1675; et il épousa, en
« présence du seigneur son père, par contrat du 3 novembre 1683,
« demoiselle Charlotte de Barville, fille de messire Jean-François de
« Barville, chevalier, seigneur de Boislandry et de Notz-Marafin, et
« de dame Charlotte de Douault.

« *Que son trisayeul,*

« *Claude de Fournier,* écuyer, seigneur de Boismarmin, baptisé
« en la paroisse Saint-Sylvain de Levroux, au diocèse de Bourges, le
« 7 décembre 1619, fut marié, par contrat du 20 janvier 1643, avec
« demoiselle Catherine de Boislisnard, fille de Baptiste de Boislisnard,
« écuyer, seigneur de Lavaut, et de demoiselle Marguerite de Bellaire,
« ses père et mère. Il fut passé sentence arbitrale, le 27 septembre 1655,

« sur les différends qu'il avait avec Florimond de Hernaud (*sic*), écuyer,
« seigneur des Places, mari de défunte demoiselle Catherine de Four-
« nier dame des Varennes, sœur du dit seigneur de Boismarmin; et il
« fut maintenu, avec sa postérité, dans la possession de la qualité
« d'écuyer et dans la jouissance des privilèges de la noblesse, par ordon-
« nance de Mr Tubeuf, Intendant de justice en la généralité de Bourges,
« du 4 octobre 1668, après avoir établi par titres qu'il était fils de
« François Fournier, écuyer, et de demoiselle Catherine de Malleret;
« qu'il avait pour ayeul, Jean Fournier, écuyer, mari de demoiselle
« Louise de Tigny; pour bisayeul, Jean Fournier, écuyer, allié avec
« demoiselle Jeanne de Roquemore; et pour trisayeul, Pierre Fournier,
« écuyer, époux de demoiselle Françoise de Foyal.

« *Que son IVe ayeul,*

« *François Fournier*, écuyer, seigneur des Varennes, épousa, par
« contrat du 18 janvier 1604, demoiselle Catherine de Malleret, fille
« d'Antoine de Malleret, écuyer, seigneur de Boismarmin, et de demoi-
« selle Anne de Boisbertrand. Au nom et comme mari de la dite demoi-
« selle de Malleret, il fit hommage, le 23 juin 1604, de la moitié par
« indivis des lieux, terres et seigneuries de Boismarmin et de Ciron,
« situés és paroisses de Chitray et de Ciron, et mouvants de la Châtel-
« lenie de Cors; il partagea, le 4 avril 1606, avec le seigneur de Malleret,
« son beau-frère, les biens meubles et immeubles des défunts père et
« mère de la dite demoiselle de Malleret, son épouse. Il demeurait en
« la paroisse de Sainte-Colombe, en Berry, le 2 juin 1634, quand il
« obtint sentence en l'élection de Châteauroux, par laquelle, sur la
« représentation de ses titres, il fut dit que, comme noble, issu et des-
« cendu d'extraction noble, il jouirait des privilèges accordés au corps
« de la noblesse du royaume.

« *Que son Ve ayeul,*

« *Jean Fournier*, écuyer, seigneur de la Pinaudière et de Montaigu,
« épousa demoiselle Louise de Tigny, avec laquelle il ratifia, le
« 19 novembre 1574, la vente que demoiselle Jeanne de Roquemore,

« veuve de Jean Fournier, écuyer, seigneur de la Pinaudière, père et
« mère du dit Jean Fournier, avait faite le 26 juin précédent, comme
« se faisant fort du dit sieur Fournier, son fils, et de la dite demoiselle
« de Tigny, son épouse, à noble homme Robert Fournier, écuyer,
« seigneur du dit lieu de la Pinaudière, de la tierce partie appartenante
« au dit Jean Fournier dans la succession de défunt Charles Fournier,
« écuyer, seigneur de la Lande, oncle des dits Robert et Jean Fournier.
« Il passa bail à ferme du lieu et métairie de Montaigu le 10 septem-
« bre 1578; transigea avec ses cohéritiers, le 19 mars 1530, sur le par-
« tage des biens de défunte Jeanne de Roquemore, sa mère, qui était
« fille et seule héritière de défunte dame Marie Ferrière. La dite demoi-
« selle Louise de Tigny, comme procuratrice du dit Jean Fournier,
« écuyer, seigneur de Montifault, son mari, oncle et curateur de demoi-
« selles Claude et Marguerite d'Estoré, passa le 1er mars 1592, le con-
« trat d'entrée en religion des dites demoiselles dans l'abbaye de Notre-
« Dame de Beaumont-lès-Tours. Le dit Jean Fournier, écuyer, seigneur
« de Montifault, y demeurant paroisse de Selles-Saint-Denis, passa
« actes les 18 juillet 1592 et 10 juillet 1597; et, par jugement des com-
« missaires députés par le Roi pour le régalement des Tailles en la
« généralité d'Orléans, du 10 novembre 1598, il fut ordonné qu'il
« demeurerait exempt, en qualité de noble, tant qu'il vivrait noblement
« après avoir justifié par titres la possession de sa noblesse jusqu'à
« l'année 1485.

« *Et que son VIe ayeul,*

« *Jean Fournier,* écuyer, seigneur de la Pinaudière et de Monti-
« fault, élection de Romorantin, généralité d'Orléans, nommé dans son
« échange, fait le 10 juillet 1549, d'héritages assis en la dite paroisse
« de Selles-Saint-Denis, fit acquisition de biens situés au dit lieu de
« Montifault, le 8 juin 1558. Il avait épousé noble demoiselle Jeanne
« de Roquemore, laquelle étant veuve et ayant la garde noble de leurs
« enfants, partagea, le 14 mai 1565, avec noble homme Charles Four-
« nier, écuyer, seigneur de la Lande, la succession de défunt noble
« homme Jean Fournier, frère du dit Charles Fournier et du dit feu

« seigneur de la Pinaudière, se chargeant, les dits seigneurs de la Lande
« et dame de la Pinaudière, d'acquitter par moitié la rente dès long-
« temps constituée par noble homme Pierre Fournier, vivant écuyer,
« seigneur de la Nouë; lequel Charles Fournier avait, dès le 1er mai 1563,
« fait hommage au seigneur de la Ferté-Imbault du dit lieu de la Lande,
« assis en la paroisse de Souesme, qui lui était échu de la succession
« de feu Pierre Fournier, son père, et de la huitième partie du lieu des
« Allioux, qui lui était échu par le décès de Jean Fournier, le jeune,
« écuyer, son frère. La dite dame veuve, Jeanne de Roquemore, fit
« acquisition d'héritages le 8 mars 1572, et elle passa des actes les
« 18 et 28 octobre 1573.

« En foi de quoi, nous avons signé le présent certificat, et nous
« y avons apposé l'empreinte du cachet de nos armes. A Paris, le
« 26 mai 1767. — Signé : DE LA COUR (1). »

Louis-Charles II de Fournier de Boismarmin fut nommé SOUS-
LIEUTENANT AU RÉGIMENT DE DRAGONS DE MONSEIGNEUR LE DUC
D'ORLÉANS, en 1772.

Il fut ADMIS AUX HONNEURS DE LA COUR, ET AUTORISÉ A MONTER
DANS LES CARROSSES DU ROI, SOUS LE TITRE DE MARQUIS DE BOISMAR-
MIN, le 24 août 1782.

Il était en 1788 gros décimateur de la paroisse de Chitray, MESTRE
DE CAMP DE CAVALERIE, LIEUTENANT DES GARDES DU CORPS DE SON
ALTESSE ROYALE, MONSEIGNEUR LE COMTE D'ARTOIS (qui devint
le roi Charles X), ET CHEVALIER DE L'ORDRE ROYAL ET MILITAIRE DE
SAINT-LOUIS.

Le marquis de Boismarmin, dernier représentant de la branche
aînée de la famille Fournier, mourut à Paris, le 24 avril 1814.

---

(1) Bibliothèque nationale. Pièces originales, reg. 1227, cote 27 462, n° 89.

- Il avait épousé, le 20 mai 1778, *demoiselle Cécile-Thérèse de FERMÉ* ([1]), fille de *Louis-Marcel de Marcel de Fermé, seigneur de la Gaîté*, en Montluçon (Allier), *ex-conseiller du Roi au Parlement de Paris*, et de *dame Marie-Ursule le Groing*; d'une famille noble encore représentée par les *de Fermé des Chesnaux*, qui s'arme : « d'argent au lion rampant de gueules, au chef d'azur, chargé de trois besants d'or. »

La famille *le Groing* ([2]), originaire d'Espagne, s'établit au XIVe siècle dans le Berry et le Poitou. Elle s'armait : « d'argent à trois têtes de

([1]) M^lle *Cécile-Thérèse de Fermé* avait pour ascendants :

I°. *Louis Fermé*, qui épousa, le 25 juillet 1648, Françoise Langlier, et eut :

II°. *Jacques de Fermé, secrétaire du Roi* en 1695, qui épousa, le 1er octobre 1681, Anne Pallu, fille de Isaac Pallu, procureur au Parlement, et de Marie Chaudonnay, et nièce de l'évêque d'Héliopolis; il eut :

III°. *Marie-Jacques de Fermé*, qui épousa, le 24 janvier 1714, Catherine-Marguerite le Bel, fille de Michel le Bel, secrétaire du Roi, et de Marie-Françoise Ferrand, et petite-fille de Jacques le Bel, époux de Catherine Savatier, et de Daniel Ferrand, époux de Marguerite Guérin. Il eut :

IV°. *Louis-Marcel de Fermé, seigneur de la Gaîté, conseiller du Roi au Parlement de Paris*, qui épousa, le 7 octobre 1745, Marie-Ursule le Groing, et eut :

1° *Aimée-Ursule de Fermé*, qui épousa, le 7 mai 1785, Jean-Baptiste-Charles Gassot, chevalier, seigneur de Champigny, officier de dragons, chevalier de Saint-Louis, veuf de Jeanne-Louise Crublier de Chandaire; il mourut à Bourges, en 1832, laissant postérité, savoir : Gabriel Gassot de Champigny, qui épousa, en 1810, Angèle de Bengy, dont : 1° Jeanne-Marie, qui épousa son cousin Edmond Thomas des Colombiers, FILS D'ALEXANDRINE FOURNIER DE BOISMARMIN, dont postérité; 2° M^me Imbert de Trémioles; 3° Raoul, qui épousa, en 1837, Aimée de la Saigne de Saint-Georges, et morten 1865, auteur distingué, dont : François-Gabriel, né en 1838, et M^me Edouard Bouquet des Chaux et Charles de Provenchères;

2° *Cécile-Thérèse de Fermé*, qui ÉPOUSA, LE 20 MAI 1778, LOUIS-CHARLES II DE FOURNIER, MARQUIS DE BOISMARMIN, dont deux filles.

([2]) La famille *le Groing* produisit entre autres :

I°. *Guillaume le Groing, chevalier croisé*, en 1224, qui eut pour petit-fils :

III°. *Pierre le Groing, chevalier croisé*, mort en Palestine, dont :

IV°. *Jean I le Groing, seigneur de la Motte au Groing*, qui eut de Louise de Neillac :

1° *Jean II*, qui suit;

2° *Jean III, seigneur de Villebouche*, chef de cette branche, éteinte vers 1675.

V°. *Jean II le Groing, seigneur de la Motte-au-Groing, de Delarbre*, en 1331, eut de Lucie de Praille :

VI°. *Jean IV le Groing, seigneur de la Motte-au-Groing, damoiseau*, qui épousa Héliette de Chamborand, parut comme écuyer dans une montre à Orléans, le 9 août 1383, avec Guillaume et Guillegaut le Groing, et mourut en 1446, ayant eu :

1° *Guérin*, qui suit;

lion de gueules couronnées d'or. » Ses membres furent titrés marquis de la Motte-au-Groing et de Treignat, comtes du Saint-Palais, en 1515, et barons de Griffe-Gouët. C'est à cette famille qu'appartenait Monseigneur de la Romagère (Mathias le Groing de la Romagère, né au château de la Romagère, en Saint-Sauvier, diocèse de Moulins, le

2° *Antoine, seigneur de la Griffegouet, capitaine de la garde à cheval du Roi*, blessé mortellement au siège de Pontoise, inhumé dans l'église Saint-Paul, à Paris, en 1441, ayant eu d'Antoinette de la Selle : *Jean V, baron de Griffegouet*, tué à Montléry, sans postérité, en 1465 ;

3° *Louis, gentilhomme d'Armagnac, bailli de Mâcon, général inspecteur de l'artillerie de France*, mort en 1485 ;

4° *Hélion, seigneur de la Motte au Groing, capitaine de Lectoures, chambellan du Roi*, mort à la Motte-au-Groing, en 1485, ayant eu d'Elisabeth de Vouhet, morte en 1501 : A. *Edme*, prêtre, mort à Paris en 1503 ; B. *Luc, gentilhomme de la Chambre du Roi*, mort à Milan en 1508 ; *Marc, vicomte de la Motte-au-Groing, gouverneur de Saintes*, qui épousa Jeanne de Crunes, et mourut en 1540 ;

5° *Guillaume, abbé de Saint-Martin de Pontoise* ;

6° *Jean, abbé de Vernusse*, mort en 1478 ;

7° Autre *Jean, écuyer de l'écurie du Roi, capitaine*, mort en 1479, sans postérité de Louise de Brand ;

8° *Jeanne*, qui épousa Jean de Voisines et eut postérité ;

9° *Louise*, qui épousa Jean de Bigny, seigneur de la Buchère.

VII°. *Guérin le Groing, chevalier, seigneur de la Motte au-Groing, de Bray, capitaine de cent lances, chambellan du roi*, mort à Challuau, en 1491, avait épousé : 1° Isabeau Taveau, 2° Anne de Damas, et eut :

1° *Jean*, qui suit ;

2° *Claude, seigneur de Launay, de Ménard*, qui épousa, vers 1500, Catherine de Fontenay ;

3° *Jacquette*, qui épousa Claude de Saint-Avit ;

4° *Anne*, qui épousa Antoine de Saint-Jullien.

VIII°. *Jean le Groing, seigneur de Challuau, de Saint-Saurin*, en 1500, épousa Marie Trousseau ; sa descendance forma les branches de Châlus, de la Maisonneuve, de la Romagère, de l'Age, etc.

— Les ascendants directs de la marquise de Fournier de Boismarmin furent :

XIV°. *Joseph le Groing, écuyer, seigneur de la Villebouche*, qui fut maintenu R. 1667 et avait épousé en 1650 Gilberte de Murat, dont :

XV°. *Jacques le Groing, écuyer*, maintenu R. 1667, qui épousa, le 20 octobre 1689, Marie-Agnès de la Châtre, fille de Jean-Baptiste, et de Jacqueline de Turpin de Crissé, dont :

XVI°. *Jean-Baptiste le Groing*, écuyer, épousa, le 15 janvier 1721, Thérèse de Courtain, fille de Gilbert de Courtain, et de Marguerite-Alexandrine de Beausson, et petite-fille de Gilbert de Courtain, époux d'Isabelle de la Souche, et de Gilbert-Nicolas-Alexandre de Beausson, époux de Jeanne Seglière de Cressat. Il eut :

*Marie-Ursule le Groing de Treignat*, qui épousa, le 7 octobre 1745, Louis-Marcel de Fermé, et eut : Cécile-Thérèse de Fermé, QUI ÉPOUSA, LE 20 MAI 1778, LOUIS-CHARLES II DE FOURNIER, MARQUIS DE BOISMARMIN.

(Voir une généalogie des le Groing dans l'*Histoire du Berry*, DE LA THAUMANIÈRE, t. IV, p. 152.)

5 décembre 1756, fils de *Charles*, et de Claire de la Trollière, évêque de Saint-Brieuc de 1819 à sa mort en 1841, chevalier de la Légion d'honneur.

Le 22 novembre 1785, Mᵐᵉ de Fermé, née le Groing, écrivit de Montluçon au comte de Bellevüe pour lui annoncer la naissance d'une troisième fille, Dorothée-Marie, dont venait d'accoucher sa fille Mᵐᵉ de Boismarmin. Le comte de Bellevüe devait en être parrain, il fut remplacé et représenté par M. de Champigny, gendre de Mᵐᵉ de Fermé, et celle-ci fut marraine. (Cette lettre est scellée d'un cachet aux armes des Fermé et des le Groing.) (Archives Fournier.)

Le 14 octobre 1787 M. de Boismarmin fils écrivit à son cousin, le comte de Bellevüe; sa lettre porte un cachet aux armes des Fournier et des Fermé.

Le marquis de Fournier de Boismarmin fut convoqué, en 1789, à la réunion de la noblesse de Montmorillon; il mourut, comme nous l'avons dit, en 1814, et ne laissait que deux filles; il avait eu :

1° ALEXANDRINE-CÉCILE-THÉRÈSE DE FOURNIER DE BOIS-MARMIN, DAME DE BOISMARMIN, DE CIRON, née en mai 1782, pour laquelle son père produisit, en 1789, ses preuves de noblesse pour obtenir son admission comme demoiselle à Saint-Cyr; mais la Révolution survint et ferma ce pensionnat, avant qu'elle y entrât. Elle épousa, le 20 août 1806, *François-Thomas des Colombiers*, fils de *François-Henry Thomas, écuyer, seigneur des Colombiers, président du bureau des finances à Bourges*, et de *Marie-Catherine de Benoist*. Il était né le 30 octobre 1783, et avait émigré à l'armée des Princes en 1794. Sa première femme, Alexandrine de Fournier de Boismarmin, étant morte vers 1810, il épousa en secondes noces, le 12 avril 1812, Marie-Anne de la Saigne de Saint-Georges, fille de Gilbert, et de Louise-Antoinette de Marcellange. Il eut postérité des deux lits, que nous relatons ci-dessous (¹). La famille *Thomas des Colombiers* s'arme :

(1) *René Thomas, seigneur des Colombiers*, avait eu de Rose Nibelle :
*François-Henry Thomas des Colombiers, écuyer, président du bureau des finances de Bourges*, né en 1716, qui avait épousé : 1° à Bourges, en 1741, Jeanne-Marie-Thérèse Gassot de

« d'azur semé de molettes d'or, au lion d'or brochant, et au chef, cousu de gueules, chargé d'un croissant d'argent ». Les petits-fils de François Thomas des Colombiers et d'Alexandrine de Fournier furent AUTORISÉS, PAR DÉCRET DU 4 MARS 1868, A RELEVER LE NOM DE BOISMARMIN.

Deffens, qui mourut sans postérité en 1782; 2° en janvier 1783, à l'âge de 66 ans, Marie-Catherine de Benoist; il mourut en 1790, ayant eu du deuxième lit : _

1° *François*, qui suit;

2° *Marie-Anne*, née en 1784, tuée par les Républicains à la prise de la ville de Bourges, en 1793.

*François Thomas des Colombiers, écuyer*, né le 30 octobre 1783, épousa : 1° le 20 août 1806, Alexandrine-Cécile-Thérèze de Fournier de Boismarmin, qui lui porta la seigneurie de Boismarmin et mourut en 1810; 2° le 12 avril 1812, Marie-Anne de la Saigne de Saint-Georges; il eut du 1er lit : *Charles-Edmond*, qui suit; et du 2e lit : *Marie-Antoinette*, qui épousa, en 1846, Arthur de Falvard de Montluc, dont postérité éteinte en 1870.

*Charles-Edmond Thomas des Colombiers, châtelain de Boismarmin*, épousa, par contrat du 13 janvier 1834, Marie-Jenny Gassot de Champigny, sa cousine, fille de Gabriel et d'Angèle de Bengy, et mourut au château de Boismarmin le 15 avril 1866, ayant eu :

1° *Marie-François-Gabriel-Georges*, qui suit;

2° *Marie-Raoul-Christian Thomas des Colombiers, comte de Boismarmin, docteur en médecine*, qui épousa à Bourges, le 28 août 1866, Marie-Eugénie-Caroline Martin de Marolles, sa cousine, fille de Charles, et d'Élisabeth Gassot de Fursy; il fut autorisé, par décret du 4 mars 1868, à ajouter à son nom patronymique celui de Boismarmin. Il demeure avec sa femme au château de Boismarmin, au château de Saint-Georges, en Saint-Martin-d'Aussigny, et à Bourges, rue Jacques-Cœur; il a eu : A. *Marie-Joseph-Oscar-Charles-Edmond Thomas des Colombiers de Boismarmin*, qui a épousé, le 22 août 1900, Suzanne Guillemot de Liniers; B. *Marie-Antoinette-Marguerite*, qui a épousé, le 30 décembre 1895, Gustave-Léon-Joseph, vicomte de Beaurepaire de Louvagny; C. *Marie-Joseph-François*, né en 1875.

*Marie-François-Gabriel-Georges Thomas des Colombiers, de Boismarmin, châtelain de Bréton*, en Aix-d'Angillon (Cher), *ex-officier d'infanterie, commandant des Mobiles du Cher* en 1870, blessé à la bataille de Juranville, *chevalier de la Légion d'honneur*, a épousé, le 11 décembre 1866, Marie-Joséphine Bonnesset, fille de Charles et de Laure Guérineau de la Ronde. Il fut, avec son frère Christian, autorisé, par décret du 4 mars 1868, à ajouter à son nom patronymique celui de Boismarmin. Il a pour enfants :

1° *René, officier d'infanterie*, puis *prêtre, professeur au grand séminaire de Bourges*, en 1905;

2° *Madeleine Thomas des Colombiers de Boismarmin*, qui a épousé, en 1901, André d'Alverny, garde général des eaux et forêts;

3° *Jeanne*;

4° *Hervé Thomas des Colombiers de Boismarmin, officier d'infanterie*, qui a épousé, en 1904, Louise d'Hugonneau;

5° *Joseph*;

6° *Marie-Louise*, née en 1889.

2º LOUISE DE FOURNIER DE BOISMARMIN, née en 1783, morte jeune;

3º MARIE-DOROTHÉE DE FOURNIER DE BOISMARMIN, née en novembre 1785, eut pour parrain son oncle, le comte de Bellevüe; elle épousa, vers 1810, *Antoine-Jean-Joseph de Chabre*, fils de *Etienne de Chabre*, et de *demoiselle le Noir de Mirebeau*, et mourut à Montluçon, le 7 octobre 1864. La famille *de Chabre*, originaire d'Auvergne, s'arme : « Ecartelé : aux 1 et 4, d'azur au chevron d'or, accompagné de trois têtes de chèvres de même; aux 2 et 3, d'azur à la croix abaissée d'argent, à la bordure de vair ». Elle s'est alliée aux Génin de Billonnat vers 1675; une branche, établie en Bretagne, s'y est alliée aux Boisberthelot, 1818; Coatgoureden, 1871; Penhoadic, 1845; Hervé du Penhoat, vers 1872, et Gardin du Boisdulier. Elle fut anoblie, en 1643, en la personne d'Antoine Chabre, lieutenant criminel à Riom. Marie Dorothée de Fournier de Boismarmin eut de Antoine-Joseph de Chabre :

1º *Juliette de Chabre*, qui a épousé *Louis d'Oiron*, et est morte en octobre 1847;

2º *Alexis de Chabre*, qui est mort célibataire le 15 septembre 1890.

# RÉSUMÉ DE LA FILIATION DE LA BRANCHE AINÉE DE LA FAMILLE FOURNIER

## I

HUGUES FOURNIER, CHEVALIER, SEIGNEUR DE LA NOÜHE, 1250.

## II

GUILLAUME FOURNIER, ÉCUYER, SEIGNEUR DE LA NOÜHE, 1295. { *Agathe...*

## III

JEAN II FOURNIER, ÉCUYER, SEIGNEUR DE LA NOÜHE, 1330. { *D^lle Brice Prévost, fille de Aymeric, écuyer, et de Berthe d'Ignac.*

## IV

JEAN III FOURNIER, ÉCUYER, SEIGNEUR DE LA NOÜHE, 1360. { *D^lle de Rabeau, fille de Rabeau de Rabeau, et de d^lle de la Châtre.*

## V

JEAN IV DE FOURNIER, ÉCUYER, SEIGNEUR DE LA NOÜHE, 1382. { *Marguerite de Braye, fille de Thomas, chevalier, et de Guillemette de Champferré.*

## VI

JEAN V DE FOURNIER, ÉCUYER, SEIGNEUR DE LA NOÜHE, DE VILLARY, 1414. { *Guillemette de Fontboucher.*

## VII

JEAN VI DE FOURNIER, ÉCUYER, SEIGNEUR DE LA NOÜHE, DE LA LANDE, 1480.  *Louise d'Orléans de Rère, fille de Pierre, chevalier, et de Matheline de Tranchelion.*

## VIII

PIERRE DE FOURNIER, ÉCUYER, SEIGNEUR DE LA NOÜHE, DE LA LANDE, 1516.  *Françoise de Foyal, fille de Nicolas, écuyer, et de Marguerite de Lodières.*

## IX

JEAN VII FOURNIER, ÉCUYER, SEIGNEUR DE LA PINAUDIÈRE, DE MONTIFAUT, 1541.  *Jeanne de Roquemore, fille de Jean, écuyer, et de Marie Ferrière de Montifault.*

## X

JEAN VIII FOURNIER, ÉCUYER, SEIGNEUR DE LA PINAUDIÈRE, DE MONTAIGU, 1573.  *Louise de Tigny, dame des Varennes.*

## XI

FRANÇOIS DE FOURNIER, ÉCUYER, SEIGNEUR DES VARENNES, DE BOISMARMIN, 1604.  *Catherine de Malleret, dame de Boismarmin, fille d'Antoine, écuyer, et d'Anne de Boisbertrand.*

## XII

CLAUDE DE FOURNIER, ÉCUYER, SEIGNEUR DE BOISMARMIN, DE CIRON, 1644.  *Catherine de Boislisnard, fille de Baptiste, écuyer, et de Marguerite de Bellaire.*

## XIII

LOUIS DE FOURNIER, CHEVALIER, SEIGNEUR DE BOISMARMIN, DE CIRON, DE MEUN, 1683.

*Charlotte de Barville, fille de Jean-François, chevalier, et de Charlotte de Douault.*

## XIV

CHARLES DE FOURNIER, CHEVALIER, SEIGNEUR DE BOISMARMIN, DE CIRON, CAPITAINE, 1720.

*Marie-Angélique de Boislisnard, fille de Jean, écuyer, seigneur de Létang, et de Marie de Boislisnard.*

## XV

LOUIS-CHARLES I DE FOURNIER, CHEVALIER, SEIGNEUR DE BOISMARMIN, CORNETTE DE DRAGONS, 1752.

*Louise de Savary, fille de Louis, chevalier, seigneur du Peux, d'Allée, et de Marie-Anne de Berthe.*

## XVI

LOUIS-CHARLES II DE FOURNIER, CHEVALIER, MARQUIS DE BOISMARMIN, SEIGNEUR DU PEUX, PAGE, MESTRE DE CAMP DE CAVALERIE, CHEVALIER DE SAINT-LOUIS, 1778-1814.

*Cécile-Thérèze de Fermé, fille de Louis-Marcel, écuyer, conseiller au Parlement de Paris, et de Marie-Ursule le Groing de Treignat.*

## ARTICLE SECOND

### BRANCHE DES FOURNIER DE VARENNES, DE BELLEVÜE ET DE LA CHAPELLE

---

### 1° RAMEAU DES FOURNIER DE VARENNES

## XII

**JEAN IX DE FOURNIER**, Écuyer, Seigneur de Varennes, de Montifaut, de Bellevüe, de la Chapelle, de la Mahautière, en Berry ; de Bellevüe, de la Chapelle, de Limonade, dans l'île de Saint-Domingue ; Capitaine de Cavalerie au régiment d'Auvergne, Commandant des milices du quartier de Limonade à Saint-Domingue, Conseiller au Conseil supérieur du Cap Français, Lieutenant-colonel de Cavalerie au régiment de Pardieu.

Né au château de Varennes, paroisse de Sainte-Colombe, en Berry, en avril 1634, ou 1638, il était SECOND FILS DE FRANÇOIS III DE FOUR-

NIER, ÉCUYER, SEIGNEUR DE VARENNES, DE LA PINAUDIÈRE, DE MONTIFAUT, etc., et de CATHERINE DE MALLERET DE BOISMARMIN.

Il assista, le 20 janvier 1643, « étant enfant et ne sachant signer », au mariage de son frère aîné, Claude de Fournier de Boismarmin, avec Catherine de Boislisnard.

Il est dit dans un acte de 1655, CAPITAINE-LIEUTENANT AU RÉGIMENT D'AUVERGNE-CAVALERIE.

Par acte du 20 avril 1661, il reçut de sa sœur Catherine Fournier, épouse de Florimond Hernaud, seigneur des Places, la seigneurie des Varennes, en Sainte-Colombe.

Il demeurait au château de Montifault en 1662.

Il fut maintenu dans sa noblesse d'ancienne extraction, avec qualité d'écuyer, sous la généralité d'Orléans, au rapport de M. de Machault, intendant à Orléans, par arrêt du 25 juin 1669 (1).

Il épousa en premières noces, par contrat passé au château de Boismarteau, devant Me Trybart, notaire à Vierzon, le 28 avril 1659, *demoiselle Marguerite d'ESTEVARD*, fille de *Jean d'Estevard, écuyer, seigneur de Boismarteau*, en Vierzon, et de *demoiselle Madeleine Richard*, et nièce de Pierre d'Estevard, chevalier, seigneur du Faix, de la Grange, époux de Marie de Sathenat.

Le futur fut assisté de son frère Claude de Fournier, écuyer, seigneur de Boismarmin; de Charles de Ligondais; de Messire de Boisbertrand, chevalier, seigneur de Connives, de Saint-Domet, son cousin maternel remué de germains; de Louis de Villemenard, écuyer, seigneur du Breuil et du Plessis, son cousin remué de germains maternel; de André de Ribot, écuyer, seigneur de Rivault, son cousin remué de germains paternel; de Pierre du Jounault, écuyer, seigneur du Buisson, et de François de Senneville, écuyer, seigneur de Méron, ses amis. — La future fut assistée de sa mère; de son frère René de Estueard (*sic*), écuyer, seigneur de Boismarteau; de son oncle maternel, messire de Piégu, écuyer, seigneur de Baraton; de sa tante maternelle, Louise d'Estueard, veuve de messire de Salsenat, écuyer, seigneur de la Germagne; de ses cousins germains, François d'Estueard, écuyer, seigneur

(1) Archives Fournier.

de Feitz; Sylvine d'Estueard, épouse de Charles de la Chapelle, seigneur de la Motte-Pierreffite; de Jean de Piégu, écuyer, et André Ribot, écuyer, seigneur de Druost; d'Antoine Colle, écuyer; de Jacques Voilleau, écuyer, seigneur de Bourgoins; de demoiselle Marie Voilleau; de demoiselle Anne de Creuille; de noble messire René Rossignol, conseiller procureur du roi au bailliage de Vierzon ; de Jean Gaultier, écuyer de la Ronde, époux de Marguerite Rousseau, et de Me Barthélemy de la Ripe, écuyer.

La future apporta 6 000 livres tournois en dot. (Acte original sur parchemin de six folios. Archives Fournier.)

Le 4 mars 1664 Jean Fournier de Varennes partagea la succession de sa belle-mère, Madeleine Richard, avec René Estueard, écuyer, seigneur de Boismarteau, et Pierre Estueard, écuyer, seigneur de Vieillefond, ses beaux-frères. Il passa aussi des actes relatifs à cette succession les 27 mars 1666 et 30 novembre 1671 : René Estueard, seigneur de Boismarteau, était alors époux de Anne du Breuil, dame de Sarau.

Il eut de ce mariage deux enfants : CLAUDE et MARGUERITE DE FOURNIER, comme nous le dirons plus loin.

La famille *d'Estevard*, noble d'extraction sous les ressorts de Romorantin et de Vierzon, s'armait : « burelé d'or et de gueules ». Marguerite d'Estevard était petite-fille de *Louis d'Estevard* et de *Madeleine de Patoufleau*, celle-ci fille de *Jean de Patoufleau* et de *Marguerite de Courault*; et arrière-petite-fille de *Antoine Estevard*, écuyer, seigneur de la Grange, et de *Madeleine de Gamaches* (1).

---

(1) Nous trouvons :

*Jean Estevard, juge à Issoudun*, en 1491;

*Antoine Estevard, écuyer, seigneur de la Grange*, épousa, en 1554, Madeleine de *Gamaches*, d'une illustre famille, dont la généalogie remonte au xiie siècle, qui produisit des chevaliers croisés et des maréchaux de France, et qui s'armait : « d'argent au chef d'azur. » Il semble avoir eu :

*Louis d'Estevard, écuyer, seigneur de la Grange*, qui épousa, en 1588, Madeleine *de Patoufleau*, dame du Faix, fille de Jean et de Marguerite de Courault, de l'ancienne famille des Patoufleau dans le Berry, qui s'armait : « de gueules à trois étoiles d'argent. » Il eut :

    1° *Pierre*, qui suit;

    2° *Jean, écuyer, seigneur de Boismarteau*, qui épousa Madeleine *Richard*, d'une ancienne famille du Berry, qui s'armait : « de sable au chef cousu de gueules, chargé d'un lambel d'or à cinq pendants; » il eut : 1° *Marguerite*, qui ÉPOUSA, EN 1659, JEAN DE FOURNIER

20

Vers 1672, Jean de Fournier de Varennes quitta son pays et sa famille pour aller, avec beaucoup de ses compatriotes, se fixer dans l'île de Saint-Domingue, qui venait d'être reconnue colonie française. Sa femme n'entendant plus parler de lui, le crut mort, et se dit veuve dans un acte de 1679, par lequel « Marguerite d'Estevard, veuve de « défunt Jean Fournier, seigneur de Varennes, et tutrice de ses enfants, « afferme pour six ans le lieu de Montifaut, en la paroisse d'Aizé, de « l'avis de Pierre d'Estevard, seigneur de Boismarteau .» — Acte passé devant Me Jacques Doubleau, notaire à Buxeuil, et signé : Claude de Fournier, Marguerite Estevard, et J. Doubleau (1).

Elle assista, également dite veuve, en 1690, au mariage de son fils, Claude de Fournier, avec Marie de la Thuille; et mourut peu de temps après.

Jean de Fournier de Varennes avait environ 38 ans quand il alla s'établir à Saint-Domingue, colonie déjà florissante et alors gouvernée par un gentilhomme angevin, M. d'Ogeron. Il se fixa dans la plaine du Cap, dans la partie nord de l'île, à cinq lieues environ de la ville du Cap, et près de l'anse, connue sous le nom de «Port de-Mer », où Christophe Colomb avait débarqué en 1492. Il construisit sur ce territoire deux habitations ou mornes, qu'il appela l'une « la Chapelle » et l'autre « Bellevüe », du nom des seigneuries qu'il avait possédées dans le Berry. Puis il fit bâtir près de là une petite église, qu'il plaça sous le patronage de sainte Philomène, et à laquelle il donna comme premier chapelain un religieux bénédictin, le Père Rodolphe. Cette chapelle, dite depuis « Chapelle du Bord-de-Mer », existe encore près de l'habitation « Bel-

---

DE VARENNES, et mourut vers 1691; 2º *René, écuyer, seigneur de Boismarteau,* en 1663; 3º *Pierre, écuyer, seigneur de Boismarteau,* en 1679.

*Pierre I d'Estevard,* écuyer, seigneur de la Grange, du Faix, épousa, en 1622, Marie de Sathenat, d'une famille d'ancienne noblesse du Berry, et eut :

1º *Pierre II d'Estevard, écuyer, seigneur du Faix, de la Grange,* qui épousa Jeanne de Crevant, dame de la Lyonnière, de Mirebeau, et vivait en 1691;

2º *Louis, écuyer, seigneur du Faix,* maintenu en 1669, époux, en 1652, de Marie Migeonnet;

3º *Sylvine,* qui épousa, en 1658, Charles de la Chapelle, seigneur de la Motte-Pierrefitte.

Nous trouvons aussi :

*Barbe Estevard,* qui épousa, en 1561, François de Boyau, seigneur du Vignon;

*Gabrielle Estevard,* qui épousa, en 1649, Antoine Labbé, seigneur de Mantvéron.

(1) *La Seigneurie de Poulaines, en Berry,* par l'abbé DURAISEL. — *Revue du Berry,* année 1904.

lévüe »; et c'est près de là qu'on a découvert, en 1881, à quatre pieds de profondeur en terre, une ancre, que l'on croit avoir appartenu à un des navires de la caravelle de Colomb, qui fit naufrage en ce lieu dans la nuit du 24 au 25 décembre 1492.

En 1701, M. de Fournier de Varennes, d'accord avec quelques colons du voisinage, fit élever, à trois lieues vers l'ouest de la chapelle Sainte-Philomène, une église sous le vocable de Sainte-Anne, qui devint le siège de la paroisse Sainte-Anne-de-Limonade. Cette église, où les Fournier avaient une chapelle et un enfeu, fut rebâtie en 1771; détruite par un tremblement de terre en 1842, elle a été reconstruite en 1866, sur le même emplacement.

M. de Varennes occupa bientôt une situation importante dans la colonie. Lors de la formation des milices, en 1691, il fut élu COMMANDANT DES MILICES DU QUARTIER DE LIMONADE; et, à la création, en 1701, des Conseils supérieurs du Cap Français et de Port-au-Prince, il fut nommé CONSEILLER AU CONSEIL SUPÉRIEUR DU CAP FRANÇAIS, par lettres royales, datées de Versailles, et du 10 juin 1701.

Voici la copie de cette Commission :

« Louis, par la grâce de Dieu Roi de France et de Navarre, à notre cher et bien aimé le sieur Fournier, salut.

« Etant nécessaire de pourvoir aux charges de Conseiller au Conseil supérieur que nous avons créé au Cap Français de Saint-Domingue par nos lettres patentes du mois de juin dernier, et étant informés de la capacité, prud'homerie, expérience en fait de la judicature, et affection à notre service du sieur Fournier; à ces causes nous avons fait choix du dit sieur Fournier, auquel nous avons donné et octroyé, donnons et octroyons par ces présentes signées de notre main un office de Conseiller au dit Conseil supérieur du Cap. — Donné à Versailles le 10ᵉ jour du mois de juin de l'an de grâce 1701, et de notre règne le 59ᵉ. Signé : Louis » (¹).

Vu tous les embarras que lui causait la gestion de ses affaires, et à cause d'une maladie aux yeux, il se démit de cette charge le 1ᵉʳ juin 1703; mais il continua ses fonctions militaires. Il était, en 1709,

(1) Archives Fournier.

LIEUTENANT-COLONEL DE MILICE, COMMANDANT LE QUARTIER DE LIMONADE; et, par brevet du 15 février 1713, il fut nommé LIEUTE-NANT-COLONEL AU RÉGIMENT DE PARDIEU, en garnison au Cap Fran-çais. Voici la copie de ce brevet :

« Louis, par la grâce de Dieu Roi de France et de Navarre, à notre cher et bien aimé le sieur Fournier, salut.

« Etant nécessaire d'établir une personne dont la valeur, le cou-rage, l'expérience en la guerre, la vigilance, la bonne conduite nous soient connus, pour les fonctions de lieutenant-colonel du régiment d'infanterie des milices de Saint-Domingue, dont nous avons donné le commandement au sieur Pardieu, Nous avons cru que nous ne pouvions faire un meilleur choix que de vous pour servir en la dite qualité de lieutenant-colonel, étant informé que vous avez les qua-lités nécessaires pour vous en bien acquitter.

« A ces causes, nous vous avons commis, ordonné et établi, et par ces présentes signées de notre main commettons, ordonnons et éta-blissons lieutenant-colonel du dit régiment, pour, au défaut et en l'absence du dit sieur Pardieu, commander le dit régiment et le con-duire sous notre autorité et sous celle du sieur Philippeaux, gouverneur et notre lieutenant général aux Isles d'Amérique. — Donné à Ver-sailles le 15e jour du mois de février de l'an de grâce 1713, et de notre règne le 70e. Signé : Louis. »(¹).

Il mourut le 17 mars 1714, au Cap Français, où il possé-dait un hôtel dit « Hôtel Bellevüe », situé à l'encoignure de la rue du Palais et de la ruelle conduisant au Morne de la Providence, et dont l'une des rues s'appelle encore aujourd'hui « rue de Varennes ». Son corps fut ramené à Limonade et inhumé le 19 mars dans le chœur de l'église Sainte-Anne, qu'il avait bâtie en 1707. — Voici un extrait de son acte de décès : « Le 19 mai (ou mars) 1714, le corps de Messire « Jean Fournier de Varennes, lieutenant-colonel de milices, comman-« dant du quartier de Limonade, a été enterré dans l'église Sainte-« Anne de Limonade. Il était décédé avec beaucoup de piété après « avoir reçu les sacrements de l'Église. »

(1) Archives Fournier.

Il avait épousé en secondes noces, à Saint-Domingue, vers 1693, à l'âge de 57 ans environ, *demoiselle Marie-Thérèse le FEBVRE*, née à l'île Saint-Christophe, en la paroisse Saint-Pierre de Cayenne, en 1675, fille de feu *Robert le Febvre, seigneur de la Barre*, et de *demoiselle Marguerite Rentier*.

La minute de ce contrat de mariage ayant été incendiée, avec plusieurs autres papiers de famille de M. de Varennes, lors de l'invasion de la colonie par les Espagnols, qui, en 1695, brûlèrent ou pillèrent les archives du greffe du Cap Français, M. de Varennes s'en fit délivrer un nouvel extrait ou acte supplétif, certifié par Me Jacques Haguelon, notaire au Cap, le 15 septembre 1695. Il y est dit que le « sieur Jean Fournier, seigneur de Varennes, écuyer, officier de milice, « et demoiselle Marie-Thérèse le Febvre, sa femme, ayant perdu tous « leurs titres de famille et particulièrement leur contrat de mariage, « par l'invasion des ennemis, qui ont tout brûlé et pillé les papiers et « originaux du greffe, ils n'ont plus aucun acte qui puisse régler leur « communauté; et que désirant suppléer à leur contrat de mariage et « régler leur communauté, sur leur réquisition, a été par Me Haguelon, « notaire soussigné, octroyé les conventions et accords, tels qu'ils « étaient dans leur contrat de mariage. » Cet acte énonce dans les qualités « Jean Fournier, écuyer, seigneur de Varennes, officier de « milice, fils de feus François Fournier, écuyer, seigneur de Varennes, « et de demoiselle Catherine de Malleret, ses père et mère, natif de la « paroisse de Sainte-Colombe, diocèse de Bourges, et veuf en premières « noces de demoiselle Marguerite d'Estuard *(sic)* ».

Les témoins de Jean Fournier de Varennes furent : René Duréau, capitaine au quartier de Limonade, et René du Verger, habitant au dit quartier. Ceux de Marie-Thérèse le Febvre, Jean Lisa et Thomas Jumel, habitant au dit quartier. (Archives Fournier.)

La minute de ce nouvel acte fut déposée au greffe du siège royal du Cap; mais elle fut encore détruite lors de l'incendie de ce greffe, en 1734; et ce ne fut que le 21 mars 1785, que les officiers du tribunal du Cap, sur la demande des descendants de Jean de Fournier de Varennes, et sur la présentation de la grosse de la minute de l'acte du 15 septembre 1695, ordonnèrent le dépôt au siège du greffe de la

rosse de l'acte de 1695, pièce qui fut admise comme valable et pro-
ante par le sieur Chérin, le 25 octobre 1788, pour la maintenue de
oblesse des petits-enfants de Jean de Fournier de Varennes et de
larie-Thérèse le Febvre (¹).

La famille *le Febvre* était originaire du Berry, et s'était fixée
u XVIIᵉ siècle dans le pays de la Rochelle. Ses membres s'établirent
ans la colonie de Saint-Domingue, où ils possédèrent d'importantes
ropriétés. D'autres membres se sont perpétués dans le diocèse de
antes. La famille le Febvre posséda les seigneuries de la Barre et de
à Malmaison : elle s'arme : « d'azur au chevron d'or, accompagné en
hef de deux étoiles, et en pointe d'une fleur de souci d'or. »

*Robert le Febvre, seigneur de la Barre*, était fils d'*Antoine, seigneur
e la Barre, maître des requêtes, intendant du Bourbonnais,* nommé
ieutenant général des armées du Roi et gouverneur général de la Marti-
ique, en 1666 (²), mort en 1688, et de *Marie de Mandat*; il avait eu
le Marguerite Rentier : 1° *Marie-Thérèse le Febvre*, qui épousa, vers
693, Jean de Fournier de Varennes et mourut en 1728; 2° *Pierre
e Febvre*, qui continua la descendance (³).

(1) Bibliothèque nationale. Collection Chérin, vol. 85. — Voir à l'Appendice la copie de cet
arrêt de maintenue et l'enquête qui la précéda.

(2) Il avait quitté le port de la Rochelle le 8 juin 1666, à la tête d'une escadre de huit navires
et huit compagnies d'infanterie. Une de ses filles épousa M. d'Orvilliers.

(3) *Pierre le Feubvre* fut *commandant des milices des quartiers de Limonade et Morin*, à Saint-
Domingue; il fut inhumé, le 1ᵉʳ mars 1727, dans l'église Sainte-Anne de Limonade, et semble avoir eu :

*Marie-Adrien le Febvre*, qui demeurait au Cul-de-Sac, en la paroisse de la Croix des Bouquets,
à Saint-Domingue, et dont l'inventaire et la vente furent faits après son décès, le 13 novembre 1770.
Il semble avoir eu :

1° *Etienne*, qui suit;
2° *Marie-Catherine-Julie le Febvre*, qui eut de M. de la Noüe une fille, qui épousa le marquis
de Vincens de Causans, dont sept enfants vivants en 1826 : 1° Louis-Philippe-Joseph,
marquis de Vincens de Causans; 2° Paul-François-Joseph, comte de Vincens de Causans;
3° Antoine-Paul-Maximin-Joseph, abbé Vincens de Causans; 4° Marie-Elisabeth-Caroline
Olympe de Vincens de Causans; 5° Marie-Louise-Armande de Vincens de Causans;
6° Marie-Joséphine-Charlotte de Vincens de Causans, dame de Chevigné; 7° Marie-Emilie
de Vincens de Causans, dame de Forceville;
3° *Elisabeth-Jeanne le Febvre*, épouse, en 1794, de M. Constantin de la Lorie, qui eut :
1° Gabrielle-Elisabeth Constantin de la Lorie, épouse, en 1826, du marquis de Marmier;
2° Julie-Perrine-Constantin de la Lorie, veuve, en 1826, de M. de Giséux;

Mᴸˡᵉ Marie-Thérèse le Febvre, veuve, en 1714, de Jean de Fournier, lieutenant-colonel de milices au Cap Français, île de Saint-Domingue, fit, le 26 août 1719, une fondation dans l'église des Augustins de la ville de la Rochelle, où elle possédait un hôtel. Par cet acte, passé devant Micheau et son confrère, notaires à la Rochelle, Mᵐᵉ veuve Fournier de Varennes, « demeurant dans l'île de Saint-Domingue, et « représentée par le sieur Antoine Carrée, bourgeois et marchand de « la ville de la Rochelle, fit fondation dans l'église des Révérends « Pères Augustins de la dite ville d'une messe basse de *requiem* pour « être dite à l'autel de la Sainte-Vierge tous les jours, à neuf heures « du matin, et sonnée à deux cloches; plus une grand'messe de *requiem* « tous les premiers mercredis de chaque mois, à dix heures précises « du matin, qui sera sonnée en branles de toutes les cloches, et célébrée « au dit autel; plus de l'exposition du Saint-Sacrement suivie d'une « procession autour du cloître, tous les quatrièmes dimanches de chaque « mois; et ce, moyennant la somme de *dix-mille livres*, une fois payée. « Laquelle somme a été remise séance tenante par le dit sieur Carré, « au nom de la dite demoiselle le Febvre, veuve de Messire Jean de « Fournier, lieutenant-colonel de milices au Cap Français. Dont « quittance (¹). »

Le 10 août 1724, elle fit une autre fondation de dix mille livres aux Pères Carmes de la Rochelle, pour une messe de *requiem*, chaque jour, à huit heures du matin, une grand'messe à dix heures, tous les seconds lundis de chaque mois, et un salut avec bénédiction du Saint-Sacrement tous les seconds dimanches de chaque mois, pour le repos des âmes de M. et Mᵐᵉ Lelong, qui demeuraient au Cap. (Archives Fournier.)

4° *Marie-Louise-Félicité le Febvre*, épouse, en 1794, de M. de Vauville, comte de Malderée, et vivait avec sa belle-fille en 1826.

*Étienne le Febvre* vivait en 1794, et eut :

*Jean-Marie-Étienne le Febvre*, qui, en 1826, lors de l'assiette de l'indemnité aux anciens colons de Saint-Domingue, est dit héritier, avec ses tantes, cousins et cousines sus mentionnés, de trois sucreries à Limonade et à la Petite-Anse, appelées le Febvre, le Plessis et Haristigny; de deux caféeries au Dondon et à Saint-Mars; d'un terrain à la Petite-Rivière, et d'un bois d'acajou à l'île de la Tortue : le tout estimé pour l'indemnité à la somme de 536 126 francs.

(1) Bibliothèque nationale. Collection Chérin, vol. 85, — et original sur parchemin aux archives Fournier.

M^me de Varennes mourut à son habitation de Limonade, sur les quatre heures du matin, le 1^er août 1728, âgée d'environ cinquante-trois ans, et fut enterrée le 3 août dans l'église Sainte-Anne de Limonade, près de son défunt mari (¹); » après avoir reçu les derniers sacrements de l'Église avec toute la piété et la dévotion qu'elle avait toujours eues pendant sa vie ».

Par testament elle avait fait une fondation de 10 000 livres tournois à l'hôpital général de Nantes, dit « Le Sanitat », à la condition qu'il y serait célébré une messe de *requiem* basse chaque jour, à perpétuité, et une grand'messe de *requiem* les premiers mercredis de chaque mois. Son exécuteur testamentaire, le sieur Beaujau, donna, le 4 novembre 1729, le pouvoir de traiter cette affaire à René Montaudoin, écuyer, seigneur de la Clartière, demeurant à Nantes, sur la Fosse. (Acte original sur parchemin aux archives Fournier.)

Sa succession, s'élevant à 1 million 173 mille livres, fut partagée entre ses sept enfants, le 7 septembre 1729.

Jean IX de Fournier de Varennes avait eu dix enfants : deux de son premier mariage et huit du second.

Il avait eu de *Marguerite d'Estevard* :

1º CLAUDE II DE FOURNIER, ÉCUYER, SEIGNEUR DE MONTI-FAULT, DES VARENNES, DE LENAY, DE LA TOUCHE-GAULTIER; il passa bail pour six ans du lieu de Montifault, avec sa mère, en 1679, et seul en 1684. Il se maria trois fois. Il épousa : 1º *demoiselle Anne de Beaurepaire, dame de Lenay*, en Nohant, d'une famille noble du Berry, qui s'armait : « d'argent au lion de sable; » 2º, en 1690, par contrat passé devant M^e Paul Duguet, notaire à Graçay, et lui demeurant alors en Nohant, *demoiselle Marie de la Thuille*, fille de *Hippolyte de la Thuille, écuyer, seigneur d'Auri*, et de *demoiselle Charlotte d'Argy*, demeurant à Soings (Loir-et-Cher), d'une famille d'ancienne noblesse de l'Orléanais, qui s'armait : « d'or au hibou de sable, tenant au

(2) *Id.* et extrait mortuaire aux archives Fournier.

bec un annelet de même » (¹). La famille d'Argy, noble dans l'Orléanais, s'armait : « burelé d'or et d'azur de dix pièces. » 3° demoiselle *Françoise de Lorme*, avec laquelle il demeurait en 1701 à la Touche-Gaultier, en Lucay-le-Mâle (Indre). Il mourut vers 1702, sans postérité. Sa veuve épousa, en 1704, Louis de Beaurepaire, seigneur du Chesne, en Nohant. La seigneurie de Varennes fut achetée par Pierre de Nepoux, époux de Catherine Floret; elle était habitée en 1735 par leur fils, Léonard de Nepoux.

2° MARGUERITE DE FOURNIER, qui vivait non mariée en 1705.

Jean IX de Fournier de Varennes eut à Saint-Domingue, de son second mariage avec *Marie-Thérèze le Febvre* :

1° JEAN X DE FOURNIER DE VARENNES, MAJOR DES MILICES AU CAP FRANÇAIS, en 1732. Né à Saint-Domingue, le 6 février 1696. Il eut pour parrain François du Breil, et pour marraine Marie Rentier. (Archives Fournier.) Il fut nommé CAPITAINE DE MILICE A LIMONADE, le 14 avril 1722, MAJOR DE MILICE A LIMONADE, le 1ᵉʳ mars 1725; il assista, le 15 avril 1732, étant alors major des milices au Cap, au mariage de son frère cadet, Pierre de Fournier de Bellevue, avec demoiselle Marie du Gast.

---

(1) Nous trouvons :

*Jeanne de la Thuille*, qui épousa en 1557 Jean du Refuge, seigneur de Salvert.

*Gabriel de Thuille*, époux, vers 1560, de Catherine de Montigny, dont :
  1° *Jacques*, seigneur de la Beaupinière, en Poulaines, près Montifaut, en 1588;
  2° *Antoine*, seigneur du Bois-de-la-Vigne, en 1588;
  3° *Bertrand*, écuyer, en 1588.

*Jean I de la Thuille*, épousa, vers 1590, Marie Herpin, et eut :
  1° *Jean II*, qui suit;
  2° *Marie*, qui épousa, le 9 juin 1616, Philippe de Patoufleau.

*Jean II de la Thuille*, écuyer, seigneur du Crouzay, eut de Marie Carné :
  *Marie*, qui épousa, le 30 octobre 1636, son cousin, Jean de Patoufleau.

*René de la Thuille*, épousa, vers 1620, Claude de Barathon, dont il n'eut pas de postérité.

*Henry de la Thuille*, seigneur de Vernusse, de la Feuze, vivait en 1637, époux d'Anne Guérin, dame de Clavières, d'Azon, et semble avoir eu : *Renée de la Thuille*, épouse, en 1646, de Jean de Boislisnard, seigneur du Breuil.

Il épousa, vers 1720, *demoiselle Marguerite de Cluys des Sables*, fille de *Gabriel, écuyer, seigneur des Sables, ou d'Etables*, et de *Marguerite de Douhault.*

La famille de Cluys, dont le nom patronymique était *Gaucourt*, est l'une des plus anciennes du Berry, où elle possédait, dès le XIIIe siècle, la baronnie de Cluys. Elle s'armait : « d'argent au lion rampant d'azur armé et lampassé de gueules (1) ». Pour la famille *de Douhault*, voir ci-dessus.

Jean X de Fournier de Varennes n'eut qu'une fille :

MARGUERITE-RENÉE DE FOURNIER DE VARENNES, née à Limonade le 29 août 1722 ; elle eut pour parrain Joseph de Brache, lieutenant de Léogane, chevalier de Saint-Louis, et pour marraine Marie-Thérèse le Febvre, veuve de Jean de Fournier. (Archives de Fournier.)

Elle épousa, le 29 mars 1745, *Gaspard-Constantin-Boniface, vicomte de Castellane, ex-chevalier de Malte, colonel du régi-*

---

(1) Nous trouvons : *Garnier, sire de Cluys*, en 1180 ; *Odet, baron de Cluys* et *de Bouësse*, en 1248, mort sans postérité, en 1251 ; frère de demoiselle de Cluys, qui épousa M. de Magnac.

*Raoul de Gaucourt, seigneur d'Argicourt, baron de Cluys* (Indre, près la Châtre), en 1280, prit le nom de Cluys et eut : *Charles de Cluys, baron de Cluys*, en 1310, et *Eudes de Cluys*, vivant en 1293.

*Raoul de Cluys*, était *seigneur de Charron*, en Cluys, en 1400.

*Jeanne de Cluys*, épousa, vers 1405, Foucaud de Chamborand, chevalier, seigneur de Clavière, dont, entre autres : Guy de Chamborand, qui épousa, vers 1430, *Brunissende de Malleret*.

*N... de Cluys* était *évêque de Tulle*, en 1425.

*Antoine de Cluys, écuyer*, vivait en 1500, et semble avoir eu :

*Mouton de Cluys, chevalier, seigneur de Brientes*, qui épousa d^lle *de Roquemore*, veuve en 1540, et eut :

*Philippe I de Cluys, chevalier, seigneur de Brientes*, qui eut de Charlotte de Poitiers : 1° *Philippe-Pierre, seigneur de Brientes*, en 1555 et 1558 ; 2° *Philippe II*, qui suit ; 3° *Madeleine*, qui épousa, le 2 octobre 1547, Jean de la Châtre, seigneur de Brullebaud ; 4° *Claire*, épouse, en 1547, du seigneur de Châteauvilain ; 5° *Bertrande*, épouse, en 1567, de François de Bridiers.

*Philippe II de Cluys, chevalier, seigneur de Brientes, chevalier de l'Ordre*, 1572, épousa Antoinette de Morinvilliers, morte veuve en 1603, et semble avoir eu pour petit-fils :

*Gabriel de Cluys, écuyer, seigneur de Noisat, d'Etables*, maintenu en 1680, étant encore sous la tutelle de son oncle, *Léon de Cluys, prieur*, et époux, vers 1690, de Marguerite de Douhault, dont :

*Marguerite*, qui épousa, vers 1720, Jean de Fournier de Varennes.

*Armes : aliàs :* « d'hermines à deux barbeaux (poisson) adossés de gueules. »

*ment de Penthièvre,* né en 1707, second fils de *Jean-Baptiste de Castellane, marquis d'Esparron, maréchal de camp,* et de *Julie de Simiane* (fille de Louis, marquis de Simiane, et de Pauline de Castellane), et petit-fils de *Jean-Baptiste-Charles de Castellane, marquis d'Esparron, consul d'Aix,* et de *Madeleine de Suffren* (celle-ci fille de Joseph-Jean-Baptiste de Suffren et de Geneviève de Castellane de Saint-Guers, et tante du fameux amiral, bailli de Suffren).

Le contrat de mariage fut passé, le 29 mars 1745, devant Hullard, notaire à Saint-Malo. La future avait comme curateurs ses oncles, Jacques Fournier, écuyer, seigneur de Varennes, de la Coquerie, et Charles-Thomas Miniac, écuyer, seigneur de la Ville-ès-Nouveaux, de Tressaint, de la Trupardière, de la Chesnaye-au-Bouteiller, capitaine des carabiniers, veuf d'Anne Fournier. Elle est dite posséder à Saint-Domingue deux habitations, l'une au Bois-de-Lance, l'autre à la Grand' Rivière. — Le futur reçut de son frère aîné, le marquis de Castellane, quatre terres avec châteaux en Provence. (Archives Fournier.)

Le *vicomte de Castellane* était issu d'une ancienne race féodale, qui avait, dès le xᵉ siècle, tenu rang souverain en Provence. Les Castellane, dits de toute ancienneté barons de Castellane, avaient, depuis, été titrés barons d'Audan et d'Allemagne, au xivᵉ siècle; barons d'Entrecasteaux, au xvᵉ siècle; barons de Saint-Jean et comtes de Grignan, au xviᵉ siècle; marquis de Castellane, de Grignan, de Grimaud, d'Esparnon, de Crotte, au xviiᵉ siècle; marquis de Majastre, au xviiiᵉ siècle. Cette illustre maison s'armait : « de gueules au château d'or, donjonné de trois tours du même ». Couronne de prince. Devise : « Moins d'honneurs que d'honneur. »

Le vicomte de Castellane et la vicomtesse, née de Fournier de Varennes, habitèrent Paris, en la paroisse Saint-Eustache. Ce fut eux qui firent part, en 1766, du mariage de leur cousine germaine, Charlotte de Fournier de la Chapelle, alors mineure et orpheline, avec Nicolas, comte de Montholon : « M...,

« Monsieur le vicomte et Madame la vicomtesse de Castellane
« sont venus pour avoir l'honneur de vous voir et de vous
« faire part du mariage de Mademoiselle Fournier de la Cha-
« pelle, leur cousine germaine, fille de Monsieur Fournier
« de la Chapelle, ancien procureur général du Conseil supé-
« rieur du Cap, avec Monsieur de Montholon, premier prési-
« dent du Parlement de Metz, chevalier de Saint-Louis,
« premier écuyer du duc de Penthièvre ([1]) ».

Le vicomte Boniface de Castellane mourut à Paris, le 7 janvier 1779; sa veuve y mourut également le 5 mai 1781. Ils
furent inhumés dans le cimetière de la paroisse Saint-Eustache ([2]).

Ils n'avaient eu que deux filles :

1º *Marie-Marguerite-Madeleine-Adélaïde de Castellane*, née en
1748, qui épousa, par contrat passé à Versailles, le 18 novembre 1764, en présence du roi et de la famille royale, *Charles-
Emmanuel-Marie Madelon de Vintimille, marquis du Luc,
colonel au régiment de Royal-Corse,* puis *du régiment de Vintimille, maréchal de camp, chevalier de Saint-Louis,* né le 1er septembre 1740, fils de *Jean-Baptiste-Félix-Hubert, comte de
Vintimille et du Luc, marquis des Arcs, des comtes de Marseille,
ex-colonel du régiment de Vintimille, lieutenant général des
armées du Roi,* et de *Pauline-Félicitée de Mailly-Nesle.*

Pauline-Félicité de Mailly-Nesle, née en 1713, avait été,
comme ses sœurs, la comtesse de Mailly et la duchesse de
Lauraguais, la maîtresse du roi Louis XV, qui, la voyant
enceinte, lui fit épouser, par contrat du 10 novembre 1739,
Jean-Baptiste-Félix-Hubert, comte de Vintimille et du Luc,
marquis des Arcs, lieutenant général des armées du roi, né
en 1685, fils de Charles-François, lieutenant général de Provence, chevalier des Ordres du Roi, et neveu de Charles-

---

(1) Bibliothèque nationale. Pièces originales. Reg. 1224, cote 27444, nº 41, et arch. Fournier.
(2) Archives paroissiales de Saint-Eustache de Paris et *Gazette de France,* nº du 15 janvier 1779.

Gaspard-Guillaume de Vintimille, né le 15 novembre 1655,
nommé en 1729 archevêque de Paris, duc de Saint-Cloud;
mort, Pair de France et Commandeur de l'Ordre du Saint-
Esprit, à Paris, le 10 novembre 1746. — Pauline de Mailly-
Nesle accoucha d'un fils, qui fut reconnu par le comte de
Vintimille, mais qui ressemblait tellement au roi qu'il fut
surnommé « le demi-Louis » Un très beau portrait de lui
existe au château d'Angrie, près de Candé, qui appartient
à la comtesse de Kérautem, née de Lostanges, arrière-petite-
fille de Charles de Vintimille.

Pauline de Mailly, comtesse de Vintimille, mourut à Versailles,
le 9 septembre 1741, âgée de 29 ans; et son mari mourut le
17 mars 1748.

L'illustre famille de Vintimille, alliée au XIIIe siècle aux empe-
reurs de Constantinople et de Nicée, s'armait : « Ecartelé
aux 1 et 4, coupé d'or et de gueules (qui est de Vintimille);
aux 2 et 3, de gueules au lion d'argent tenant une épée d'or
(qui est de Marseille). »

La marquise de Vintimille, née de Castellane, fut présentée
à la Cour le 2 décembre 1764. Elle mourut à Paris le 29 mars
1770, âgée de 22 ans. Son mari avait pour tante, Madeleine
du Luc de Vintimille, qui épousa, vers 1740, Aimard-Jean,
marquis de Nicolaï, dont, entre autres : la marquise le Veneur
de Tillières. Il fut colonel du régiment de Vintimille, maréchal de camp, chevalier de Saint-Louis et du Saint-Esprit.
Il mourut à Saint-Germain-en-Laye, le 15 février 1814,
ayant eu :

1° *Charles de Vintimille, comte du Luc, chevalier du Saint-Esprit;*
né à Paris, le 17 décembre 1765; il fit ses preuves militaires
le 10 octobre 1779, et épousa à Versailles, devant le Roi et
la famille royale, le 28 septembre 1783, Mademoiselle de
Lévis, qui fut présentée à la Cour le 18 janvier 1784. Il eut :
*la comtesse Alexandre de Girardin, Mme de l'Aigle et Mme de
Greffulhe et de Ségur;*

2° *Constantine-Pauline-Adélaïde de Vintimille*, qui épousa à Versailles, devant le Roi et la famille royale, le 14 avril 1785, *Henry, marquis de Lostanges et de Saint-Alvère, colonel de cavalerie, chevalier de Saint-Louis*, beau-frère du marquis de la Ferronnays ; il mourut à Londres, le 7 juin 1807, ayant eu entre autres : *le comte de Lostanges*, qui épousa Elisabeth de Turpin de Crissé, dame d'Angrie, et eut : *la comtesse de Kérautem* ;

3° *Candide de Vintimille*, qui épousa à Versailles, devant le Roi et la famille royale, le 21 décembre 1788, *Félix, comte de Muy, maréchal de camp*.

La vicomtesse de Castellane, née de Fournier de Varennes, avait eu comme seconde fille :

2° *Marie-Thérèse-Joséphine-Dorothée de Castellane*, qui épousa à Versailles, devant le Roi et la famille royale, le 13 juillet 1768, *Adrien-Joseph-Ghislain, vicomte de Berghes de Saint-Winock, capitaine au régiment de Bauffremont*, né en 1740, qui avait été cornette au régiment de Royal-Cavalerie. Elle fut présentée à la Cour le 24 juillet 1768 par sa tante, la comtesse de Castellane, dame d'honneur de la Reine. Elle mourut en 1773, n'ayant eu qu'*une fille*.

La famille *de Berghes*, dont les membres furent princes et ducs de Berghes et pairs héréditaires de France, remonte à Jean, sire de Glymes, fils naturel légitimé en 1244 de Jean II, duc de Lorraine et de Brabant. Elle s'arme : « d'azur au lion de gueules. » Elle s'est alliée aux Rohan en 1710, et eut pour représentants au XIX⁰ siècle :

*Alexandre, duc de Berghes, pair de France*, qui épousa, vers 1818, Victorine, princesse de Broglie, et mourut le 5 octobre 1864, ayant eu : *Eugène-Joseph-Marie, prince-duc de Berghes*, né à Paris, le 11 août 1822, qui a épousé, le 21 mai 1844, Gabrielle Seillières ; veuf le 11 mai 1899, il est mort à Paris, le 8 juillet 1906, ayant eu : *Ghislain-Richard-François-Marie, prince de Berghes, chef d'escadron de cavalerie*, né à Paris, le 23 mai

1849, qui habita le château de Ranes, dans l'Orne, et à Paris et est mort en février 1907.

Jean IX de Fournier de Varennes avait eu de Marie-Thérèse le Febvre, pour autres enfants :

2° JACQUES DE FOURNIER DE VARENNES, qui suit;

3° GABRIEL DE FOURNIER DE LA MAHAUTIÈRE, né à Saint-Domingue, en 1700, mort jeune;

4° MARIE-THÉRÈSE DE FOURNIER DE VARENNES, née à Saint-Domingue, en 1701, qui épousa, par contrat du 8 mai 1727, *Guy I le Gentil, écuyer, seigneur de la Barbinais et de Paroy, conseiller du Roi, commissaire général et ordonnateur de la marine,* veuf de Louise le Bec, dame de Flubert, et né à Saint-Malo, le 16 janvier 1692, , fils de *Corentin le Gentil, seigneur de la Barbinais, de Tromenez, de Kergougan, fameux navigateur malouin,* de 1714 à 1718, qui publia en 1731 une relation en six volumes de son « Voyage autour du monde », et de *demoiselle Laurence Bourdas,* laquelle avait épousé en secondes noces M. Samson de Châtelais.

La famille *le Gentil* est originaire de Bretagne et d'ancienne extraction de chevalerie de cette province, où elle est encore représentée par les Gentil, comtes de Rosmordruc. Elle a formé la branche des marquis de Paroy, en Brie. Elle s'arme : « d'azur au serpent volant d'or. » Devise : « *Virtus sola gentilis;* » aliàs : « *Suis nititur alis;* » aliàs : « *Spargit undequaque venenum.* »
Guy I le Gentil de Paroy mourut en 1731, et sa veuve assista, le 15 avril 1732, au mariage à Saint-Domingue de son frère Pierre de Fournier de Bellevüe, avec Marie du Gast.
Il avait eu de son premier mariage avec Louise le Bec : 1° César-Hippolyte, seigneur de Poulers; 2° Jean-Baptiste-Henry, seigneur de la Villebriant, qui épousa Laurence Samson, fille de M. Samson de la Châtelais et de Laurence Bourdas, et mourut

en 1754, laissant un fils; 3° Pierre-Laurent, capitaine au régiment de Quercy, chevalier de Saint-Louis.

Il avait eu de son second mariage avec Marie-Thérèse Fournier de Varennes, un fils unique :

*Guy II le Gentil, marquis de Paroy, seigneur des Tillières, d'Auxerre, officier aux Gardes françaises, grand Bailli d'épée des villes et comtés de Provins et de Montereau,* en 1766, *lieutenant du Roi en Brie et en Champagne, chevalier de Saint-Louis,* né le 20 juillet 1728; il épousa, le 13 septembre 1749, Louise-Elisabeth de Rigaud de Vaudreuil, née à Rochefort le 29 novembre 1721, fille de Louis-Philippe, comte de Vaudreuil, lieutenant général des armées navales, gouverneur de Saint-Domingue de 1753 à 1757, grand'croix de Saint-Louis, mort le 27 septembre 1763, et de Catherine-Elisabeth le Moyne de Sérigny. Il fut créé marquis de Paroy en 1754, et il fut député aux États généraux de 1789. Il possédait à Saint-Domingue trois sucreries, appelées Paroy, l'une au Trou et les deux autres en Limonade, pour lesquelles son fils et sa fille furent inscrits dans l'indemnité aux colons de Saint-Domingue, en 1826, pour une somme de 101.829 francs.

Il a laissé de curieux mémoires sur la période révolutionnaire, intitulés : *Souvenirs de 1792 à 1794 du marquis de Paroy.* On y lit qu'il dut quitter Paris, avec sa femme et son fils aîné, le 7 septembre 1792, pour se fixer d'abord à Fontainebleau, puis le 10 février 1793, à Bordeaux. Les trois caféeries et les deux sucreries qu'il possédait à Saint-Domingue, où le cadet de ses fils était resté, valaient plus d'un million : elles furent détruites par les noirs en 1793. Le marquis fut arrêté à Bordeaux avec son fils aîné le 25 juin 1793; ils furent relâchés après un mois de captivité. Il fut arrêté de nouveau, avec sa femme et sa fille, Mᵐᵉ du Hamel, et emprisonné à la Réole, le 30 octobre 1793. En même temps, son château de Paroy, belle construction ayant cent soixante fenêtres, était envahi et détruit en partie par les révolutionnaires. Conduits de la Réole à Bordeaux, le 23 janvier 1794, ils furent remis en liberté, lui et sa femme, le 22 mars, et sa fille le 29 avril 1794. Il regagna, le 28 février 1796, son château de Paroy, où sa femme mourut en 1803. Il avait, en 1799, six enfants, huit petits-enfants, deux gendres et une belle-fille. Il habitait Paroy en avril 1803 avec son petit-fils, Emmanuel de Paroy.

Il avait eu :

1º *Jean-Philippe-Guy le Gentil, marquis de Paroy, colonel, chevalier de Saint-Louis,* né en Bretagne, le 30 avril 1750; il fut l'un des héroïques défenseurs de la famille royale aux Tuileries dans la nuit du 10 août 1792; réfugié avec son père à Fontainebleau et à Bordeaux, il fut arrêté en juin 1793 et relâché après un mois de captivité. Il mourut le 22 décembre 1822, ayant eu un fils, *Emmanuel,* qui habitait Paroy, avec son grand-père, en 1803;

2º *Louis-Jean-Marie, baron de Paroy, garde de marine à Brest* en 1770, né à Paris, le 30 août 1754; épousa, le 2 juillet 1788, Marie-Rosalie-Victoire de la Barre de Veissières, dame de Bellemont; il demeurait en Saintonge en 1792 et en 1826, et bénéficia avec sa sœur, M^{me} du Hamel, de l'indemnité de Saint-Domingue. Il eut : *M^{lle} le Gentil, dame de Bellemont,* qui eut de M. de Magne une fille qui a épousé, en 1860, M. du Hamel de Castets;

3º *César-Hippolyte-Joseph, chevalier de Paroy, sous-lieutenant au régiment de Dauphins-Dragons* en 1770, né le 10 avril 1752, et vivant en 1799;

4º *Guyonne-Émilie,* née le 30 janvier 1754, qui épousa, le 22 mars 1773, André Bernard, comte du Hamel, lieutenant du maire de Bordeaux, dont elle était veuve en 1826; elle eut postérité;

5º *Guy-Mériadec, sous-lieutenant au régiment de Dauphin-Dragons* en 1775; né dans le diocèse de Sens, le 12 avril 1757, qui résidait à Saint-Domingue en 1792 et vivait en 1799;

6º *Louise-Adélaïde le Gentil,* née le 7 juillet 1758, qui épousa M. de Mortagne et vivait en 1799.

22

5º ANNE-FRANÇOISE DE FOURNIER DE VARENNES, née à Saint-Domingue, en 1702, épousa, en 1728, *Charles-Thomas DE MINIAC, seigneur de la Ville-ès-Nouveaux*, en Saint-Suliac, né à Saint-Malo le 1er avril 1690, fils de *Charles, seigneur de la Ville-ès-Nouveaux, gentilhomme de la Grande vénerie royale*, et de *Jeanne le Clavier, dame de la Marzelière.*

La famille *de Miniac*, de noblesse d'ancienne extraction bretonne, vivait dès le XIIe siècle dans le pays de Saint-Malo, et s'armait : « de gueules à l'aigle éployée d'argent, accompagnée de sept billettes de même, 4 et 3. »

Mme de Miniac assista, le 15 avril 1732, au mariage, à Saint-Domingue, de son frère, Pierre de Fournier de Bellevüe, avec Marie du Gast.

Elle mourut à Saint-Malo le 1er mai 1742, et son mari y mourut le 15 décembre 1746, ayant eu :

1º *Jean-François de Miniac, seigneur de Tressaint, mestre-de-camp d'un régiment de dragons*, mort à Paris en 1779 ;

2º *Anne-Charlotte-Jacquette de Miniac de la Ville-ès-Nouveaux*, baptisée à Saint-Malo, le 18 avril 1742, qui épousa à Rennes, le 9 février 1760, *Charles-René, comte de la Belinaye*, plus tard *marquis de la Dobiais, maréchal de camp, lieutenant général et chevalier de Saint-Louis*, fils d'Armand et de Marie-Thérèse Frain de la Villegonthier. Elle assista avec son mari, le 9 novembre 1763, au mariage, à Saint-Domingue, de son cousin, René-Pascal de Fournier, comte de Bellevüe, avec Élisabeth David de Lastour. Elle mourut au château de la Belinaye, près de Fougères, le 3 juin 1765. Son mari mourut à Chantilly, le 14 février 1821, ayant eu : 1º *Armand-Marie, marquis de la Belinaye*, qui fut compris, en 1827, dans l'indemnité de Saint-Domingue ; 2º *Jean-Marie, châtelain de la Belinaye*, compris, en 1827, dans l'indemnité de Saint-Domingue, qui eut de Mlle de Broc de la Turlière : *Claire de la Belinaye*, née en 1809, qui épousa, en 1832, Paul, *comte de Gibon*, dont, entre autres, *le colonel Arthur de Gibon, châtelain de la Belinaye*, père de Mme Paul Varin de la Brunelière; 3º *Charles, comte de la Belinaye, châtelain de Bois-le-Houx, chevalier de Saint-Louis*, né à Rennes, le 16 mars 1765, qui eut de Modeste de Choiseul-Beaupré : *la comtesse Grout de Beaufort et Charles-César, comte de la Belinaye, châtelain de Bois-le-Houx, page du roi Charles X*, en 1827, qui a eu de Albine Labbé de Suffren : *Pauline de la Belinaye*, qui a épousé, en 1876, Pierre Frain, comte de la Villegonthier, sénateur d'Ille-et-Vilaine, en 1888, dont postérité ; et *Charles, comte de la Belinaye, châtelain actuel de Bois-le-Houx*.

6° MARTHE DE FOURNIER DE VARENNES, épousa, vers 1740, *Pierre-Jean Menoire de Beaujau, conseiller au Conseil supérieur du Cap Français*.

La famille Ménoire de Beaujau habitait Saint-Domingue dès le début du XVIIIe siècle et y possédait de belles propriétés. Un sieur de Beaujau fut, en 1729, l'exécuteur testamentaire de dame Marie-Thérèse le Fèvre, veuve de Jean Fournier de Varennes. Il semble avoir eu : 1° Pierre-Jean Ménoire de Beaujau, qui épousa Marthe de Fournier de Varennes, et mourut vers 1760, laissant un fils : Pierre-Jean de Beaujau, qui assista, le 9 novembre 1763, au mariage, à Saint-Domingue, de son cousin, René-Pascal de Fournier, comte de Bellevüe, et mourut sans postérité, en 1766, conseiller au Conseil supérieur du Cap ; il eut pour héritiers son oncle maternel, René-Charles de Fournier, comte de la Chapelle ; et sa tante paternelle, Mlle Jeanne-Angélique de Beaujau, demeurant à Bordeaux ; 2° Jeanne-Angélique de Beaujau, vivant célibataire à Bordeaux, en 1766. Lors de la révolte des noirs, un Guy de Ménoire Beaujau, époux de Marguerite de Beaujau, possédait à Saint-Domingue deux sucreries : l'une au quartier Morin, dite « Ménoire », et valant un million et demi ; l'autre située à Ouanaminthe, dite « Beaujau », et valant aussi environ un million et demi. Il avait pour enfants :

1° *Jeanne-Honorine Ménoire de Beaujau*, qui épousa, vers 1815, M. de Varennes, et hérita avec lui en 1827, de la moitié de l'indemnité de Saint-Domingue attribuée aux héritiers de Guy de Beaujau (indemnité fixée à 309 785 francs); ils vivaient en Angleterre en 1860; nous ignorons leur postérité;

2° *Marguerite-Ménoire de Beaujau*, qui épousa M. de la Roque-Budos, et eut: Delphine de la Roque-Budos, épouse, en 1827, du baron de Brivazac, et héritière pour moitié de Guy de Beaujau, son grand-père; elle semble avoir eu: le baron Léon de Brivazac, né en 1823, époux d'Alix de Lur-Saluces, et châtelain de Minons, en Marmande (Lot-et-Garonne), en 1884, mort à Bordeaux, le 11 mai 1889, dont la comtesse de Beauregard.

7° PIERRE DE FOURNIER, COMTE DE BELLEVÜE, *chef du rameau de Bellevüe*, et depuis 1814 unique branche de la famille de Fournier, et qui viendra après le rameau de la Chapelle;

8° CHARLES DE FOURNIER, COMTE DE LA CHAPELLE, *chef du rameau de la Chapelle*, qui suivra.

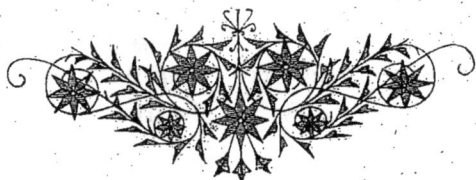

# JACQUES DE FOURNIER de Varennes, Écuyer, Capitaine de cavalerie de milices à Saint=Domingue.

Né à Saint-Domingue, il fut baptisé à Sainte-Anne de Limonade le 18 avril 1699. Il fut nommé par Jacques Louvet et par Renée Beller, veuve du sieur Guérinault (Archives Fournier).

Il était capitaine aux milices du Cap Français quand il assista, le 15 avril 1732, au mariage, à Saint-Domingue, de son frère cadet, Pierre de Fournier de Bellevüe, avec Marie du Gast.

Il passa en 1736 en Bretagne, et demanda au mois de novembre à être admis à siéger aux États de cette province dans l'ordre de la noblesse. Voici ce que le maréchal d'Estrées, gouverneur de Bretagne, écrit, le 15 décembre 1736, au sujet de cette demande : « Il est arrivé « depuis quelques jours un gentilhomme, Jacques de Fournier, qui vient « de Saint-Domingue, où il habite depuis trente-cinq ans, avec emploi « de capitaine de milice au Cap. Il nous a présenté un titre de noblesse « en très bonne forme, et affirmé, sans nous produire les pièces de filiation, qu'il descend d'un de ceux qui ont été déclarés nobles d'extraction par arrêt de la Reformation (¹). »

M. de Varennes se fixa depuis lors à Saint-Malo, où il eut un hôtel, lit *Hôtel de Varennes*, dans une rue joignant la cathédrale, et où, comme nous le dirons plus loin, il épousa, le 8 janvier 1738, *M^lle Bourdas.*

Il fit établir par d'Hozier, en 1752, un certificat « constatant que les Fournier de Varennes, établis à Saint-Domingue et résidants à Saint-Malo, étaient nobles d'extraction (²). »

Il mourut à Saint-Malo, le 17 décembre 1755, après avoir fait son testament à la date du 12 décembre précédent.

La succession de Jacques Fournier de Varennes, comprenant une habitation avec sucrerie, manoir, dépendances, moulin, cases, colombiers, étuves, 122 esclaves, 48 bœufs, 37 vaches, 24 chevaux ou juments, 34 mulets, fut partagée, le 28 octobre 1756, entre ses cinq enfants mineurs : 1° Jean-Jacques, 2° Marie-Anne-Thérèse, 3° Anne-Françoise, 4° Marguerite-Perrine-Renée, 5° Adélaïde-Sophie-Marguerite-Thérèse.

Les parents paternels des mineurs sont dits être :

1° Guy le Gentil, marquis de Paroy, chevalier, seigneur d'Auxence, officier au régiment des Gardes françaises, demeurant à Paris, cousin germain des mineurs ;

2° Haut et puissant seigneur Gaspard - Constantin - Boniface, vicomte de Castellane, mestre de camp de cavalerie, époux de dame Marguerite-Renée Fournier, demeurant à Paris, et cousine germaine des mineurs ;

3° Charles Fournier de la Chapelle, demeurant au Cap.

Les parents maternels des mineurs :

1° Jean-Jacques Couarde, sieur de la Chesnaye, négociant, demeurant à Granville, époux de Thérèse-Laurence Bourdas, tante des mineurs ;

2° Pierre-Malo Samson, écuyer, seigneur des Châtelets, demeurant à Saint-Malo, cousin germain de la mère des mineurs ;

---

(1) *Recherches sur les Etats de Bretagne*, par M. A. du Bouetiez. Tenue de 1736, t. II, p. 52.

(2) Titres du Cabinet d'Hozier, communiqués par M. le Joriaux, directeur des archives de la noblesse, rue de Miromesnil, 68, à Paris.

3º Bernard Groult, écuyer, seigneur de la Motte, époux de dame Moreau, cousine germaine de la mère des mineurs;

4º Joseph du Trévou, chevalier, seigneur de Breffeuillac, époux de Marguerite Jégou, cousine germaine de la mère des mineurs, demeurant à Morlaix;

5º Sébastien-François Jégou, chevalier, seigneur de Keramel, officier des mousquetaires de la garde du Roi, demeurant à Morlaix, parent au troisième degré des mineurs;

6º Couessard-Hippolyte le Gentil;

7º Sébastien de la Marre, cousin second de la mère des mineurs;

8º Marc-Charles de la Vigne, chevalier, seigneur de la Hauguemorais, y demeurant en Saint-Potan, parent au quatrième degré des mineurs;

9º Etienne Bourdas, capitaine de vaisseau, demeurant à Saint-Malo, parent au quatrième degré des mineurs;

10º Etienne Laubry, capitaine de vaisseau, chevalier de Saint-Louis, époux de dame Duré, parent au quatrième degré des mineurs. (Archives Fournier.)

Marie-Anne Bourdas fut nommée tutrice de ses enfants par acte des 8 avril et 25 octobre 1756. (Archives Fournier.)

Jacques Fournier de Varennes avait épousé à Saint-Malo, le 8 janvier 1738, M*lle* *Marie-Anne BOURDAS*, baptisée à Saint-Malo le 11 mars 1715, fille de feus *Julien Bourdas, seigneur des Landes, conseiller secrétaire du Roi*, mort à Saint-Malo, le 26 octobre 1722, et de *Marie-Thérèse Jégou, dame de Goueslan*, originaire de Morlaix, morte à Saint-Malo le 13 mai 1716.

Le contrat de mariage avait été passé devant Morel et Pitot, notaires à Saint-Malo, le 4 janvier 1738 :

« Contrat du mariage de Jacques Fournier, écuyer, seigneur des Varennes, capitaine de cavalerie, né à Sainte-Anne de Limonade, en 1700, fils de feus Jean Fournier de Varennes, lieutenant-colonel de milices de cavalerie du quartier de Limonade, et de dame Marie-Thérèse Lefeuvre, et demeurant alors à Saint-Malo, rue des Petits-Degrés, chez le sieur Samson; avec demoiselle Marie-Anne Bourdas, âgée de 22 ans, fille de feus Julien Bourdas, écuyer, et de dame Thérèse Jégou, assistée de son tuteur Raoul de la Marre, et d'écuyer Julien-Pierre Bourdas, son frère.

« Signé : M. A. Bourdas, de Fournier, Fournier le Gentil, Jégou de Morrogh; de la Haye de Carman, Vaujou de la Baronnie, Morrogh de la Motte-Groult, Françoise Morrogh, Laurence Bourdas, Samson Bourdas, T. le Mentonnois, Julienne Éon, Raoul de la Marre, Vyart, Joseph le Gentil d'Aulnay, Guy le Gentil, le Gentil Sébastien de la Marre, Louis Bourdas, Guillaume Bourdas, Mettrie-Onffroy. » (Archives Fournier.)

Julien Bourdas avait épousé en premières noces, en 1694, Perrine Pélagie Pépin, et son second mariage, avec Marie-Thérèse Jégou, avait été célébré à Morlaix en 1709. Il avait acheté en 1705, des Séré, moyennant 56 000 livres tournois, la seigneurie des Landes, en Saint-Méloir des Ondes. Il était fils de Gilles *Bourdas*, seigneur de la Fontaine, et de Thomase *Macquerel*, dame des Champsgautier, et petit-fils de Jean *Bourdas*, et de Guillemette *Duré*, dame de Limoëlou.

La famille *Bourdas* est originaire de la paroisse de Pléboulle, où nous la trouvons dès 1406, et où elle parut à la réformation de 1476. Ses membres vinrent se fixer au commencement du XVIᵉ siècle à Saint-Malo, où ils furent commerçants et armateurs. Etienne Bourdas, né à Saint-Malo, en 1713, fut l'un des plus fameux corsaires de cette cité; il commandait la frégate *La Vengeance*, quand il fut tué en 1757, dans un combat victorieux contre les Anglais. Les Bourdas ont possédé les seigneuries de la Marre, de la Marrette et de la Maisonrouge, en Saint-Ideuc; de la Vallée, en Saint-Enogat; des Landes, en Saint-Méloir; de Mutelien, de la Marière, sous Dol; de la Roche, en Plouër; de la Fontaine, de la Ville-ès-Chiens, de la Ville-Séré, des Prés, des Alleux, des Cormiers, de la Barbinais, en Paramé et Saint-Servan. Ils s'arment : « d'azur à la bande d'or, accompagnée en chef d'une étoile d'or, et en pointe d'un buste humain de carnation (¹). »

(1) Les ascendants de Mᵐᵉ de Varennes étaient :

*Robin Bourdais*, épousa Bertheline Jout, veuve à Pléboulle en 1476;

*Jean Bourdais*, seigneur de Bienluivient, en Carfantain, R. 1513.

Iᵒ. *Hector Bourdais*, époux, en 1530, de Etiennette Desmayres, eut, entre autres :

La famille *Jégou de Gourlan* est d'ancienne extraction chevaleresque de Bretagne. Guy Jégou, écuyer, seigneur de Gourlan, fut maintenu sous Morlaix en 1668. Elle s'arme : « d'argent au croissant de gueules, accompagné de trois coquilles du même. »

Veuve en 1755, Madame Jacques de Varennes continua à habiter l'hôtel Varennes, à Saint-Malo. Elle fit, à la date du 18 octobre 1756, l'inventaire de la succession de son mari. Elle fut marraine au château de Carcado, en Saint-Gonnery (Morbihan), le 20 juillet 1786, de son petit-fils, Anatole-Corentin le Séneschal de Carcado, fils de Louis-Joseph, marquis de Carcado, et de Catherine-Marie-Jeanne Pichard de Saint-Julien, celle-ci fille d'Etienne Pichard de Saint-Julien et de Marie-Anne-Thérèse Fournier de Varennes.

Lors de l'expulsion des Religieux, en 1791, elle recueillit à Saint-Malo, dans son hôtel, son frère, le P. Maurice Bourdas, ex-jésuite et recteur du Collège de Nevers (¹).

II⁰. *Jean I Bourdais*, qui eut entre autres de Lucase Dauphin :

III⁰. *Jean II Bourdais, seigneur de la Ville-ès-Chiens*, qui épousa, vers 1613, Guillemette Duré et eut, entre autres :

IV⁰. *Gilles Bourdas, seigneur de la Fontaine*, qui baptisé à Saint-Malo le 12 mars 1619, y épousa, le 4 mai 1653, Thomase Macquerel, et y mourut le 21 octobre 1677, ayant eu entre autres : *Julien*, qui suit, et Laurence *Bourdas, dame des Prés*, baptisée à Saint-Malo le 18 avril 1670, qui y épousa : 1⁰ le 17 avril 1687, René-Corentin le Gentil, seigneur de Tromenez, de la Barbinais ; 2⁰ le 14 décembre 1694, Olivier Samson, seigneur des Châtelets, mort à Saint-Malo le 3 février 1706, et eut, entre autres : Guy le Gentil de Paroy, QUI ÉPOUSA, LE 8 MAI 1787, MARIE-THÉRÈSE DE FOURNIER DE VARENNES, et Laurence Samson, qui épousa, vers 1740, J.-B. Henry le Gentil de la Villebriant.

V⁰. *Julien Bourdas, écuyer, seigneur des Landes, conseiller secrétaire du Roi et armateur à Saint-Malo*, baptisé à Saint-Malo, le 6 décembre 1656, y épousa : 1⁰ le 20 juillet 1694, Perrine-Pélagie Pépin du Tertre, fille de Pierre seigneur de Bellisle, capitaine au régiment de Marbeuf, et de Jacquette Lhomme ; 2⁰ à Morlaix, en 1709, Marie-Thérèse Jégou, il mourut à Saint-Malo, le 26 octobre 1722, ayant eu du 1ᵉʳ lit huit enfants, entre autres : *Jacques Bourdas, écuyer, seigneur des Landes*, baptisé à Saint-Malo, le 19 mai 1696, qui épousa en 1720, Françoise-Thérèse-Renée de l'Espinay, dame de Landujan, et mourut à Saint-Méloir, le 17 avril 1736. Julien eut du 2ᵉ lit :

1⁰ *François-Maurice*, baptisé à Saint-Malo le 2 février 1711 ;

2⁰ *Maurice Bourdas, jésuite et recteur du collège de Nevers*, baptisé à Saint-Malo le 13 janvier 1712, qui fut recueilli chez sa sœur à l'hôtel de Varennes, en 1791 ;

3⁰ *Marie-Anne*, baptisée à Saint-Malo, le 11 mars 1715, qui y épousa, le 8 janvier 1738, JACQUES DE FOURNIER DE VARENNES, et y mourut le 13 décembre 1791.

Les alliances modernes de la famille furent avec les le Gobien de la Roche, 1790 ; Bernard du Haut-Cilly, vers 1840 ; le Maréchal, vers 1860 ; Malemanche, vers 1875 ; Labbé du Bourquet, vers 1880 ; de Beaucoudray, en 1907.

Elle mourut, à Saint-Malo, le 13 décembre 1791, âgée de 76 ans. Elle avait eu cinq enafnts :

1° JEAN-JACQUES-JULIEN DE FOURNIER, COMTE DE VARENNES, qui suit;

2° MARIE-ANNE-THÉRÈSE DE FOURNIER DE VARENNES, née à Saint-Malo, le 19 juin 1741, elle y fut baptisée le 13 mai 1743 et nommée par Charles-Thomas Miniac, écuyer, seigneur de la Ville-ès-Nouveaux, et par Anne-Mariette Jégou, veuve Morrogh (¹). Elle y épousa, le 23 décembre 1760, *Etienne de Pichard de Saint-Julien, de l'Eglise-au-Bois, de Malleret, de Pierrefite, du Fermigier, capitaine d'infanterie au régiment du Boulonnais,* né en 1730 à Saint-Julien, diocèse de Limoges, fils de feu *Paul, baron de Saint-Julien,* et de *Catherine de Peschaut.*

Le contrat de mariage, passé, le 11 décembre 1760, devant M^e Hullard, notaire à Saint-Malo, porte :

« Contrat de mariage de haut et puissant seigneur Etienne de Pichard, chevalier, baron de Saint-Julien, seigneur de l'Eglise-au Bois, de Malleret, du Fermigier, de Pierrefitte, capitaine au régiment de Boulonnois-Infanterie, actuellement en garnison à Saint-Servan, né à Saint-Julien, diocèse de Limoges, fils aîné de feu haut et puissant seigneur Paul de Pichard, chevalier, baron de Saint-Julien, et de haute et puissante dame Catherine Peschaut, qu'il avait épousée le 20 juillet 1728, — avec demoiselle Marie-Anne Fournier de Varennes, née à Saint-Malo, fille mineure de feu messire Jacques Fournier, écuyer, seigneur de Varennes, et de dame Marie-Anne Bourdas. » Le futur était le frère aîné de François-Augustin de Pichard, capitaine au régiment de Boulonnois, et de Henry-Benoist-Hyacinthe, cornette au régiment de Thiange (Archives Fournier).

Le 10 janvier 1777, Etienne de Pichard, chevalier, baron de Saint-Julien, seigneur de Saint-Loup, des Portes-Malleret, du Fer-

(1) Archives Fournier.

migier, ex-capitaine au régiment de Boulonnois-Infanterie,
chevalier de Saint-Louis, époux de dame Anne-Marie-Fournier
de Varennes, passa un acte au château de Saint-Julien, où il
habitait. (Archives Fournier.)

La famille Pichart de Saint-Julien, originaire du Poitou, s'armait :
« d'azur au chevron d'or, chargé de deux lions affrontés de sinople
accompagné en chef de deux croisettes d'argent, et en pointe
d'une aigle d'or. »

La baronne de Saint-Julien assista avec sa fille Anne, au baptême,
à Saint-Malo, le 5 novembre 1786, de sa nièce, Marie-Anne de
Lys, dont elle fut marraine.

Elle semble n'avoir eu que deux filles :

1° *Catherine-Marie-Jeanne Pichard de Saint-Julien*, baptisée
à Saint-Malo, le 26 août 1765, qui y épousa, le 11 janvier 1785,
*Louis-Alexandre-Marie-Joseph le Séneschal, marquis de Car-
cado-Molac, baron de Sérent, capitaine d'infanterie au régiment d'Armagnac*, né en 1757, fils de *Corentin-Joseph, marquis
de Molac, de Rosmadec, de Pontecroix, de Tyvarlen*, et de
*Marie-Anne le Séneschal, marquise de Carcado, vicomtesse
d'Apigné*. La famille le Séneschal est issue en juveigneurie
des vicomtes de Rohan, et est un ramage de la maison de
Molac. Sa généalogie remonte au XIe siècle. Elle s'armait :
« d'azur à neuf mâcles d'or. 3. 3. 3. » Louis le Séneschal, marquis de Carcado, fut arrêté à Paris, condamné comme complice de la soi-disant conspiration de la prison des Carmes,
et *guillotiné* le 5 thermidor an II (24 juillet 1794). Il avait
eu pour fils : *Anatole-Louis-Corentin le Séneschal, marquis
de Carcado, officier*, né au château de Carcado, le 17 octobre 1785, baptisé à Saint-Gonnery (Morbihan), le 20 juillet 1786 ;
il eut pour parrain son grand-père, Corentin, marquis de
Molac, et pour marraine sa grand'mère maternelle, Marie-
Anne Bourdas, veuve Fournier de Varennes. Il servit comme
officier à l'étranger sous la Restauration. Démissionnaire

eu qu'une fille, qui épousa *M. de Grailley*, et vivait en Guyenne en 1859 ;

2° *Marie-Anne-Françoise de Pichard de Saint-Julien*, baptisée à Saint-Malo, le 22 octobre 1767 ; elle y assista, le 5 novembre 1786, au baptême de sa cousine, Marie-Anne de Lys, et y épousa, le 28 novembre 1786, « haut et puissant *Louis-Antoine Hubert, comte du Verdier, capitaine de cavalerie au régiment de Royal-Etranger*, né à Montluçon, au diocèse de Bourges, en 1764, fils de Messire *Louis-Charles, comte de Verdier*, et de *Louise-Aimée de Villars*. »

3° ANNE-FRANÇOISE DE FOURNIER DE VARENNES, baptisée à Saint-Malo, le 27 juin 1742, nommée par Julien-Pierre Bourdas, écuyer, remplaçant François-Maurice Bourdas, alors en Espagne, et par Marie-Anne Fournier de Bellevüe (1). Elle demeurait « non mariée, à Saint-Malo, le 10 décembre 1805, âgée de 63 ans, autrefois propriétaire, grabataire et dépourvue de tout moyen d'existence (2). » Elle avait été marraine à Saint-Malo, le 28 novembre 1785, de son neveu Gabriel de Lys.

4° MARGUERITE-REINE-PERRINE DE FOURNIER DE VARENNES, baptisée à Saint-Malo, le 19 octobre 1743, nommée par Jean-Jacques-Julien Fournier, remplaçant Pierre Fournier de Bellevüe ; et par Marie-Thérèse Fournier, veuve le Gentil, remplaçant Marguerite des Sables, veuve Fournier (3). Elle mourut le 12 juin 1764, à Saint-Malo.

5° ADÉLAIDE-SOPHIE-MARGUERITE-THÉRÈSE DE FOURNIER DE VARENNES, née à Saint-Malo, le 19 avril 1752, elle y fut baptisée le lendemain. Elle eut pour parrain Pierre Samson, sieur des Châtelets ; et pour marraine haute et puissante dame Renée-Marguerite Fournier, épouse de haut et puissant seigneur mes-

(1) Archives Fournier.
(2) Archives de Saint-Malo.
(3) Archives Fournier.

sire Gaspard-Boniface de Castellane, mestre de camp du régiment de Penthièvre-Cavalerie, chevalier de Saint-Louis, représentée par demoiselle Marguerite Fournier. (Archives Fournier.) Elle demeurait avec sa mère, rue des Halles, à Saint-Malo, à l'hôtel Varennes, en 1777, et elle y épousa, le 15 juillet 1778, *Gabriel-François-Cyrille de Lys, comte de Beaucé, châtelain de la Villeder,* près de Ploërmel, *seigneur de la Villegué, de Quéhellec, des Hayes, de Précouet, de la Prassaye,* né à Guilliers, au château de Lécadeuc, en 1748, fils aîné de *Gabriel-Gaspard, comte de Lys de Beaucé, seigneur de la Villeder,* et de feue *Anne-Renée-Marie Hardouin, dame de la Villeder, de la Prassage, de Garniguel,* morte en 1774. Il avait épousé en premières noces, à Hennebont, le 25 avril 1775, Pauline-Françoise de Bahuno de Kérolain, veuve de Jean-Toussaint de Pluvié, morte au château de la Villeder, le 4 septembre 1776.

Le contrat de mariage de « haut et puissant seigneur messire Gabriel-François-Cyrille de Lys, chevalier, seigneur de la Villeder, de la Villegué et autres lieux, demeurant à son château de la Villeder, paroisse de Sérent, né à Guilliers, fils majeur de haut et puissant seigneur messire Gabriel-Gaspard de Lys, chevalier, seigneur des Hayes, en Maxent, du Préloir, et de feue haute et puissante dame Anne-Renée-Marie Hardouin, dame de la Villeder, avec demoiselle Adélaïde-Sophie-Marguerite-Thérèse Fournier, demoiselle de Varennes; contrat passé devant Me Louvel, notaire à Saint-Malo, le 16 juillet 1778, à l'hôtel de Mme veuve de Varennes, rue des Halles à Saint-Malo. La future reçut en dot 20.000 livres et 4.000 livres de rentes. — Le contrat est signé : Bourdas Fournier de Varennes; de Lys; Fournier de Saint-Julien; Fournier de Varennes; Fournier David de Bellevüe; Fournier de la Ferronnays; de Saint-Julien; Morrogh; Marie-Anne de Saint-Julien; Fournier de Bellevüe; Samson des Châtelets; Groult de la Motte; Morrogh de la Motte-Groult; Eon de Vieux-Châtel; Nouël de Vieux-Châtel; Eon de Piré; Rosnyvinen, comte de Piré; Desilles; de Lys de Pluvié; Olive de

Le mari était assisté de son père et de sa tante, Pélagie-Constance de Lys, comtesse de Fabrony de la Garoulaye. Il avait pour beau-frère André-Louis de Gourden, et était frère de M^me Jacques de Pluvié.

*Le Comte de Lys de Beaucé* appartenait à l'une des plus anciennes familles nobles de Bretagne, alliée aux Madeuc en 1480; Berthelot en 1522; le Borgne vers 1550; Desgrées en 1556; de Carmené; de Beaucé en 1578; Bonnier de la Coquerie vers 1625; Gourio 1663; de Boisgeslin 1688; de Brilhac, Joulnaux du Breil-Houssoux, etc. La famille de Lys s'armait : « de gueules à la fasce d'argent, chargée de quatre hermines de sable, et surmontée de deux fleurs de lys d'argent ». Devise : « Tellus recepit astris .»

Le Comte de Lys habita à son château de la Villeder, en la paroisse de Roc-Saint-André; à Saint-Malo, à l'hôtel de Varennes, et à Rennes, à l'hôtel de Lys, rue de Clisson.

Il était très lié avec le comte Larcher de la Touraille, qui lui dédia plusieurs des épîtres contenues dans ses ouvrages [1]. Il émigra en Angleterre en 1792, avec son fils. Sa femme resta en Bretagne; elle fut impliquée dans la « conspiration Magon » avec son frère, Jean-Jacques-Julien Fournier de Varennes [2], et *guillotinée* avec lui à Paris, le 20 juin 1794. Elle est portée sur la liste des victimes sous le n° 1555, et dite « A. Fournier, femme Delys, âgée de 42 ans, née à Port-Malo ». Lui, rentra en Bretagne en 1802 et mourut à Saint-Malo, en l'hôtel Varennes, le 8 juin 1807.

Il avait eu de son premier mariage avec Pauline de Bahuno de Kérolain : une fille unique : *Blanche-Hermine Lys, dame de la Villeder*, qui épousa, en 1801, Casimir-Jean-Nicolas de la Fruglaye, mort en 1818, et dont les enfants VENDIRENT LA

---

(1) Voir : *Le comte de la Touraille, sa vie et ses œuvres*, par le marquis DE BELLEVÜE.

(2) Dans le « tableau des arrestations », envoyé par le Comité de surveillance de Port-Malo au Comité de Sûreté Générale à Paris, elle est dite « *Fournier, Adélaïde T^se*, domiciliée à Port-Malo, ex-noble, âgée de 41 ans, détenue depuis le 18 nivôse an II (8 janvier 1794), accusée de relations avec les ennemis opiniâtrement de la révolution; caractère persifleur, fourbe et hypocrite; décidée royaliste; tenant chez elle nuitamment des conciliabules royalistes; fanatique.... notamment à la mort de Capet, où elle montra un chagrin sensible.... »

VILLEDER, en 1821, A JEAN-JACQUES-LOUIS FOURNIER, COMTE DE BELLEVÜE. Il avait eu entre autres : *Augustine de la Fruglaye*, née en 1805, qui épousa : 1º Louis-Hippolyte du Bouays, châtelain du Fresne, chevalier de Saint-Louis, mort en 1833 ; 2º en 1842, JEAN-JACQUES FOURNIER DE BELLEVÜE, comme nous le dirons plus loin.

Le comte de Lys avait eu d'Adélaïde de Fournier de Varennes six enfants :

1º *Adélaïde-Marie-Gabrielle de Lys*, baptisée à Saint-Malo, le 16 mai 1779 ; nommée par son aïeul, le comte Gabriel de Lys.

2º *Eugénie-Marie-Thérèse de Lys*, baptisée à Saint-Malo, le 25 mai 1782, nommée par Louis-Eugène-Eustache, vicomte de Lys, son oncle ; elle épousa, en 1808, *Mathieu Dorn, docteur-médecin*, de Strasbourg, avec lequel elle vivait en 1828, et dont elle eut : *Léonce Dorn, président du tribunal civil de Châteaubriant*, né à Quimper en 1812, mort à Châteaubriant, en 1889, sans postérité de Marguerite de la Noë de Coëtpeur.

3º *Gabriel-Jean-Marie de Lys*, né le 7 février 1784, baptisé à Saint-Malo, le 28 novembre 1785, qui eut pour parrain Jean-Jacques-Julien Fournier, comte de Varennes, et pour marraine sa tante, Anne-Françoise Fournier de Varennes. Il émigra avec son père en Angleterre, et était élève au collège de Penn, en 1796 ; il vivait encore en 1828 et mourut sans postérité.

4º *Hortense-Marie-Henriette de Lys*, baptisée à Saint-Malo, le 9 juillet 1785, elle épousa, le 28 août 1810, *Louis-François de Gouyon de Beaucorps*, né à Rennes, le 20 juillet 1786, fils de François-Christophe, comte de Gouyon de Beaucorps, capitaine de cavalerie, et de Renée le Gonidec de Kéramel. Il mourut à Châtellerault, le 28 août 1820 ; sa veuve mourut à Nantes, le 21 juin 1873, âgée de 87 ans. Ils avaient eu :

Augusta de Cameru de Hème, d'origine portugaise (1), et mourut sans postérité à Nantes, en 1889; 2° *Auguste-Armand de Gouyon de Beaucorps*, né en Sologne, mort sans postérité; 3° *Alfred-Jules-Henry de Gouyon de Beaucorps*, né à Châtellerault, en 1820, qui épousa, en 1853, Cécile-Emma Arnault de la Grossetière, morte sans postérité en 1895.

5° *Marie-Anne de Lys*, née et baptisée à Saint-Malo, le 5 novembre 1786, eut pour parrrain son cousin, Louis-Alexandre-Joseph le Séneschal de Carcado, représenté par son beau-frère, Louis-Antoine-Hubert du Verdier; et pour marraine, sa cousine, Marie-Anne-Françoise de Pichard de Saint-Julien. Elle mourut en bas âge.

6° *Amélie-Marie-Rose-Fortunée de Lys*, baptisée à Saint-Malo, le 4 avril 1789, était épouse, en 1826, de M. *de Cahouet du Fourneau*.

(1) Voici la lettre que sa mère, Mᵐᵉ de Gouyon, née Hortense de Lys, écrivit, de Chantenay le 1ᵉʳ juin 1838, à son cousin, Jean-Jacques-Louis de Fournier, comte de Bellevüe, alors à son château de Villeder :

« Je ne doute pas, mon cher cousin, connaissant votre amitié pour moi, que vous n'appreniez avec intérêt le mariage de mon fils aîné. Sa future est Portugaise, Mˡˡᵉ Augusta de Cameru de Hème, elle habite Paris, avec sa sœur aînée, mariée au marquis Doria, qui est extrêmement riche. Elle eût pu, comme sa sœur, faire un semblable mariage, mais, ayant su apprécier le caractère de mon Auguste elle l'a préféré à un sort plus brillant. Elle apporte en mariage 180.000 francs, un beau nom, une figure agréable, un caractère excellent : tout me fait penser qu'il sera heureux. Je n'ai pu me rendre à Paris, ma santé qui n'est pas toujours bonne en est cause. Son frère Armand y assistera et remplacera à lui seul toute la famille. Je réclame près de vous, mon cher cousin, pour ces jeunes gens l'indulgente affection que vous avez toujours eue pour moi et mes sœurs; ils en sont dignes tous deux. Veuillez faire part de cet événement à tous vos enfants. J'aurais voulu écrire à Frédéric (Frédéric de Bellevüe, époux depuis deux ans à peine d'Anna de Gohin de Montreuil), mais je ne connais pas son adresse. Soyez assez bon pour le faire pour moi. Adieu, cher cousin; j'ai tant de lettres à écrire que je vous prie de me pardonner la brièveté de celle-ci. Croyez, je vous prie, à l'affection de votre vieille cousine. Hortense de Lys, Vᵉ de Goyon de Beaucorps. — *P.-S.* — Mille choses affectueuses à tous vos enfants. Mon Alfred, le dernier de mes fils, vous présente ses respects. J'ai eu dernièrement de vos nouvelles par M. de la Fruglaye qui est venu nous voir. Nous avons parlé de vous avec un vrai plaisir. Encore une fois adieu... »

## XIV

**J**EAN=JACQUES=JULIEN DE FOURNIER, Comte de Varennes, Écuyer, Mousquetaire, Volontaire à Saint=Cast, Lieutenant d'artillerie, Commandant de milices au quartier de Limonade, Major d'infanterie, Membre de la Chambre d'Agriculture du Cap Français, Membre de la Société royale des Arts et des Sciences de Saint=Domingue, Lieutenant= colonel à l'armée catholique et royale de Bretagne, Chevalier de Saint=Louis.

Né à Saint-Malo, le 28 mars 1739, il eut pour parrain Julien-Pierre Bourdas, écuyer, et pour marraine Marie-Thérèse Fournier, veuve de M. le Gentil, commissaire ordonnateur de la marine (Arch. Fournier).

Il habita d'abord dans cette ville, avec ses parents, l'hôtel de Varennes (1); puis il fut admis, en 1757, dans les mousquetaires du

(1) L'*Hôtel Varennes* existe encore à Saint-Malo; il est situé dans la rue Porcon de la Barbinais,

Roi. Il prit comme CAPITAINE DES VOLONTAIRES MALOUINS, une part glorieuse à la victoire, remportée à Saint-Cast sur les Anglais, le 11 septembre 1758, et qui fut un des plus beaux faits d'armes de la « guerre de sept ans ».

Le 4 juin 1758, une flotte anglaise, composée de cent-quinze navires, débarqua sur la côte de Cancale 13 000 hommes et 25 canons, qui occupèrent Cancale et Saint-Coulomb, et menacèrent Saint-Malo. Mais, les habitants de cette ville et du voisinage s'étant armés et levés en masse, les Anglais durent se rembarquer le 12 juin. Ils revinrent trois mois après, et débarquèrent, le 4 septembre, au nombre de 12 000 environ, entre Saint-Briac et Saint-Lunaire. De là ils s'établirent d'abord à Saint-Jacut, puis à l'embouchure de l'Arguenon.

Le gouverneur de Bretagne, le duc d'Aiguillon, rassembla en hâte ce qu'il avait sous la main de troupes régulières et les compagnies Garde-Côtes; tandis que les Malouins levaient un bataillon de Volontaires, qui eut pour commandant le comte de Robien et pour capitaine le mousquetaire Fournier de Varennes.

Le 9 septembre, les Anglais essayèrent de franchir l'Arguenon; repoussés par l'intrépide résitance de M. Rioust des Villaudrains, né à Ploërmel, et domicilié près de Plancoët, ils prirent position dans la plaine de Saint-Cast. Ce fut là qu'ils furent attaqués, le 11 septembre, par l'armée bretonne et les volontaires malouins; et, après deux heures d'un combat acharné, ils durent en hâte regagner leurs navires et abandonner les côtes bretonnes. Ils laissaient 2 000 morts et 732 prisonniers, tandis que les Bretons ne comptaient que 150 morts et 340 blessés.

En récompense de la part brillante qu'il avait prise à cette victoire, M. de Varennes fut nommé LIEUTENANT D'ARTILLERIE.

une famille Sébire. Vers 1860 cet hôtel reçut la visite d'un monsieur âgé, qui dit se nommer M. de Varennes, être né à Saint-Malo en 1784, avoir quitté cette ville en 1791 avec son précepteur, s'être marié en Angleterre et avoir vécu depuis à l'étranger. Quelques années plus tard, la veuve de ce soi-disant M. de Varennes vint aussi visiter l'hôtel Varennes. Jusqu'à plus ample informé, je ne crois pas à l'authenticité de ce M. de Varennes. Les registres de Saint-Malo ne mentionnent pas la naissance en 1784, d'un Fournier de Varennes; aucun enfant ne réclama en 1826 la part qui aurait dû lui revenir dans l'indemnité de Saint-Domingue; et il est plus qu'étrange que ce M. de Varennes, étant à Saint-Malo, vers 1860, n'ait pas cherché à voir ses parents, les Fournier de Bellevüe, qui habitaient tout près de là.

Il donna sa démission, vers 1761, et vint retrouver ses parents à Saint-Domingue, où nous le voyons assister, en 1763, au mariage de son cousin, René-Pascal de Fournier, comte de Bellevüe, avec Mlle Marie-Elisabeth David de Lastour. Il est dit, dans l'acte du contrat, EX-OFFICIER D'ARTILLERIE, MEMBRE DE LA SOCIÉTÉ ROYALE DES ARTS ET DES SCIENCES DE SAINT-DOMINGUE, ET DE LA CHAMBRE D'AGRICULTURE DU CAP FRANÇAIS. Il s'était adonné, en effet, à l'agriculture et à la littérature; et voici ce qu'écrit à son sujet l'abbé Manet dans ses *Biographies des Malouins célèbres* :

« M. de Varennes était un de ces preux malouins, qui, à la bra-
« voure du soldat, ont parfois joint la qualité d'hommes de lettres.
« Il a composé spécialement un supplément à l'Encyclopédie pour la
« partie des colonies, et il a fourni un grand nombre de documents
« à M. Moreau de Saint-Méry pour la composition de son grand ouvrage
« sur les *Lois et Constitutions des colonies françaises de l'Amérique*
« *sous le Vent* (1). »

Il fut nommé, vers 1765, COMMANDANT DES MILICES DU QUARTIER DE LIMONADE et CHEVALIER DE L'ORDRE ROYAL ET MILITAIRE DE SAINT-LOUIS.

Il épousa, le 2 octobre 1769, sa cousine germaine, *demoiselle Marie-Thérèse DE FOURNIER DE BELLEVÜE*, née vers 1746, fille de feu *Pierre, comte de Bellevüe, ex-page du Roi, commandant de milices à Saint-Domingue, chevalier de Saint-Louis*, mort en 1755, et de demoiselle Marie-Thomase du Gast.

Le contrat de mariage fut passé devant Doré, notaire au Cap Français : « Mariage de Jean-Jacques-Julien Fournier des Varennes, écuyer, ex-officier d'artillerie au gouvernement du Cap, commandant honoraire du quartier de Limonade, né à Saint-Malo, fils de feu Jacques Fournier, écuyer, seigneur des Varennes, et de dame Marie-Anne Bourdas, laquelle demeure à Saint-Malo et est représentée par messire Laurent-Pierre, chevalier le Gentil, écuyer, ancien capitaine au régiment de Quercy, demeurant à Limonade; avec sa cousine-germaine,

(1) *Biographie des Malouins célèbres, par l'abbé Manet, 1824, p. 96.*

lemoiselle Marie-Thérèse Fournier de Bellevüe, fille mineure de feu Pierre Fournier de Bellevüe, écuyer, commandant des milices du quartier de Limonade, chevalier de Saint-Louis, et de dame Marie lu Gas, et ayant pour tuteur son oncle, René-François du Gas, capitaine de milice à Limonade.

« Le futur reçoit de sa mère en dot 5 000 livres tournois de rentes et trois esclaves (une négresse de 18 ans, estimée 2 000 livres ; une autre le 14 ans, estimée 1600 livres, et un nègre de 13 ans, estimé 1600 livres). Le futur donna en douaire à sa future 20 000 livres.

« La future fut assistée de son frère, René-Pascal Fournier de Bellevüe, ancien substitut du procureur général du Conseil supérieur du Cap, et de sa femme, Elisabeth David ; de Charles David, mousquetaire de la garde du Roi, habitant au Gros-Morne, en Saint-Domingue, beau-frère de René-Pascal de Bellevüe ; de Charles-René-Marie lu Gas, employé dans la Légion du Cap, cousin germain de la future épouse.

« Le futur fut assisté de son cousin-germain, Jacques-François la Chesnaye, demeurant à Rocou ; de Louis-Jean-Marie le Gentil de Paroy, de son frère Céran-Hippolyte-Joseph le Gentil, chevalier de Paroy, officier de vaisseau, actuellement en congé à Saint-Domingue ; de Louis-Jean Mesnard, officier de milice, époux de Jeanne-Charlotte Portelance, demeurant à Limonade ; de messire Jean-Claude-Antoine Le Clerc, ancien curé de Limonade ; de Pierre-Antoine Butler, chevalier, seigneur de Gouraugné, demeurant au Bois de Lance ; de Jacques-Pierre-Charles-Patrice Butler, chevalier, seigneur de Gouraugné, époux de Marie-Félicité Butler, demeurant au Bois de Lance ; de Jacques du Bourg, capitaine de milice à Limonade, et de son frère, Guillaume du Bourg, capitaine de milice au Cap ; de Jean-Baptiste Laurent du Bois-Salmon, demeurant à Limonade ; de Mathieu Carpentier, maître chirurgien à Limonade ; de très haut et très puissant seigneur messire Hyacinthe-Louis, comte de Choiseul, chevalier de Saint-Louis, gabirdier des armées du roi, gouverneur et commandant au Cap ; de François Legras, écuyer, conseiller du Roi, Procureur général au Conseil supérieur du Cap ; de Charles-François Pichot de Kéroisieu-Trémais, écuyer, conseiller du Roi, commissaire général de la marine, subdélégué général à Saint-Domingue; de M. de Fontenelle, chevalier de Saint-Louis, colonel d'infanterie, commandant l'artillerie du Cap; de Bernard de Saint-Martin, conseiller du Roi et lieutenant particulier au siège royal du Cap; parents et amis du futur.»

Les futurs avaient obtenu dispense de Rome, le 28 juin 1769. (Archives Fournier.)

Le comte de Varennes assista au Cap Français, le 14 juin 1773, au mariage de son cousin et beau-frère, Jean-Jacques de Fournier, marquis de Bellevüe, avec Mlle Nymphe-Perrine de la Coursière; et il est dit dans l'acte MAJOR D'INFANTERIE, CHEVALIER DE SAINT-LOUIS.

Le 29 décembre 1777, il vendit, en son nom et au nom de sa mère et de ses sœurs, Anne-Françoise Fournier, Adelaïde-Sophie-Marguerite-Thérèse Fournier, et la baronne de Saint-Julien, suivant procuration donnée par sa mère et ses sœurs, à Saint-Malo, le 7 mai 1777, quarante carreaux de terres, situés à Caracol, en Rocou, et joignant l'habitation de sa mère, à Joseph-Balthazard Joubert, demeurant à Limonade, moyennant 50 000 livres tournois. (Archives Fournier.)

Depuis il semble que M. et Mme de Varennes habitèrent le plus souvent leur hôtel Varennes à Saint-Malo.

Au début de la Révolution, ce fut M. de Varennes qui, alternativement avec M. Blaizé de Maisonneuve, le futur beau-père de son neveu, le comte Jean Fournier de Bellevüe, présida, en juillet 1789, l'assemblée générale des sections de la commune de Saint-Malo.

Il prit ensuite une part active au mouvement contre-révolutionnaire, et fut, en 1792, un des affiliés les plus notables de la conjuration du marquis de la Rouërie, conjuration qui échoua par la mort subite de son chef, survenue le 30 janvier 1793 [1]. Dans l'insurrection projetée, M. de Varennes devait avoir rang de LIEUTENANT-

---

[1] Dans le « tableau des arrestations » envoyé par le Comité de surveillance de Saint-Malo au Comité de Sûreté Générale à Paris, il est inscrit : « *Fournier de Varennes,* Jacques-Jean; résidant à Saint-Malo, ex-noble, chevalier de Saint-Louis, âgé de 55 ans, détenu depuis le 1er Vendémiaire an II (22 septembre 1793); convaincu ou suspect de relations avec les ennemis déclarés de la Révolution; caractère ironique; opinion royaliste; ayant tenu des conciliabules nuitamment à la mort du tyran; au 31 Mai Président du Comité Central et de la Section du Nord.... ».

COLONEL et être CHEF DE CANTON DANS LA NEUVIÈME DIVISION DE L'ARMÉE CATHOLIQUE ET ROYALE DE BRETAGNE, comprenant le pays de Dol et de Saint-Malo.

Impliqué, quelques mois après, dans un autre mouvement royaliste, qui fut connu sous le nom de « conspiration Magon », il fut arrêté à Saint-Malo, avec sa sœur, la comtesse de Lys, née Adélaïde Fournier de Varennes, et vingt-cinq autres Bretons, dont onze femmes et six membres de la famille Magon (¹).

(1) Voici le nom de ces victimes, tels qu'ils sont inscrits sur la LISTE DES GUILLOTINÉS et dans le *Dictionnaire des Condamnés à mort pendant la Révolution* :

### SÉANCE DU 2 MESSIDOR AN II

Le tribunal, Salle de la Liberté ( !), a condamné à la peine de mort les nommés :

1530. — *Louis Thomazeau*, âgé de 50 ans (*alias* : 53 ans), né à Nantes, ferblantier (domicilié à Port-Malo);

1531. — *C. P. (Charles-Pierre) Bonnissant*, fils, âgé de 32 ans, né et agent national de la commune de Port-Malo (ex-procureur de la commune de Port-Malo);

1532. — *J.-M. (Francis-Jean-Marie) Chenu (dit) Villanger*, âgé de 41 ans, né (et domicilié) à Châteauneuf, ex-avocat;

1533. — *L.-J. Guillon (dit) Beaufort (Luc-Jean)*, âgé de 62 ans, né à Plénée-Jugon (domicilié à Port-Malo), ex-capitaine de dragons et ex-chevalier de Saint-Louis. (Lire : de Gouyon de Beaufort);

1534. *J.-F. (Jean-François) Bougourt*, âgé de 48 ans, né (et domicilié) à Solidor (Saint-Servan), officier de santé;

1535. — *J.-B. Magon-Coëtizac*, âgé de 35 ans, né (et domicilié) à Port-Malo, député du commerce à Paris avant la Révolution (ex-noble); (c'était Jean-Baptiste Magon de Coëtizac, né à Saint-Malo en 1758, guillotiné avec sa mère, Anne-Hélène Gardin de la Villaumont);

1536. — *N.-M. (Nicolas-Marie-Bernard) Perruchot*, âgé de 38 ans (30 ans), né à Paris (domicilié à Port-Malo), directeur de Ferme (douanes), et ex-maire de la commune de Port-Malo;

1537. — *P.-V. (Pierre-Vincent) Varin*, âgé de 41 ans, né à Rennes (domicilié et) juge à Port-Malo, (c'était Pierre-Vincent-Varin de la Brunelière, avocat au Parlement de Bretagne, député d'Ille-et-Vilaine à l'Assemblée nationale, époux de Marie-Angélique Bruté de Rémur, et arrière-grand-père de la marquise Xavier Fournier de Bellevüe, née Gabrielle de Bouttemont);

1538. — *M. J.-J.-J. Fournier de Varennes* (Fournier, dit Devarennes, Jean-Jacques-Julien, major d'infanterie), âgé de 55 ans, né et (domicilié) à Port-Malo, ex-chevalier de Saint-Louis;

1539. — *P. Defavalle*, âgé de 51 ans, né à Chérensé-Lehéron (Charensé-le-Chéron), ex-receveur des droits de la ci-devant province de Bretagne;

1540. — *F. Gardin* (François-Marie, ex-noble), né (et domicilié) à Port-Malo, négociant;

1541. — *H. (Henry) Saint-Meleuc* (ex-noble), âgé de 40 ans, ex-commissaire aux requêtes du ci-devant Parlement de Rennes, né à Pudihen (Pleudihen), domicilié à la Simonnerie;

1542. — *N. Magon, dit Viluchet*, âgé de 67 ans, né et négociant à Port-Malo (ex-noble); (c'était Nicolas-François Magon de la Villehuchet, ex-maire de Saint-Malo, époux de Julienne Nouail de la Villegilles, arrière-grand-père de la châtelaine de Plouër);

1543. — *J.-F. Leroi-Depresnel* (Leroy, dit Presnelles, Jean-François), âgé de 48 ans, né à Lucerat (département de la Manche), peintre à Port-Malo;

Les conjurés furent emprisonnés d'abord à Rennes, puis à Paris; jugés par le tribunal révolutionnaire, le 2 messidor an II (20 juin 1794), condamnés à mort, comme « convaincus d'être les ennemis du peuple, en cherchant à anéantir la République, en conspirant contre son Unité et son Indivisibilité, et en provoquant le rétablissement de la royauté »; et guillotinés le même jour sur la place de la Bastille.

Voici l'extrait du jugement et de la condamnation du comte de Varennes :

« Extrait des Minutes du greffe du cy-devant Tribunal révolu-
« tionnaire, établi au Palais de justice à Paris, par la loi du
« 10 mars 1793 :

1544. — *A.-D. Gannot* (Henry-Pascal), âgé de 28 ans, né à Talmont (domicilié à la Guyomarais), employé dans les domaines nationaux;

1545. — *M. Chapellin* (Chapelain, Marie), âgée de 30 ans, née (et domiciliée) à Port-Malo, couturière;

1546. — *J.-M. Sainte-Hébert*, âgée de 40 ans, née (et domiciliée) à Port-Malo, ex-religieuse (Bénédictine);

1547. — *J.-F. Lefol*, femme Quesnel, âgée de 35 ans, née à Port-Malo;

1548. — *P.-A. Guillaudeux* (Pélasgie-Anne Guillodeux, femme Bassablons, âgée de 65 ans, née (et domiciliée) à Port-Malo (ex-noble); (c'était Mme Tarbé des Bas-Sablons);

1549. — *A.-H. Gardin* (Anne-Hélène) (ex-noble), femme Magon de Coëtizac, âgée de 66 ans, née (et domiciliée) à Port-Malo; (c'était : Anne-Hélène Gardin de la Villeaumont, épouse de Alain Magon de Coëtizac, et mère du n° 1535);

1550. — *F. Whit, femme Groût*, dite Grassinoix, âgée de 34 ans, née (et domiciliée) à Port-Malo (ex-noble); (c'était Françoise White de la Chesnays, épouse de M. Groût de la Gracinais);

1551. — *M.-R. Guillot* (Marie-Rosalie, ex-noble), femme (veuve) Gelin, âgée de 28 ans, née (et domiciliée) à Port-Solidor (Saint-Servan); — (Avec *Guillot*, fille, Marie-Françoise, ex-noble domiciliée à Port-Solidor);

1552. — *M.-P. Lolivier, femme Saint-Perne*, âgée de 70 ans (60 ans), née à Trébivaux (Trélivan); (ex-noble et domiciliée à la Gicquelais); (c'était Marie-Philippe de l'Ollivier de Saint-Maur, comtesse du Bois de la Roche, épouse de Bertrand de Saint-Pern-Ligouyer);

1553. — *Trégouette* (Céleste-Françoise), veuve Lesaige Landrecost, âgée de 68 ans, née à Corteuil (Corseul); (domiciliée à Port-Malo, ex-noble); (c'était : Céleste de Trégouët, veuve Le Saige de Landécot);

1554. — *M.-J. Lebreton, veuve Carman*, âgée de 68 ans, née (et domiciliée) à Port-Malo (ex-noble);

1555. — *A. Fournier, femme Delys* (Fournier, femme Delys, Adélaïde), âgée de 42 ans, née et domiciliée à Port-Malo (ex-noble); (c'était Adélaïde de Fournier de Varennes, épouse du comte de Lys de Beaucé, châtelain de la Villeder);

1556. — *L. (Louis) Mesnard* (Ménard), âgé de 34 ans (36 ans); né à Figeac, département du Lot;

1557. — *M.-L.-J. (Louis-Marie-Joseph) Dousset*, âgé de 32 ans, né à Versailles (domicilié à Paris), ex-chanoine de Nevers.

« D'un jugement rendu à l'audience civile, le 2 messidor an II
« (20 juin 1794), contre Jean-Jacques-Julien Fournier de Varennes,
« âgé de cinquante-cinq ans, né à Port-Malo, y demeurant, ancien
« major d'infanterie dans les milices nationales de Saint-Domingue,
« a été extrait ce qui suit :

« Vu, par le Tribunal révolutionnaire, l'acte d'accusation, dressé
« par l'accusateur public près iceluy, contre le dit sieur Fournier et
« autres, contenant entre autres choses que, par arrêté du représentant,
« du Peuple, commissaire de la Convention dans le département de
« la Manche et autres environnants, du 9 prairial dernier (29 mai),
« le dénommé Fournier et autres avaient été traduits devant le dit
« tribunal révolutionnaire comme prévenus des conspirations et des
« manœuvres contre-révolutionnaires ; qu'examen fait des pièces
« remises à l'accusateur public, il résultait que le dit Varennes s'était
« toujours prononcé pendant tout le cours de la Révolution comme
« l'ennemy du Peuple; que c'était au 31 mai (1793) surtout qu'il avait
« montré son intention criminelle et contre-révolutionnaire en faveur
« des Fédéralistes; que le dit Fournier-Devarennes, absolument dévoué
« au tyran et à la tyrannie, tenait chez luy des conciliabules nocturnes
« pendant le procès de ce Traître, et cherchait à former un noyau
« de contre-révolutionnaires dans le cas où l'appel au Peuple serait
« admis ; qu'il était l'un des principaux agens de la réaction fédé-
« raliste; qu'il présidait le Comité central des sections à Port-Malo,
« ainsi que sa section; qu'il offrait publiquement quarante sols par
« jour à ceux qui voudraient prendre parti dans la force départemen-
« tale; qu'il déclarait qu'il marcherait le premier s'il n'en était empê-
« ché par ses infirmités, et qu'il était instant de le faire pour écraser
« cette cité orgueilleuse (Paris); qu'il tenait d'autres propos aussi
« virulants...

« Le Tribunal, sur la déclaration du jury de jugement, faite indi-
« viduellement et à haute et intelligible voix à l'audience publique
« d'iceluy, portant : qu'il est constant qu'il a existé des ennemis du
« peuple qui ont cherché à anéantir la République, en conspirant
« contre son Unité et son Indivisibilité, en provoquant l'avilissement
« et la dissolution de la Représentation nationale et le rétablissement

« de la royauté, en prenant part à la rébellion de tous les départements
« fédéralisés, en entretenant des correspondances et des intelligences
« avec les ennemis intérieurs et extérieurs de la République, en secon-
« dant leurs projets, en calomniant et assassinant les Patriotes, en
« corrompant l'esprit public par la distribution et la lecture publique
« de brochures et écrits contre-révolutionnaires; que le dit Jean-
« Jacques-Julien Fournier-Devarennes, et autres, sont convaincus
« d'avoir été du nombre de ces ennemis du Peuple,

« A condamné le dit Jean-Jacques-Julien Fournier-Devarennes,
« et autres, à la peine de mort; et leurs biens ont été déclarés acquis
« à la République.

« Délivré, pour extrait, par moi soussigné préposé à la garde du
« dépôt de la section judiciaire des Archives nationales, au citoyen
« Fournier, ce requérant, le 21 fructidor de l'an VIII de la République
« française, Une et Indivisible (6 septembre 1799). — Signé : Terrasse.
« — Enregistré : Morel. — Légalisé le 23 fructidor an VII par Landry,
« juge et président de la section des vacations du Tribunal civil du
« département de la Seine. »

La comtesse de Varennes avait pu échapper à la mort. Elle s'était
réfugiée à Nantes, où elle demeurait en 1794, avec sa sœur, la comtesse
de la Ferronnays, au troisième étage d'un hôtel du Cours Saint-Pierre.
Nous la trouvons encore à Nantes en 1805, y demeurant rue Pope,
n° 40 (¹), avec ses deux nièces, Bonne Fournier de Bellevüe, âgée de
26 ans, et Agathe de Ferron de la Ferronnays, âgée de 24 ans. Elle
est dite dans un rapport de police, en date du 4 juillet 1805, « réfugiée
« à Nantes, n'ayant pas d'autres propriétés qu'un immeuble à Saint-
« Domingue; malade depuis trois ans et sans moyens d'existence. »

Elle dut mourir peu de temps après, et elle ne semble pas avoir
laissé de postérité.

Nous trouvons cependant un M. DE VARENNES, époux, en 1827,
de Jeanne-Honorine de Ménoire de Beaujau, fille de Guy et de Marguerite de Beaujau, héritière, en 1827, de son père avec sa nièce, la

(1) La rue Pope, qui porta ce nom sous la Révolution et le premier Empire, n'est autre
que la rue Saint-André.

)aronne de Brivazac, lors de l'indemnité attribuée aux anciens colons
le Saint-Domingue, indemnité qui fut pour les héritiers de Guy de
3eaujau de 309 785 francs, partagée par moitié. Vers 1860, un M. de
Varennes vint à Saint-Malo visiter l'ancien hôtel de Varennes, qu'il dit
ivoir appartenu à sa famille; il raconta que, né en 1784, il aurait
juitté Saint-Malo avec son précepteur, lors de la Révolution, et aurait
:oujours vécu depuis à l'étranger. Quelques années plus tard, la veuve
le ce M. de Varennes vint également visiter l'hôtel de Varennes, à
3aint-Malo. (Ce Varennes était un *Laliman de Varennes*, d'après le
:omte de Beauregard, son parent par les Beaujau.)

# XIII

CHARLES DE FOURNIER, dit Comte de la Chapelle, Intendant de Saint-Domingue en 1736, Procureur général au Conseil supérieur du Cap Français en 1754.

Il naquit à Saint-Domingue, en 1710, et y fut baptisé, à Limonade, le 24 février 1714. Il était huitième enfant et cinquième fils de Jean IX de Fournier de Varennes, et de Marie-Thérèse le Febvre.

Il fut reçu, avec dispense d'âge, bachelier-élève-licencié-ès-droit, le 24 août 1730.

Il fut INTENDANT DE SAINT-DOMINGUE, de 1736 à 1739, puis ASSESSEUR AU CONSEIL SUPÉRIEUR DU CAP, et nommé, par lettres royales du 15 septembre 1743, CONSEILLER EN CE CONSEIL (¹); enfin, par lettres royales du 19 avril 1752, PROCUREUR GÉNÉRAL AU CONSEIL SUPÉRIEUR DU CAP FRANÇAIS ([1]).

Comme cette charge donnait à son titulaire la noblesse au second degré, M. de la Chapelle reçut de M. Louis-Pierre d'Hozier, juge d'armes de France et généalogiste du Roi, une lettre sous forme de règlements, en date du 11 juillet 1755, lui signifiant que la nomination de Procureur général au Conseil supérieur du Cap entraînait la noblesse pour lui et pour sa postérité, et lui attribuant pour armoiries : « d'argent au chevron d'azur, accompagné de trois pélicans de sable, posés deux en chef et un en pointe. » L'écu timbré d'un casque de profil orné de ses lambrequins d'azur, d'argent et de sable ([2]).

M. Fournier de la Chapelle protesta contre cet anoblissement et contre l'attribution de ces armoiries, déclarant qu'il était noble d'extraction et que sa famille avait été maintenue à toutes les Réformations dans les Provinces du Berry ou de l'Orléanais, et qu'elle avait de toute ancienneté porté comme armoiries : « de sable au chevron d'argent. »

Cette protestation, à laquelle MM. de Fournier de Varennes et de Bellevüe joignirent les leurs, fut étudiée par les généalogistes du Roi, qui, après enquête et sur pièces à l'appui, décernèrent un nouvel arrêt de maintenue, à la date du 25 octobre 1788, reconnaissant l'ancienne noblesse de la famille des Fournier de Varennes, de Bellevüe et de la Chapelle ([3]).

Charles Fournier de la Chapelle reçut, en 1759, une pension de retraite de 1 200 livres tournois. Il était membre de la Chambre d'agriculture.

Il hérita, le 12 juin 1766, de la moitié de la succession de son neveu maternel, Pierre Beaujau, ex-conseiller au Conseil du Cap, l'autre moitié vint à M^lle Jeanne-Angélique Beaujau, demeurant à Bordeaux, tante du dit Pierre Beaujau.

Charles Fournier, comte de la Chapelle, mourut veuf à Saint-Domingue, en 1764.

(1) Original sur parchemin aux archives Fournier.
(2) Titre existant aux archives de la famille Fournier.
(3) Voir en appendice ce procès et ce nouvel arrêt de maintenue.

Il avait épousé à Ouanaminte, succursale de la paroisse du Fort Dauphin, le 23 mars 1740, *demoiselle Marie-Louise DUREAU DE LA MALLE*, fille de *Nicolas Dureau, écuyer, seigneur de la Pillotière*, en la paroisse de Vieillevigne, évêché de Nantes, *procureur au présidial de Nantes*, en 1734.

La famille *Dureau* est originaire du diocèse de Nantes, où elle vivait dès le xv$^e$ siècle; elle y fut maintenue à l'Intendance, en 1701, et y posséda les seigneuries de la Noë-Guy, de la Malle, du Vaucomte et de la Pillotière. Elle s'arme : « d'azur au rocher d'argent, battu par une mer du même, et surmonté de trois étoiles aussi d'argent posées 2 et 1. » Elle a donné plusieurs échevins à la ville de Nantes, et une de ses branches s'établit, à la fin du xvii$^e$ siècle, dans l'île de Saint-Domingue, dont fut gouverneur, en 1701, M. Dureau de la Malle, grand-père de Jean-Baptiste-Joseph-René Dureau de la Malle, né à Saint-Domingue, en 1742, célèbre traducteur des œuvres de Tacite, membre de l'Institut en 1804, mort à Paris, en décembre 1808.

Marie-Louise Dureau avait pour neveu Laurent-Anne-Charles-Dureau, écuyer, qui épousa, vers 1755, Catherine de l'Hospital, laquelle, veuve en 1760, épousa en secondes noces, en 1769, son cousin germain, Jean-Jacques de Fournier de la Chapelle (¹).

----

(1) Les ascendants de Marie-Louise du Reau étaient :

I. — *Nicolas I Dureau*, écuyer, vivant en 1570, dont :

II. — *Antoine I Dureau, écuyer, archer des gardes du corps du Roi*, en 1606, dont :
  1º *Antoine II*, qui suit;
  2º *Louis, seigneur de la Motte, archer des gardes du corps du Roi*, en 1641 ;
  3º *Nicolas II, conseiller du Roi*, en 1659;

III. — *Antoine II Dureau, écuyer, seigneur de la Pillotière, échevin de Nantes*, en 1642, qui eut :
  1º *Nicolas III*, qui suit;
  2º *Sébastien, conseiller au Parlement*, en 1708;

IV. — *Nicolas III Dureau, écuyer, seigneur, de la Pillotière*, maintenu avec son fils Charles en 1708, dont :
  1º *Charles, écuyer, seigneur de la Pillotière*, dont : *Laurent-Charles, seigneur de la Pillotière*, qui épousa Catherine de l'Hospital, LAQUELLE ÉPOUSA EN SECONDES NOCES, EN 1769, JEAN-JACQUES DE FOURNIER DE LA CHAPELLE;
  2º *Marie-Louise du Reau*, qui ÉPOUSA CHARLES DE FOURNIER, COMTE DE LA CHAPELLE, et eut : Jean-Jacques de Fournier, marquis de la Chapelle, qui épousa, en 1769, Catherine de l'Hospital, veuve du Reau;

Charles de Fournier, comte de la Chapelle, avait eu de Marie-Louise Dureau trois enfants :

1° PIERRE-CHARLES DE FOURNIER, dit MARQUIS DE LA CHAPELLE, qui suit.

2° JEAN-JACQUES DE FOURNIER DE LA CHAPELLE, MAITRE DES REQUÊTES A SAINT-DOMINGUE, né à Saint-Domingue, en 1747; il y épousa, en 1769, sa cousine, *Catherine de l'Hospital*, veuve depuis 1760, de Laurent-Charles Dureau de la Malle. Il n'eut pas de postérité et mourut avant 1780.

3° MARIE-MARGUERITE-CHARLOTTE-LAURENCE DE FOURNIER DE LA CHAPELLE, née à Saint-Domingue, en 1748; elle quitta cette colonie après la mort de ses parents, en 1764, et vint habiter à Saint-Malo, chez sa tante, M^me de Varennes, et à Paris, chez ses cousins, le vicomte et la vicomtesse de Castellane. Elle est dite orpheline et mineure quand elle épousa à Saint-Malo, le 3 décembre 1766, suivant contrat passé à Paris, le 3 novembre précédent, *Nicolas, comte de Montholon, Conseiller du Roi, premier président à la Cour des Comptes et au Parlement de Metz*, depuis 1765, né à Paris, le 6 décembre 1736, fils de Pierre, *comte de Montholon, garde de la Marine, enseigne*

V. — *Michel du Reau, écuyer, seigneur de Vaulcomte, greffier-chef de la Maréchaussée de Nantes*, qui eut de demoiselle de Lannoy :

VI. — *Etienne-Michel du Reau, écuyer, seigneur de Vaulcomte*, né à Nantes, en 1726, qui s'établit à l'île Bourbon, où il épousa M^lle Lechtmickz-Lièvre, et eut :

VII. — *Etienne-Guillaume du Reau de Vaulcomte, conseiller au Conseil supérieur de la Cour royale de l'île Bourbon*, qui épousa Marie-Olympe Potier, dont la famille possédait en Saint-Domingue des caféteries, estimées en 1828, 19 000 livres (soit 190 000 francs). Il eut :

  1° *Guillaume*, qui suit;

  2° *Etienne-Marie-Charles*, qui épousa, en 1824, Sophie de Bernardy de Sigoyer, dont postérité.

VIII. — *Guillaume-René-Marie du Reau de Vaulcomte*, né en 1796, qui épousa : 1° en 1831, Rose-Eugénie Mottet; 2° en 1833, Marie Bellier, dont :

  1° *Alfred*, né en 1833;

  2° *René*, né en 1840;

  3° *Guillaume-Etienne-Albert*, né en 1844.

*au département de Brest*, et de *Marguerite Baron*, celle-ci fille de François Baron et de Marie-Claire Brunck. Pierre de Montholon, père de Nicolas, était lui-même fils de Mathieu de Montholon, doyen des Conseillers du Châtelet en 1720, et de Marie de Ravière; et il avait pour frère aîné François de Montholon, intendant de marine à Saint-Domingue, en 1722, mort sans postérité d'Anne Potier de Novion.

Ce furent les cousins germains de Charlotte de la Chapelle, le vicomte et la vicomtesse de Castellane; et Messieurs de Montholon, père et frère de Nicolas de Montholon, qui firent part du mariage par lettres imprimées, dont voici la teneur :

« Monsieur le vicomte et Madame la vicomtesse de Castellane
« sont venus pour avoir l'honneur de vous voir, et de vous
« faire part du mariage de Mademoiselle Fournier de la Cha-
« pelle, leur cousine-germaine, fille de Monsieur Fournier de
« la Chapelle, ancien Procureur général du Conseil supérieur
« du Cap, avec Monsieur de Montholon, premier Président
« du Parlement de Metz. »

« Messieurs de Montholon, père et fils, sont venus pour avoir
« l'honneur de vous voir, et vous faire part du mariage de
« Monsieur de Montholon, premier Président au Parlement
« de Metz, avec Mademoiselle Fournier de la Chapelle, fille de
« Monsieur Fournier de la Chapelle, ancien Procureur général
« du Conseil supérieur du Cap (¹). »

« Le Roi et la famille royale signèrent à Versailles, le 10 no-
« vembre 1766, le contrat de mariage du sieur de Montholon,
« premier Président du Parlement de Metz, avec demoiselle
« Fournier de la Chapelle, fille du sieur Fournier de la Chapelle,
« ancien Procureur général du Conseil supérieur du Cap (²). »

Le mariage de M. de Montholon avec Charlotte de la Chapelle fit beaucoup de bruit, et on s'étonna généralement qu'un premier Président du Parlement de Metz, fût venu chercher

(1) Bibliothèque nationale. « Nouveau d'Hozier », 244, cote 5525; imprimé in-4°.

femme à Saint-Malo. Voici ce qu'écrit à ce sujet, de Rennes, le 3 décembre 1766, M. Barin de la Galissonnière au chevalier de Fontette, maréchal-de-camp et originaire de Dijon :

« Votre premier Président de Metz, qui était bien réduit puisqu'il « est venu de cette ville chercher une femme à Saint-Malo, « n'a vu personne en passant ici (à Rennes); mais il avait vu « M. de Flesselles à Paris, et l'avait prévenu de l'incognito « qu'il garderait à Rennes. »

On lit en note :

« Voilà une allusion au mariage de Nicolas de Montholon, premier « Président du Parlement de Metz, avec Mlle Marie-Margue- « rite-Charlotte-Laurence Fournier de la Chapelle, fille mineure « de M. Fournier de la Chapelle, ancien Procureur général au « Conseil supérieur du Cap Français, domiciliée dans l'île de « Saint-Domingue, au quartier de Limonade. Comme le domi- « cile de droit de la future était à Saint-Domingue, et que de « fait, elle demeurait depuis trois ans en France, à Saint-Malo, « chez sa tante, Mme Fournier de Varennes, il fallait réguliè- « rement, outre la publication des bans en France, une autre « publication à Saint-Domingue, ce qui eût retardé beaucoup « la célébration du mariage. Le roi, par lettres du 20 octobre « 1766, enregistrées par la Cour de Rennes le 13 novembre sui- « vant, dispensa les futurs conjoints de la publication des « bans à Saint-Domingue ([1]). »

La famille de *Montholon* est l'une des plus illustres de Bourgogne. Elle produisit entre autres un chevalier de Malte, qui s'illustra au siège de Rhodes, en 1480; des avocats généraux, des gardes des sceaux, des présidents de Parlements, des lieutenants géné- raux, un Intendant à Saint-Domingue de 1722 à 1730. Les Montholon, créés ducs romains en 1821, s'arment : « d'azur au mouton d'or, accompagné de trois quintefeuilles d'argent rangées en chef. » — Devise : « *Subvenite oppresso* ». — Cette

---

(1) *La Chalotais et le duc d'Aiguillon : Correspondance du chevalier de Fontette*, par H. CARRÉ. 1893, p. 299.

famille est encore représentée par Charles-Jean-Tristan, comte de Montholon, ministre plénipotentiaire de France à Athènes, où il a épousé, en juin 1894, M^lle Fedestiani.

Nicolas de Montholon avait été reçu *Conseiller au Parlement de Paris* en 1761, et nommé *Premier Président du Parlement de Metz* en juillet 1765, après la mort de Mathieu de Montholon, Premier Président à ce Parlement, né en 1683, mort à Paris, le 15 juin 1765, âgé de 82 ans.

Après son mariage il habita l'hôtel de Nesle, à Paris, et à Metz; nommé en décembre 1774 *Premier Président du Parlement de Rouen*, il habita aussi cette ville. Il était *Conseiller d'Etat* à Paris en 1782 et en 1791.

Le Président et la Présidente de Montholon, née Charlotte de la Chapelle, firent part en 1767 du mariage de leur frère et beau-frère, avec M^lle Charron :

« Monsieur le chevalier de Montholon, Monsieur le Premier Pré-« sident et Madame la Première Présidente de Montholon, « sont venus pour avoir l'honneur de vous voir et de vous « faire part du mariage de Monsieur de Montholon, maître des « requêtes, leur fils et frère, avec Mademoiselle Charron. »

Nous ignorons la date du décès de M. et M^me Nicolas de Montholon. Mais nous voyons dans un acte du 4 mars 1805, que M. de Montholon demeurait à Paris, rue du Paradis, n° 11, et avait chez lui ses deux nièces, M^lles Fournier de la Chapelle, dont il était tuteur.

Ils avaient eu trois enfants, dont il ne survécut qu'une fille, savoir : 1° *Adélaïde-Marie*, qui suit; 2° *Agathe*, née à Metz, le 17 mai 1770, morte à Rosny le 27 juillet 1773 ; 3° *Alphonse-Charles*, né à Paris le 20 février 1774, inhumé en la paroisse Saint-Paul de cette ville le 6 janvier 1775.

*Adélaïde-Marie de Montholon*, née à Paris, fut baptisée dans l'église Saint-Paul, le 11 novembre 1767. Elle épousa à Paris, le 16 avril 1782, dans la chapelle de l'hôtel de Nesle, paroisse

Saint-Sulpice (¹), *Louis-Marie-Jacques-Almaric, comte de Narbonne-Lara, chevalier d'honneur de Madame Adélaïde de France*, plus tard *colonel du régiment d'Angoumois* en 1785; *colonel du régiment de Piémont* en 1788; *maréchal de camp* en 1790; *ministre de la guerre* du 6 décembre 1791 au 10 mars 1792; il se réfugia, après le 10 août, à Londres, puis en Saxe; rentré en France en 1801, il fut nommé *lieutenant général* en 1809, *ministre plénipotentiaire en Bavière* en 1810, *aide-de-camp particulier de l'Empereur Napoléon I*er en 1811, *ambassadeur à Munich, à Vienne et à Prague*; enfin, *commandant de la place de Torgau*, où il mourut, d'une chute de cheval, le 17 novembre 1813. Il était né à Colorno, dans le duché de Parme, le 24 août 1755, second fils de *Jean-François, comte de Narbonne-Lara, maréchal de camp*, créé *duc de Narbonne-Lara* en 1780, *Grand d'Espagne* en 1789, mort en 1806, et de *Charlotte-Françoise de Châlus, dame de la Bove, dans l'Aisne, dame d'honneur de la duchesse de Parme*. Il avait fait ses études au collège de Juilly, de 1767 à 1772.

L'illustre famille *de Narbonne-Lara*, encore représentée par les ducs de Narbonne-Pelet, les marquis et comtes de Narbonne-Lara, s'arme : « de gueules plein. »

La comtesse de Montholon fut présentée à la Cour par la duchesse de Narbonne-Lara, le 21 avril 1782 (²).

Le comte et la comtesse de Narbonne-Lara durent émigrer après la journée du 10 août 1792, et rentrèrent en France à la fin de 1802.

Veuve en 1813, la comtesse de Narbonne-Lara, née Adélaïde de Montholon, reçut en 1827, lors de l'établissement de l'indemnité aux anciens colons de Saint-Domingue, 142 746 francs, pour la terre, dite « Montholon », que son mari avait possédée dans la paroisse du Fossé.

---

(1) « Le Roi et la famille royale signèrent à Versailles, le 14 avril 1782, le contrat de mariage du comte de Narbonne, Colonel en second du régiment d'Angoumois, avec Mademoiselle de Montholon » ( *Gazette de France*, N° du 17 avril 1782).

(2) *Gazette de France*, N° du 26 avril 1782.

Elle mourut à Mâcon, le 9 janvier 1848, âgée de 80 ans. Elle n'avait eu que deux filles : 1° *Amable-Françoise-Louise de Narbonne-Lara*, née à Paris en 1786, qui épousa en 1806 *Herman-Joseph de Beaucamp d'Almaida de Castel Branco de Sobral, conseiller du prince régent de Portugal*, et 2° *Adélaïde-Marie-Charlotte de Narbonne-Lara*, née en 1790, qui épousa en 1809 *Claude-Philibert Barthelot, comte de Rambuteau, chambellan de Napoléon Ier, chevalier de la Légion d'honneur, Pair de France, Préfet de la Seine* sous Louis-Philippe, mort au château de Rambuteau en 1869, le même jour que sa femme.

# XIV

**P**IERRE-CHARLES DE FOURNIER de la Chapelle, dit Marquis de la Chapelle, Seigneur de Laval, de Roisette, d'Argilliers, Membre du Conseil privé du Roi et Commissaire de sa Maison, Maître des Requêtes, Intendant de la Généralité d'Auch.

Né à Saint-Domingue, en avril 1746, il y possédait, lors de la révolte des noirs, une importante sucrerie à Limonade, pour laquelle ses filles, lors du règlement de l'indemnité de Saint-Domingue, furent inscrites pour toucher 70 679 francs.

Il vint faire son éducation en France, où il se fixa.

Il fut nommé, en 1767, membre du Conseil privé du Roi, commissaire de sa maison et maître des requêtes. Il demeurait à Paris, rue des Filles-Saint-Thomas (1), quand il fut nommé par lettres royales

(1) *Almanach royal* de 1780.

du 9 janvier 1784, intendant de la généralité d'Auch ([1]). Il était, en 1790, chef du département de la maison du Roi ([2]).

Compromis à la journée du 10 août 1792, où il fut l'un des défenseurs de la famille royale, il fut arrêté et emprisonné à Paris. « Accusé d'avoir défendu le roi et sa famille à la journée du 10 août, avec M. Arnaud de la Porte, ex-intendant de la liste civile, et beaucoup d'autres gentilshommes », il fut condamné à mort et *guillotiné à Paris* sur la Place de la Bastille, avec vingt-huit autres victimes, le 16 juillet 1794. Il est inscrit ainsi sur la « Liste des guillotinés : « N° 2228. « P. C. Lachapelle, âgé de 49 ans, né à Commune-Affranchie (Saint-« Domingue), ex-commissaire de la ci-devant Maison du Tyran..., « convaincu de s'être rendu coupable des crimes de Laporte, ex-inten-« dant de la liste civile des Capet, et d'avoir été avec lui l'un des « agents et des instruments de la conspiration de Capet et de sa « famille contre le Peuple français, à la journée du 10 août. »

Ses propriétés à Saint-Domingue avaient été détruites par les Noirs, et ses terres d'Argilliers, dans le Gard, de Laval et de Roisette furent confisquées par la Nation.

Il avait épousé, vers 1784, *demoiselle Alix-Elisabeth-Louise-Rose-Gabrielle de Cheylus*, née en 1757, fille de *Louis-François de Cheylus*, *capitaine de vaisseau, chevalier de Saint-Louis*, et de *dame Charlotte-Ursule de Brunier de Larnage*, et nièce de *Monseigneur de Cheylus*, *évêque de Bayeux* (Joseph-Dominique de Cheylus, né à Avignon en 1717, nommé évêque de Tréguier en 1762, de Cahors en 1766, de Bayeux en 1776, qui occupait ce poste en 1790).

La famille *de Cheylus* est l'une des plus anciennes du Vivarais, où elle possédait dès 1160 le château et le bourg de Cheylus, en la paroisse de Saint-Priest. Elle s'armait : « d'azur à un dauphin d'argent et à un lévrier courant d'or, affrontés. » — Devise : « Fe et honour. »

Nous trouvons : Esprit de Cheylus, écuyer, seigneur de Saint-Jean de Venasque, de Saint-Didier, qui épousa, vers 1640, Jeanne

---

(1) *Gazette de France*, du 9 janvier 1784.

du Chastelier, du Languedoc, et eut : Dorothée de Cheylus, qui épousa Henry de Brancas de Forcalquier, marquis de Céreste.

La famille *Brunier d'Adhémar de Monteil de Larnage*, dans le Dauphiné, s'arme : « d'azur à la bande et au chef d'or. »

Le marquis de la Chapelle n'avait eu que deux filles, qui étaient orphelines en 1805, et habitaient à Paris, chez leur oncle et tuteur, le comte de Montholon :

1° ÉMILIE–JEANNE–URSULE–GABRIELLE DE FOURNIER DE LA CHAPELLE, née à Paris le 10 octobre 1787, fut baptisée le même jour en l'église Sainte-Madeleine de Ville-l'Evêque; elle est dite, dans l'acte de baptême, « fille de messire Pierre-« Charles, *marquis de la Chapelle*, de Laval, de Roisette, d'Ar-« gilliers, et autres lieux, et de dame Alix-Elisabeth-Louise-« Rose-Gabrielle de Cheylus (¹). »

Elle est dite orpheline et mineure, habitant, avec sa sœur, à Paris, rue du Paradis, n° 11, chez leur oncle et tuteur, Nicolas de Montholon, dans un acte du 18 mars 1805.

Elle épousa, vers 1816, *Jean-Jacques-Nicolas Leplay*, né à Nîmes, dans le Gard, le 24 juin 1787. Son mari *prit le nom de Leplay de la Chapelle*. Elle demeurait avec lui à Perros (Vaucluse), en mars 1817, et à Orange (Vaucluse), en 1822 et en 1825.

En 1828, lors de l'attribution de l'indemnité de Saint-Domingue aux anciens colons ou à leurs héritiers, Mme le Play, née Fournier de la Chapelle, fut inscrite pour une somme de 70 679 francs, qu'elle devait partager avec sa sœur.

Son mari, ayant dissipé toute sa fortune et ayant abandonné sa femme pour aller vivre à Paris avec sa domestique, la malheu-reuse femme, se trouvant dénuée de toute ressource, obtint de l'Etat un secours annuel de 900 francs, ainsi que sa sœur, en qualité de « filles dans l'indigence d'un ancien colon de Saint-Domingue ». Ce faible secours leur fut supprimé après la Révolution de 1830.

(1) Archives paroissiales de Paris.

Elle fut recueillie chez sa fille aînée, à Vers, dans le Gard, à cinq lieues de Nîmes, et ce fut là qu'elle mourut le 8 août 1851, dans un état voisin de la misère, et âgée de 63 ans.

Elle avait eu trois enfants :

1º *Marie-Josèphe-Emilienne Leplay*, née le 22 septembre 1822, qui épousa, vers 1843, *François-Boniface Bachelut*, cultivateur à Vers (Gard) et vivant de son travail. Quel changement de situation pour la petite-fille du marquis de la Chapelle, intendant général et commissaire en chef de la Maison du Roi, et la parente des marquis de Carcado, de Paroy, de Castellane, de la Ferronnays, des princes de Berghes, des comtes de Narbonne, de Vintimille, de la Tour du Breuil, de Mun, de la Panouse, etc. ! Telles étaient les conséquences d'un gouvernement républicain, impie, spoliateur et sanguinaire ! — Ce fut à Vers, chez sa fille, la femme Bachelut, que mourut, le 8 août 1851, la fille du marquis de la Chapelle;

2º *Herminie-Claudine Leplay*, née en 1825, vivant célibataire en 1851;

3º *Léopold Leplay*, né en 1826, qui, en 1851, avait dû pour vivre s'engager au 53e de ligne.

2º ZÉLIE-LOUISE-CHARLES DE FOURNIER DE LA CHAPELLE, née à Saint-Martin-au-Bosc (Seine-Inférieure), le 11 septembre 1789; elle épousa, vers 1818, le beau-frère de sa sœur, *Jean-Jacques-Antoine-Hippolyte Leplay*, *officier d'infanterie*. Elle fut inscrite avec sa sœur, en 1828, pour toucher la moitié des 70 679 francs qui leur avaient été attribués sur l'indemnité de Saint-Domingue, et reçut, comme elle, jusqu'en 1830, un secours annuel de 900 francs. Elle demeurait en 1847, 1851 et 1857 à Saint-Chaptes, dans le Gard, à trois lieues de Vers, avec ses *deux fils*; *l'aîné de ces fils* était marié en 1847 et sa femme demeurait alors à Paris, rue Mayet, nº 3.

## XIII

# PIERRE DE FOURNIER, dit Comte de Bellevüe, Écuyer, Page du Roi, Officier aux Gardes-Françaises, Capitaine de Cavalerie, Commandant des Milices à Saint-Domingue, Chevalier de Saint-Louis.

Né à Saint-Domingue le 3 mars 1709, il fut baptisé en l'église Sainte-Anne de Limonade le 8 mars suivant. Il était fils de Jean IX de Fournier, écuyer, seigneur de Varennes, de Bellevüe, de la Chapelle, et de Marie-Thérèse le Febvre de la Barre. Il eut pour parrain Pierre Chicoteau et pour marraine Jeanne Pajot ([1]).

Il fut reçu le 8 janvier 1725 PAGE DE LA GRANDE ÉCURIE DU ROI,

---

(1) Archives Fournier.

après avoir fourni ses preuves de noblesse. Il fut nommé, par brevet du 26 mai 1727, SECOND ENSEIGNE AU RÉGIMENT DES GARDES-FRAN-ÇAISES, EN LA COMPAGNIE DE M. DE MONTARAN. Le 16 mars 1704 le comte de Maurepas certifie que le sieur Fournier de Bellevüe, natif de Saint-Domingue, a servi pendant sept ans dans le régiment des gardes-françaises et qu'il est obligé de repasser à Saint-Domingue pour ses affaires (Archives Fournier). Revenu à Saint-Domingue, après son mariage en 1732 avec Mademoiselle Marie du Gast, il y fut nommé, par brevet du 1er avril 1741, CAPITAINE EN SECOND DE LA CAVALERIE DES MILICES DU QUARTIER DE LIMONADE; puis CAPITAINE COMMANDANT DE CETTE COMPAGNIE, par brevet du 1er janvier 1743, signé de Char-les Brunier, marquis de Larnage, chevalier de Saint-Louis, capitaine de vaisseau, gouverneur et lieutenant général pour le Roi des Iles Françaises d'Amérique. Il est dit, dans un acte du 19 août 1745, COM-MANDANT POUR LE ROI AUX QUARTIERS DE LIMONADE, DE BOIS-DE-LANCE, DE SAINTE-SUZANNE ET DÉPENDANCES, DANS L'ILE DE SAINT-DOMINGUE. Il fut créé CHEVALIER DE L'ORDRE ROYAL ET MILITAIRE DE SAINT-LOUIS, par brevet du 11 juin 1750, et reçu le 19 février 1751 par le comte de Conflans, gouverneur des Iles Françaises d'Améri-que. Il avait reçu dans le partage de la succession de son père, divisée en sept lots, le 7 septembre 1729, 167 553 francs, en nègres, bes-tiaux, meubles et part d'habitations. (Jean Fournier de Varennes ayant laissé sept enfants, sa succession s'élevait donc à plus de un million 200 mille francs.) (Archives Fournier.)

Par acte du 4 avril 1752, il reçut, conjointement avec ses frères, Messieurs Fournier de Varennes et de la Chapelle, une nouvelle recon-naissance de sa noblesse, de M. d'Hozier, généalogiste du Roi :

« Nous certifions que l'enquête qui nous a été communiquée « sur la noblesse et les services de Monsieur Fournier des Varennes, « demeurant à Saint-Malo, province de Bretagne, Fournier de Bellevüe « et Fournier de la Chapelle, ses frères, est en forme juridique et peut « suppléer à la perte de leurs titres lors de l'incendie du greffe du Cap- « Français, où ils étaient déposés; que les actes joints à la minute de « cette enquête sont tous en original, et prouvent l'ancienneté du

« la dite enquête déclarent que leur père, Jean Fournier, établi à
« Saint-Domingue, était originaire; et que d'ailleurs les services ren-
« dus, tant par le dit Jean Fournier, père des requérants, lieutenant-
« colonel du régiment de Pardieu, et commandant les quartiers de
« Limonade et des Bois-de-Lance, que par ses quatre fils : 1° L'un
« (Jean X de Fournier de Varennes), commandant aux mêmes quartiers
« de Limonade et de Bois-de-Lance, dont la fille a épousé le vicomte
« de Castellane, colonel du régiment de Penthièvre; 2° le second (Jac-
« ques Fournier de Varennes), lieutenant de cavalerie ; 3°. le troi-
« sième (Pierre Fournier de Bellevüe), capitaine de cavalerie, cheva-
« lier de l'ordre de Saint-Louis, et commandant des quartiers de Li-
« monade et de Bois-de-Lance, dont les deux fils sont : l'un (René-
« Pascal Fournier de Bellevüe) dans la compagnie des Cadets à Roche-
« fort, l'autre (Jean-Jacques Fournier de Bellevüe) dans les gardes
« de la marine; 4° le quatrième (Charles Fournier de la Chapelle),
« procureur général du Roi au conseil supérieur du Cap; sont des
« titres et motifs qui peuvent déterminer la bonté de Sa Majesté à
« leur accorder les conclusions de leur requête, tendant à la *reconnais-*
« *sance de l'ancienneté de leur nom,* et un anoblissement, en cas que
« besoin serait.

« En foi de quoi nous avons signé, à Paris, le quatre avril
« mille sept cent cinquante-deux, — d'Hozier — » (¹).

Pierre-Fournier, comte de Bellevüe, mourut à Limonade, dit
âgé de près de 47 ans, et fut inhumé, le 19 (ou 1ᵉʳ ou 4) décembre
1755, dans l'église Sainte-Anne de cette paroisse, dont il était
seigneur fondateur et prééminencier (²).

Pierre Fournier de Bellevüe, dit âgé alors de 25 ans et demi, avait
épousé dans l'église paroissiale du Lude (Sarthe) le 15 avril 1732, par
contrat passé devant Mᵉ Camuel, notaire royal de la ville du Lude, en
Anjou, *Mademoiselle Marie-Thomase du GAST,* née au Lude, vers 1712,
et alors âgée de 20 ans, fille de feu *Jacques du Gast,* et de *Dame Marie
du Vivier.* La future épouse reçut en dot 39 000 livres; elle fut assistée

(1) Cabinet d'Hozier. Notes et copie.
(2) Archives Fournier.

de sa mère, dame Marie du Vivier; de ses frères, René-Philippe du Gast, Pierre du Gast, Jacques-René du Gast, clerc tonsuré; et de son oncle maternel, Jacques du Vivier, écuyer, seigneur de la Rolletière au Lude, avocat au Parlement et au Présidial de la Flèche; de Charles le Noir de la Cochetière, bailli du Lude, son cousin germain; de Joseph Rousseau, conseiller du Roi, époux de Marie du Vivier, son cousin issu de germains; de Jacques Grandhomme, écuyer, ex-officier de S. A. R. feu Monseigneur le duc d'Orléans. Le futur époux fut assisté par procuration de ses frères et sœurs, Messire Jean de Fournier, major des milices au Cap Français, côte de Saint-Domingue; de messire Jacques Fournier, écuyer, seigneur de Varennes, capitaine de milices au dit Cap; de dame Marie-Thérèse Fournier, veuve de messire Guy le Gentil, conseiller du Roi, commissaire ordonnateur de la marine et demeurant au Cap Français; et de dame Anne de Fournier, épouse de messire Charles Miniac de la Ville-ès-Nouveaux, demeurant aussi au dit Cap Français (¹).

La famille *du Gast*, autrefois *de Gasc (de Gasqui*, ou *de Gasci)*, était originaire du Berry, où elle vivait au XIIIᵉ siècle sous le ressort de Romorantin. Une de ses branches se fixa au XVᵉ siècle dans le diocèse d'Avignon, où elle posséda les fiefs de Vénasque, de Saint-Savournin, de Saint-Désiré, de Lussault et de Thor. Elle s'armait : « d'azur à cinq besants d'or. »

Les du Gast se titraient au XVIIᵉ siècle marquis de Montgaugé.

ANTOINE du Gast alla s'établir aux colonies, et était en 1685 capitaine des milices à la Martinique; il eut pour fils : Jacques du Gast, qui épousa Marie du Vivier, dame de la Rolletière, au Lude, et fut père de Marie-Thomas du Gast, qui épousa en 1732 Pierre Fournier de Bellevüe. Sa postérité continua à habiter Saint-Domingue, où nous trouvons, en 1790, René-Charles du Gast du Séjour, capitaine des dragons de la milice du quartier de Saint-Marc, et un M. du Gast, sous-lieutenant au régiment du Cap Français.

Ce René-Charles du Gast possédait dans l'île de Saint-Domingue, six caféteries, quatre hattes (²), et le Morne du Gast, dans le quartier

(1) Archives de la famille Fournier.

de Limonade, propriétés estimées, lors du règlement de l'indemnité, en 1826, plus de 343 000 francs (¹).

La famille *du Vivier* était aussi originaire du Berry, et possédait, lors de la révolte des noirs, des propriétés importantes à Saint-Domingue. Elle s'armait : « d'azur au chevron d'or, accompagné en pointe d'une étoile du même (²). »

(1) Nous trouvons :

*Jean de Gast,* vivant en 1263, sous Romorantin.

*Jean du Gast, chevalier, seigneur de Venasque, de Saint-Savournin,* époux en 1490 de Jeanne de Raymond, dont : 1° *Antoinette,* qui épousa en 1509 Louis Marc, seigneur de Châteauneuf, 2° *Louis,* qui suit :

*Louis du Gast, écuyer, seigneur de Venasque, de Saint-Savournin,* eut de Jeanne Rousse : 1° *François,* mort sans postérité; 2° *Michel,* qui suit;

*Michel du Gast, écuyer, seigneur de Venasque, de Saint-Savournin, de Saint-Désiré, de Velleron, de Thor (Michaël Gasqui, dominus de Venasia, Sancti-Desiderii, Sancti-Saturnini, diocesis Cavalliencis,* (Cavaillon-Vaucluse), *habitator loci de Thoro),* qui épousa, le 20 mars 1544, demoiselle Gillette de Fournier, fille de feu Gaspard de Fournier, seigneur de Bellonise, et d'Isabelle de Calluet *(Domicella Gilleta de Fournier, filia defuncti nobilis Gaspardi de Fournier, domini Bellonisus diocesis Montispessulani, et nobilis Isabella de Calluet).* Elle reçut en dot 3 000 écus d'or d'Italie. Son mari testa le 23 janvier 1579, et avait alors douze enfants vivants : 1° *Louis du Gast, seigneur de Venasque, de Thor, du Terras;* 2° *Richarde;* 3° *Florie;* 4° *Lucrèce,* 5° *Diane;* 6° *Jeanne;* 7° *Françoise,* épouse de Michel Marot de Thor; 8° *Louise, religieuse à Cavaillon;* 9° *Annibal;* 10° *Gaspard;* 11° *Michel;* 12° *Alphant.*

*Charles du Gast, chevalier, marquis de Montgaugé,* fut maintenu en 1670, et eut :

*Elisabeth-Claude du Gast de Lussault,* qui, née en 1673, fut reçue demoiselle à Saint-Cyr, en 1668, et *Michel du Gast, seigneur du Trochet,* qui eut de Jeanne Gitton : *Antoine Michel,* mineur en 1710.

*Antoine du Gast* se fixa aux colonies et était en 1685 *capitaine de milices à la Martinique,* il eut :

*Jacques du Gast,* qui épousa, vers 1710, Marie du Vivier et eut : 1° *Pierre,* qui suit; 2° *Marie-Thomase,* QUI ÉPOUSA EN 1732 PIERRE FOURNIER DE BELLEVÜE, et mourut en 1782, laissant postérité; 3° *Jacques, clerc tonsuré,* en 1732.

*Pierre du Gast,* témoin du mariage de sa sœur en 1732, semble avoir eu :

*René-Charles-Marie du Gast du Séjour, capitaine des dragons de Milices du quartier de Saint-Marc,* en 1790, dont :

   1° *N. du Gast, sous-lieutenant au régiment du Cap Français,* en 1790;

   2° *Marie-Bonne-Pauline-Renée,* qui épousa M. le Tourneux de la Perraudière, et eut : René-Sébastien, Augustin-René, Emmanuel et demoiselle le Tourneux de la Perraudière, qui partagèrent avec leur tante l'indemnité de Saint-Domingue en 1828; la fille avait épousé M. de Jourdan, et avait pour enfants en 1826, Emmanuel, Adolphe et Héloïse de Jourdan;

   3° *Louise-Anne du Gast,* veuve en 1826 de M. le Sueur de Surville.

(2) Nous trouvons :

*Thomas du Vivier,* écuyer, époux en 1542 de Jacqueline de Gauguin, et grand-père de :

Veuve en 1755, la comtesse Pierre de Bellevüe, née du Gast, survécut près de vingt-cinq ans à son mari. Elle habita constamment Saint-Domingue, où elle assista en 1763 et en 1773 aux mariages de ses fils, René-Pascal et Jean-Jacques Fournier de Bellevüe.

Elle acheta, le 2 juillet 1761, moyennant 3 000 livres, d'Antoine du Collet, époux de Catherine de l'Isle, et demeurant à l'habitation des Côtelettes, en la paroisse Sainte-Anne de la Limonade, quatre car-

*Claude I du Vivier*, homme d'armes de la compagnie de Monsieur le Prince, en 1625; époux, en 1615, de mademoiselle Auber, dont :

*Claude II du Vivier*, capitaine au régiment de la Baume, ci-devant de Noailles, qui eut de demoiselle des Essarts :

*François du Vivier*, écuyer, seigneur de la Chaume, en Jeu-les-Bois (Berry), maintenu en 1715.

*Marie du Vivier* épousa, vers 1710, Jacques du Gast, et eut pour fille, Marie du Gast, QUI ÉPOUSA EN 1732, PIERRE FOURNIER DE BELLÉVÜE; elle avait pour frère :

*Jacques du Vivier*, seigneur de la Rolletière, au Lude, avocat au Parlement et au Présidial de la Flèche, qui fut témoin en 1732, du mariage de sa nièce.

*Jacques du Vivier*, capitaine de milice au Cul-de-Sac, en Saint-Domingue, épousa Anne de la Pierre, dont : *Anne-Madeleine*, née en 1712, à Saint-Domingue; épousa, à Angers, le 27 août 1731, François-Pierre Eveillard, seigneur de Livois, conseiller au Parlement de Bretagne; ils sont morts à Angers, lui en 1772, elle en 1762; dont : Pierre-Louis, seigneur de Livois, mort sans postérité en 1790.

*Marie-Jeanne-Aimée du Vivier*, épousa M. de Prunes, et eut : Agnès-Sophie de Prunes Duvivier, qui épousa le vicomte de Rouault, et est dite, en 1826, seule héritière de sa mère, lors de la répartition de l'indemnité aux colons de Saint-Domingue.

*Demoiselle du Vivier*, épousa Pierre-Antoine de Thilorier, et ses enfants reçurent, en 1826, leur part dans la dite indemnité.

*Demoiselle du Vivier* épousa M. Budan; et eut : 1° François-Nicolas Budan du Vivier, père de Catherine Budan du Vivier, épouse, en 1826, du comte de Kersabiec; de Françoise Budan du Vivier, veuve, en 1826, de M. le Bonnetier et Marie-Madeleine-Thérèze Budan du Vivier, héritières, en 1826, de leur père et de leurs tantes, anciens propriétaires à Saint-Domingue d'une maison au Cap, valant 60 000 francs; 2° Claude-Françoise Budan du Vivier; 3° Julie; 4° Madeleine; 5° Pierre Budan du Laurent, qui eut : Marie-Louise Budan du Laurent, qui épousa, en 1818, Alexandre du Guiny, et Elisabeth-Madeleine Budan du Laurent, dame de Vieillevigne, qui épousa, à Saint-Brieuc, en 1783, Xavier le Saulnier de la Ville-Hélio. Ces deux filles sont dites, en 1826, héritières de leurs tantes et grand'tantes, anciennes propriétaires d'une maison au Cap Français.

*Marie-Jeanne du Vivier*, épousa M. Couret, et est dite, en 1826, veuve et ex-propriétaire d'une cotonnerie, dite le Vivier, à Mirebalais, en Saint-Domingue, et valant environ 68 000 francs.

Il y eut en Saintonge une autre famille du Vivier qui vivait à la Rochelle aux XVIIe et XVIIIe siècles, et produisit des militaires et des magistrats, qualifiés d'écuyers et seigneurs de Vaugoin, du Nolleau, de la Bruchardière.

Elle s'armait : « d'azur au cygne d'argent nageant sur une mer du même, et surmonté de trois étoiles d'or. »

reaux un tiers de terres (environ 6 hectares) (¹), que les dits sieur et dame Collet possédaient dans la paroisse de Sainte-Suzanne. Par acte du 26 août 1765, elle céda la moitié de cette acquisition à M. de la Chapelle, moyennant 1.750 livres.

D'accord avec son fils, René-Pascal Fournier, comte de Bellevüe, elle acheta encore, le 20 juin 1765, de Jacques Loyseau, conseiller au Conseil supérieur du Cap, demeurant en la ville du Cap, gendre de Gilles Lambert, et moyennant 500.000 livres, une habitation venant de feue sa femme Françoise Catherine Lambert, qu'il avait épousée le 7 juillet 1763, habitation en la paroisse Saint-Pierre de Limbé, contenant environ 179 carreaux de terres (190 hectares), en partie plantée en cannes à sucre, avec bâtiments, dépendances, outils, bestiaux, nègres et négrillons (23 nègres, 26 négresses, 3 chevaux, 12 juments, 5 poulains, 8 mulets, 5 bœufs, 7 bouvards, 5 gazelles, 6 vaches). Madame de Bellevüe mit sur cette habitation 20 esclaves, qu'elle retira de sa terre de Moka-Neuf, et son fils y mit 97 esclaves et 6 mulets qui étaient venus de la succession des parents de sa femme Marie-Elisabeth David, le 24 avril 1765. Le 30 décembre 1768, Madame Veuve Fournier de Bellevüe, au nom de son fils majeur, Jean-Jacques-Louis, officier de vaisseau, et de ses enfants mineurs Robert, Marie-Pierre-Thérèse et Marie-Adélaïde-Pierre de Bellevüe, résilia l'acte du 20 juin 1765; et René-Pascal de Bellevüe céda sa part à sa mère, qui resta propriétaire de la totalité de l'habitation, moyennant 126.000 livres (Archives Fournier).

Elle mourut en décembre 1782, et fut inhumée le 10 janvier 1783, âgée d'au moins 70 ans, près de son mari dans l'église Sainte-Anne de Limonade, qu'elle avait reconstruite en partie et décorée à ses frais en 1771. Ses enfants se partagèrent sa succession en quatre lots, par acte du 15 avril 1785 passé devant Me Michel, notaire au Cap, savoir, entre :

1° Jean-Jacques Fournier de Bellevüe, écuyer, ex-lieutenant de vaisseau, chevalier de Saint-Louis, demeurant à Limonade ;

---

(1) Le « quarreau » représentait 1 hectare 33 ares de superficie.

2º René-Pascal Fournier de Bellevüe, écuyer, capitaine de cavalerie au régiment de Royal Picardie, demeurant à Limonade ;

3º Jean-Jacques-Julien Fournier de Varennes, écuyer, ex-commandant du bataillon de Limonade, chevalier de Saint-Louis, tant en son nom qu'au nom de sa femme Marie-Thérèse Fournier de Bellevüe :

4º Eugène Ferrron de la Ferronnays, ex-mestre de camp de cavalerie, chevalier de Saint-Louis, tant en son nom qu'au nom de sa femme, Marie-Adélaïde Fournier de Bellevüe, demeurant en France, et représenté par Nicolas de Neufchâteau, procureur général au Conseil supérieur du Cap Français.

On tira au sort, et on fit quatre billets : deux pour l'habitation de Limonade et deux pour celle du Limbé, avec convention que ces deux habitations resteraient indivises entre chacun des propriétaires. Limonade échut à MM. Jean-Jacques de Bellevüe et J.-Jacques-Julien de Varennes et Limbé à MM. René-Pascal de Bellevüe et Eugène de la Ferronnays (Archives Fournier).

La comtesse Pierre de Bellevüe avait eu cinq enfants :

1º JEAN-JACQUES Fournier, marquis de Bellevüe, qui suit.

2º RENÉ-PASCAL Fournier, comte de Bellevüe, chef de ce rameau, qui suivra.

3º MARIE-THÉRÈSE Fournier de Bellevüe, qui épousa, le 2 octobre 1769, son cousin germain JEAN-JACQUES-JULIEN de Fournier, comte de Varennes, ex-mousquetaire, ex-lieutenant d'artillerie, commandant de milices au quartier de Limonade, chevalier de Saint-Louis, plus tard lieutenant-colonel a l'armée catholique et royale de Bretagne dont nous avons parlé ci-dessus. Elle habita avec lui à Saint-Domingue, et l'hôtel Varennes à Saint-Malo. Son mari fut guillotiné à Paris le 20 juin 1794. Elle s'était réfugiée à Nantes, où elle vivait en novembre 1793 avec sa sœur, la comtesse de la Ferronnays, et ses nièces, Bonne Fournier de Bellevüe, Agathe et Antoinette de la Ferronnays, au troisième étage d'un hôtel situé sur le Cours Saint-Pierre, rue Félix, et qui appartenait à Madame Jaillard de la Marhonnière, tante de la comtesse de la Ferronnays (*nunc* : Hôtel de Lorgeril). Là, demeurait aussi une amie de Mesdames de Varennes et de la Ferronnays, Madame Gasnier, comme elles originaire de Saint-Domingue, où elle possédait plus de cinquante mille livres de revenus [1]. Lors de l'arrivée à Nantes du Proconsul, le monstre Carrier [2], ces dames furent dénoncées comme « femmes d'émigrés, aristocrates et complices de l'étranger »; et le 17 novembre 1793, les comtesses de Varennes et de la Ferronnays, leur nièce, Bonne de Bellevüe et Madame Gasnier furent arrêtées et emprisonnées au Bon-Pasteur. On lit encore sur le registre d'écrou tenu par le geôlier : « Charge du 17 novembre 1797, ou 27 brumaire, La Varenne, sa nièce, et la Ferronnette. » Mademoiselle Bonne de Bellevüe n'échappa à la mort que par miracle. Malgré son jeune âge, quinze ans, elle avait été comprise dans une des fournées des « Noyades » ordonnées par Carrier. Attachée à une autre personne, elle allait monter dans le bateau funèbre quand, sa compagne ayant eu une syncope, on les jeta de côté et on les ramena en prison. Quelques jours après, Carrier quittait Nantes, et Mademoiselle de Bellevüe sortit du Bon-Pasteur le 21 septembre 1794, ainsi que le prouve le registre d'écrou, où on lit : « La Fournier, nièce, est mise en liberté le 4me jour des Sansculotides, an II de la République Française. »

---

(1) Un M. Gasnier du Caroy était négociant à Nantes en 1750. Un M. Gasnier du Tessé était greffier du Parquet du Cap Français en 1778. Jean-Baptiste Gasnier de Lespéne possédait lors de la révolte des noirs un hôtel à Port-au-Prince, et avait pour héritières en 1827 ses filles : Marie-Sophie Gasnier, dame Maublanc; Elisabeth Gasnier, dame Mosneron; et Marie-Antoinette Gasnier, dame Cailleux.

(2) Carrier vint à Nantes au commencement de novembre 1793, et y resta jusqu'à la fin de janvier 1794. Pendant ces trois mois, il y eut dans les prisons de Nantes 13 283 détenus; 5 000 périrent dans les noyades, 2 000 furent guillotinés ou fusillés et 3 000 moururent de maladies

Madame Gasnier fut relâchée peu de temps après, et elle alla demeurer à l'Hôtel la Villestreux, dans l'île Feydeau, où elle se trouva habiter sur le même palier que les Représentants du Peuple. Elle eut avec eux plusieurs entrevues à l'occasion des pourparlers engagés pour la pacification de la Jaunaye, et elle obtint la mise en liberté de ses amies, Mesdames de Varennes et de la Ferronnays, qui sortirent de prison le 31 juillet 1794, après huit mois de captivité (¹).

Ces dames retournèrent dans l'hôtel de la rue Félix, où la comtesse de la Ferronnays mourut le 10 mars 1795.

La comtesse de Varennes garda près d'elle ses nièces de la Ferronnays et de Bellevüe. En juillet 1805, elle demeurait à Nantes, rue Pope, n° 40, avec Bonne de Bellevüe et Agathe de la Ferronnays. Un certificat du maire de Nantes la dit « malade depuis trois ans, et sans aucun moyen d'existence » (²).

Elle quitta Nantes peu après, et se fixa avec sa nièce, Bonne de Bellevüe, à Saint-Malo, où elles moururent quelques mois plus tard à l'hôtel Varennes.

La comtesse Fournier de Varennes ne semble pas avoir eu de postérité.

4° MARIE-ANNE-PERRINE-ADÉLAÏDE DE FOURNIER DE BELLEVÜE, baptisée à Sainte-Anne de Limonade, en Saint-Domingue, en 1756, épousa à Saint-Malo, le 11 février 1777, *Emmanuel-Henry-Eugène de Ferron, comte de la Ferronnays, ex-sous-lieutenant de carabiniers, ex-guidon des gen-*

---

(1) Nous devons quelques-uns des renseignements qui précèdent à l'obligeance de M. de l'Isle du Préneuc, qui a bien voulu nous communiquer quelques-unes des notes qu'il a trouvées dans un manuscrit de Mᵐᵉ Gasnier, conservé dans la famille de cette dame.

(2) Le mercredi 16 messidor an XIII (4 juillet 1805), le maire de Nantes, M. Bertrand Geslin, certifia que « Mᵐᵉ Marie-Thérèse Fournier, veuve de Varennes, âgée de 55 ans, propriétaire d'immeubles dans la colonie de Saint-Domingue, réfugiée à Nantes, y demeurant rue Pope, n° 40, avec ses deux nièces, aussi Américaines, Bonne Fournier, âgée de 26 ans, et Agathe-Marie-Louise Ferron de la Ferronnays, âgée de 24 ans, n'a aucune autre propriété que celle ci-dessus ; qu'elle est malade depuis trois ans ; et que, cette famille, composée de trois individus, étant dépourvue de tout moyen d'existence, elle a un besoin pressant des bienfaits du gouvernement ».(Arch. nationales. Section moderne F. 95653.) — La rue Pope est la rue Saint-André.

28

*darmes de Provence, maréchal de camp,* né à Angers en décembre 1743, huitième fils et neuvième enfant de *Pierre-Jacques-Louis-Auguste, marquis de la Ferronnays, châtelain de Saint-Mars-la-Jaille, mestre de camp du régiment de cavalerie de la Ferronnays, maréchal de camp,* mort en 1753, et de *demoiselle Françoise-Renée le Clerc des Emereaux, dame de Nay, comtesse de la Bigotière et du Bourg-d'Issé,* morte au château de Saint-Mars-la Jaille en 1778. Le mariage fut bénit par Monseigneur des Laurents, évêque de Saint-Malo. La future fut assistée de son frère et tuteur, René-Pascal de Fournier, comte de Bellevüe, capitaine de dragons. Sa fortune à Saint-Domingue, évaluée pour le règlement de l'indemnité aux anciens colons, s'élevait à plus d'un million.

La famille *de Ferron* est originaire de Bretagne, où elle vivait noblement dans le pays de Dinan, dès le XII$^e$ siècle, à la Ferronnays, en la paroisse de Calorguen. Elle s'arme : « d'azur à six billettes d'argent 3. 2. 1, au chef de gueules chargé de trois annelets d'argent. » Cimier : une main tenant un glaive. Devise : « *In hoc ferro vinces* ». — Elle a formé, entre autres, les branches actuellement existantes des marquis de la Ferronnays, des comtes du Quengo, du Chesne et de la Vairie. Elle a produit, entre autres : *Guillaume Ferron, chevalier du Temple,* en 1160 ; *Payen Ferron, chevalier croisé en 1248 ; Guillaume Ferron, chevalier, comte de la Ferronnays, capitaine d'une compagnie de trente écuyers* en 1375 ; *Gilles de Ferron, chevalier, seigneur de la Ferronnays, lieutenant général du château de Vincennes* en 1670, *Pierre-Jacques de Ferron, comte de la Ferronnays, mestre de camp du régiment de la Ferronnays,* qui épousa en 1697 Marie-Anne-Gabrielle de Constantin, dame de Saint-Mars-la-Jaille, et eut pour fils, *Pierre-Jacques-Louis-Auguste de Ferron, marquis de la Ferronnays,* père d'*Emmanuel comte de la Ferronnays,* qui épousa en 1777 Adélaïde de Fournier de Bellevüe.

Il existe une miniature de Mademoiselle de Bellevüe, peinte un peu avant son mariage : « Ses traits sont encore ceux d'une enfant, rien de frêle comme elle, rien de triste comme la dolente lan-

gueur de sa bouche, ni de mystérieux comme le regard qui
s'échappe de ses yeux noirs à demi clos (¹). »

Après son mariage elle habita d'abord l'hôtel Varennes, à Saint-
Malo, où naquit, le 4 décembre 1777, son fils aîné, Auguste de
la Ferronnays. Puis, son mari, poursuivant sa carrière militaire, tantôt à son régiment, tantôt à la Cour, elle alla demeurer
au château de la Bouchère, en Poiré-sous-la-Roche (Vendée),
près de Poitiers.

« Elle était, écrit sa belle-fille, pieuse et bonne; elle avait une
âme ardente, mais attristée par les longues absences de son
mari, auquel elle était très attachée (²). »

En 1789, sur les conseils de son oncle, Jules de la Ferronnays,
évêque de Lisieux, le comte de la Ferronnays fit entrer son
fils Auguste dans un collège à Paris; mais, l'année suivante,
il l'emmena avec lui en émigration.

Le comte Eugène de la Ferronnays fit toutes les campagnes de
l'armée des princes; il fut nommé maréchal de camp en 1796,
et mourut à Dubon, en Pologne, en août 1802.

Sa femme était venue au mois de septembre 1793 se réfugier
à Nantes avec ses trois enfants; elle alla demeurer dans cette
ville dans l'hôtel de sa tante, Madame Jaillard de la Marhonnière, née la Ferronnays, rue Félix, sur le Cours Saint-Pierre,
où, comme nous l'avons dit, elle fut rejointe par sa sœur, la comtesse Fournier de Varennes, dont le mari devait périr sur
l'échafaud le 20 juin 1794. Quelques jours après l'installation à
Nantes de la comtesse de la Ferronnays, le monstre Carrier
faisait son entrée dans cette ville. Dénoncée comme « femme
d'émigré et complice de l'étranger », elle fut emprisonnée au
Bon-Pasteur, avec sa sœur, la comtesse de Varennes, et sa
nièce, Bonne de Bellevüe, le 17 novembre 1793. Ses deux
petites-filles, pour échapper aux massacres et aux noyades
ordonnés par le féroce proconsul, durent se cacher chez des

(1) *Souvenirs du comte A. de la Ferronnays,* par le marquis Costa de Beauregard, 1900, p. 3.
(2) *Mémoires de la comtesse de la Ferronnays.*

pauvres gens, et vécurent pendant un an dans une cache murée.
Relâchée après le départ de Carrier, le 31 juillet 1794, après
neuf mois de captivité, la comtesse de la Ferronnays retrouva
un abri chez Madame de la Marhonnière, rue Félix, où elle
mourut le 10 mars 1795, succombant aux privations et aux
souffrances qu'elle avait endurées en prison. « Sa vie avait été
d'une sainte, sa mort d'un martyre ([1]). » — « Elle avait, écrit
sa belle-fille, la comtesse Auguste de la Ferronnays, accepté
héroïquement les souffrances de sa captivité et fait le sacrifice
de sa vie pour obtenir la conversion de son mari. Dieu accepta
son sacrifice et lui accorda cette grâce ; car, en apprenant la
pieuse mort de sa femme, le comte de la Ferronnays se convertit
et vécut en véritable chrétien les dernières années de sa vie ([2]).»
La comtesse de Varennes, sœur de la comtesse de la Ferronnays,
garda près d'elle son neveu, Adolphe, et ses nièces, Agathe et
Antoinette de la Ferronnays, avec une autre de ses nièces, Bonne
Fournier de Bellevüe.

Le comte Eugène de la Ferronnays avait eu quatre enfants
d'Adélaïde de Bellevüe :

1º *Auguste-Pierre-Louis de Ferron, comte de la Ferronnays*, né
   à Saint-Malo le 4 décembre 1777, il fut mis au collège à Paris
   en 1789; il en sortit l'année suivante, et son père l'emmena
   avec lui en émigration et le mit en pension à l'abbaye des
   Prémontrés de Perrentruy, en Suisse. Il fit comme volontaire la campagne de 1796 à l'armée des Princes. Il épousa
   à Klagenfürt, en Carinthie, le 23 février 1802, Mademoiselle
   Albertine-Louise-Marie-Charlotte de Bouchet de Sourches de
   Montsoreau, née en 1782, fille du comte de Montsoreau et de
   Mademoiselle de Nantouillet, et nièce du marquis de Tour-
   zel. Il fut à cette occasion nommé *genthilhomme d'honneur*
   puis *aide de camp du duc de Berry*. A ce titre, de 1803 à 1814,

---

(1) *Souvenirs du comte Auguste de la Ferronnays.*

(2) *Souvenirs d'une pauvre vieille, dédiés à ses enfants,* manuscrit inédit, qui existe actuellement
u château de Saint-Mars-la-Jaille.

il fut chargé par les princes de missions importantes en Angleterre, en Pologne, en Suède et en Russie. Rentré en France à la Restauration, il fut créé *chevalier de Saint-Louis et maréchal de camp* en 1814, puis *officier de la Légion d'honneur, pair de France* en 1815, *ambassadeur en Danemark* en 1817, *à Saint-Pétersbourg* en 1819, *grand-officier de la Légion d'honneur, grand-croix de Saint-Ferdinand d'Espagne, de la Couronne et de Saint-Alexandre Newsky* en 1823, *chevalier des Ordres du Roi* en 1825, *lieutenant général et ministre des affaires étrangères* en 1828, *ministre d'Etat et ambassadeur à Rome* en 1829; il démissionna en juillet 1830, et mourut à Rome le 17 janvier 1842 [1]. — Sa veuve mourut à Paris le 15 novembre 1848. Elle a laissé des « Mémoires » inédits, intitulés : « Souvenirs d'une pauvre vieille dédiés à ses enfants », et dont le précieux manuscrit est au château de Saint-Mars-la-Jaille. Son mari a aussi laissé des « Mémoires », qui ont été édités en 1900 par le marquis Costa de Beauregard.

Ils avaient eu huit enfants [2].

[1] Le 30 novembre 1829 et les 6 et 9 mai 1830, son cousin, le marquis de Bellevüe, inspecteur des beaux-arts à Paris, et membre de la Commission de la liquidation de l'indemnité de Saint-Domingue, écrivit trois lettres relatives à cette indemnité, recommandant le comte de la Ferronnays et sa sœur, M^{lle} de la Ferronnays, religieuse à la Visitation de Nantes, au ministre de l'Intérieur, qui répondit au marquis de Bellevüe, le 10 juin 1830.(Arch. nationales. Section moderne. F. 95653.)

[2] Le comte Auguste de la Ferronnays avait eu huit enfants :

1° *Charles-Marie-Auguste, marquis de la Ferronnays, officier de cavalerie, député du Gers, chevalier de la Légion d'honneur,* mort en 1863, ayant eu, entre autres : *Alfred-Marie-Joseph, marquis de la Ferronnays, capitaine de cavalerie, chevalier et officier de la Légion d'honneur,* mort en 1875, ayant eu de Michelle Claire de Vogué : *la marquise de Moreton de Chabrillon,* et la *comtesse Armand de Rougé;* et *Caroline de Ferron de la Ferronnays,* qui épousa en 1856 *Eugène, comte de Dreux-Brézé;*

2° *Pauline-Marie-Armande de Ferron de la Ferronnays,* qui, née à Londres en 1808, épousa à Naples, en 1834, *Augustin Craven;* elle fut, entre autres, l'auteur des *Récits d'une sœur* et mourut à Paris, veuve et sans postérité, en 1891;

3° *Adélaïde de Ferron de la Ferronnays,* née à Londres en 1809, morte en 1811;

4° *Albert de Ferron, vicomte de la Ferronnays,* né à Londres, en 1812, épousa à Naples, en 1834, Alexandrine d'Alopœus, et mourut à Paris sans postérité, en 1836;

5° *Adolphe-Fernand,* qui suit;

6° *Eugénie-Antoinette-Charlotte-Anne de Ferron de la Ferronnays,* qui épousa, en 1838, *Adrien-*

2º *Agathe-Marie-Louise de Ferron de la Ferronnays*, née au château de la Bouchère en octobre 1780; elle dut, pour échapper à Carrier, reste renfermée pendant onze mois avec sa sœur Marie-Antoinette dans une cache étroite et murée. Après la mort de sa mère, en mars 1795, elle fut recueillie chez sa tante la comtesse de Varennes, née de Bellevüe ; puis elle entra en 1806 au couvent de la Visitation à Nantes, où elle se fit *religieuse* et où sa nièce, Ernestine Fournier de Bellevüe, était pensionnaire en 1822. Elle était supérieure de

*Henry, marquis de Mun*, et eut : 1º *Robert-Ferdinand, marquis de Mun*, qui mourut en 188 ?, laissant de Jeanne de Beauveau : A. *Adrien-Gabriel, marquis de Mun*, qui a épousé, en 1893, Yvonne de Vernage; B. *Maria de Mun*, qui a épousé, en 1891, *le comte Armand de Blacas*; C. *Alexandrine de Mun*, qui a épousé, en 1894, le *comte Michel-Robert de Pommereu*; 2º *Albert-Adrien, comte de Mun, ex-officier de cavalerie, député du Finistère, membre de l'Académie, chevalier de la Légion d'honneur*, né en 1842, qui a de Sophie-Marie-Suzanne Simone d'Andlau : A. *Gabriel*; B. *Joseph-Bertrand*; C. *Henry*; D. *Fernand-Pierre-Marie*, qui a épousé à Paris, le 18 juin 1907, Mᶩᶩᵉ Marie-Thérèse de Bourqueney; E. *Marguerite-Marie de Mun*;

7º *Olga de Ferron de la Ferronnays*, née en 1821, morte sans alliance, en 1843;

8º *Alexandrine de Ferron de la Ferronnays*, née en 1823, morte sans postérité, en 1894, du comte *Jacques-Alexandre-César de la Panouze*.

*Adolphe-Fernand de Ferron, comte de la Ferronnays, châtelain de Saint-Mars-la-Jaille, secrétaire de Mgr le comte de Chambord*, né en 1814, épousa à Paris, en 1841, Marie-Lucie-Guillemine Gibert, fille d'un riche agent de change de Paris. Il est mort à Frohsdorf en 1866; sa veuve fit paraître ses *Mémoires* en 1899, et est morte à Rome, en 1906, ayant eu :

*Henry-Marie-Auguste de Ferron, marquis de la Ferronnays, châtelain de Saint-Mars-la-Jaille*, né à Paris en 1842, *officier de cuirassiers, attaché militaire à Berlin, à Berne et Londres, chevalier de la Légion d'honneur, conseiller général et député de la Loire-Inférieure, maire de Saint-Mars-la-Jaille, président du Conseil général de la Loire-Inférieure*, mort à Saint-Mars-la-Jaille, le 1ᵉʳ octobre 1907, laissant de Marie-Thérèse de Pérusse des Cars, qu'il avait épousée en 1868:

1º *Elisabeth-Anne de Ferron de la Ferronnays*, née en 1870, qui a épousé en 1889, *Armand-Jean, comte de Gontaut-Biron, marquis de Saint-Blancard*, dont : Armand, Arnaud, Vital et Marie de Gontaut;

2º *Henry*, qui suit;

3º *Yvonne de Ferron de la Ferronnays*, née en 1878, qui a épousé, à Paris, le 21 avril 1908, *René, comte de Cossé-Brissac*, lieutenant de dragons, veuf d'Edmée Mortier de Trévise;

*Henry-Amédée-Marie-Auguste de Ferron, marquis de la Ferronnays officier de cuirassiers, conseiller général, député de la Loire-Inférieure et maire de Saint-Mars-la-Jaille*, en remplacement de son père, né en 1876, a épousé à Paris, le 24 février 1907, Françoise Montjarret de Kerjégu, fille unique du comte de Kerjégu, *député du Finistère*, mort en 1908, et de Laure-Sophie-Jenny Haber.

cette communauté quand la duchesse de Berry y fut reçue en 1832. Elle mourut en 1836.

3° *Antoinette de Ferron de la Ferronnays*, née au château de la Bouchère le 25 décembre 1783, réfugiée à Nantes avec sa mère et sa sœur en 1793, morte sans alliance en 1808.

4° *Adolphe de Ferron de la Ferronnays*, né au château de la Bouchère en 1891, enrôlé d'office dans l'armée, à l'âge de 21 ans, en 1812, tué à la bataille de Leipsick le 17 octobre 1813.

5° ROBERT-JEAN-MARIE-PIERRE DE FOURNIER DE BELLE-VÜE, SEIGNEUR DES SALINES, LIEUTENANT DE VAISSEAU, né vers 1750, ENSEIGNE DE VAISSEAU en 1773, il fut blessé étant lieutenant de vaisseau à bord de la corvette « l'Epervier », dans un combat contre des corsaires anglais, en allant des Açores à Lorient, le 6 juillet 1779 (¹); et il fut tué, le 12 avril 1781, dans un combat naval livré en face de la Martinique. Il était à bord du vaisseau « La Ville de Paris », navire de 90 canons (²). A l'occasion de sa mort, le ministre de la Marine, le duc de Castries, écrivit à sa mère le 17 janvier 1783 (la comtesse de Bellevüe était morte avant l'envoi de cette lettre) :

« A Versailles, le 17 janvier 1783.—Le Roi n'a pas oublié, Madame, « la mort glorieuse de Monsieur votre fils, lieutenant de vais- « seau du roi, qui a succombé aux blessures qu'il a reçues à « bord du vaisseau « la Ville de Paris », dans le combat du « 29 avril 1781, devant la Martinique. Sa Majesté n'a pas cru « devoir accorder dans cette occasion des grâces pécuniaires, « dont la famille de cet officier n'a pas besoin; mais elle *se* « *propose* de faire valoir le mérite de ses services et du sacri- « fice de sa vie en faveur de son neveu, votre petit-fils, et fils « de son frère qui a été lieutenant de vaisseau. Cet enfant « (c'était Jean-Pierre-René, marquis de Bellevüe, né en 1776, « mort en 1858), obtiendra certainement toutes préférences pour

(1) *Gazette de France* du 13 juillet 1779.
(2) *Gazette de France* du 10 août 1781.

« êtré admis dans la mariné dès qu'il aura l'âge requis. Je me
« fais un devoir, Madame, de vous annoncer les dispositions
« de Sa Majesté à ce sujet. — Je suis, etc. Signé : de Castries. »
Le vaisseau « la Ville de Paris » pouvait porter jusqu'à 110 canons :
il avait été donné par les habitants de la Capitale, et construit à
Brest en 1764 (¹).

Robert de Fournier de Bellevüe avait aussi pris part le 27 juillet
1778 au combat d'Ouessant, sous les ordres du comte du Bouéxic de Guichen, comme chef d'escadre, et de M. Huon de Kermadec, comme capitaine du pavillon. A ce combat, MM. de
Molore, capitaine au régiment d'Auvergne, et de Fortmanoir,
lieutenant au même régiment, avaient été tués : et M. le
chevalier du Bouéxic, enseigne de vaisseau, avait été blessé.

(1) *L'Observateur anglais*, t. VIII, p. 193.

# XIV

## JEAN-JACQUES DE FOURNIER, Écuyer, Marquis de Bellevüe, Lieutenant de Vaisseau, Chevalier de Saint-Louis.

Né à Saint-Domingue, il fut baptisé à Limonade le 25 février 1737, il entra de bonne heure dans la marine royale. GARDE DE LA MARINE dès 1752, il fut nommé LIEUTENANT DE VAISSEAU, par brevet du 27 novembre 1765 (1), poste qu'il occupait lors de son mariage en 1773. Il donna alors sa démission et habita tantôt à son morne de Bellevüe, en Limonade, tantôt à son hôtel au Cap Français et tantôt à Paris, où il avait un hôtel, rue Meslée, et où il passait souvent l'hiver.

Le marquis de Bellevüe jouissait de plus de trois cent mille francs de rentes.

Il assista en 1766 au mariage, à Saint-Malo, de sa cousine germaine Marie-Marguerite-Charlotte-Laurence de Fournier de la Chapelle avec le comte de Montholon.

(1) Brevet original sur parchemin (Arch. Fournier).

Il fut créé en 1779 CHEVALIER DE L'ORDRE ROYAL ET MILITAIRE DE SAINT-LOUIS.

Il s'était, de tout temps, beaucoup occupé de questions agricoles et coloniales. Ce fut lui qui , en 1759, introduisit le bambou à Saint-Domingue. En ayant pris un pied à la Martinique sur l'habitation de M. de Rochechouart, il l'avait apporté sur le vaisseau royal « l'Hector », et planté sur sa terre de Bellevüe; l'année suivante il donna des boutures de cet arbuste à plusieurs de ses voisins; et ce fut ainsi que cette précieuse plante se répandit bientôt dans l'île tout entière.

Ce fut également lui qui introduisit à Saint-Domingue le lilas des Indes, connu sous le nom d'Azedecock; et qui, le premier, en 1767, mit en pratique et propagea l'inoculation pour combattre les terribles ravages que la petite vérole faisait dans la colonie.

Le 19 mars 1780, de concert avec sa femme, et par acte passé devant Me Fromentin, notaire au Cap Français, il vendit à madame Madeleine Gervaise, veuve de monsieur Jean-François Doré, notaire général au Cap Français, et moyennant 36,980 livres l'hôtel « avec grand emplacement, qu'il possédait dans la ville du Cap, « dans le bout Nord de la rue du Palais, et joignant au Nord la « ravine qui venait des Mornes de la Providence (¹) ».

En 1781, son frère, René-Charles, comte de Bellevüe, alors secrétaire du ministre de la guerre, le maréchal marquis de Ségur, dont la famille était, et resta, liée avec celle des Bellevüe (²), ayant sollicité pour son fils, alors âgé de seize ans, une place au régiment de Condé-dragons, le ministre lui écrivit, le 6 octobre 1781, que, pour obtenir cette place, il devait présenter un certificat de noblesse de Monsieur Chérin, généalogiste du Roi. Tous les papiers et titres de la branche

---

(1) Lors du règlement de l'indemnité aux anciens colons de Saint-Domingue, la fille de Madeleine Gervaise, veuve Doré, Marie-Claude Doré, alors veuve de Jean-Louis Marrier de Chanteloup, et mère d'Adrien-Louis et de Louise-Marie-Aglaée Marrier de Chanteloup, épouse de M. Hennet, est dite avoir possédé dans la ville du Cap, neuf maisons, qui furent estimées 15121 fr. 51 (soit réellement : 151.215 francs.)

(2) Le maréchal de Ségur, né en 1724, fut ministre de la guerre de 1781 à 1787; il mourut en 1801, ayant épousé, en 1749, Louise de Vernon. Les Ségur possédaient à Saint-Domingue, en la paroisse de la Croix-des Bouquets, une importante propriété qui fut estimée en 1827, 213 584 fr. 47 (soit réellement : 2 135 844 francs; plus de deux millions).

des Fournier de Bellevüe, qui avaient échappé aux incendies du
Cap, étant à Saint-Domingue, le marquis de Bellevüe s'y rendit, et
ayant pu réunir les pièces nécessaires, il les communiqua à Monsieur
Chérin. Après enquête, il obtint, avec René-Pascal Fournier, comte de
Bellevüe, son frère, un « arrêt du Conseil d'État du Roi, en date du
« 25 octobre 1788, par lequel Sa Majesté ordonne que le jugement du
« 25 juin 1669, rendu par le sieur Machault en faveur de Jean Four-
« nier, écuyer, seigneur de Varennes, de Bellevüe et de la Chapelle,
« ayeul des dits sieurs, René-Pascal Fournier, comte de Bellevüe,
« et Jean-Jacques Fournier de Bellevüe, sera exécuté selon la formule
« et teneur. En conséquence, a maintenu, maintient et garde de nou-
« veau les dits sieurs Fournier de Bellevüe dans leur noblesse d'an-
« cienne extraction, etc., et ordonne que leurs noms soient inscrits,
« si fait n'a été, dans le catalogue des nobles de la colonie de Saint-
« Domingue et du Royaume ([1]). »

Jean-Jacques de Bellevüe avait reçu du Roi, par brevet du 14 septembre 1782 (n° 17986), une pension de 800 livres qu'il toucha
jusqu'au 15 février 1792. Il avait donné procuration de toucher
cette pension à un M. Pierre-André Legris; et celui-ci, demeurant à
Paris, rue de la Courrette, au Gros Caillou, déclara, par acte du 16
floréal an II (8 mai 1794), que, depuis le 15 février 1792, il était sans
nouvelles de M. Fournier de Bellevüe, lequel résidait en 1789 à Nantes,
en 1790 et 1791 à Paris, rue Meslée, et qui, s'il n'était pas décédé,
pouvait être retourné à Saint-Domingue, où il avait des propriétés ([2]).

Le 23 mars 1783, le marquis de Bellevüe emprunta 9 000 livres
à M. Alexis Loyseau de Montaugé, seigneur de la Marterie ([3]).
Le 28 octobre 1784 il acheta une habitation à M. Dahoulay.

Par acte du 13 avril 1785, retenu par Mᵉ Michel, notaire au Cap
Français, il partagea avec son frère, René Pascal, comte de Bellevüe,
et ses sœurs, la comtesse Fournier de Varennes et la comtesse de Fer-

---

(1) Bibliothèque nationale. Collection Chérin, n° 85.— Original en parchemin, signé : Laurent
de Villedeuil — et *voir en appendice* l'enquête et l'acte de maintenue.

(2) Archives nationales, t. 1684, n° 1990.

(3) La famille Loyseau avait alors plusieurs représentants dans l'île de Saint-Domingue, à Marmelade, au Dondon et à Valières. La fille d'Alexis épousa M. Barnier, et n'eut qu'une fille, épouse
en 1827, lors du règlement de l'indemnité aux colons de Saint-Domingue, de M. de Montessuy.

ron de la Ferronnays, la succession de leur mère. Il reçut en lot les habitations situées en Limonade, et son frère celles situées au Limbé.

Lorsque le roi Louis XVI prit la résolution de convoquer les États généraux, les principaux colons nobles de la Colonie française de Saint-Domingue envoyèrent au roi une adresse, le 18 mai 1788, pour demander à être autorisés à députer aux États généraux de 1789. Cette adresse fut signée, entre autres, de MM. Fournier de Bellevüe, Renaud du Mottay, vicomte et chevalier de la Belinaye, de Miniac, et des représentants du marquis de Paroy, du marquis du Luc, du comte de Montholon, de la princesse de Berghes, tous parents des Fournier. Le roi accorda l'autorisation demandée, et nous voyons, parmi les électeurs nobles qui prirent part à l'élection des députés de l'ordre de la noblesse de la colonie de Saint-Domingue, le 13 avril 1789, les noms de MM. Fournier de Bellevüe, ancien lieutenant de vaisseau ; Fournier de Bellevüe, ancien capitaine de cavalerie; comte de Vaudreuil; marquis de Paroy, résidants dans la colonie; ceux de la comtesse de la Ferronnays et du marquis de Paroy, résidants à Paris, et ceux de : Fournier de Varennes; marquise de Lys; baron de Saint-Julien; comte de Vaudreuil ; comtesse de Pardieu ; baronne de la Ferronnays, résidants en France.

Au début de la Révolution, le marquis de Bellevüe était à Paris, avec ses fils, Jean-Pierre René, alors page du duc d'Orléans, et Jean-Jacques-Louis, élève au collège de Vendôme; et avec son frère, René-Pascal, comte de Bellevüe. Ses deux autres fils et sa fille étaient restés avec leur mère à Saint-Domingue.

Dès les premiers troubles, à la fin de 1789, il conduisit ses deux fils à Nantes, chez Monsieur de Montaudouin, riche armateur de cette ville, avec lequel il était en relations d'amitié et d'affaires (¹);

(1) La famille *de Montaudouin*, noble, riche et considérée, produisit des échevins de Nantes et des secrétaires du Roi; elle posséda entre autres dans le diocèse de Nantes les seigneuries de la Clartière, en Machecoul; de la Touche, en Retz; de la Rabatellière, en Saint-Colombin; et s'arme : « d'azur au mont d'or. »

L'ami et le correspondant du marquis de Bellevüe était M. Nicolas de Montaudouin, vieillard octogénaire, qui habitait à Nantes, rue Feydau, avec son petit-fils, René-Patrice de Montaudouin, officier de dragons, qui venait d'épouser Mlle O'Riardan de Saffré, l'hôtel connu encore sous le nom d' « hôtel de Montaudouin ». Cet hôtel fut envahi par les soi-disants patriotes, dès les premiers puis il regagna Paris, qu'il quitta à la fin de février 1792, pour passer à Saint-Domingue afin d'essayer de sauvegarder ses propriétés, menacées par les révoltes des noirs, et de protéger sa femme et ses autres enfants. Voyant l'inutilité de ses efforts, il se décida à la fin de 1792 à regagner Paris, pour y plaider près du gouvernement la cause des colons. Sa femme, ayant affirmé sa volonté de rester dans l'île pour défendre leurs intérêts, il l'y laissa, et emmena avec lui ses trois plus jeunes enfants, qu'il plaça à Nantes chez ses sœurs, la comtesse de Varennes et la comtesse de la Ferronnays, qui habitaient sur le cours Saint-Pierre l'hôtel de M^me de la Marhonnière. Ses deux fils aînés avaient, eux aussi, dû quitter Paris, et s'étaient réfugiés à Nantes, où ils étaient employés dans les bureaux d'un commissaire civil, M. Dreuze. Depuis, nous perdons la trace du marquis de Bellevüe. Comme nous le dirons plus loin, sa fille Marie-Thérèse échappa miraculeusement aux Noyades de 1794 ; ses fils aînés durent se retirer à Dinan en 1796, et ses deux fils cadets furent incorporés dans l'armée en 1796. Quant à lui, il dut mourir à Saint-Malo, ou à Nantes, vers 1802.

Il avait épousé, « dans l'église de l'Assomption de la ville du Cap « Français, le 14 juin 1773, par contrat passé le même jour devant « M^es Bornier et Sallelés, notaires au Cap, *demoiselle Perrine (Nymphe)* « *(Renaud) DE LA COURCIÈRE*, fille de Monsieur *Benoît-Jean de la* « *Courcière, chevalier, ancien mousquetaire du Roi de la première com-* « *pagnie et ancien capitaine d'infanterie*, et de feue *dame Nymphe* « *Perrine Tardivy*, (née *des Portes de Saint-Nudec*). Le futur époux fut assisté de sa mère, Madame Marie du Gast, veuve de Messire Pierre « Fournier de Bellevüe, chevalier de l'Ordre royal et militaire de Saint- « Louis, et commandant pour le roi au quartier de Limonade ; de Mes- « sire Jean-Marie-Pierre-Robert Fournier de Bellevüe, enseigne des

---

jours de la Révolution, comme le raconte l'abbé Tresvaux du Fraval dans son *Histoire de la Révolution en Bretagne*, t. I, p. 262 : « Le mercredi des Rogations 1791, la procession de ce jour passait sur le quai de la Fosse, devant la maison de M. de Montaudouin, négociant honorable et ami de Mgr de la Laurencie, évêque expulsé de Nantes. Le bruit se répandit que ce prélat était caché dans cet hôtel ; aussitôt les Patriotes l'envahissent, enfoncent les portes, brisent les meubles, déchirent les tapisseries, mettent les lits en pièces ; le tout inutilement, car ils ne trouvèrent rien. »

« vaisseaux du Roi; de Messire Jacques-Julien Fournier de Varennes,
« écuyer, ancien officier d'artillerie, et de sa femme, dame Marie-Thérèse
« Fournier de Bellevüe; de Messire René-Pascal Fournier de Bellevüe,
« écuyer, ancien substitut de M. le Procureur général au Conseil supé-
« rieur du Cap, frères du futur époux. — Et la future épouse assistée de
« Monsieur son père. Elle se constitua les droits qui lui étaient adve-
« nus par le décès de la dame sa mère, montant à la somme de
« 81 068 livres 25 deniers de capital, sans préjudice des intérêts et
« frais (¹). »

La famille *Renaud de la Courcière* est d'extraction noble et originaire de Normandie, elle semble avoir eu pour auteur Michel Renaud,
écuyer, seigneur des Orgeries, de la Renaudière, sous Alençon en 1360.
Elle est encore représentée, près d'Alençon, par les Renaud du Motey,
et s'arme : « d'argent à la bande d'azur chargée de trois étoiles d'ar-
« gent. » Devise : « *Haud despero.* » Elle semble avoir la même origine
« que les Renaud de Traversay, qui portent à peu près le même blason.

Lors de son mariage avec le marquis de Bellevüe, Mademoiselle
de la Courcière avait une tante, Elisabeth Renaud de la Courcière, qui
avait épousé en 1750 Jean du Plessis, chevalier, seigneur de la Morlière,
en Angoumois, chevalier de l'ordre du Saint-Esprit, dont la postérité
existe encore, fondue en de Talibon en 1794; elle avait deux de ses
oncles officiers aux mousquetaires du Roi. Un M. Renaud du Motey,
colon à Saint-Domingue, signa avec le marquis de Bellevüe l'adresse
au Roi en 1785 et Gilberte-Elisabeth Renaud de la Faverie était
épouse à Saint-Domingue, en 1789, de M. François Gagneux.

Comme nous l'avons dit plus haut, la marquise de Bellevüe resta
seule à Saint-Domingue, lors de la révolte des noirs; et elle eut à subir
toutes les horreurs de cette révolution.

En août et septembre 1791, les trois habitations qu'elle possédait
dans la colonie furent incendiées, ses plantations ravagées, son argenterie et ses meubles pillés. Elle dut alors se réfugier dans la ville
du Cap. Puis, profitant de l'accalmie survenue en 1795, elle fit rebâ-

---

(1) Archives nationales. Collection Chérin. Vol. 85.— Grosse du contrat signé des dits notaires;
et extrait, délivré le 29 mars 1785, signé Saintin, et dûment légalisé. Eglise de l'Assomption du
Cap Français.

tir ses habitations détruites, mais elles furent de nouveau ruinées en 1801, lors de la reprise des massacres, et elle reçut elle-même trois blessures, à la tête, au dos, et au poignet droit.

Elle périt au Cap en février 1804, dans l'égorgement de tous les blancs de cette ville par le cruel noir Dessalines. Elle avait alors environ cinquante-cinq ans.

Nous avons retrouvé, et nous conservons pieusement, les deux dernières lettres qu'elle écrivit de Saint-Domingue à son fils aîné, Jean-Pierre-René. Ces lettres sont datées du 17 août 1800 et du 2 avril 1802; en voici les passages principaux :

1° Lettre du 17 août 1800, adressée « au citoyen Fournier, négo-« ciant à Saint-Malo, remise à Monsieur Lousier, qui s'est chargé de la « déposer chez le citoyen Meyère, négociant à Bordeaux, cours Fructi-« dor, cy—devant Allées d'Albret, n° 33 (1).

« Je n'ai que le temps de t'annoncer, mon cher ami, que je t'en-« voie pour ta chère femme, (Jean-Pierre-René de Bellevüe avait « épousé en 1798, Mademoiselle Madeleine Pierrès, et demeurait alors « à Saint-Malo chez Monsieur Blaize) le portrait de moi que je lui ai pro-« mis. Elle verra par ce gage d'amitié combien elle m'est chère. Je « te prie de l'embrasser pour moi, et de l'assurer de toute ma tendresse. « Je travaille moi-même au petit trousseau que je t'ai annoncé; à la « première bonne occasion, je te le porterai (sa belle-fille venait de « donner le jour à une fille, Élisabeth de Bellevüe, qui devait devenir la « comtesse de Saint-Germain). Si j'avais eu plus de temps, j'aurais fait « encadrer le portrait. Si tu voulais, cher enfant, me faire un grand « plaisir, tu m'enverrais ton portrait et celui de ma chère fille... Je finis, « en te priant de dire à Monsieur Blaize et à sa chère famille les choses « les plus affectueuses... Voici une lueur d'espérance pour la colonie : « le brave général Toussaint vient de chasser Rigaud (novembre 1799); « que les blancs lui ont d'obligations, car, sans lui, nous serions bien « mal ici ! Je n'ai cependant qu'à me louer de tous les chefs; ils m'ont « protégée tant qu'ils ont pu. — Adieu mon cher enfant, écris-moi

(1) M. Lousier possédait une caféterie à Valière, en la colonie de Saint-Domingue, qui fut estimée, en 1826, 10.400 francs (104.000 francs).

« souvent; parle moi de ma chère fille; rends la heureuse, et ne doute
« jamais de la tendresse de ta bonne maman, qui t'embrasse de tout
« son cœur. — Le Cap, ce 30 thermidor. »

Le portrait en question fut remis fidèlement à René de Bellevüe,
il est actuellement au château de la Touraille, chez l'arrière-petit-fils
de la marquise de Bellevüe, née de la Courcière. C'est une miniature,
très finement peinte sur ivoire, en forme de médaillon ovale d'environ
8 centimètres de haut sur 6 centimètres de large. La marquise de Bellevüe est en costume de créole; les cheveux, couverts en partie d'un ma-
ras à carreaux bleus et blancs, sont blonds; les yeux bleus sont grands
et expressifs; le nez un peu fort ; la bouche sprituelle; l'ensemble de
l'expression a quelque chose de triste; le cou nu est orné d'une chaîne
d'or, qui forme un triple collier; la robe est blanche.

La seconde lettre est datée «du Cap, le 12 germinal an X^{me}, ou
2 avril 1802 »; nous y lisons :

« Enfin, mon cher enfant, je reçois une lettre de toi, qui me fait
« d'autant plus de plaisir qu'elle me donne l'espoir que je te verrai bien-
« tôt. Je t'avoue que de toutes les peines et chagrins que j'ai éprouvés
« depuis dix ans c'est celle d'être séparée de vous tous et de ne tenir
« à rien dans ce maudit pays qui m'a été le plus sensible. Tu auras appris
« les désastres du Cap et l'incendie général de la ville et de la plaine : le
« nombre des habitants tués ou massacrés est innombrable; mon
« existence est un phénomène, j'ai eu trois blessures, une à la tête, une
« autre dans le dos, et la troisième au poignet droit. Nous sommes
« encore ruinés. Tous les bâtiments qui avaient été refaits sur les trois
« habitations sont en cendres, et nous ne sommes pas près d'avoir le
« moyen de les relever; les négociants, ayant trop perdu, ne peuven^t
« avancer de fonds, et les ouvriers ne travaillent pas sans être payés
« comptant. Il est absolument nécessaire qu'un de vous vienne se fixer
« ici pour administrer les biens : mon âge et mes infirmités ne me per-
« mettent plus de faire ce que ma tendresse me dicte pour vous tous.
« L'arrivée des Français, qui devait nous rendre heureux en nous fai-
« sant ressortir d'une servitude cruelle, nous a plongés dans une ruine
« affreuse (une troupe française, sous le commandement du général
« Leclerc, était arrivée au Cap, le 28 janvier 1802). A leur entrée dans la

« rade ils ont mis le feu à la ville et fait sauter toutes les poudrières; il
« n'est pas resté une maison intacte. J'ai été une des moins mal, car je
« ne suis pas sortie de ma case, et qu'elle n'a pas été brûlée. J'ai sauvé
« un peu de linge; mais ce qui me restait d'argent et d'argenterie a été
« pillé : je me sers de cuillers d'étain. Si tu pouvais m'envoyer douze
« couverts, quatre cuillers à ragoûts et une à soupe, avec douze petites
« cuillers à café, tu me ferais grand plaisir; si tu ne le peux pas, peut-
« être que Coco (surnom de son autre fils Jean-Jacques-Louis de Belle-
« vüe) pourra le faire pour moi. Fais y mettre armes ou chiffre.

« Je me serais attendu, mon ami, que, sachant aussi bien pein-
« dre (René de Bellevüe avait un réel talent comme peintre, qui lui
« valut d'être nommé inspecteur des Beaux-Arts à Paris en 1825), tu
« m'aurais fait cadeau des portraits de ma chère fille, de ma petite et
« de toi; si tu avais su que ce serait là la consolation la plus chère à
« mon cœur, tu ne me l'aurais pas refusée; profite donc d'une occasion
« sûre pour les faire parvenir.

« Je partage la joie que tu as dû ressentir en revoyant ton pauvre
« père (le marquis de Bellevüe, revenu à Saint-Malo en 1801, y mourut
« peu après); je n'ai pas besoin de te recommander l'auteur de tes jours;
« sa tendresse pour ses enfants lui est un sûr garant de leurs soins;
« embrasse-le pour moi, mon cher enfant; fais-lui oublier, si cela est
« possible, les chagrins qu'il va encore éprouver en apprenant qu'il
« est une seconde fois ruiné.

« Au nom de l'amitié que vous me témoignez, tâchez de venir
« faire un voyage ici, et que l'un de vous reste avec moi. Qu'au moins je
« puisse avoir la consolation d'avoir les yeux fermés par ce que j'ai de
« plus cher au monde !

« Adieu, mon cher bon ami; écris-moi le plus souvent possible,
« c'est ma seule satisfaction. Je t'embrasse de tout mon cœur, et je suis
« ta bonne et tendre maman, Fournier.

« Mille caresses à ma petite, je t'en prie.

« Le greffe, ayant été incendié, je n'ai pu avoir ton extrait de
« baptême. Tu es né le 12 juillet 1776, à trois heures du matin; Coco
(Jean-Jacques-Louis), le 12 octobre 1777, à onze heures du soir; Bonne,
« le 6 décembre 1778, à deux heures après-midi ; Dondon (surnom

« de Jean-Marie-Paul), le 21 mars 1781, à six heures du matin ; et
« Chéri (surnom de Charles), le 18 décembre 1785, à trois heures du
« matin. Voici les seuls renseignements que je puisse te donner : mais
« mon mari doit les avoir tous, ou tu les aurais aisément à Paris. »

Dénuée de toutes ressources, elle avait dû vendre, le 7 pluviose
an X (1er mars 1802), la moitié d'hôtel qu'elle possédait encore au Cap
Français, rue du Bac, à M. Doré. Et, le 20 messidor an XI (9 juillet
1803), elle emprunta à M. Jean-Raymond Cazaux, chef de bataillon,
passé à Saint-Domingue en février 1802 avec le général Leclerc, une
somme de 2 000 francs, à valoir sur un billet de reconnaissance de la
somme de 39.000 francs que lui devait sa belle-sœur, la comtesse Fournier de Varennes, sur les successions de leur tante, Madame
Walsh, morte à Nantes en mai 1797, et d'un de leurs cousins, mort
à Nancy.

Depuis cette date du 9 juillet 1803, on n'entendit plus parler de la
marquise de Bellevüe ; elle dut être massacrée en février 1804, lors de
l'égorgement de tous les blancs habitant la ville du Cap, ordonné
par le cruel nègre Dessalines.

Le marquis de Bellevüe avait eu de Perrine de la Courcière cinq
enfants :

1o JEAN-PIERRE-RENÉ DE FOURNIER, marquis de BELLEVÜE,
qui suit.

2o JEAN-JACQUES-LOUIS DE FOURNIER, COMTE DE BELLEVÜE,
qui viendra après son frère.

3o MARIE-THÉRÈSE-BONNE DE FOURNIER DE BELLEVÜE,
née à Saint-Domingue le 6 décembre 1778, elle fut emmenée
par son père en France, avec les deux plus jeunes de ses frères,
lors de la révolte des noirs, en 1792, et trouva un refuge à Nantes chez ses tantes, la comtesse de Varennes et la comtesse de
la Ferronnays, dans l'hôtel la Marhonnière, sur le cours Saint-
Pierre. Arrêtée le 17 novembre 1793, comme nous l'avons dit plus
haut, elle fut comprise dans une des fournées de noyades

ordonnées par le monstre Carrier, et elle ne dut son salut qu'à un hasard providentiel. Attachée, malgré son jeune âge, à une autre victime, elle allait monter dans le bateau funèbre, quand, sa compagne, où elle, ayant eu une syncope, on les jeta de côté, et on les fit rentrer en prison. Deux jours après, Carrier, mis en accusation pour tous ses crimes, quittait Nantes, et mademoiselle de Bellevüe fut sauvée. Rendue à la liberté, elle revint chez sa tante de Varennes, où elle retrouva sa cousine, mademoiselle Agathe de la Ferronnays. Puis en 1805 elle se retira à Saint-Malo, où elle mourut l'année suivante, d'une maladie de poitrine qu'elle avait contractée dans les prisons de Nantes. Elle n'avait que 27 ans.

4° JEAN-MARIE-PASCAL DE FOURNIER DE BELLEVÜE, COMMISSAIRE PRINCIPAL DE LA MARINE, né à Saint-Domingue le 21 mars 1781, fut baptisé en l'église Sainte-Anne de Limonade le 2 avril 1783. Il vint se réfugier à Nantes avec ses frères et sœurs en 1792. Il entra dans la marine en 1801, et fit toutes les campagnes navales du Premier Empire, comme commissaire principal de la Marine. Il fut tué sur le vaisseau « La Clorinde », le 25 février 1814, dans un combat naval livré contre les Anglais. Voici le récit de ce combat, qui jeta sur le crépuscule de l'Empire un dernier reflet de gloire :

« La frégate « La Clorinde » avait pour capitaine, depuis le mois de novembre 1813, René-Jean-Marie Denis de la Garde, né à Paimpol en 1772, et pour second M. de Rabaudy. Sorti de la rade de Brest, le 1er décembre 1813, pour croiser sur les côtes d'Afrique, elle prit, coula, ou brûla en dix jours sept navires anglais. Elle voulut alors regagner les côtes de France et dans sa croisière de retour, elle prit et brûla, le 15 février, une goëlette et un brick ; le 19 un paquebot anglais ; et, le 22 un autre brick. Le 25, elle eut connaissance de « l'Eurotas », frégate anglaise de cinquante-six canons de vingt-quatre. La Clorinde ne pouvait lui opposer que quarante-six canons de dix-huit ; mais, malgré l'infériorité de ses forces, Denis-

Lagarde prit résolument l'initiative de l'attaque. Monsieur de Bellevüe était, dans ce combat, debout au banc de quart, aux côtés du capitaine, quand il fut coupé en deux par un boulet, en même temps que Denis-Legarde avait la cuisse traversée par un biscaïen. La bataille dura trois heures. Et « L'Eurotas » dut fuir à toutes voiles devant « La Clorinde », dont le commandant fut nommé capitaine de vaisseau, officier de la Légion d'honneur, puis chevalier de Saint-Louis ». Denis-Lagarde, mis à la retraite en 1820, se retira à Binic, où il mourut le 24 avril 1849, laissant de demoiselle le Pommelec, deux filles, Mesdames Duval et Challamet, et un fils, Augustin, né à Paimpol en 1812, qui épousa Mademoiselle le Pelletier, et mourut à Saint-Brieuc en 1866, ayant eu un fils, Augustin, né en 1852, commissaire de marine en 1872.

5° CHARLES DE FOURNIER DE BELLEVÜE, LIEUTENANT D'IN-FANTERIE, né à Saint-Domingue le 18 décembre 1785, il n'avait que six ans quand il passa en France et se réfugia à Nantes, chez sa tante de Varennes. Dès l'âge de 16 ans, en 1801, il s'engagea ou fut enrôlé d'office, dans un régiment d'infanterie; et il était lieutenant d'infanterie, quand il fut tué à la bataille d'Eylau, le 7 février 1807, à l'âge de vingt et un ans.

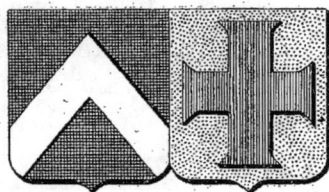

## XV

**JEAN-PIERRE-RENÉ DE FOURNIER**, Marquis de Bellevüe et de Boismarmin, Page de Monseigneur le duc d'Orléans, Chef d'escadrons, Capitaine de Cavalerie des Gardes d'honneur, Inspecteur des Beaux-Arts, Chevalier de la Légion d'honneur, Châtelain de Beaumarchais.

Né à Saint-Domingue le 11 juillet 1776, il fut baptisé en l'église Sainte-Anne de Limonade le 30 novembre suivant.

Venu en France en 1786 pour faire son éducation, il fut nommé en 1789 PAGE DE S. A. R. MGR LE DUC D'ORLÉANS.

Quand éclata la Révolution, il demeurait à Paris, en l'hôtel de son père, rue Meslet, tandis que son frère cadet était au collège de Vendôme. Lors de la suppression des pages et de la fermeture des collèges royaux, le marquis de Bellevüe et ses deux fils aînés se réfugièrent à Nantes, où ils trouvèrent un abri momentané dans l'hôtel de Monsieur de Montaudouin. Restés seuls à Nantes, à la suite du départ de leur père pour les colonies, les deux jeunes gens durent, pour sauver leur tête et gagner leur vie, entrer comme ouvriers dans l'atelier d'un menuisier, nommé Gobin, dévoué aux Montaudouin. Sur la recommandation de ce menuisier, ils obtinrent d'être employés dans les bureaux d'un commissaire civil extraordinaire envoyé de Paris à Nantes, M. Dreuze, qui s'attacha à eux, et s'intéressa à leur sort. Le commissaire de la marine à Nantes ayant appris que les deux employés de Dreuze étaient originaires de Saint-Domingue et avaient déjà fait la traversée de cette île en France, voulut les faire incorporer dans la marine; et, en 1796, il leur fit donner l'ordre d'avoir à s'embarquer sur les navires de l'État. Mais alors M. Dreuze intervint énergiquement en faveur de ses protégés, et défendit au commissaire de la marine de faire partir ses commis, le menaçant, au cas contraire, de le dénoncer et de le faire destituer. Le commissaire céda; mais M. Dreuze, inquiet, conseilla aux deux jeunes gens de quitter Nantes, et il les envoya à Dinan, chez un de ses amis, M. Bellée, qui consentit à les recevoir dans ses bureaux. Ils retrouvèrent à Dinan leur cousin germain René-Charles de Bellevüe, et, tous les trois, ils vécurent misérablement dans cette localité pendant deux ans. En 1798, se trouvant absolument dénués de ressources, ils se rendirent à Saint-Malo, où Jean trouva un emploi de comptable dans la maison de commerce de M. Fichet du Jardin, tandis que son frère René trouvait la même situation chez M. Pierrès, et que leur cousin Charles allait demeurer à Saint-Coulomb, par suite de son mariage avec Mademoiselle le Poitevin de la Ville-Noël.

M. Pierrès, chez lequel entra René de Bellevüe, était l'un des riches armateurs de Saint-Malo; il avait épousé une demoiselle de la Mettrie, et avait un fils et quatre filles. Il donna en mariage la même année, 1798, une de ces filles, Madeleine, à René de Bellevüe, qui, après avoir continué pendant quelque temps à travailler dans les bureaux de son beau-père, puis dans ceux de M. Blaize de Maisonneuve, alla, vers 1803, habiter le château de la Mettrie, en Saint-Coulomb, qui appartenait à M. Pierrès, par sa femme.

En 1813, lors de la création des gardes d'honneur, il obtint, grâce à l'influence du comte de Ségur, fils du maréchal, marquis de Ségur, dont son oncle avait été secrétaire, un brevet de CAPITAINE DE CAVA-

LERIE DE LA GARDE IMPÉRIALE, dont le comte de Ségur était colonel; et il fut envoyé avec son escadron à Landau, qu'il trouva investi par les troupes alliées. Maintenu dans son grade par la Restauration, il donna sa démission en 1819.

Le duc de Berry avait donné un certificat daté des Tuileries, le 16 juillet 1816, « au marquis Jean-Pierre-René de Bellevüe, chef d'escadron, comme faisant partie du corps d'armée sous son commandement, rallié au duc d'Aumont, pour l'expédition de Normandie, et y ayant donné des preuves de fidélité, de zèle et de dévouement au service de sa Majesté.» Plus bas, il est dit que « le grade de chef d'escadron qu'il avait avant la Restauration, lui donne celui de capitaine dans les gardes d'honneur (1) .»

Le marquis de Bellevüe fut nommé en avril 1825 MEMBRE DE LA COMMISSION DES ANCIENS COLONS DE SAINT-DOMINGUE, chargée de la répartition à faire aux anciens propriétaires de cette colonie de l'indemnité accordée par le gouvernement d'Haïti. Cette indemnité fut basée sur le dixième de la valeur réelle, et le marquis de Bellevüe et son frère y furent inscrits pour une somme de 166 600 francs.

La même année, le marquis de Bellevüe fut nommé, par l'intermédiaire du comte Corbière, alors ministre de l'Intérieur, INSPECTEUR DES BEAUX-ARTS A PARIS, et CHEVALIER DE LA LÉGION D'HONNEUR.

Malgré cette situation, il sollicita, comme colon dépossédé de Saint-Domingue, un secours au gouvernement; et le maire de Saint-Malo certifia, le 2 juillet 1829, que « M. Jean-Pierre-René de Bellevüe, âgé de 57 ans, domicilié à Saint-Malo, n'a en France aucune propriété,

---

(1) Voici la copie de ce certificat qui est conservé dans les archives de la famille de Fournier de Bellevüe.

« Nous, Charles-Ferdinand, duc de Berry, fils de France, colonel-général des chasseurs à cheval et lanciers, commandant en chef de l'armée royale en Belgique.

« Certifions que M. le marquis de Bellevüe (Jean-Pierre-René), chef d'escadron, faisant partie du corps d'armée sous mon commandement, s'est rallié par ordre du Roi à M. le duc d'Aumont, pour le suivre dans l'expédition dont il a été chargé sur les côtes de Normandie, et qu'il y a donné des preuves de fidélité, de zèle et de dévouement pour le service de sa Majesté.

« En foi de quoi nous lui avons fait expédier le présent certificat, que nous avons revêtu de notre signature et auquel nous avons fait apposer le sceau de nos armes.

CHARLES-FERDINAND.

Fait au château des Tuileries, le premier juillet 1816 ».

et qu'il a absolument besoin du secours du gouvernement ». (Arch.
nationales. Section moderne. F. 95633.)

DÉMISSIONNAIRE EN 1830, il alla demeurer au château de Beaumarchais, en Pleudihen, près de Saint-Malo, qu'il avait acheté précédemment.

Il était devenu MARQUIS DE BELLEVÜE à la mort de son père en
1802, et avait relevé le titre de marquis DE BOISMARMIN, lors de l'ex-
tinction de cette branche aînée des Fournier en 1814.

Il était très artiste : il a laissé plusieurs tableaux de valeur et un
cahier de nouvelles et de fables en prose et en vers (¹). Il était très lié
avec les Robert de la Mennais, qui demeuraient, près de Beaumarchais,
à la Chesnaye, en Plesder. Ce fut lui qui peignit le portrait du trop
célèbre abbé Félix de la Mennais, mort en 1854 ; portrait qui a été
reproduit dans l'*Histoire de Félix de la Mennais*, par l'abbé Roussel
(Rennes, Caillière, éditeur, 1892).

Félix de la Mennais parle souvent de « leur ami commun, Bellevüe »,
« dans ses lettres à M. Benoist d'Azy (²) : « La Chesnaie, 20 février
« 1820 ; Bellevüe m'a fait dire qu'il viendrait dîner aujourd'hui ; il me parle
« toujours de toi avec une bien vive affection. » — Saint-Brieuc, 2 juillet
1820 : « Quand tu pourras disposer d'un moment, écris à Bellevüe, il t'est
« véritablement attaché.... » — La Chesnaie, 9 octobre 1820 : « J'ai
« remis ta lettre à Bellevüe. Il est également bien toujours, mais le
« pauvre garçon est affligé d'un rhumatisme goutteux qui le gêne extrê-
« mement... » — La Chesnaie, 29 décembre 1820 : « Je pense que je
« verrai bientôt Bellevüe ; en lui envoyant plusieurs lettres à ton adresse
je lui ai mandé les motifs qui t'ont empêché de lui répondre plus tôt...»
— La Chesnaie, 18 janvier 1821 : « Bellevüe vint dîner ces jours derniers avec nous : nous bûmes à ta santé, car ton souvenir est ici pré-
« sent dans tous les cœurs... » — La Chesnaie, 30 janvier 1822 : « Je
« vais demain à Pleudihen, j'y coucherai...» — La Chesnaie, 25 mars
1822 : « J'ai fait un petit voyage à Pleudihen... Bellevüe doit t'écrire
« incessamment ; tu ne lui as pas annoncé ton mariage, il m'a chargé

---

(1) Des manuscrits de ses ouvrages sont en la possession de sa petite-fille, Madame du
Faÿ du Choisinet, et de son arrière-neveu, le marquis Xavier de Bellevüe.
(2) *Un Lamennais inconnu*, par A. LAVEILLE, Paris, Perrin, 1898.

« de t'en faire des reproches très-aimables... » — 7 juillet 1822 :
« Je ne vois guère Bellevüe; mais, chaque fois que nous nous voyons,
il me « parle de toi, et toujours avec la même affection; c'est un
« excellent homme et un ami bien sûr... »

Le marquis de Bellevüe mourut au château de Beaumarchais en
1858, âgé de 82 ans, et fut inhumé dans le cimetière de Pleudihen. Sa
veuve mourut également à Beaumarchais en 1863, âgée de 92 ans.

Il avait épousé à Saint-Malo, en 1798, *Mademoiselle Madeleine
PIERRÈS*, née à Saint-Malo le 22 juillet 1774, fille de *Laurent-Pierre
PIERRÈS, écuyer, seigneur de la Vieuxville, armateur à Saint-Malo,
et de Françoise-Marie Quintin, dame de la Mettrie,* en Saint-Coulomb.

La famille *Pierrès,* qui semble originaire du pays d'Avranches,
vivait à Saint-Malo dès le XVIe siècle, et s'armait : « d'or à la croix pattée
de gueules. »

Mademoiselle Madeleine Pierrès avait un frère, Laurent Pierrès,
mort sans alliance vers 1820, et trois sœurs, qui devinrent Mesdames
Herbert de la Port-Barrée, de la Rouë, et Thierry (1).

(1) La famille Pierrès produisit :

I°. *Gilles Pierrès, seigneur de Saint-Jean,* époux, en 1594, de Perrine Papin, fille de Guillaume,
seigneur de la Blinaye, et de Laurence Michelet, eut :

II°. *Pierre Pierrès, écuyer, seigneur de Saint-Jean, conseiller du Roi, assesseur au bailliage
d'Avranches,* baptisé à Saint-Malo, le 10 mars 1595, qui y épousa, le 21 avril 1626, Jeanne
Martin et eut :

III°. *François Pierrès, écuyer, seigneur de Saint-Jean, du Gué, de la Gapillère, de la Touche-
aux-Bégasses,* qui épousa, en 1668, Françoise-Renée Frotet, dame du Gué, de la Gapillère,
de la Touche-aux-Bégasses, en Pleudihen, qui lui porta ces seigneuries; il fut par suite
seigneur fondateur et prééminencier de l'église de Pleudihen, dont il nomma une cloche
en 1685. Il reconstruisit et fit bénir, en 1692, la chapelle du manoir de la Touche, et eut
onze enfants, entre autres :

1° *Jacques,* seigneur de la *Touche, capitaine,* baptisé à Saint-Malo, le 29 septembre 1670; il
épousa Marie-Marguerite Malsaigne, de Clermont-Ferrand, et mourut à Saint-Malo, le
19 décembre 1736, ayant eu deux filles, non mariées;

2° *François-Alexis,* seigneur du Gué, capitaine de vaisseau, baptisé à Saint-Malo, le 31 octo-
bre 1674, y épousa, le 13 mai 1721, Jeanne le Fer, et eut *un fils* et *trois filles,* dont l'une,
*Marie-Marguerite, dame de la Touche,* épousa, le 24 octobre 1752, dans la chapelle du Vau-
Salmon, en Paramé, Julien-Pierre Dumaine, seigneur de la Josserie;

3° *Jeanne-Françoise,* qui épousa à Pleudihen, en 1698, le 16 novembre, Bernard Jourdan,
seigneur de la Touche, mort en 1724;

4° *Yves-Jean,* qui suit;

La marquise de Bellevüe, veuve en 1852, mourut au château de Beaumarchais, en Pleudihen, le 10 mai 1863.

Elle avait eu quatre enfants :

1º ÉLISABETH DE FOURNIER DE BELLEVÜE, née à Saint-Malo le 23 mars 1800, qui épousa, le 4 octobre 1830, *Jules-Amable-Louis Huet, comte de la Tour-du-Breuil*, né au château de la Tour-du-Breuil, le 31 juillet 1803, fils de *Jean-Marie-Philbert Huet, seigneur de la Tour-du-Breuil*, en Valençay, *du Rabry, de la Maisonneuve, ex-capitaine de cavalerie au régiment de Bourbon-dragons*, et *d'Apolline de Boisvilliers*. — La famille *Huet*, noble d'ancienne extraction et originaire du Perche, a possédé

5⁾ *Marie-Thérèse*, qui épousa ; 1º Pierre-Louis-Jourdan, seigneur de la Herviais ; 2º à Pleudihen, le 29 août 1713, Nicolas Roseau, seigneur de Montigny.

IVº. *Yves-Jean Pierrès, écuyer, seigneur de la Vieuville, capitaine des gardes-côtes de Châteauneuf*, baptisé à Saint-Malo, le 8 août 1680, épousa : 1º à Pleudihen, le 4 mai 1706, Michelle Bouvet, dame de la Maisonneuve ; 2º à Pleudihen, le 11 janvier 1727, Laurence le Fer de la Motte, fille de Bertrand, seigneur de la Motte, et de Jeanne Bernard. Elle mourut le 28 novembre 1772. Il eut du premier lit : 1º *Jean*, baptisé à Pleudihen en 1709 ; 2º *Alain-Jean*, baptisé à Pleudihen en 1710 ; 3º *Jean*, baptisé à Pleudihen en 1714 ; — du deuxième lit : 4º *Noël-Jean*, baptisé à Pleudihen en 1728 ; 5º *Laurent-Pierre*, qui suit ; 6º *Pierre-Alexis*, baptisé à Pleudihen en 1731 ; 7º *Julien-François*, baptisé à Saint-Malo en 1732.

Vº. *Laurent-Pierre Pierrès, écuyer, seigneur de la Vieuxville, armateur à Saint-Malo*, baptisé à Saint-Malo, le 22 décembre 1729, y épousa, le 20 avril 1762, Françoise-Marie Quintin, dame de la Mettrie et eut :

1º *Françoise-Laurence-Charlotte, dame de la Vieuxville*, baptisée à Saint-Malo, le 25 juillet 1763, qui y épousa, le 3 mars 1783, Nicolas Herbert, seigneur de la Portbarrée, et eut entre autres Thomas Herbert de la Portbarrée, QUI ÉPOUSA, VERS 1822, SA COUSINE, MATHILDE FOURNIER DE BELLEVÜE ;

2º *Laurent Pierrès, armateur, conseiller municipal et administrateur des hospices de Saint-Malo*, baptisé à Saint-Malo, le 14 avril 1770, mort sans alliance, vers 1821 ;

3º *Marie*, baptisée à Saint-Malo, le 9 juin 1772, qui y épousa, en 1798, Jean-François Aubin de la Roüe, dont postérité : 1º Marie-Angèle de la Roüe épousa, le 22 novembre 1823, Louis-André Bouan du Chef-du-Bos, né à Quintin, le 8 janvier 1796, et eut pour fils aîné Louis Boüan du Chef-du-Bos, qui hérita de Champsavoix, en Evran, et épousa Marie-Anastasie-Joséphine Roger de Villers, morte veuve au château de Champsavoix, le 3 mars 1907, ayant eu : Joseph Boüan du Chef-du-Bos, châtelain actuel de Champsavoix ; 2º Marie-Michelle de la Roüe, qui épousa Aimé-Nicole de la Belleissue ; 3º Marie-Constance, qui épousa François le Forestier ;

4º *Madeleine*, baptisée à Saint-Malo, le 22 juillet 1774, QUI Y ÉPOUSA, EN 1798, JEAN-PIERRE-RENÉ DE FOURNIER, MARQUIS DE BELLEVÜE, et mourut en 1863 ;

5º *Céleste*, baptisée à Saint-Malo, le 12 avril 1777, qui épousa M. Thierry.

dans cette province et dans celle du Berry, les seigneuries de la Houdonnière, de Froberville, de Bonnière, d'Arlon, du Rabry, de la Garenne, de Grandmaison, de la Maisonneuve, de la Tour-du-Breuil. Elle s'arme : « d'azur à trois épis de blé d'or, 2, 1 » (1). — Le comte Jules de la Tour-du-Breuil mourut au château du Rabry, le 10 juillet 1877. Sa veuve mourut le 18 janvier 1883. Ils avaient eu cinq enfants :

1° *Marie Huet de la Tour-du-Breuil*, née au château du Rabry, le 11 novembre 1831, qui épousa, le 16 janvier 1853, *Jules, baron d'Avout, commandant d'Etat-major, officier de la Légion d'honneur.* — La famille *d'Avout*, d'origine chevaleresque et de noblesse d'épée, peut revendiquer comme devise ce vieux dicton bourguignon : « Quand naît un Davo, une épée sort du fourreau. » Elle tire son origine et son nom du village d'Avot, en Bourgogne. Avant la Révolution,

---

(1) Nous trouvons :

*Laurent-Claude Huet, écuyer, seigneur d'Arlon, capitaine de cavalerie au régiment de Royal-Cravattes, chevalier de Saint-Louis*, qui épousa, à Romorantin, le 28 juin 1715, Madeleine le Proust, veuve en 1752, dont :

1° *Zacharie-Nicolas, écuyer, seigneur d'Arlon*, d'abord *officier au régiment de Provence*, puis *mousquetaire à la 1re compagnie*, baptisé à Romorantin, le 26 septembre 1716 ; il y épousa, le 11 mars 1756, sa parente, Angélique-Claude Huet d'Ambrin, et eut une fille ;

2° *Jean-Claude-Hilarion*, qui suit ;

3° *Jean-Baptiste-Pierre, écuyer, seigneur d'Arlon, de Froberville*, qui épousa à Romorantin :
  1° le 8 février 1751, Marie Vallois, fille de Claude, seigneur de Boisrenaud, conseiller du Roi, lieutenant général de Romorantin et de Millançay, et de Marie Carré de l'Héreau ;
  2° le 3 octobre 1757, Jeanne de Bury, fille de Pierre, seigneur de la Pommerays, lieutenant général de la police de Romorantin et de Millançay ;

*Jean-Claude Hilarion Huet, écuyer, seigneur de la Tour du-Breuil*, épousa, vers 1743, Marie-Angélique de la Pivardière de la Villemorant, et acheta, en 1772, la moitié du Haut-Breuil. Il eut :

1° *Jean-Emmanuel*, baptisé à Romorantin, le 6 juin 1744 ;

2° *Jean-Marie, seigneur du Haut-Breuil*, en 1790 ;

3° *Jean-Philbert*, qui suit ;

*Jean-Philbert Huet, écuyer, seigneur de la Tour-du-Breuil, lieutenant au régiment de Bourbon-dragons*, qui devint le 3e dragons, épousa Apolline de Boisvilliers, fille de Charles-François et de Pauline de Rolland, et eut :

*Jules-Amable-Louis Huet, comte de la Tour-du-Breuil, seigneur de Rabrys, de la Maisonneuve*, QUI ÉPOUSA, en 1830, Mlle ELISABETH DE FOURNIER DE BELLEVUE, morte veuve en 1883, dont la postérité est indiquée ci-dessus.

la plupart des membres de cette famille signaient d'Avout. Ainsi, sur les registres de la paroisse d'Annoux, l'acte de naissance de celui qui devait être le maréchal, prince d'Eckmulh, porte : « 10 mai 1770. Louis-Nicolas d'Avout, fils du chevalier d'Avout. » Il signa lui-même ainsi dans sa jeunesse, comme le prouvent ses livres de classe, conservés par sa fille, la marquise de Blocqueville. Plus tard, il supprima l'apostrophe et signa « Davout » ; mais jamais « Davoust ». — Les d'Avout, dont la généalogie remonte authentiquement à l'an 1220, possédèrent, jusqu'à sa démolition en 1430, la citadelle de Château-Gaillard, sur les confins de la Bourgogne et de la Champagne. A toute époque ils se distinguèrent sur tous les champs de bataille. En 1408, trois d'Avout accompagnent Jean-sans-Terre au pays de Liège ; cinq d'Avout prennent part à tous les combats de la guerre de Sept ans et cinq encore sont à Awerstaedt et à Iéna. La famille d'Avout s'arme : « de gueules à la croix d'or chargée de cinq molettes de sable. » — Le baron Jules d'Avout est mort en 1880, et sa veuve est décédée le 6 novembre 1896. Ils avaient eu trois fils, morts sans alliance, *Albert*, *Alfred* et *Joseph*, et deux filles non mariées, *Marguerite* et *Anne;*

2º *Henry Huet, comte de la Tour-du-Breuil*, né le 22 février 1833, a épousé, en 1887, Julienne le Courtois, et est mort sans enfants, le 7 juillet 1895 ;

3º *Auguste Huet, comte de la Tour-du-Breuil*, né le 2 février 1835, a épousé, le 14 mai 1874, Julienne de Menou, de la branche du Mée, en Berry (« de gueules à la fasce d'or »). Il est mort à Marseille le 10 juin 1906, laissant deux fils : *Jean*, non marié, et *Raymond Huet, vicomte de la Tour-du-Breuil*, qui a épousé, le 20 mai 1908, sa cousine, Madeleine le Nesle, fille de Paul et d'Yvonne du Fay de Choisinet (le Mesle : « d'argent au meslier de sinople fruité de gueules ») ;

4º *Louise Huet de la Tour-du-Breuil,* née au château du Rabry, le 21 mars 1837, a épousé, le 30 avril 1861, *Henry du Faÿ de Choisinet.* — La famille *du Faÿ* est noble d'ancienne extraction. En 1308, Philippe du Faÿ, seigneur de Savigny, épousa sa cousine, Marguerite du Faÿ, fille unique de Jean, seigneur du Faÿ. Pierre du Faÿ figure à la Cour de Charles le Bel, et mourut en 1329. Aymard du Faÿ, époux d'Anne d'Oiselet, fut armé chevalier par le duc de Charolais sur le champ de bataille de Monthléry, et mourut en 1485. La famille du Faÿ s'arme : « d'argent au chevron de gueules, accompagné en pointe d'une rose d'argent boutonnée d'or, au chef d'azur chargé de trois étoiles d'argent. » — M. Henry du Faÿ de Choisinet est mort le 2 novembre 1902 à Saint-Servan, où habite sa veuve (¹). Il avait eu cinq enfants, dont deux seulement ont laissé postérité :

A) *Yvonne du Faÿ de Choisinet,* née au château du Rabry, le 22 avril 1862, qui a épousé, le 22 avril 1885, *Paul le Mesle,* fils d'une demoiselle de Menou, et est décédée à Alger, le 5 novembre 1888, laissant une fille, *Madeleine le Nesle,* qui a épousé, le 20 mai 1908, son cousin *Raymond Huet de la Tour-du-Breuil;*

B) *Edgard du Faÿ de Choisinet, capitaine d'infanterie, chevalier de la Légion d'honneur,* né à Mehun-sur-Yèvre, le 21 février 1864, qui a épousé, le 25 juillet 1894, Marie-Thérèse d'Ambrières (d'Ambrières : « d'or au lion de gueules, au chef d'azur chargé d'un croissant d'argent accosté de deux étoiles d'or »). Ils ont sept enfants : *Maurice, Jeanne, Henry, Hélène, Yves, Germaine* et *André du Faÿ de Choisinet;*

5º *Gabriélle Huet de la Tour-du-Breuil,* née à Fribourg (Suisse), le 14 février 1841, qui a épousé, le 4 février 1873, *Paul,*

---

(1) C'est à elle que nous devons les renseignements sur les familles Huet de la Tour-du-Breuil, du Faÿ de Choisinet et d'Avout.

comte de la Moussaye, né en 1832, fils du général, marquis de la Moussaye, et issu d'une illustre famille bretonne qui s'arme : « fretté d'or et d'azur de six pièces. » La comtesse de la Moussaye fut adoptée par sa tante, Madame Herbert de la Port-Barrée, née Mathilde de Bellevüe; et elle habite le château de la Port-Barrée, en Saint-Méloir-des-Ondes, où son mari est mort le 6 mars 1900, laissant :

A) *Edouard, comte de la Moussaye*, né le 27 novembre 1875, qui a épousé, le 8 septembre 1903, Marguerite de Leusse, dont il a : *Marie-Emilie*, née le 27 juillet 1908;

B) *Paule de la Moussaye*, née le 28 décembre 1876, qui a épousé, le 5 juillet 1899, son cousin, *Georges Herbert de la Port-Barrée*, dont elle a : *Georges* et *Simon Herbert de la Port-Barrée*.

2° MATHILDE DE FOURNIER DE BELLEVUE, née le 22 février 1803, elle épousa en 1822, à 19 ans, son cousin germain, *Thomas Herbert de la Portbarrée, châtelain de la Portbarrée* (anciennement la Couaillerie) en Saint-Méloir des Ondes, fils de *Nicolas Herbert de la Portbarrée* et de *Françoise Pierrès, dame de la Vieuxville*, qui avait été baptisée à Saint-Malo le 4 février 1787. Étant veuve et sans enfants, elle adopta sa nièce Gabrielle de la Tour-du-Breuil, qui épousa le comte Paul de la Moussaye, et vécut avec elle au château de la Portbarrée, où elle est morte, dans sa centième année, le 28 juin 1902.

La famille *Herbert* serait originaire de Normandie et aurait accompagné en Angleterre Guillaume le Conquérant en 1066. Une branche vint s'établir en 1346 en Bretagne, à Cambarat, ou Maure, où elle parut en 1513 et 1598. Une autre branche aurait également quitté l'Angleterre en 1533 et se serait fixée dans le pays de Saint-Malo, où elle réside depuis cette époque. Elle s'arme : « d'argent à deux léopards de sable, l'un sur l'autre[1]. »

(1) Nous trouvons :

I°. *Georges-Herbert*, qui épousa à Saint-Malo, en 1535, Jeanne Berthelot, et eut :

II°. *Bertrand I Herbert*, baptisé à Saint-Malo, le 16 mai 1541, qui eut de Isabeau de Colombe :

**3° JEAN XI RENÉ DE FOURNIER, MARQUIS DE BELLEVÜE ET DE BOISMARMIN, qui suit :**

III°. *Etienne Herbert*, baptisé à Saint-Malo, le 29 avril 1591, qui eut d'Etiennette de Launay :

IV°. *Bertrand II Herbert, seigneur de Catenabatz,* puis *de la Portbarrée,* baptisé à Saint-Malo, le 4 avril 1613, qui épousa à Saint-Suliac, le 12 janvier 1654, Jeanne de Trémaudan, dame de la Portbarré, fille de Jean et de Jeanne de Miniac, et eut :

    1° *Jean*, qui suit;

    2° *Hélène*, baptisée à Saint-Suliac, le 19 juin 1657;

    3° *Bertrand III, seigneur de la Haize,* né en 1658, mort à Saint-Suliac, le 4 avril 1727;

    3° *Bertrand III, seigneur de la Haize,* né en 1658, mort à Saint-Suliac, le 4 avril 1727;

V°. *Jean-Herbert, seigneur de la Portbarrée,* baptisé à Saint-Malo, le 11 novembre 1654, épousa Perrine-Thérèse Piednoir, et eut :

    1° *Thomas*, qui suit;

    2° *Pélagie-Aimée, dame de Tressaint,* qui épousa, le 23 juin 1739, Nicolas Magon, marquis de la Gervaisais, lieutenant général, chevalier de Saint-Louis, veuf de Rosalie de Miniac, et mort sans enfants du second mariage;

    3° *Jean, seigneur de Cherbury, officier de marine.*

VI°. *Thomas Herbert, baron de la Portbarré, chef d'escadre, chevalier de Saint-Louis,* baptisé à Saint-Malo, le 28 mai 1694, y épousa, le 8 janvier 1734, Marie Heurtault de Bricourt, fille de feu Julien, seigneur de Bricourt, et de Claire-Thérèse Duhamel. Il commandait en second l'escadre royale qui prit Madras, en 1745, sous les ordres de Mahé de la Bourdonnais, et il avait avec lui son frère, Herbert de Cherbury. Il eut :

    1° *Nicolas-Thomas*, qui suit;

    2° *Marie-Aimée, dame de la Garète,* en Plouër, qui épousa, en 1781, Pierre-Henry Brignon de Lehen, dont postérité à la Garète.

VII°, *Nicolas-Thomas Herbert, baron de la Portbarrée,* née à Saint-Malo, en 1756; y épousa, le 3 mars 1783, Françoise-Laurence-Charlotte Pierrès de la Vieuville, sœur de Madeleine Pierrès, qui épousa, en 1798, le marquis de Bellevüe. Il eut :

    1° *Nicolas*, qui suit;

    2° *Thomas-Laurent*, baptisé à Saint-Malo, le 4 février 1787, QUI ÉPOUSA, EN 1822, MATHILDE DE FOURNIER DE BELLEVÜE, et n'eut pas de postérité;

    3° *Emile*, baptisé à Saint-Malo, le 17 mai 1789.

VIII. *Nicolas-François Herbert, baron de la Portbarrée,* baptisé à Saint-Malo, le 29 juillet 1784, épousa, le 6 février 1811, Victoire-Blaize de Maisonneuve, née à Saint-Malo, en 1792, morte en 1869; SŒUR DE LOUISE, QUI ÉPOUSA, EN 1800, JEAN-JACQUES-LOUIS FOURNIER, COMTE DE BELLEVÜE; veuve en 1843, elle acheta la ferme du Pontprin, en Saint-Méloir, de Jean-Jacques-Louis de Bellevüe. Elle eut :

    1° *Nicolas*, mort sans postérité;

    2° *Ernest*, qui suit;

    3° *Clarisse*, qui épousa Joseph Thierry du Fougeray, mort en 1870, et mourut veuve à Paramé, en 1894, ayant eu : Joseph Thierry et Marie Thierry, qui épousa, en 1881, le vicomte Stanislas de Lorgeril, et mourut à Paramé, en 1891, ayant eu : Stanislas, Andrée, Xavier, Christian, Edith et Odette de Lorgeril; son mari s'est remarié en 1894, à Marie-Joséphine de Lagrenée.

IX°. *Ernest Herbert*, baron de Portbarrée, né le 7 juin 1830, a épousé, le 16 mai 1854, Cécile Duguen, et a eu :

4° MADELEINE DE FOURNIER DE BELLEVÜE, née le 29 décembre 1809, qui épousa en 1834 LOUIS-CHARLES *Texier, comte de Saint-Germain, ex-garde du corps de la garde royale, châtelain de la Mothe,* en Pouzauges (Vendée). Il mourut au château de la Mothe le 15 novembre 1847 et sa veuve y mourut le 25 mars 1884. Elle n'avait eu qu'une fille : *Berthe de Saint-Germain,* née en 1835, qui épousa, en mai 1857, *Marie-Roger Roussel, comte de Courcy,* né en 1834, mort au château de la Mothe, en Pouzauges, le 25 septembre 1893. Sa veuve demeure au château de la Mothe et à Orléans. Elle est décédée au château de la Mothe, en avril 1909, ayant eu deux fils :

1° *Robert Roussel, comte de Courcy,* né le 4 octobre 1858, qui a épousé à Rennes, le 20 octobre 1884, Berthe de la Goublaye de Nantois, fille du comte de Nantois, et de demoiselle de Sceaux, dont : Serge, né le 4 juin 1886 ;

2° *Gaston Roussel, vicomte de Courcy,* né le 5 octobre 1862, qui a épousé à Orléans, le 20 décembre 1887, Mademoiselle Juliette de Malortie, dont : Charles-Henry, né le 17 septembre 1888.

1° *Cécile,* qui a épousé, en 1898, M. O'Rorke, mort en 1904 ; issu d'une famille noble d'Irlande où elle vivait dès le XIIe siècle ;

2° *Georges,* qui a épousé, en 1899, sa cousine Paule de la Moussaye, fille du comte Paul de la Moussaye et de Gabrielle de la Tour-du-Breuil, et petite-nièce de Mme de la Port-barrée, née Mathilde de Bellevüe.

— Nous trouvons en outre :

*Julien Herbert, seigneur de Thivinière,* mort à Tremblay en 1705, dont : 1° *Jacques, seigneur de Thivinière,* né en 1667, mort en 1710 ; 2° *Pierre ;* 3° *Julien-Michel,* qui suit :

*Julien-Michel Herbert, seigneur des Longrais,* épousa à Tremblay, en 1707, Marie Thery, dont : 1° *Anne-Marie,* baptisée à Tremblay en 1710 ; 2° *Pierre,* baptisé à Tremblay en 1715 ; 3° *Joseph-Marie, seigneur de la Baronnerie, sénéchal de Montmoron,* baptisé à Tremblay en 1717, qui épousa Jeanne Corson, et mourut en 1785, ayant eu : *Marie-Yvonne-Jeanne,* qui épousa son parent Jean-Joseph-Marie Herbert, avocat et procureur à la Cour, assassiné par les Républicains à Tremblay en 1795.

*Isabelle Herbert, dame du Grenier,* en Saint-Alban, y épousa, en 1603, François Mouësan, écuyer, seigneur de la Cortière, dont postérité.

*François Herbert, seigneur de Cocharde,* eut de Catherine Friou : *Jacques* et *Jeanne, dame du Vaumeno de Guerroué,* qui épousa à Saint-Alban, 25 février 1675, Marc Hélignon, seigneur de la Houssaye.

*Mathurin Herbert, écuyer, seigneur du Jardin,* eut de Suzanne Mosnier : *Marie-Louise,* qui épousa à Paris, en 1757, Dominique Burin de la Neuville, capitaine d'infanterie.

## XVI

## JEAN XI RENÉ DE FOURNIER, Marquis de Bellevüe et de Boismarmin, Lieutenant de dragons, démissionnaire en 1830, Châtelain de Beaumarchais et du Montfleury.

Né le 6 octobre 1806, baptisé le 14 septembre 1807, il était de 1826 à 1827 SOUS-LIEUTENANT ÉLÈVE A L'ÉCOLE DE CAVALERIE DE SAUMUR et eut à cette époque avec ses camarades plusieurs duels; nommé en 1828 LIEUTENANT DE DRAGONS, il fit, comme OFFICIER DE L'ÉTAT-MAJOR DU MARÉCHAL DE BOURMONT, la campagne d'Algérie et assista entre autres au combat de Staouëli, le 19 juin 1830, à la prise du fort de l'Empereur, le 4 juillet, et à la capitulation d'Alger, le 5 juillet 1830. Puis, quand le mois suivant, Louis-Philippe d'Orléans accapara le trône du roi Charles X, il donna sa démission, et alla demeurer au château de Beaumarchais et au Montfleury, au Petit-Paramé, que M. Garnier du Fougeray, ancien questeur à la Chambre des Pairs, avait donné à son père (¹).

Il mourut au Montfleury, le 15 mars 1852.

Il avait épousé en 1849 *Mademoiselle Mathilde AUX-COUSTEAUX*, *dame de Marguerie*, près de Beauvais, en la paroisse de Hermes, d'une famille noble, originaire du Gâtinais, qui s'armait : « de gueules à trois couteaux d'argent emmanchés d'or, en pal. »

La marquise de Bellevüe survécut à son mari et à son fils unique.

Elle mourut en 1875 au château de Marguerie, qui a été acheté depuis par M. Louis Legendre, époux de Demoiselle Dombrowska.

Elle n'avait eu qu'un fils, qui suit :

(1) Jean-Baptiste-Laurent Garnier de Fougeray, né à Saint-Malo, en 1768, fut ôtage de Louis XVI et avait émigré en 1791 ; il fut élu député de Saint-Malo, de 1815 à 1828, et il mourut officier de la Légion d'honneur, à Constantinople, le 2 décembre 1842, laissant la plus grande partie de sa fortune à M. Adolphe Thierry, qui prit le nom de Thierry du Fougeray.

# JEAN XII DE FOURNIER, Marquis de Bellevüe et de Boismarmin, Sergent aux Zouaves Pontificaux, et Sergent-Major aux Volontaires de l'Ouest.

Né au château de Marguerie, près de Beauvais, le 14 avril 1850, il fit son éducation chez les Pères Jésuites, au collège de Vaugirard, du 11 octobre 1864 au 20 décembre 1865, et à l'École Sainte-Geneviève, du 10 octobre 1866 au 8 juillet 1867.

Alors la Moricière, répondant à la grande voix du Pape Pie IX, avait appelé à Rome les hommes de cœur et de foi pour défendre les droits de l'Eglise et l'indépendance du Saint-Siège, menacés par le gouvernement franc-maçon de Victor-Emmanuel. Nombreux furent les tenants de cette guerre sainte; et cette nouvelle croisade des soldats de Dieu, dont la plupart étaient Français, fut une merveilleuse épopée digne des vieux âges.

Il s'agissait de se dévouer, de se sacrifier pour la plus noble des causes : Jean de Bellevüe n'hésita pas. Malgré son jeune âge, dix-sept ans, il quitta sa mère, sa famille, ses amis, son pays, pour aller s'enrôler dans la légion des chevaliers catholiques qui faisaient à la Papauté un rempart de leurs poitrines.

Déjà les combats de Spolète, de Castelfidardo, d'Ancône, de Lorette, d'Anagni, de Nerola, de Monte-Rotonde, de Mentana, avaient proclamé l'héroïsme des soldats pontificaux, et porté à l'ordre du jour de la chrétienté les noms des Charette, Allet, d'Albiousse, Lambilly, Bec-de-Lièvre, Quélen, Pimodan, Moncuit, Troussures et de tant d'autres héros,

Jean de Bellevüe arriva à Rome quelques jours après la victoire de Mentana, et il fut incorporé le 8 décembre 1867 dans le régiment des zouaves pontificaux, où il retrouva son cousin, Henry de Bellevüe, arrivé au lendemain de la bataille de Castelfidardo, qui venait d'être nommé sous-lieutenant pour sa brillante conduite à Mentana, et qui devait périr glorieusement au combat du plateau d'Auvours, près du Mans, le 11 janvier 1871.

Peu après l'incorporation du jeune marquis de Bellevüe, sa mère, qui n'avait que lui au monde, et qui ne pouvait vivre sans son fils, vint le rejoindre à Rome au mois de septembre 1868, et resta dans cette ville jusqu'à son occupation par les troupes de Victor-Emmanuel.

Ce prince, en effet, profitant de la guerre déclarée entre la France et la Prusse, qui avait nécessité dès les premiers jours du mois d'août 1870 le retrait des troupes françaises d'occupation, envahit les États Pontificaux et vint assiéger Rome le 11 septembre.

Les défenseurs du Saint-Siège n'étaient que onze mille contre soixante-dix mille : ne pouvant vaincre, ils succombèrent avec gloire. Après une résistance héroïque, écrasés sous le nombre, ils durent déposer les armes, le 20 septembre, et ils quittèrent le lendemain la Ville Éternelle, après avoir reçu une dernière bénédiction de Pie IX.

Jean de Bellevüe avait pris comme caporal une part glorieuse à ce combat désespéré.

Le 25 septembre il s'embarqua à Civita-Vecchia, avec six cents zouaves pontificaux français, et arriva à Toulon le surlendemain.

Alors la France, envahie, écrasée, râlait sous le talon prussien. Paris était investi, nos armées détruites ou prisonnières, et, seules,

les provinces de l'Ouest opposaient encore une résistance désespérée.
— Les « zouaves pontificaux » s'étaient dévoués pour l'Église; les
« Volontaires de l'Ouest » allaient mourir pour la France.

Ayant, après bien des hésitations du gouvernement dit de la
défense nationale, obtenu l'autorisation de former un corps franc,
Charette constitue un régiment, auquel il donne le nom de « Légion des
volontaires de l'Ouest », car il était surtout composé de Bretons; déploie la bannière blanche du Sacré-Cœur, et va rejoindre l'armée de la
Loire, qui combattait du côté d'Orléans.

La bataille de Cercottes, livrée le 14 octobre près de cette ville,
donne droit de cité en France au nouveau régiment.

Jean de Bellevüe n'avait que vingt ans, il venait d'être nommé sergent au 1er bataillon, commandé par M. de Troussures. Au milieu
des acclamations qui accueillirent « les Soldats du Pape » à leur retour
de ce combat, l'attitude martiale et la figure enfantine de Jean atti-
rèrent les regards de la foule, qui le saluait par les cris de : « Vive le
petit sergent. »

De Cercottes, les zouaves gagnèrent le Mans, où Jean fut logé
avec son bataillon dans le collège des Pères Jésuites.

Il en partit le 9 novembre, avec le double galon de sergent-major,
pour se rendre à Châteaudun, puis au camp de Marboué, à une lieue
de cette ville. C'est de là que, le 1er décembre, il alla pour prendre part
à l'héroïque combat de Loigny, où il devait mourir pour la France et
pour Dieu.

Jean communia le matin du vendredi 2 décembre; et, à huit heures
du matin, s'engageait le combat qui devait immortaliser le régiment
des Volontaires de l'Ouest.

Le bourg de Loigny est situé à environ à 30 kilomètres à l'est de
la ville de Châteaudun et à 8 kilomètres au nord du bourg de Patay.
Là, à quatre siècles et demi d'intervalle, furent déployées les blanches
bannières de Jeanne d'Arc et des zouaves pontificaux.

Le régiment des Volontaires de l'Ouest attendait, l'arme au pied,
en avant de Patay, le moment de prendre part au combat. Cette heure
ne tarda pas à arriver; et bientôt les zouaves, à la suite du général de
Sonis et de leur colonel Charette, s'avancent sur Loigny. Arrivés à

proximité du champ de bataille, ils durent faire halte sous les projec-
tiles ennemis pour attendre de nouveaux ordres. Bientôt arrive un
officier général, qui s'arrête devant le groupe des officiers des « Volontaires de l'Ouest », et se découvrant : « Messieurs, vous êtes les zouaves
pontificaux ? » — « Oui, mon général, répond le capitaine le Gonidec
de Traissant. » — « Eh bien ! allez promptement occuper le village des
Gommiers que vous voyez là ; c'est le point le plus menacé : tenez-y
jusqu'au dernier »... Les zouaves partirent au pas gymnastique et s'emparèrent rapidement du point indiqué.

Les Allemands occupaient encore le bourg de Loigny, protégé par
un petit bois, et, en avant, là ferme de Villours, crénelée et défendue
par trois compagnies allemandes, bientôt soutenues par quatre autres
accourues de Loigny : le général de Sonis résolut de s'en emparer.

Le temps pressait, car la nuit était proche. Sonis n'avait sous la
main qu'un régiment de marche qu'il chercha vainement à entraîner.
Alors pensant que l'exemple de quelques braves pourrait décider ces
malheureux soldats à le suivre, il accourut vers les zouaves pontificaux
et leur dit avec feu : « Ces hommes refusent de marcher : venez, colonel : montrons-leur ce que peuvent des chrétiens et des hommes de
cœur. » Puis, se tournant vers les zouaves : « Vive la France ! Vive
Pie IX ! En avant ! » — Les zouaves s'élancent, enlèvent à la baïonnette la ferme des Villours ; et alors ils commencent, au pas, sans tirer
un seul coup de fusil, cette charge mémorable de Loigny, où sur un es-
pace de quinze cents mètres, alignés comme à la parade, calmes comme
de vieux soldats, ils s'avancent sur Loigny ; et pas une tête ne se courba
sous la mitraille qui fauchait dans les rangs les plus nobles victimes.

Ils marchèrent longtemps ainsi, sous le feu de l'artillerie, lorsque
à l'approche du petit bois d'accacias, situé à l'extrémité de la plaine,
et appelé depuis « le bois des zouaves », une terrible fusillade les décima.
Le lieutenant de Verthamon, qui portait l'étendard des zouaves, tomba
blessé à mort, et le drapeau s'affaissa un instant ; mais il est aussitôt
relevé par M. de Bouillé, père, qui ne tarde pas à succomber à
son tour ; il tombe et tend en mourant le drapeau à son fils, qui, lui
aussi, est frappé presque aussitôt ; MM. de Traversay et de Cazenove
relèvent successivement la blanche bannière ; mais ils sont bles-

sés grièvement eux-mêmes, et le drapeau passe aux mains du sergent Parmentier, qui le garde jusqu'à la fin du combat. — Là mort pleuvait de toutes parts, les zouaves avançaient toujours sans tirer un coup de fusil; enfin, parvenus à la lisière du bois, ils ouvrent le feu, et s'élancent, baïonnette au canon, aux cris de « Vive la France ! » ils bousculent et repoussent les Allemands, qui doivent leur abandonner le champ de bataille.

Les « Volontaires de l'Ouest » étaient vainqueurs; mais que de sang leur coûtait cette victoire ! Partis trois cents, ils revenaient quatre-vingt-deux.

De Verthamon, les deux Bouillé, de Troussures, du Bourg, de Ferron, de Villebois, de la Grange, de Vogüé, Saulnier, Lelièvre de la Touche, de Gastebois, de Barry, de la Brosse, de la Bégacière, de Mauduit du Plessis, de Bellevüe, et cinquante autres avaient été frappés à mort; de cette mort héroïque et chrétienne, qui donne au soldat la palme du martyre. Le général de Sonis, le colonel de Charette, le commandant de Montcuit, le capitaine de Ferron, le capitaine du Reau, MM. de Cazenove, de Traversay, et cent vingt-trois autres étaient grièvement blessés.

Le lieutenant Henry de Bellevüe, cousin de Jean, avait fait dans ce combat des prodiges de valeur; son uniforme fut criblé de six balles, une septième vint s'aplatir sur la poignée de son sabre; et il mérita d'être porté à l'ordre du jour et promu au grade de capitaine.

Jean de Bellevüe avait été frappé un des premiers; blessé grièvement, il avait pu se traîner jusqu'à la ferme de Villours; il passa là sans secours la nuit glacée du 2 au 3 décembre et il expira le lendemain matin. Les Prussiens jetèrent son corps dans la fosse commune, avec ceux de MM. Fernand de Ferron, François Kérè, Joseph Serio, Henry Souffrant, et de vingt-neuf autres zouaves non reconnus.

Dans la plaine de Loigny, près du Bois des Zouaves, s'élève une croix de granit, dressée sur un socle à six faces, sur lesquelles on lit ces inscriptions :

Façade Sud-Est : « 2 décembre 1870. — Hic ceciderunt et jacent. Pie Jesu, Domine, dona eis requiem. — Cœur de Jésus, sauvez la France ! »

Façade nord : « Zouaves pontificaux : Fernand de Ferron, François Kéré, Jean de Bellevüe, Joseph Serio, Henry Souffrant, et 29 autres zouaves non reconnus, »

Façade Sud-Ouest : « Mobiles des Côtes-du-Nord, Francs-tireurs de Tours et de Blidah, au nombre de 96. »

Façade Sud : « Celui-là fait une mort précieuse qui achète l'immortalité au prix de son sang. (St Cyprien). »

La marquise de Bellevüe acheta le Bois des zouaves, et, malgré toutes les recherches auxquelles elle se livra, elle ne put jamais retrouver le cadavre de son fils.

Le nom de Jean de Bellevüe est inscrit sur le « bouclier de Patay », et dans la chapelle du Sacré-Cœur de l'église de Loigny, consacrée le 21 septembre 1887 et élevée par les soins du général de Charette et des zouaves pontificaux à la mémoire des héros, qui, le 2 décembre 1870, donnèrent leur sang pour le salut de la patrie.

Les Révérends Pères Jésuites ont inséré dans leurs « Annales » une biographie de Jean de Bellevüe.

Le marquis Jean de Bellevüe était le dernier représentant de la branche aînée de la famille Fournier. Il était revenu mourir dans le Berry, berceau de sa maison, dont le premier membre connu, Hugues Fournier, avait paru comme chevalier en 1270. — 1270-1870 : deux dates glorieuses, qui, à six siècles de distance, disent éloquemment ce que furent les Fournier, et encadrent dignement l'histoire de leur race.

---

Le grand-oncle du marquis Jean de Bellevüe, Jean-Jacques Louis, comte de Bellevüe, qui suit, avait continué la filiation de la famille Fournier.

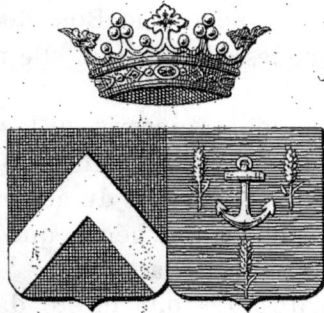

## XV

# JEAN-JACQUES-LOUIS DE FOURNIER, Comte de Bellevüe, Châtelain du Domaine et de la Villeder, Maire de Saint-Méloir des Ondes, Conseiller Général et Commandant de la Garde Nationale du Canton de Cancale.

Né à Saint-Domingue le 2 octobre 1777, il fut baptisé dans l'église Sainte-Anne de la paroisse de Limonade, le 2 avril 1783, en même temps que son frère cadet, Jean-Marie-Pascal.

Il vint en France pour son éducation et entra, à l'âge de onze ans, à la fin de septembre 1788, au collège royal de Vendosme, alors tenu par les Oratoriens.

Il dut quitter ce collège, lors de sa fermeture en 1791, et son père le conduisit peu après, avec son frère aîné, à Nantes, où il le plaça chez un de ses amis et correspondants, M. de Montaudouin.

Restés seuls dans cette ville, après le départ de leur père pour Saint-Domingue, les deux jeunes gens durent entrer comme ouvriers chez un menuisier nommé Gobin, dévoué à M. de Montaudouin, et sur la recommandation duquel ils furent admis comme employés dans les bureaux d'un commissaire civil extraordinaire envoyé de Paris à Nantes, M. Dreuze, qui les prit sous sa protection.

Le Commissaire de la Marine à Nantes, ayant appris que les deux frères avaient déjà fait la traversée de Saint-Domingue, voulut en 1796 les faire incorporer d'office dans la marine; mais alors M. Dreuze intervint en faveur de ses protégés et empêcha leur embarquement; puis, considérant qu'il serait dangereux pour eux de rester à Nantes, il les envoya à Dinan, chez un de ses amis, M. Bellée, commissaire central de cette ville, qui consentit à les recevoir dans ses bureaux.

Ils retrouvèrent à Dinan leur cousin, René-Charles de Bellevüe, et tous les trois vécurent là misérablement pendant deux ans, privés de toutes ressources, et parfois même souffrant de la faim, car le boulanger ne voulait plus leur donner du pain à crédit.

Le marquis dut donner des leçons de dessin et de peinture, tandis que son frère, le comte Jean-Jacques, donnait des leçons de musique, et eut alors, entre autres élèves, Mademoiselle Angélique de Ferron du Quengo, alors âgée de quatorze ans, qui devait épouser le comte Gohin de Montreuil, dont la fille, Anna, épousa en 1830 le fils de l'ancien professeur de sa mère, Frédéric de Bellevüe. En 1798, les deux frères quittèrent Dinan et allèrent demeurer à Saint-Malo, où ils retrouvèrent leur sœur, Marie-Thérèse-Bonne de Bellevüe. Le marquis entra dans les bureaux de M. Pierrès, dont il devait, la même année, épouser l'une des filles; et son frère, Jean-Jacques, fut admis comme comptable chez un autre armateur, M. Fichet du Jardin.

Ils trouvèrent un accueil des plus sympathiques dans beaucoup d'anciennes familles de Saint-Malo, entre autres chez M. Louis Blaize de Maisonneuve, dont Jean-Jacques de Bellevüe devait épouser l'une des filles, Louise, en janvier 1800.

A la suite de son mariage, il resta quelque temps attaché aux bureaux de son beau-père; puis, au nom de sa femme, il acheta, le 16 septembre 1807, moyennant 28 000 francs, des héritiers des Saint-Gilles, (feu Marie-Joseph de Saint-Gilles, vicomte de Saint-Gilles, marquis de Romilley, ex-capitaine de vaisseau, et ex-lieutenant des maréchaux de France à Fougères et à Vitré, vivant époux de Thérèse-Marie-Jeanne du Fresne, sa veuve), la propriété du Domaine, ou du Mur-Blanc, en Saint-Méloir-des-Ondes, où il alla demeurer et où il s'adonna à l'agriculture.

En 1812, il fut élu CONSEILLER GÉNÉRAL DU CANTON DE CANCALE et siégea au Conseil général jusqu'à la Révolution de 1830, époque à laquelle il donna sa démission. En 1817, il fut nommé MAIRE DE SAINT-MÉLOIR-DES-ONDES, en remplacement de M. Garnier du Fougeray, et il occupa ce poste jusqu'en 1830, époque à laquelle il fut remplacé par M. Gaudeul.

Lors des Cent-Jours, il était COMMANDANT DE LA GARDE NATIONALE DU CANTON DE CANCALE et fut blessé légèrement dans une échauffourée qui eut lieu dans cette région au commencement de mai 1814, après le retour de Louis XVIII, comme le prouve ce fragment de lettre adressée par M. de Saint-Meleuc à sa mère, à Rennes, le 16 mai 1814 : « Bellevüe a été atteint d'une balle, mais sans que cela ait donné d'inquiétude sur son compte. » En juin 1815, il reçut de M. Garnier du Fougeray, chef royaliste de l'arrondissement de Saint-Malo, l'ordre de s'emparer du fort de Châteauneuf, où était le dépôt des poudres de l'Ouest. Il s'avança avec sa petite troupe jusqu'à la porte du fort, demanda à parler au commandant, auquel il déclara que le roi Louis XVIII venait de rentrer en France et l'avait nommé, lui, Bellevüe, commandant de la place de Châteauneuf. Le commandant se laissa convaincre et abandonna le fort à son soi-disant successeur. Quelques jours après, l'Empereur reprenait la route de l'exil, et la nouvelle du retour du roi, prématurément annoncée par le comte de Bellevüe, devenait vraie.

En 1826, il fut inscrit pour une somme d'environ 90 000 francs dans la répartition de l'indemnité accordée aux anciens colons de Saint-Domingue, et, le 2 août 1826, il acheta, moyennant 115 000 francs, des la Fruglays, le château et la terre de la Villeder, en la paroisse du Roc-Saint-André, près de Ploërmel, où il habita, alternativement avec le Domaine, et qu'il revendit le 19 septembre 1843, moyennant 158 250 francs, à M. Tallon, avoué à Angers, qui l'a revendue vers 1878 au comte du Boisbaudry.

Lors des insurrections royalistes de 1815 et de 1832, il parvint, grâce à la proximité de sa propriété du Domaine du bord de la mer, à faire évader beaucoup des légitimistes compromis. Ce fut ainsi, qu'en 1832, il conduisit, dans son cabriolet, Cadoudal, de la Villeder à Cancale, et réussit à le faire passer en Angleterre; tandis que son fils, Jean-Jacques de Bellevüe, chef de l'insurrection dans le pays de Lanouée, rendait le même service à Guillemot.

Devenu veuf en 1834, il fit entre ses cinq enfants le partage de la fortune de sa femme, par acte passé chez Me Louvel, notaire à Saint-Malo, le 20 septembre 1844. Il se réservait à vie un capital de 116 000 fr. et le reste de la fortune, soit environ 340 000 francs, fut partagé entre ses enfants.

Ayant vendu la Villeder en 1843, il continua à habiter le Domaine jusqu'en 1865, époque à laquelle il alla demeurer chez son gendre, M. Félix Bernier, au château de la Chipaudière, en Paramé, où il mourut le 8 novembre 1869, âgé de 92 ans. Son portrait existe au château de la Touraille, dessiné par son cousin le marquis de Bellevüe.

Le comte Jean-Jacques-Louis Fournier de Bellevüe avait épousé à Saint-Malo, le 10 janvier 1860, suivant contrat passé le 19 nivôse an VIII (10 janvier 1800), devant Me Cor, notaire en cette ville, *Mademoiselle Louise-BLAIZE DE MAISONNEUVE*, baptisée à Saint-Malo le 12 octobre 1781, fille de *Louis Blaize, sieur de Maisonneuve*, en Saint-Thual, *armateur à Saint-Malo*, et de *Marie-Catherine Fichet des Grèves*. Le contrat porte : « Contrat du mariage de Jean-Jacques-Louis Fournier-Bellevüe, né au Cap Français, fils majeur du citoyen Jean-Jacques Fournier-Bellevüe, et de Perrine la Courcière, et demeurant à Port-Malo, — avec Louise Blaize, née à Port-Malo, fille mineure du citoyen Louis Blaize, négociant, et de Marie-Catherine Fichet. — La future reçut en dot une rente de 1 500 francs.— Signé : Louis Blaize; Louise Blaize; Fichet–Blaize; Jean-Jacques Fournier Bellevüe, jeune; Louis Fichet; Marie Blaize; le Do, née Fichet; Ange Blaize; David-Bellevüe; Louis Blaize, fils; veuve Fichet; François Saint-Jouan; le Do, l'aîné; Auguste Blaize; Jean Moulin; Fournier

Devarenne; Amsinck; Fournier-Bellevüe; Plaine, le jeune; Plaine née Fichet; Pierre Fournier ». (Archives Fournier.)

La comtesse de Bellevüe mourut au manoir du Domaine, ou Mur-Blanc, le 4 août 1834. Elle avait trois frères et trois sœurs, Madame Robert Surcouf, Madame Herbert de la Portbarrée, et Madame Raffron de Val.

La famille Blaize est originaire du pays de Paimpol, où elle avait un enfeu dans l'église de cette ville, et elle vint s'établir au xviiie siècle à Saint-Malo, dont un de ses membres avait été capitaine royaliste pendant les guerres de la Ligue, en 1590.

M. Louis Blaize de Maisonneuve était fils de Jean, sieur de Maisonneuve, et de Mathurine Mahé, de la famille des Mahé de la Bourdonnais, qui produisit le fameux conquérant de l'Indo-Chine, gouverneur des Iles de France et de Bourbon, mort en 1753. Né à Paimpol-Plounez en 1735, Louis-Blaize vint à Saint-Malo en 1755 et s'associa dans les armements à M. Pierre-Marin Beaugeard, qui fut le dernier Trésorier des Etats de Bretagne, et à M. Pierre-Louis-Robert de la Mennais, le père des fameux abbés de la Mennais. Lors des disettes de grains survenues en 1777, 1782 et 1786, MM. Blaize de Maisonneuve et Robert de la Mennais firent venir à leurs frais pour plus de quatre millions de blé, qu'ils cédèrent avec un déficit très considérable aux pauvres de la région. Les États de Bretagne, en récompense de cet acte de dévouement, sollicitèrent pour eux en 1786 des lettres d'anoblissement, qui leur furent délivrées par brevet royal du 12 mai 1788. Mais M. Blaize refusa cet anoblissement, déclarant que tous les bourgeois de Saint-Malo étaient nobles, suivant un arrêt du roi Henry IV, en 1597.

M. Louis Blaize de Maisonneuve fut nommé, en juillet 1789, Président du Conseil permanent de la Municipalité de Saint-Malo, avec le comte Fournier de Varennes; il reçut chez lui, le 15 novembre 1793, le sinistre proconsul Lecarpentier, et il profita de cette hospitalité pour sauver un grand nombre de prêtres et de suspects. Il mourut à Saint-Malo, en 1825, âgé de 90 ans. Il avait épousé : 1° à Saint-Servan, le 8 avril 1766, Marie-Jeanne Morin, fille de René Morin, et de Jeanne Françoise Beaugeard, qui mourut en 1769, sans laisser postérité; 2° en

1771, Marie-Catherine Fichet des Grèves, fille de Claude Fichet, seigneur des Grèves, et de Jeanne Guibert de la Salle (1).

La famille *Fichet*, originaire d'Irlande, vint s'établir à la fin du XVIe siècle en Bretagne, dans le pays de Binic et d'Étables, où elle posséda les Grèves, le Jardin, le Portail, la Salle-Blanche, etc. (2).

Par suite de l'alliance du comte de Bellevüe avec mademoiselle Louise Blaize de Maisonneuve, fille de mademoiselle Fichet des Grèves, les Fournier de Bellevüe sont parents des familles *Blaize de Maisonneuve, Fichet des Grèves, Salaün de Kertanguy, Surcouf, Foucher de Carheil, Sévoy, de Castellan, Potier de Courcy, de Bergevin, de la Forest, Harscouët de Kéravel, de Penguern, Cramezel de Kerhué, Guibourg, de la Plante, Regnault d'Évry, Fournel, le Febvre d'Argencé, du Hamel de Milly, Gombert de la Tesserie, le Meignan de l'Écorce, Herbert de la Portbarrée, O'Rorke, de Lorgeril, Raffron de Val, Béziers-la-Fosse, Rouxin, le Pomellec, Duval, Bourdonnay du Clézio, la Combe de Villers, le Mordan de Langourian, du Breil de Pontbriand, le Court de Béru, Peffault de la Tour, de Klock, Guillet de la Brosse, Rouxel de Villeferon, Ruellan, Charil de Villanfray, Hamon de Kervers, Glais de Villeblanche, Saulnier de Saint-Jouan, Besnard de Kerdreux, Bonamy, Paulze d'Yvoy, Grivart, Ginet de Saurs.*

Le comte de Bellevüe avait pour beau-frère le fameux corsaire Robert Surcouf; il était très lié avec lui; et ce fut lui qui, dans sa dernière maladie, amena un prêtre à son chevet, et fut cause de la mort chrétienne du héros malouin, décédé à sa maison de Riancour, en Saint-Servan, le 8 juillet 1827. Il entretenait de fréquentes relations avec les abbés Félix et Jean-Marie de la Mennais, surtout avec ce dernier, qui, de son institut de Ploërmel, venait souvent le voir au château de la Villeder. Il eut aussi pour amis M. Garnier du Fougeray, pair de France, et le comte Corbières, ministre du roi Charles X.

Instruit, très spirituel et très homme du monde, profondément religieux et ardent royaliste, il cachait sous des dehors un peu brusques une grande sensibilité et une extrême tendresse pour sa femme, ses

---

(1) Voir à l'Appendice la généalogie de la famille *Blaize.*
(2) Voir à l'Appendice la généalogie de la famille *Fichet.*

cinq enfants, ses gendres, ses belles-filles, et ses dix-huit petits-enfants, qui, tous, ne l'appelaient jamais que le « cher père ».

Il avait eu de Louise Blaize de Maisonneuve cinq enfants :

1º JEAN-JACQUES DE FOURNIER DE BELLEVÜE, CHATELAIN DES AULNAYS, CHEF LÉGITIMISTE DES CANTONS DE LANOUÉE ET DE SÉRENT, LORS DE L'INSURRECTION DE 1830, DÉCORÉ DE L'ORDRE DU LYS.

Né à Saint-Malo en 1802, il fit son éducation au collège de cette ville, et habita avec ses parents au Domaine et à la Villeder. Lors de l'exil du roi Charles X et de l'usurpation du trône par Louis-Philippe d'Orléans, il fut l'un des principaux organisateurs du soulèvement légitimiste dans le Morbihan, et fut nommé chef des cantons de Lanouée et de Sérent. Il fut arrêté en 1831, et incarcéré pendant quelques jours dans la prison de Ploërmel avec M. de la Fruglaye. L'insurrection de 1832 ayant échoué, par suite du contre-ordre donné à la prise d'armes, qui devait avoir lieu le 22 mai, et de l'arrestation à Nantes de Madame la duchesse de Berry, le 6 novembre, Jean-Jacques de Bellevüe conserva le commandement des troupes légitimistes de ses deux cantons, qui, pendant plus de quinze ans, se tinrent prêtes à reprendre les armes pour la cause du Roi.

De 1832 à 1834, avec l'aide de son père, il protégea au péril de sa vie le passage en Angleterre d'un grand nombre de légitimistes compromis, entre autres de Guillemot, le fils du fameux « Roi de Bignan », qui raconte dans ses « Lettres à mes neveux » (p. 296) la part que son ami M. de Bellevüe prit à son évasion : « Le 16 juin 1834, je me mis en route pour essayer de gagner « l'Angleterre, accompagné par mon ami Jean-Jacques de « Bellevüe, lequel, sachant que j'étais malade, voulut absolu- « ment, au risque de se compromettre, me conduire de gîte en « gîte jusqu'au lieu de l'embarquement. Pendant la marche, « il portait mon petit bagage, et il veillait auprès de moi « pendant mon sommeil. Bellevüe m'avait déjà prouvé dans

« plusieurs circonstances que rien ne lui coûtait quand il
« s'agissait de prouver son dévouement à la cause de la Légiti-
« mité, et il m'avait montré jusqu'où il porte l'amitié. »

Sur la proposition du général Cadoudal, Jean-Jacques de Bellevüe
reçut en 1835 la décoration de l'ordre du Lys et son brevet de
capitaine de canton, signé par S. A. R. Madame la duchesse de
Berry. En novembre 1843, il se joignit aux royalistes fidèles
qui allèrent saluer à Belgrade-Square, en Angleterre, le comte
de Chambord; et nous lisons dans les « Souvenirs de Belgrave-
Square » de M. A. Johannet :

« Monsieur Jean-Jacques de Bellevüe, aimé de tous les habitants
« du Morbihan par son caractère plein de loyauté et de franchise,
« et dont le père était sous la Restauration membre du Conseil
« général d'Ille-et-Vilaine, se rendit à Londres en novembre
« 1843 saluer à Belgrave-Square Mgr le comte de Chambord,
« qui le reçut le 29, en même temps que le colonel Cadoudal, le
« comte de Châteaubriand, le marquis et le comte de la Fer-
« ronnays, le marquis de Catuellan, le comte d'Andigné de
« Mayneuf, le comte de Boispéan, Berryer et Messieurs Joseph
« et Édouard Béchu de Lohéac ([1]) ».

« Le 14 janvier 1844, le comte de Chambord donna un dîner d'adieu
« aux Français encore présents à Londres; et à ce dîner assis-
« tèrent entre autres Messieurs Fournier de Bellevüe, du Breil
« de Pontbriand de la Caunelaye, de la Haye de Saint-Hilaire, et
« Ferdinand de la Laurencie ([2]) ».

A son retour de Belgrave-Square, Jean-Jacques de Bellevüe réunit
dans la forêt de Trédion les légitimistes de ses cantons pour
leur raconter son voyage et ses entrevues avec Henry V; et
plus de mille de ses hommes répondirent à cette convocation.

En 1846, les comités légitimistes, toujours mal conseillés, jugèrent
bon de remanier la constitution des cadres et de changer de
cantons les chefs désignés en 1831. M. de Bellevüe reçut

---

(1) *Souvenirs de Belgrave-Square*, par A. Johannet, p. 201.
(2) *Ibid.*

alors le commandement du bataillon de Malestroit, tandis qu'il était remplacé à Lanouée par M. Marin, ancien chef du pays d'Elven. Cette mesure fut la ruine de toute l'organisation légitimiste; les chefs perdirent l'influence qu'ils avaient acquise et conservée dans leurs anciens cantons, et ne purent obtenir une égale autorité dans leur nouveau commandement.

Jean-Jacques de Bellevüe retourna visiter le comte de Chambord à Wiesbaden en août 1850. Il alla, peu de temps après, se fixer au château des Aulnays, en Lanouée, qu'il avait acheté en 1843 de Jean-Marie du Bot.

Ce fut là qu'il mourut le 27 mars 1862; il fut inhumé dans le cimetière de Lanouée, puis, en 1891, sa mi-belle-fille, M^{me} du Bouays, le fit exhumer et rapporta son corps dans un caveau de famille qu'elle avait fait faire dans le cimetière de Malestroit, et où furent déposés les restes de M. Jean-Jacques de Bellevüe, de sa femme, de sa fille et de son beau-fils.

Jean-Jacques de Bellevüe avait épousé en 1842, dans l'église de Caro, *Mademoiselle Augustine de la Fruglaye*, née en 1805, fille de *Casimir-François-Jean-Nicolas, comte de la Fruglaye*, et de *Blanche-Hermine de Lys, dame de la Villeder*, laquelle était fille de Gabriel-Cyrille de Lys, comte de Beaucé, et d'Adélaïde de Fournier de Varennes; elle était veuve de *Louis Hippolyte du Bouays de Saint-Gondran, châtelain du Fresne*, en Caro, *ancien chef de l'armée catholique et royale de Bretagne, chevalier de Saint-Louis*, qu'elle avait épousé en 1825, et qui mourut en 1834, laissant un fils, *Hippolyte du Bouays*, qui vendit le Fresne vers 1860 aux de la Monneraye, et épousa sa cousine Caroline de la Fruglaye. Il mourut sans postérité à Malestroit vers 1875.

La famille *de la Fruglaye*, d'ancienne extraction chevaleresque de Bretagne, et dont la généalogie remonte au XIII^e siècle, porte pour armes : « d'argent au lion de sable, armé et lampassé degueules ». Devise : « *Os et unguès sanguine madent* »; ou : « De tout, et une pose ».

M^{me} Jean-Jacques de Bellevüe mourut veuve à Malestroit le 8 septembre 1870.

Elle n'avait eu de son second mariage qu'une fille :

MARIE DE FOURNIER DE BELLEVÜE, née en 1846, morte sans
alliance à Rennes, le 24 janvier 1868.

2° FRÉDÉRIC-ADOLPHE DE FOURNIER, MARQUIS DE BELLE-
VÜE, CHATELAIN DE MONTREUIL, DE POCÉ, DU DOMAINE, ÉLÈVE
INSPECTEUR DES FINANCES, DÉMISSIONNAIRE EN 1830. Né
à Saint-Malo le 11 juin 1806, il fit son éducation à Rennes, au
Petit Séminaire, alors situé sur la place des Lices.

Nommé en 1828 élève-inspecteur des Finances, il habita Paris, où
il retrouva son oncle, le marquis de Bellevüe, alors inspecteur
des Beaux-Arts, et ses parents de la Ferronnays, de Castellane,
de Narbonne, de Montholon, de Ségur, etc.

Démissionnaire en 1830, il épousa, la même année, par contrat
passé à Angers le 16 décembre devant Me Rouxel, notaire,
*Mademoiselle Anna-Marie-Angélique de Gohin de Montreuil*,
née en 1807, fille unique de *Pierre, comte de Montreuil, ex-lieutenant au régiment de Turenne et au régiment d'Autichamps, et
d'Angélique de Ferron du Quengo; et petite-fille de Pierre-André
Gohin, chevalier, comte de Montreuil, commandant de Saint—
Domingue, lieutenant général des armées du roi, et d'Hélène-Agnès
de Stapleton, fille de Jean de Stapleton, marquis de Trêves, et
d'Agnès O'Shiell; et de Jean-Baptiste-Placide de Ferron du
Quengo, et de Madeleine de Turpin de Crissé.*

La famille *Gohin* est originaire d'Anjou, où elle posséda les seigneuries de Malabry, de la Belotière, des Aunays, de Boumois,
de la Cointerie, de Raguin, de Charné, de Marson, de Pocé, de
Milly, et le comté de Trêves. — Elle s'arme : « Ecartelé : aux
1 et 4 d'argent à l'aigle éployée de gueules, accompagnée en
chef de trois fleurs de lys de même; au 2 et 3, d'azur à la croix
fleuronnée d'or. »

La branche de Boumois s'éteignit en 1754, fondue en Aubert du
Petit-Thouars; la branche de la Cointerie s'éteignit en 1785,
fondue en Selve de Villiers; la branche de Montreuil, en 1849,

fondue en Fournier de Bellevüe; seule, la branche de Charné existe encore.

Les ascendants de M^me Frédéric de Bellevüe étaient, du côté paternel, des membres des familles *Gohin de Montreuil, de Stapleton* (1767), *le Petit* (1705), *de Boumois* (1670), *Sarrazin* (1640), *Doublard* (1615), *Haran* (1590), *Dagues* (1562), *Belot de Montreuil* (1534), *de Lohéac* (vers 1510) (¹).

La famille *de Ferron du Quengo* avait la même origine que celle des Ferron de la Ferronnays, dont nous avons parlé ci-dessus; elle s'armait : « d'azur à six billettes d'or, 3, 2, 1, au chef de gueules, chargé de trois annelets d'or. »

Angélique de Ferron du Quengo avait épousé en 1804 Pierre Gohin, comte de Montreuil; elle était née à Pleurtuit en 1784, fille de Jean-Baptiste-Placide de Ferron, comte du Quengo, et de Madeleine de Turpin de Crissé, et petite-fille de Jean-Célestin de Ferron, chevalier, seigneur du Quengo, époux en 1728 de Françoise-Jeanne-Maclovie Eon de Carman; et de Lancelot Turpin, baron de Crissé, seigneur d'Angrie, et de Madeleine de Maucour de Bourjoly.

Les ascendants de M^me Frédéric de Bellevüe étaient, du côté maternel : *de Ferron du Quengo, de Turpin de Crissé* (1782), *Eon de Carman* (1728), *Guihart de la Villebouquet* (1695), *Carré des Salles* (1666), *Ravenel* (1628); *Piédevache* (1596), *de la Haye du Quengo* (1570).

M^me la comtesse de Montreuil, née de Ferron du Quengo, mourut au château de Montreuil, en Montreuil-sur-Loir, près de Tiercé, en 1842, et son mari y mourut en 1844.

M. et M^me Frédéric de Bellevüe habitèrent tantôt leur hôtel à Angers, rue des Lices, et tantôt leur château de Montreuil, qu'ils firent reconstruire en 1840.

Devenu chef de nom et d'armes, à la mort de son père et de son frère aîné, il releva le titre de marquis de Bellevüe à la mort

---

(1) Voir à l'Appendice la généalogie des *Gohin*.

de son neveu, Jean de Bellevüe, sergent-major aux zouaves
pontificaux, tué à la bataille de Patay, le 2 décembre 1870.

La marquise Frédéric de Bellevüe mourut à Angers en 1890, et
fut inhumée dans le cimetière de Montreuil. Son mari mourut
au château de Montreuil, le 26 février 1894, âgé de 87 ans.

Ils n'avaient eu qu'une fille :

MARIE DE FOURNIER DE BELLEVÜE, CHATELAINE DE MONTREUIL,
PROPRIÉTAIRE DE POCÉ, DE MILLY DES ESSARDS, DE LA
BLÈMERIE, DE LA HUNAUDIÈRE, DU DOMAINE, née en 1836,
et qui ne s'est pas mariée.

3° ERNESTINE-MARIE DE FOURNIER DE BELLEVÜE, née en
1808; elle fit son éducation à Nantes, au couvent de la Visitation, dont sa tante, Agathe de la Ferronnays, était supérieure.
Elle épousa à Paramé, en 1831, suivant contrat du 4 juin, *Monsieur Félix-Marie-Charles BESNIER, châtelain de la Chipaudière, lieutenant de dragons, démissionnaire en 1830, né en 1806,
fils de feu Félix Besnier, ex-officier d'Infanterie, Major à l'armée
catholique et royale de Bretagne, et de Charlotte-Julienne Magon
de la Lande, dame de la Chipaudière, en Paramé.*

L'histoire du mariage de M. Besnier avec M^lle Magon de la
Lande tient du roman et du drame.

Né vers 1758, Félix Besnier s'était engagé en 1777 et il était en
1793 officier d'infanterie, et en garnison à Saint-Malo. Le château de la Chipaudière, situé à cinq kilomètres de Saint-
Malo, était alors habité par M^me Érasme Magon de la Lande,
née Jeanne-Françoise-Julienne du Fresne de Pontbriand, dont
le mari, lieutenant des maréchaux de France, fut guillotiné à
Paris, le 19 juillet 1794, et ses filles, Marie-Joséphine, âgée de
16 ans, et Éléonore âgée de 15 ans.

« A la suite de la découverte de la conjuration du marquis de la
« Rouërie, écrit M. Haize ([1]), on ordonna de faire des fouilles

---

(1) *Un lieutenant du marquis de la Rouërie* : *Georges-Julien Vincent*, par M. Jules HAIZE.
(Saint-Servan, 1906. In-8° de 37 pages), page 24.

« dans les châteaux des environs de Saint-Malo, et, le 4 mars
« 1793, une troupe de soldats et de gardes-nationaux de cette
« ville se présenta au château de la Chipaudière, sous la direc-
« tion du lieutenant Besnier. M^me Magon de la Lande et ses
« filles, qui habitaient la Chipaudière, couraient un grand dan-
« ger. Non seulement elles possédaient des papiers compromet-
« tants, mais elles donnaient asile à des proscrits. Les demoiselles
« Magon reçurent de leur mieux les soldats, qui se montrèrent
« sensibles à leur amabilité et à leurs charmes, et eurent pour
« elles tous les égards possibles ; le chef du détachement surtout
« ne quittait pas des yeux la seconde de ces demoiselles, Char-
« lotte. Son admiration pour elle était si vive qu'elle s'en aper-
« çut ; et, peut-être prise elle-même d'une soudaine sympathie
« pour le jeune officier, elle résolut de se servir de lui pour
« sortir de cette situation critique. Elle lui demanda un entre-
« tien particulier, lui fit part de ses inquiétudes, et lui promit
« de l'épouser s'il réussissait à les tirer, sa mère, ses sœurs et
« elle, de ce mauvais pas... La perquisition s'arrêta aussitôt :
« M^lle Magon tint parole et épousa M. Besnier. »

De son côté, M. E. Daudet, dans son ouvrage sur « les dames
de Bellegarde », relatant que M. Félix Besnier fut remboursé à
la Restauration de la vente faite en l'an III, comme biens nationaux, des propriétés de M. Hérault de Séchelles, le fameux con-
ventionnel, dont M. Besnier était, par les Magon, un des héritiers (¹), ajoute que « ce M. Félix Besnier avait sauvé pendant

(1) *Jean-Marie Hérault de Séchelles*, né à Paris le 20 octobre 1759, fils de Jean-Martin,
seigneur d'Eponne, de Séchelles, né en 1735, lieutenant-colonel du régiment de Rouergue-
Infanterie, mort à Cassel, le 15 août 1759, des suites des blessures qu'il avait reçues à la
bataille de Minden, et de Marguerite-Marie Magon de la Lande, qu'il avait épousée au château
de la Chipaudière, le 11 avril 1758, et qui essaya en vain de sauver son fils en 1794 ; et
petit-fils de René Hérault, lieutenant-général de police, et de demoiselle Moreau de Séchelles.
Il avait pour tantes M^me de Marville, et M^me de Polastron, mère de la duchesse de Polignac.
Il donna dans les idées philosophiques et révolutionnaires ; fut Président de la Convention, Commissaire en Alsace, en Savoie et dans le Haut-Rhin, et fut guillotiné à Paris
avec treize autres Dantonnistes, le 5 avril 1794. Il n'avait pas de postérité ; sa mère, Marguerite
Magon de la Lande, était sœur d'Erasme de la Lande, guillotiné à Paris, le 15 juillet 1794,
père de M^me Félix Besnier.

« la Terreur les demoiselles Magon, et que l'une d'elles lui avait
« témoigné sa reconnaissance en l'épousant. »

A la suite de cette visite à la Chipaudière, M. Besnier, voulant
mériter l'estime et l'affection de celle qui lui avait promis
sa main, se mit secrètement en relations avec les chefs du parti
royaliste, et prit, de concert avec eux, des mesures pour leur
livrer la ville de Saint-Malo. Ce projet ayant échoué, M. Besnier
se trouvant gravement compromis, quitta l'armée, rejoignit les
chouans de M. Magon de la Vieuxville, et devint major de cette
compagnie.

En 1814, lors des propositions faites au roi, en juillet, par les
anciens généraux des armées royales en faveur de leurs officiers,
M. Besnier fut proposé par le comte d'Andigné pour la
croix de Saint-Louis. — « M. Besnier, Félix, demeurant à la
« Chipaudière, près Saint-Malo, major, demande la croix de
« Saint-Louis. — États de service : soldat en 1777, devenu of-
« ficier en 1792 ; se trouvant servir dans l'Ouest, eut des intelli-
« gences avec les chefs du parti royaliste, et prit, de concert
« avec eux, des mesures pour leur livrer la ville de Saint-Malo.
« Ce projet ayant échoué, il donna sa démission, et rejoignit
« M. Magon de la Vieuxville, dont il avait la confiance. » —A
la suite de la perquisition faite en 1793, les demoiselles Magon
et leur mère durent quitter momentanément la Chipaudière,
et furent recueillies à la Maison Blanche, près de Paramé, où
elles étaient sous la surveillance du Comité révolutionnaire.

Charlotte Magon de la Lande tint sa promesse, et épousa à Saint-
Malo, en 1798, M. Félix Besnier, son sauveur, avec lequel
elle continua à habiter la Chipaudière où elle mourut, veuve,
en 1861, âgée de 84 ans. Elle avait eu deux enfants : *Félix-
Marie-Charles Besnier*, né en 1806, QUI ÉPOUSA EN 1831 ERNES-
TINE DE BELLÉVÜE, et *Erasme-Marie-Jeanne Besnier*, qui épousa,
le 7 novembre 1839, M. Victor du Breil de Pontbriand, ex-lieutenant de dragons en Espagne ; ils sont morts à Saint-Servan,
lui, le 23 janvier 1873 ; elle, le 18 janvier 1879, laissant :
M^mes Porée du Breil et Bréart de Boisanger.

La famille *Besnier* était venue à Saint-Malo vers 1748, avec François Besnier, seigneur de Bligny, qui était major de la milice bourgeoise de Saint-Malo de 1750 à 1768, et épousa : 1º Servanne-Bertranne-Françoise Eudes; 2º vers 1770, Anne-Gertrude Jammeson ([1]).

La famille *Magon*, originaire d'Espagne, vint s'établir au xve siècle en Bretagne, où elle fut anoblie en 1693, et où elle posséda beaucoup de biens; elle y compte encore de nombreux representants, et s'arme : « d'azur au chevron d'or, accompagné « en chef de deux étoiles, et en pointe d'un lion de même, cou-« ronné d'argent. » Devise : « *Tutus Mago.* »

La seigneurie de la Chipaudière, à 4 kilomètres au sud du bourg de Paramé, appartenait au commencement du xviie siècle aux Trublet, qui la portèrent en 1642 aux Miniac, et aux Groût; elle vint des Groût, par une alliance en 1633, aux Magon; les Magon la portèrent aux Besnier; elle a été vendue en 1904 par les héritiers de Mme Félix Besnier à M. le colonel Magon de la Giclais.

Mlle Magon de la Lande, épouse de M. Besnier, avait quatre sœurs : 1º Élisabeth, qui épousa en 1790 le comte Joseph de Saint-Pern de la Tour, lieutenant-colonel, chevalier de Saint-Louis, et eut : Adolphe, comte de Saint-Pern, et Nathalie, qui épousa M. Pinczon du Sel des Monts; 2º Marie-Joséphine, qui épousa M. Berthet; 3º Louise-Émilie, cha-

---

(1) Il eut du premier lit :

1º *Jean-François Servais-Besnier*, baptisé à Saint-Malo, le 22 novembre 1751, qui eut pour parrain François de la Roüe, écuyer;

2º *François-Servan*, baptisé à Saint-Malo, le 4 mars 1753;

3º *Jean-Pierre-François-Servais*, baptisé à Saint-Malo, le 19 mai 1757;

et peut-être : 4º *Félix-Marie-Charles*, qui épousa, en 1798, Charlotte Magon;

du deuxième lit : *François-Jean-Michel Besnier*, baptisé à Saint-Malo, le 16 mai 1773.

— On trouve aussi : *Claude Besnier, conseiller du roi à Paris*, en 1540.

Des *Besnier* furent durant le xviie siècle *seigneurs de la Tremblaye, de la Maisonneuve, de Champcourt*, sous Fougères.

Enfin, des *Besnier, seigneurs du Boisgaudin*, vivaient en Rieux, sous Redon, en 1685; et des *Besnier* habitaient Haute-Goulaine, près Nantes, en 1657; Ruffiac, Vannes et Avessac, au commencement du xviiie siècle.

noinesse, morte à Saint-Malo à cent ans moins trois mois ; 4º Éléonore-Françoise, qui épousa le baron Pierre Duprat, dont trois filles.

Ernestine de Bellevüe, qui avait épousé en 1831 M. Félix Besnier, mourut au château de la Chipaudière, le 26 décembre 1839 ; et SON MARI ÉPOUSA EN SECONDES NOCES, en 1842, comme nous le dirons plus loin, SA BELLE-SŒUR, LOUISE DE BELLEVÜE.

Elle avait eu deux enfants :

1º *Ernestine-Jeanne-Marie Besnier*, née à la Chipaudière le 26 mars 1832, qui y épousa, le 30 janvier 1855, *Alexandre-René-Gabriel de Freslon*, né à la Fère, le 24 octobre 1820, fils de *Gabriel-François de Freslon* et de *Mademoiselle de Prioul*, et issu d'une des plus anciennes familles de Bretagne, ramage des Botherel d'Appigné, dont la généalogie remonte au XIIᵉ siècle, et qui s'arme : « d'argent à la fasce de gueules accompagnée de « six ancolies d'azur, 3 et 3 (¹) ».

Elle mourut à Rennes le 15 décembre 1855, et son mari est mort à la Longrais, en Vezins, le 14 janvier 1902 ; ils n'avaient eu qu'une fille :

*Gabrielle-Julie-Marie-Marguerite de Freslon*, née à Rennes le 6 décembre 1855, qui y épousa en 1881 *Pierre Hersart de la Villemarqué*, fils du vicomte Arthur de la Villemarqué,

---

(1) Les ascendants directs de M. Alexandre de Freslon étaient :

*Gabriel-François de Freslon*, qui épousa Mˡˡᵉ de Prioul, et était fils de :

*Gabriel de Freslon de la Freslonnière, seigneur de la Ville-Hodierne, officier d'artillerie de marine, chevalier de Saint-Louis*, qui avait épousé à Ploërmel, le 11 septembre 1770, Marie-Jeanne-Céleste Jocet de Kervilars, fille de Jean et Jeanne Françoise Larcher du Bois-du-Loup. Il était fils de :

*René-Gilles de Freslon de la Freslonnière, seigneur de Boishamon*, et de Rose-Renée de la Chevière, lequel était fils de :

*Jean-Baptiste Freslon de la Freslonnière*, qui épousa en 1670 Renée Grignard du Chalonge, et était fils de :

*Gabriel de Freslon, seigneur de la Touche-Trébry, président à mortier au Parlement de Bretagne*, qui épousa, vers 1635, Marie de Francheville ; il était fils de demoiselle Hélie de la Roche, et avait pour aïeules : Mathurine Piédevache (vers 1570), demoiselle Bérard de la Haute-Touche (1549), Jeanne Baude (1510), Jacquette du Gué (1476), Jeanne de Montgermont (1436), Jeanne Pinot du Chesnay (1408), Catherine-Péronnelle d'Ozeron (1363), Perrine de Beaubois (1340), Catherine Eder (1285).

membre de l'Institut, et de demoiselle Tarbé des Sablons. Elle est morte au château de Kéransker, près de Quimperlé, en 1884 ; et son mari a épousé en secondes noces Mademoiselle de Kergariou, morte en juin 1904, laissant postérité. Il avait eu du premier mariage : *François Hersart de la Villemarqué.*

2° *Félix-Louis-Marie Besnier, sergent aux zouaves pontificaux, décoré des médailles de Castelfidardo et de Mentana, et de la Croix de Bene-Merenti.* Né en 1834, il s'engagea aux zouaves pontificaux en 1860, avec le N° M^le 281. Il prit part, avec la 3^me compagnie des tirailleurs franco-belges, à la bataille de Castelfidardo, et, comme sergent, à la 2^e compagnie, à celle de Mentana. Revenu en France après ce combat, IL ÉPOUSA à Saint-Coulomb, en 1869, SA COUSINE LOUISE-ADÉLAIDE DE FOURNIER DE BELLEVÜE, fille de Paul-Prudent, comte de Bellevüe, et d'Adèle le Mesnager. Elle mourut en couches à Saint-Coulomb en février 1870, laissant un fils, *Henry Besnier,* mort en 1879. Son mari épousa en secondes noces, le 28 avril 1874, Mademoiselle Élisabeth du Breil de Pontbriand de la Caunelaye, née au château de la Prévostais, le 10 février 1842, fille d'Achille, vicomte de la Caunelaye, et de Françoise Marguerite de la Forest, et avec laquelle il demeure à Paramé, ayant eu :

1° *Joseph-Marie-Anne Besnier, docteur en médecine,* né le 5 novembre 1876, qui a épousé à Riville (Seine-Inférieure), le 3 février 1904, Élisabeth Caudron de Coquereaumont, fille d'Albert, maire de Riville, mort le 12 avril 1909, et de Mademoiselle de Bray, dont il a : *Xavier, Marguerite-Marie et Madeleine,* nés à Dinard le 19 mars 1905, le 9 juin 1906, et le 21 mai 1909 ;

2° *Xavier-Marie-Frédéric Besnier, prêtre;* né le 28 décembre 1877, ordonné prêtre le 24 mai 1902 ;

3° *Marie-Anna-Elisabeth Besnier,* née le 22 février 1879 ;

4° *Henry-Marie-Alexandre Besnier,* né le 26 mars 1882.

35

4º LOUISE-MARIE-MARGUERITE de Fournier de Belle-vüe, née en juin 1816, elle fut élevée à un pensionnat de Saint-Malo, et épousa à Saint-Méloir-des-Ondes, le 12 juillet 1842, par contrat passé la veille au château du Domaine, devant Me Louvel, notaire à Saint-Malo, son beau-frère, *Félix-Marie-Charles Besnier*, *châtelain de la Chipaudière, ex-officier de dragons*, veuf depuis trois ans de Ernestine Fournier de Bellevüe. Ils habitèrent après leur mariage tantôt au Domaine, tantôt au château de la Chipaudière, et tantôt l'hôtel d'Asfeld, à Saint-Malo, qui leur était échu par partages faits en 1844 (¹).

Elle fut marraine à Augan, en 1854, de son neveu, Xavier de Bellevüe.

M. Félix Besnier acheta vers 1850 la terre de Palmyre, en Dingé, composée de quatre fermes; il mourut au château de la Chipaudière en 1887, âgé de 81 ans. Sa veuve y mourut également le 18 septembre 1901, âgée de 85 ans.

Elle avait eu deux filles:

1º *Geneviève Besnier*, née en 1843, qui a épousé au château de la Chipaudière, en 1863, *Achille de Raguenel de Montmorel*, *châtelain de Montmorel*, en Châteaubourg, *Lieutenant d'Infanterie*, né au château de Montmorel en 1836, fils de feu *Achille*, *capitaine de cavalerie*, décédé à Montmorel, le 9 février 1842, et de *Louise Apuril de Lourmaye*, décédée à Rennes le 16 juin 1851.

La famille *de Raguenel de Montmorel* semble descendre de l'illustre famille de ce nom, qui posséda les vicomtés de Dinan et de la Bellière, les baronnies de Malestroit, de Largouët, de Derval, de Châteaugiron et de Combourg, et qui produisit, entre autres : Robin Raguenel, un des hérauts du combat des Trente, en 1351, et Typhaine Raguenel, qui épousa en 1363 le fameux connétable Bertrand du Guesclin. La branche des barons de Malestroit se fondit en Rieux en 1461, et celle

---

(1) L'hôtel d'Asfeld est situé à Saint-Malo, près de la poterne Saint-Louis. Il doit son nom à Claude-François Bidal, marquis d'Asfeld, lieutenant général, directeur des fortifications de France en 1720. Il fut transformé en prison en 1793.

de la Touche Raguenel, en l'évêché de Nantes, se fondit en Goulaines en 1510. La branche de Montmorel semble descendre de celle des Montigné, en Vezins, détachée au xive siècle de la branche aînée. Elle porte, du moins depuis le xviiie siècle, et sans conteste, les mêmes armes que les anciens vicomtes de Dinan et barons de Malestroit, mais avec des émaux différents, en marque de juveigneurie. La branche aînée des Raguenel s'armait : « Écartelé d'argent et de sable, au lambel de l'un dans l'autre; » et les Raguenel de Montmorel portent : « Écartelé d'argent et de gueules, au lambel de l'un dans l'autre. »

Le père d'Achille de Raguenel, Achille de Raguenel, capitaine de cavalerie, était né en 1787, fils de Mathurin, et petit-fils de Nicolas-Julien, seigneur de Montmorel, garde-scel du Parlement et secrétaire de la chancellerie de Bretagne de 1781 à 1787, époux de Rose Loysel, dame de Saint-Trimouët; il fut maintenu dans sa noblesse par arrêt de 1819, et épousa, en 1833, Louise-Léonie Apuril de Lourmaye, fille d'Alexandre, châtelain de la Poupinaye, et de Séraphie de Rorthays. Il mourut, comme nous l'avons dit, le 9 février 1842.

De suite après son mariage avec Geneviève Besnier, M. de Raguenel donna sa démission, et habita d'abord le château de la Chipaudière; puis, après sa reconstruction, vers 1878, le château de Montmorel, où il demeure avec sa femme. Ils ont eu *sept* enfants :

1º *Jean de Raguenel*, né à la Chipaudière en 1864, mort en 1867;

2º *Marie de Raguenel, religieuse carmélite*, née à la Chipaudière en 1865, elle entra au Carmel de Rennes en 1886, et, lorsqu'il fut fermé et volé en 1902 par l'État, elle se retira avec ses Sœurs en Belgique;

3º *Joseph de Raguenel de Montmorel, capitaine d'infanterie*, né à la Chipaudière en 1867, entré à Saint-Cyr en 1887. Il a épousé au château de Gonneville, canton de Saint-Pierre-Église (Manche), en avril 1893, Mademoiselle Germaine Péan de Pontphily, née au château de Gonneville, le 2 février 1871, fille de feus Emile-François-Gabriel, comte de Pontphily, et de Marie-Élisabeth de Chivré, et qui avait pour tuteur le marquis Henry de Chivré, cousin germain de la comtesse Xavier de Bellevüe. Ils ont eu : 1º *Jean*, né à Saint-Lô en 1895; 2º *André*, né à Vitré en 1896; 3º *Paul*, 4º *Yves*, 5e *Marthe;*

4º *Louis de Raguenel de Montmorel, comte de Raguenel, capitaine d'artillerie, châtelain de la Ville-Hüe,* né à la Chipaudière en 1869, il entra à l'École Polytechnique en 1887 et épousa à Rennes, en avril 1894, Mademoiselle Charlotte-Marie de Marnière de Guer, née à Dinan le 4 janvier 1867, fille unique d'Edgard-Clovis, comte de Guer, mort en 1900, et de Marie-Henriette-Anne du Plessis de Grénédan, morte en 1891. Ils habitent Rennes et le château de la Ville-Hüe, en Guer. Louis de Raguenel a donné sa démission en 1907. Ils ont pour enfants : 1º *Marguerite-Typhaine*, née à Rennes en 1895; 2º *René*, né en 1896; 3º *Marie-Thérèse-Charlotte*, baptisée à Saint-Germain de Rennes le 10 février 1899, née en 1897, elle eut pour parrain son grand-oncle le marquis Edouard de Bellevüe et pour marraine sa grand'tante la marquise de Guer, née de Kergariou; 4º *Yvonne*, née en 1899; 5º *Monique* née à la Ville-Hüe en juillet 1905; 6º *Xavier*, né à Rennes, en décembre 1908;

5º *Jeanne de Raguenel, religieuse des Filles de la Sainte-Vierge aux Dames de la Retraite, à Rennes,* née à la Chipaudière en 1871, entrée en religion en 1891;

6º *Anne de Raguenel de Montmorel, religieuse des Filles de la Sainte-Vierge aux Dames de la Retraite, à Rennes,* née en 1876, entrée en religion en 1895;

7º *Pierre de Raguenel de Montmorel, officier d'infanterie,* né à Montmorel, en 1879, admis à Saint-Cyr en 1899, qui a épousé à Saint-Brieuc, en décembre 1904, Mademoiselle Yvonne de Brécey, fille d'Yves, et de Eugénie de Saint-Loup, d'une famille noble de Normandie. Ils ont eu : *Typhaine,* née à Saint-Brieuc, le 22 mars 1906;

2º *Louise Besnier,* née à Saint-Malo en 1847, qui s'est retirée après la mort de sa mère, en 1902, à Saint-Servan, où elle est supérieure de la congrégation des Filles de Marie, à Nazareth.

5º ÉDOUARD-JEAN DE FOURNIER, MARQUIS DE BELLEVÜE, qui suit :

## XVI

# EDOUARD-JEAN DE FOURNIER, devenu Comte et Marquis de Bellevüe, Chef de nom et d'armes, Châtelain de la Touraille.

Né au manoir du Domaine, en Saint-Méloir-des-Ondes, le 5 février 1821, il eut pour parrain son oncle, Louis Blaize de Maisonneuve, et pour marraine sa tante, Mme Ange Blaize de Maisonneuve, née Marie Robert de la Mennais.

Il fit son éducation au Petit Séminaire de Saint-Méen, puis ses humanités et son droit à Rennes, de 1837 à 1841. Il fut reçu bachelier ès-lettres le 12 août 1839, et bachelier en droit le 29 juillet 1841.

La succession de sa mère, morte en 1834, ayant été partagée le 20 septembre 1844, il reçut pour sa part 68 000 francs de capitaux et de valeurs diverses. Il devait hériter de son père en 1869 de 35 000 francs, plus un quart de la ferme de la Petite-Moinerie, en Saint-Méloir.

De mars à juin 1844, il fit un voyage en Italie et obtint du Pape Grégoire XVI, à la date du 10 mai 1844, une indulgence plénière à l'article de la mort pour lui, ses parents jusqu'au 3me degré inclusivement et vingt-cinq de ses amis; puis il revint habiter chez son père au Domaine et à Saint-Malo.

Il épousa à Rennes, en l'église Saint-Sauveur, le 28 avril 1852, suivant contrat passé la veille devant M. Texier, notaire à Rennes, *Mademoiselle Aglaé-Marie-Victorine-Pauline MOUËSAN DE LA VILLIROUËT*, née à Rennes, rue de la Monnaie, nº 1, le 6 janvier 1827, fille de *Charlemagne Mouësan, comte de la Villirouët, ancien inspecteur des Postes, démissionnaire en* 1830, et d'*Aglaé-Marie-Auguste le Doüarain de Lemo, dame de la Touraille.*

Le futur époux fut assisté de son père; de ses frères, Jean-Jacques âgé de 49 ans, domicilié à Caro, et Frédéric de Bellevüe; de sa sœur, Louise de Bellevüe, épouse de M. Félix Besnier; de son beau-frère, M. Félix-Charles-Marie Besnier; de ses belles-sœurs, Mesdames de Bellevüe, nées de la Fruglaye, et Gohin de Montreuil; et de ses nièces, Marie de Bellevüe et Ernestine Besnier.

La future épouse fut assistée de ses père et mère; de son frère Paul de la Villirouët; de sa sœur, Joséphine de la Villirouët; de ses grand'tantes, Mlles Césarine de la Villirouët, et Louise le Doüarain de Lemo : de ses cousines, Louisa Gazeau des Boucheries, née le Doüarain de Lemo, et de son mari Louis-Aristide Gazeau des Boucheries, âgé de 45 ans, demeurant en Guégon; et Zoé Levexier, née le Doüarain de Lemo; et de ses parents : Mme du Vergier, née de la Vigne-Dampierre, et de son mari, Jean du Vergier; du comte de Palys, de sa femme, née Louise de la Forest d'Armaillé, et de leurs filles, Geneviève, Claire et Gabrielle de Palys; de la comtesse de Legge, née Agathe de la Forest d'Armaillé, et de sa fille, Mme veuve de la Plesse, née Agathe de Legge; de la comtesse de Lorgeril, née Julie de la Forest d'Armaillé, et de son fils, Paul de Lorgeril; de la vicomtesse de Châlus, née Pauline de Lorgeril, et de sa fille, Louise de Châlus; de M. de Lambilly; de la comtesse de Martel, née Feudé, veuve en premières noces de Robert de Lambilly, et de son gendre le marquis de Piré, époux de Laure de Lambilly; de Mme Henry de la Bourdonnaye, née Julie de la Haye de Plouër; de M. des Grées du Lou; du comte Charles-Marie-Joseph le Doüarain de Trévelec, ex-officier de cavalerie, âgé de 53 ans, demeurant à Saint-Erblon (Ille-et-Vilaine); d'Adèle le Doüarain de Trévelec; de la comtesse de Busnel, née le Doüarain de Trévelec; et de ses amis : Adèle de Cintré; M<sup>me</sup> de Cintré, née de Fumel; M. de Cintré; M. d'Andigné, et M<sup>me</sup> d'Andigné, née du Pontavice; M. Hippolyte du Pontavice ; comte de Couëssin du Boisriou; Sophie de Lesquen; Léon le Mintier; Henriette Lorin; M. H. de Pracomtal; M<sup>me</sup> de Pracomtal, née du Châtelier; M. F. de Trégomain et M<sup>me</sup> de Trégomain, née de Vaucouleurs de Lanjamet.

La famille *Mouësan*, d'ancienne noblesse d'extraction bretonne sous le ressort de Lamballe, où elle existait dès le XIV<sup>e</sup> siècle, s'arme : « d'azur à trois molettes d'argent, une fleur de lys de même en « abyme (¹). »

Les ascendants successifs de la marquise de Bellevüe étaient, du côté paternel : *Mouësan de la Villirouët, de Lambilly, de Fontlebon, du Chastel, de la Celle, Bische de la Villirouët, Herbert du Chauchix, de Cornillé de la Choüe, Félin de la Reigneraye.*

La grand'mère de la marquise de Bellevüe, la comtesse Jean-Baptiste-Mathurin Mouësan de la Villirouët, née Marie-Victoire de Lambilly, joua un rôle héroïque pendant la Révolution. Après avoir par son énergie obtenu en 1794 la mise en liberté des cent cinquante prisonniers détenus avec elle dans les prisons de Lamballe, elle plaida elle-même la cause de son mari en 1799 devant une commission militaire à Paris et obtint son acquittement (²).

La famille *le Doüarain*, d'ancienne extraction chevaleresque du duché de Bretagne, est issue de Dérien dit « Douasroën », qui vivait au XIII<sup>e</sup> siècle et descendait du duc de Bretagne Alain le Grand (³). Elle s'est éteinte en 1892, fondue en Mouësan de la Villirouët. Elle s'armait : « d'azur au pal d'argent chargé de trois hermines de sable. »

---

(1) La généalogie de la *famille Mouësan*, écrite par le Marquis de Bellevüe, a été imprimée en 1902. Plihon, éditeur à Rennes.

(2) Voir : « *Une femme avocat. La comtesse de la Villirouët*, née de Lambilly. Épisodes de la Révolution à Lamballe et à Paris, » par le comte DE BELLEVÜE. In-8° de 360 p. avec portraits. Paris, Justin Poisson, 1902.

(3) *Cartulaire de l'abbaye de la Joye.*

Les ascendants de la marquise de Bellevüe étaient du côté maternel : les *le Doüarain de Lemo, Desgrées du Loû, Beaugeard, de la Fresnaye, Desgrées du Loû, de Couëssin de la Béraye, de Derval, Picaud de Quéhon, Lucas du Tertre, du Tertre, de l'Escu, de Quejau, Jouchet de la Béraudais, du Bois-Bérard, du Tertre.*

M^me Édouard de Bellevüe avait une sœur, Joséphine-Maria de la Villirouët, qui mourut sans alliance à Rennes en 1889; et un frère, Paul, comte de la Villirouët, châtelain de Lemo, né à Rennes le 27 janvier 1829, qui a épousé : 1º en 1853, Mademoiselle Angèle de Baglion de la Dufferie, morte en 1854; 2º en 1859, Mademoiselle Anne-Marie de la Rüe du Can, morte en 1865. Il a du premier mariage : Angèle de la Villirouët, née en 1854, qui a épousé en 1886 son cousin Henry, vicomte de Baglion de la Dufferie, et habite le château de Grazay, en Mayenne, avec ses trois enfants, Thérèse, Madeleine et Henry de Baglion. Du second mariage : Anne-Marie de la Villirouët, née en 1861, qui a épousé en 1895 Pierre Libault, comte de la Chevasnerie, et habite au château de Lemo, en Augan, avec son père, son mari, et sa fille Marie-Thérèse.

Après leur mariage, M. et M^me Édouard de Bellevüe habitèrent, avec MM. et M^mes de la Villirouët, tantôt Rennes, tantôt le château de la Touraille. La comtesse de la Villirouët, née le Doüarain de Lemo, étant décédée à Rennes, en 1872, son mari en 1874, et sa fille Marie-Joséphine en 1889, M^me de Bellevüe eut en lot le château de la Touraille, en Augan, avec les fermes de la Porte de la Touraille, de Coduent, de la Villejégu, en Augan; des Marchix, de la Marre, en Compénéac; des Quistinic, en Locminé; de Trébressan, du Baslin, du Guêcot, du Chastelet, du Peillac, près de Lamballe; de la Renaudaye en Saint-Étienne-de-Montluc. Elle se fixa avec son mari et ses enfants au château de la Touraille, auquel furent faites d'importantes réparations.

Le comte de Bellevüe fut reçu membre du Tiers-Ordre de Saint-François le 5 septembre 1890. En 1894, à la mort de son frère aîné Frédéric, marquis de Bellevüe, le comte Édouard de Bellevüe devint chef de nom et d'armes et marquis de Bellevüe. Il fut pendant trente ans trésorier ou président de la Fabrique de la paroisse

d'Augan, tandis que sa femme était présidente des Mères chré-
tiennes.

Ils sont décédés au château de la Touraille, elle, le 23 juillet 1903,
lui le 2 juin 1904, âgé de 83 ans.

Ils avaient eu huit enfants :

1º ANNA-MARIE-JEANNE-GABRIELLE DE FOURNIER DE
BELLEVÜE, née à Rennes le 10 mai 1853, elle fut baptisée le
même jour en l'église Saint-Sauveur, et eut pour parrain
son grand-père, le comte de Bellevüe, et pour marraine sa
grand-mère, la comtesse de la Villirouët. Elle mourut au château de la Touraille le 2 septembre 1869.

2º FRANÇOIS-XAVIER-MARIE-ANNE-JOSEPH DE FOURNIER,
MARQUIS DE BELLEVÜE, qui suit.

3º MARIE-ANNE-JOSÉPHINE-JEANNE DE FOURNIER DE
BELLEVÜE, RELIGIEUSE AUGUSTINE HOSPITALIÈRE DE LA MISÉ-
RICORDE DE JÉSUS, « MÈRE ANNE DE JÉSUS », née au château de
la Touraille le 6 janvier 1857, elle fut baptisée à Augan, le 10
février, et eut pour parrain son oncle Jean-Jacques de Bellevüe
et pour marraine sa tante Maria de la Villirouët. Elle entra le
2 juillet 1884 à la communauté des Dames Augustines Hospitalières de la Miséricorde de Jésus, de Saint-Yves, à Rennes, où
elle prit l'habit, sous le nom de « Mère Anne de Jésus », en 1885,
et où elle est morte le 25 mai 1903. Elle fut inhumée dans le
cimetière du Nord de Rennes, dans le terrain concédé par la
Ville aux Augustines Hospitalières.

4º JOSEPH-MARIE-ANNE-LOUIS DE FOURNIER DE BELLEVÜE,
né au château de la Touraille le 21 octobre 1858, il fut nommé
en l'église Saint-Sauveur de Rennes, le 31 mai 1859, par son
oncle Paul de la Villirouët, et par sa cousine, Marie de Bellevüe, de Montreuil. Il fit ses études au collège Saint-Vincent à
Rennes, et fut reçu bachelier en 1876. Entré en 1877 dans les

Contributions directes, il mourut à Nantes, le 2 août 1881. Son corps fut inhumé dans le cimetière d'Augan.

5° JEAN-BAPTISTE-MARIE-ANNE-JOSEPH-AMÉDÉE DE FOURNIER DE BELLEVÜE, PRÊTRE, LICENCIÉ EN THÉOLOGIE, DIRECTEUR AU GRAND SÉMINAIRE DE VANNES, RECTEUR DE CAMPÉNÉAC, CHANOINE HONORAIRE DU DIOCÈSE DE VANNES, né au château de la Touraille le 8 avril 1861, il fut nommé à Augan le 14 mai suivant; il eut pour parrain M. Amédée de Savignhac, voisin de campagne et ami de son père (¹), et pour marraine sa tante, Mᵐᵉ Paul de la Villirouët. Il fit son éducation au collège Saint-Vincent à Rennes, et fut reçu bachelier en 1879. Il entra en octobre 1881 au Grand Séminaire de Vannes, et alla en 1883 à l'Institut catholique de Paris, où il fut reçu Licencié en théologie en juillet 1885. Il avait été ordonné prêtre à Vannes le 20 décembre 1884. D'abord professeur au Petit Séminaire des Carmes de Ploërmel, le 30 septembre 1885, il fut nommé, en octobre 1887, professeur de philosophie au Grand Séminaire de Vannes, où il devint professeur de dogme en avril 1889, et sous-supérieur en 1898. Il fut créé chanoine honoraire du diocèse de Vannes le 27 décembre 1891; enfin, nommé le 24 mars 1904 recteur de Campénéac. Il est mort au château de la Touraille le 29 septembre 1904. Il a été inhumé dans le cimetière d'Augan.

Il avait fait paraître plusieurs ouvrages de dogme : 1° *La grâce sacramentelle, ou effet propre des divers sacrements.* In-8° de 470 p. Vannes, Lafolye, 1899; — 2° *L'Œuvre du Saint-Esprit, ou la Sanctification des âmes.* In-8° de 468 p. Paris, Retaux, 1902; — 3° *Du Calvaire à l'Autel, ou le saint Sacrifice de la Messe.* In-12 de 275 p. Paris, Lethielleux, 1903. Il a laissé en outre un grand nombre de manuscrits.

(1) M. Amédée de Savignhac, né à la Villevoisin, en Augan, en 1815, avait épousé, en 1847, sa cousine, Mˡˡᵉ Emilie de Boisbaudry, et acheté, en 1851, le château de Beaurepaire, en Augan, où il habitait; ex-capitaine d'Artillerie, il fut élu conseiller général du Morbihan en 1852; puis député en 1870. Il mourut à Bordeaux, en 1871, et sa veuve est morte à Beaurepaire, en 1887; ils n'avaient pas eu d'enfants.

6º THÉRÈSE-MARIE-ANNE-JOSÉPHINE-JEANNE DE FOUR-
NIER DE BELLEVÜE, née au château de la Touraille le 27 juin
1863, elle fut nommée à Augan le 11 août suivant, et eut pour
parrain son frère, Xavier, et pour marraine, sa sœur Anna,
représentant sa grand'tante, la comtesse de la Haye de Saint-
Hilaire. Elle mourut à Rennes le 12 juin 1872, et son corps fut
inhumé dans le cimetière d'Augan.

7º CLAIRE-MARIE-ANNE-JOSÉPHINE-CHARLOTTE DE
FOURNIER DE BELLEVÜE, RELIGIEUSE AUGUSTINE HOSPITA-
LIÈRE DE LA MISÉRICORDE DE JÉSUS, « MÈRE SAINTE-ANNE »,
née au château de la Touraille le 5 août 1865, elle fut nommée
à Augan le 29 septembre suivant, par son parent, M. Alexandre
du Grandlaunay (¹), et par sa tante, M^{lle} Charlotte de
Lambilly (²). Elle fit son éducation au Sacré-Cœur de Rennes,
et entra le 2 février 1905 à la Communauté des Dames
Augustines Hospitalières de la Miséricorde de Jésus, de
Saint-Yves, en Saint-Hélier, à Rennes, où elle prit l'habit,
sous le nom de « Mère Sainte-Anne », le 26 octobre 1905, et fit
profession en présence de Mgr l'Archevêque de Rennes, le
30 octobre 1906.

8º PIERRE DE FOURNIER DE BELLEVUE, né au château de la
Touraille le 8 janvier 1871, et décédé le même jour.

(1) Alexandre Guérin du Grandlaunay, juge à Redon, puis à Paimbœuf et à Nantes, avait
épousé, en 1859, Claire Dieulangard de Kéromnès, fille de Jean-Louis-Papias, et de Zoé le Doüarain
de Lemo; sa femme mourut en décembre 1863, et lui, mourut à Nantes, en 1894, laissant un
fils, Maurice, qui a épousé M^{lle} de Sommyèvres.
(2) Charlotte de Lambilly, née en 1819, fille de Laurent-Xavier-Martin, comte de Lambilly,
et de Marie Filfield, entra en 1873 au Carmel de Saint-Brieuc, où elle est morte en 1890. C'était
la meilleure amie de M^{me} Edouard de Bellevüe.

## XVII

FRANÇOIS - XAVIER - MARIE - ANNE - JOSEPH DE FOURNIER, Vicomte, puis Comte et Marquis de Bellevüe, Lieutenant de Dragons, Capitaine de Cavalerie territoriale, Conseiller général de la Loire-Inférieure.

Né au château de la Touraille le 4 juillet 1854, il fut nommé à Augan, le 22 août 1854, et eut pour parrain son grand-père le comte de la Villirouët, et pour marraine, sa tante, M^{me} Félix Besnier, née Louise de Bellevüe. Ce fut son père qui commença son éducation, et le fit entrer au collège Saint-Vincent, à Rennes, en cinquième, en octobre 1865. Il en sortit bachelier ès-lettres, avec mention *assez bien*, le 29 juillet 1872. Ayant échoué deux fois aux examens pour l'admission à Saint-Cyr, il entra avec le numéro 1, le 27 septembre 1874, comme Cavalier-Élève à l'École de cavalerie de Saumur. Brigadier le 27 mars 1875, maréchal des logis le 27 septembre 1875, il quitta l'École de cavalerie le 27 mars 1876, ayant obtenu le n° 1 aux examens de sortie et fut placé comme maréchal des logis au 24^e dragons. Renvoyé à l'École de Saumur en avril 1880, comme sous-officier-élève-officier, il en sortit avec le grade de sous-lieutenant, et fut nommé, avec ce grade, le 5 mai 1881, au 25ᵉ dragons, alors en garnison à Nantes. Ayant épousé à Rennes, en 1883, comme nous le dirons plus loin, Mademoiselle Gabrielle de Bouttemont, il donna sa démission en juillet 1883, et habita depuis avec sa femme et sa belle-mère, tantôt à Rennes, tantôt aux châteaux de la Touraille, en Augan, et du Moulinroûl, en Soudan; et s'occupa de littérature, de travaux historiques et généalogiques et d'agriculture. Il fut nommé lieutenant de cavalerie territoriale en 1885, trésorier de la Fabrique de Soudan en 1886, capitaine de cavalerie territoriale en 1887, conseiller municipal de Soudan en 1888, puis membre du Comité de l'Association artistique et littéraire de Bretagne; membre des Sociétés d'archéologie d'Ille-et-Vilaine, du Morbihan, de la Loire-Inférieure et de Saint-Malo; de la Société des Bibliophiles bretons; des Sociétés d'agriculture d'Ille-et-Vilaine, de la Loire-Inférieure et du Morbihan; vice-président du Syndicat agricole et du Comice de Châteaubriant; commissaire des Courses de Châteaubriant et de la Société hippique d'Ille-et-Vilaine; membre de la Société des Agriculteurs de France; vice-président de la Société amicale des Anciens élèves du Collège Saint-Vincent de Rennes, en 1902; président de la Section des Vétérans de Châteaubriant en 1907; nommé conseiller général du canton de Châteaubriant en 1895, il a été réélu en 1901 et en 1907, et fait partie de la Commission départementale. Proposé et maintenu en 1902 pour la croix de la Légion d'honneur à titre militaire, il fut rayé deux fois par le ministre de la guerre, le franc-maçon André, et donna sa démission de capitaine de cavalerie territoriale, le 1ᵉʳ juillet 1905.

Il a fait paraître plusieurs poésies et plusieurs ouvrages, entre autres :

Poésies sous le pseudonyme d' « Yves de Trébressan », dans le *Parnasse breton contemporain*, 1889; et dans l'*Hermine*, depuis 1889;

*Le Comte de la Touraille*. In-8º de 15 p. Rennes, Plihon, 1890;

*Les Guillery, célèbres brigands bretons de 1601 à 1608*. In-8º de 12 p. Rennes, Plihon, 1891;

*Le Vicomte de Toustain de Richebourg et la Seigneurie de la Grée-de-Callac.* In-8º de 64 p. Rennes, avec portrait;

*Un Agent administratif de la chouannerie dans l'Ille-et-Vilaine.* Louvart de Poutigny. In-8º de 22 p. Rennes, Plihon, 1899;

*Le Comte de Thiard.* In-8º de 15 p. Rennes, Simon, 1896;

*Maison de Montauban. Origine, seigneuries, généalogie.* In-8º de 79 p. Rennes, Simon, 1896;

*Prieuré et Pèlerinage de Saint-Barthélemy du Dougilard, en Soudan.* In-16 de 80 p. Rennes, Le Roy, 1892, et Bourgeois, Châteaubriant, 1905;

*L'Hôpital Saint-Yves de Rennes, et les Religieuses Augustines de la Miséricorde de Jésus.* In-8º de xv-469 p. Rennes, Plihon, 1895, avec plans et gravures;

*Mémoires de la Comtesse de la Villirouët, née de Lambilly. Une femme avocat. Épisodes de la Révolution à Lamballe et à Paris.* In-8º de 360 p., avec portraits. Paris, Poisson, 1902;

*Généalogie de la famille Mouësan de la Villirouët.* In-8º de 50 p. Nantes, Grimaud, 1902;

*Généalogie de la famille de Lambilly.* In-8º de 63 p. Nantes, Grimaud, 1902;

*Le Comte Desgrées du Loû, président de la noblesse aux Etats de Bretagne en 1768 et 1772.* In-8º de 238 p. avec portrait. Vannes, Lafolye, 1903;

*Généalogie de la famille Desgrées du Loû.* In-8º de 85 p. Vannes, Lafolye, 1903;

*Paimpont. La forêt druidique. La forêt enchantée, et les Romans de la Table Ronde.* In-8º de 45 p. Rennes, Simon, 1903;

*Un Héros Malouin. Nicolas Beaugeard. Épisode de la Révolution.* In-8º de 34 p. avec portrait. Rennes, Simon, 1904;

*Les Bretons ôtages de Louis XVI et de la famille royale en 1791.* In-8º de 21 p. avec gravures. Rennes, Simon, 1904;

*Aperçu historique sur le protestantisme et les guerres de la Ligue dans le pays de Châteaubriant.* In-8º de 14 p. Saint-Brieuc, Prud'homme, 1905;

« *Un Poëte breton inconnu.* M. Le Normand de la Baguais, châtelain du Boisbriant, en Châteaubriant ». In-8º de 41 p. Saint-Brieuc, Prud'homme, 1905;

*Baronnie de la Hunaudaye, et châtellenies de Montafilant, Plancoët et Monbran.* In-8º de 73 p. Rennes, Simon, 1908.

Manuscrits :

*Augan à travers les âges. Histoire. Familles et seigneuries.* Sept volumes in-4º de chacun environ 400 pages;

*Ploërmel. Histoire. Sénéchaussée, familles et seigneuries.* Seize volumes in-4º, de chacun environ 400 pages;

*Châteaubriant. Histoire, familles et seigneuries.* Un volume in-4º d'environ 500 pages;

*Les Voix du foyer,* poésies. Deux volumes in-4º d'environ 300 pages chacun;

*Madame de la Fonchais, née des Isles. Une Bretonne martyre de l'amour fraternel pendant la Révolution.* In-4º de 80 pages;

*Livre de famille. Souvenirs et regrets.* In-4º de 250 pages.

Devenu marquis de Bellevüe, à la mort de son père en 1904, Xavier de Bellevüe reçut en lot le château de la Touraille, avec les fermes de la Porte, de Coduent, des Marchix, de la Villejégu, de la Marre, de Trébressan, du Baslin. Il fit d'importants travaux au château, aux dépendances et au parc de la Touraille, et habite alternativement la Touraille et le Moulinroûl.

Il a épousé dans l'église Saint-Germain de Rennes, le 19 juin 1883, suivant contrat passé devant Mᵉ Leussier, notaire à Châteaubriant, le 14 juin, *Mademoiselle Gabrielle-Marie-Léopoldine REGNAULT DE BOUTTEMONT,* née à Rennes le 3 mars 1861, restée fille unique de feu *Léopold Regnault de Bouttemont* et de *Pauline Varin de la Brunelière.*

Le futur marié fut assisté de ses père et mère; de son frère, l'abbé Jean de Bellevüe; de ses sœurs, Marie et Claire de Bellevüe; de sa tante, M<sup>lle</sup> Maria de la Villirouët; de ses oncles, le marquis Frédéric de Bellevüe, et le comte Paul de la Villirouët; de ses cousines, Angèle et Anne-Marie de la Villirouët; de son cousin, Alexandre de Freslon; du comte de Colbert, colonel du 25<sup>e</sup> régiment de dragons, qui fut son témoin, avec le marquis de Bellevüe; et de plusieurs de ses camarades du 25<sup>e</sup> régiment de dragons.

La future épouse fut assistée de sa mère; de ses oncles, M. Édouard Béchu de Lohéac, et le docteur Bruté de Rémur; de ses tantes M<sup>mes</sup> Bruté de Rémur; de ses cousins et cousines, le docteur Camille Bruté de Rémur, et de sa femme, née Anna de Trégomain, Marie Bruté de Rémur, abbé Charles Bruté de Rémur, M. et M<sup>lle</sup> Duguen; de sa tante, M<sup>me</sup> Gustave Regnault de Bouttemont, et son fils Gaston de Bouttemont; et de ses parentes, M<sup>me</sup> et M<sup>lle</sup> Arnaud.

La famille *Regnault de Bouttemont*, est originaire de la Normandie et l'une des plus anciennes de l'élection de Saint-Lô, où elle posséda depuis le XIV<sup>e</sup> siècle la seigneurie de Bouttemont. Elle fut maintenue dans sa noblesse d'extraction en 1701; et s'arme : « d'argent à la croix ancrée de sable. » Devise : « *Regnat* (¹). »

M<sup>lle</sup> de Bouttemont n'avait qu'un cousin germain, Gaston Regnault de Bouttemont, châtelain de Bouttemont, né en 1859, fils de Gustave et de Marie de Miette de Laubrie, et qui a épousé en 1886, M<sup>lle</sup> Marie-Thérèse de Saint-Pol.

Les ascendants de la marquise Xavier de Bellevüe sont, du côté paternel : *Regnault de Bouttemont, Bauquet du Clos-au-Loup, Potier de Glatigny, Pasquet de la Valerie, du Moulin, Rignouf de Chantepie de Fincel, le Marchand d'Hauterive.*

La famille *Varin* est originaire de Normandie; une de ses branches vint s'établir en Bretagne vers 1630, et y fut anoblie en 1775. Un de ses membres, Pierre-Vincent Varin de la Brunelière, arrière-grand-père de M<sup>me</sup> de Bellevüe, fut guillotiné à Paris le 21 juin 1794, en même

---

(1) Voir à l'Appendice la généalogie des *Regnault de Bouttemont*.

temps que le comte de Fournier de Varennes et sa sœur la comtesse de Lys.

Les Varin s'arment : « d'or au chevron d'azur, accompagné de deux étoiles de même, 2 en chef et 1 en pointe. »

L'oncle de M^me Xavier de Bellevüe, M. Charles Varin de la Brunelière, ancien sous-préfet, chevalier de la Légion d'honneur, avait épousé en 1850 M^lle Berthe de Bournonville de Saint-Maurice, et est mort en 1904, ayant eu : 1° Paul Varin de la Brunelière, ex-officier d'infanterie, châtelain de Marcambye, conseiller général de la Manche, époux de M^lle Yvonne de Gibon, et père de Yves, Jeanne, Pierre, Hervé et Henry de la Brunelière ; 2° Mariette Varin de la Brunelière, qui a épousé en 1877 Henry, marquis de Chivré, et est morte en 1884, laissant : Jean, comte de Chivré, qui a épousé en mai 1908 M^lle Nicole le Harivel de Gonneville, et Jacques, vicomte de Chivré, qui a épousé, en janvier 1909, Jacqueline de Martimprey.

## XIV

R ENÉ-PASCAL DE FOURNIER, Comte de Bellevüe, Conseiller au Conseil supérieur du Cap Français, Capitaine de Cavalerie, Secrétaire du Ministre de la Guerre, le Maréchal-Comte de Ségur, Major de l'hôtel des Invalides, Chevalier de Saint-Louis.

Second fils de Pierre de Fournier de Bellevüe et de Marie du Gast, il naquit à Saint-Domingue le 12 juin 1739, et fut baptisé en l'église Sainte-Anne de Limonade, le 17 avril 1740 ([1]) ; il eut pour parrain Jacques Palvico et pour marraine Renée Charlon.

Il était CADET GENTILHOMME à Rochefort en 1752, puis il fut

---

([1]) Extrait dûment légalisé, délivré par messire Michaud, curé de Sainte-Anne de Limonade, le 8 avril 1785.

admis comme SOUS-LIEUTENANT AU RÉGIMENT DES GARDES FRAN-
ÇAISES, où son père était capitaine. A la mort de celui-ci, en 1755, il
quitta l'armée et regagna Saint-Domingue, se fit recevoir AVOCAT et
fut nommé, le 30 octobre 1762, CONSEILLER DU ROI et SUBSTITUT DU
PROCUREUR GÉNÉRAL AU CONSEIL SUPÉRIEUR DU CAP FRANÇAIS, charge
qu'il occupa jusqu'en 1776. Quittant alors la toge pour reprendre
l'épée, il reçut un brevet de CAPITAINE DE CAVALERIE AU RÉGIMENT
DE ROYAL-PICARDIE.

Le 25 février 1778, étant capitaine de milice au bataillon du
Cap Français, il reçut une permission d'un an pour aller en France,
permission qui fut prolongée de six mois les 15 février et 14 août 1779:
M. de Bellevüe étant à cette dernière date malade à Saint-Malo.

En 1781, il fut choisi comme SECRÉTAIRE par son parent, LE
MARÉCHAL DE SÉGUR, MINISTRE DE LA GUERRE, duquel il sollicita
pour son fils, René-Charles, une place d'officier au régiment de Condé-
Dragons. Pour obtenir satisfaction, il dut se pourvoir à nouveau d'un
certificat de noblesse, qui, après enquête, lui fut délivré le 25 octobre
1788, comme nous l'avons relaté à l'article de son frère, le marquis de
Bellevüe (¹).

D'accord avec sa mère, il avait acheté à Saint-Domingue, le
20 juin 1765, une importante plantation avec habitation, dans la
paroisse du Limbé, de M. Jacques Loyseau de Montaugé, conseiller
du roi au conseil supérieur du Cap (²), moyennant 500.000 francs (³).

Il partagea, par acte du 13 avril 1785, la succession de sa mère,
Mˡˡᵉ Marie du Gast, et reçut en lot l'habitation du Limbé,
tandis que son frère, le marquis de Bellevüe, héritait de celle de Limonade (⁴).

(1) Voir à l'Appendice, l'enquête et l'arrêt de maintenue.
(2) M. Jacques Loyseau de Montaugé devait être le père d'Alexis Loyseau, seigneur de la Marterie, qui prêta, en 1783, 9.000 livres tournois au marquis de Bellevüe (voir ci-dessus). Il est
dit avoir eu deux fils : Alexis et Josué.
(3) Acte passé devant Mᵉ de Lan, avocat au Parlement de Paris et notaire du roi au Cap
Français. Cette habitation, avec sucrerie et raffinerie, contenait 179 carreaux de terres, dont
partie plantée en cannes. (Arch. nat., Coll. Chérin, vol. 85.)
(4) Acte passé devant Mᵉ Michel, notaire au Cap. (Arch. nat., Coll. Chérin, vol. 5.)

En septembre et novembre 1785 il demeurait à Nantes, chez sa sœur, la marquise de Varennes, en son hôtel, île Feydeau.

En avril 1786 il demeurait à Angers, rue des Cordeliers, n° 494.

Le 26 juillet 1787 il était en garnison à Sarrelouis, où il reçut une lettre de son cousin le marquis de Boismarmin.

En avril et le 14 octobre 1787 il demeurait à Paris, en son hôtel, rue Poissonnière; le 22 janvier 1788, il demeurait à Paris, à l'hôtel de Bretagne, rue du Boulois.

Lors de la Révolution le comte René-Pascal de Bellevüe était CAPITAINE-MAJOR SURVEILLANT DE L'HOTEL DES INVALIDES DE PARIS, et CHEVALIER DE SAINT-LOUIS. Il demeurait à Paris dans l'Hôtel de Fournier, situé rue Meslet. Lors de la Terreur, il se réfugia à Nantes avec son fils et ses neveux; arrêté dans cette ville comme suspect, il fut relâché peu après, et regagna l'hôtel des Invalides à Paris, où il mourut en 1795.

Il avait épousé, par contrat passé le 9 octobre 1763, devant M. Alexis-Louis Delau, avocat au Parlement de Paris et notaire royal au Cap Français, et suivant cérémonie célébrée le même jour dans l'église Sainte-Anne de Limonade, « *Mademoiselle Marie-Elisabeth* « *DAVID DE LASTOURS*, née au Gros-Morne en 1747, fille mineure « *de Monsieur François David de Lastours, ancien capitaine des* « *milices, et commandant pour le Roi au Gros-Morne, dépendance de Port* « *de Paix*, et y demeurant, paroisse Notre-Dame de la Purification, et « *de feue dame Marie-Elisabeth Nicaud.*

« Le futur époux fut assisté de la dame sa mère; de Jean-Étienne- « Bernard de Cluguy, chevalier-baron de Nuits-sur-Armençon, sei- « gneur de Prascay, de Saint-Marc et autres lieux, conseiller du Roi au « Parlement de Bourgogne, intendant de Saint-Domingue; de Messire « Charles-Fournier de la Chapelle, écuyer, ancien conseiller au Conseil « supérieur du Cap Français, procureur général au dit Conseil, conseil- « ler honoraire aux deux conseils supérieurs de la colonie, et membre « de la chambre d'agriculture, son oncle paternel; de M. Messire Pierre- « Jean Beaujau, écuyer, conseiller au Conseil du Cap, cousin germain « du futur; de M. Jean-Jacques-Julien Fournier de Varennes,

« ancien officier de Bombardiers, membre de la Chambre d'agriculture
« de Saint-Domingue, parent du futur; de Étienne Pichard, baron
« de Saint-Julien, capitaine au régiment du Boulonnois, époux
« de D<sup>lle</sup> Marie-Anne Fournier de Varennes, cousine germaine du
« futur; de M. Desmée du Buisson, écuyer, conseiller du Roi, procureur
« général au Cap Français; de René du Gast officier de milice, son
« oncle maternel; de Claude Colet, écuyer, conseiller au Conseil supé-
« rieur du Cap; de Gabriel François Lohier de la Charmeraye, écuyer,
« conseiller au dit Conseil; de Antoine-Étienne Ricot, écuyer, con-
« seiller du Roi; de Laurent-Pierre le Gentil, écuyer, capitaine au
« régiment de Quercy.— La future épouse fut assistée de son père; de
« François Champion, entrepreneur des bâtiments du Roi, époux de
« demoiselle Marie-Françoise Fortier de la Fontaine, cousine de la
« future; de Michel Reignier, demeurant au Gros-Morne, et de Pierre-
« Jean Moulin de Fontenille, négociant au Cap, ses cousins, et de Sta-
« nislas Foache, négociant au Cap. (Archives Fournier).

« La future épouse fut assistée de Monsieur son père.

« Les futurs époux se prenaient respectivement avec leurs biens,
« droits et actions (¹). »

La famille *David de Lastours, de la Vergne, des Estangs*, originaire
du Limousin, s'armait : « d'or à trois coquilles de sinople. » Huit
demoiselles David furent admises à Saint-Cyr.

Le père de Marie-Élisabeth, François David, avait un frère, Charles-François David, propriétaire de la sucrerie de la Plaine, en la paroisse de la Croix de l'Acul, dont son neveu, René-Charles-Marie,
comte de Bellevüe, est dit héritier, dans le règlement de l'indemnité
aux anciens colons de Saint-Domingue, en 1827.

Veuve en 1795, la comtesse de Bellevüe se retira à Saint-Malo,
où elle vivait en 1805, âgée de 57 ans.

En 1804, elle sollicita un secours du gouvernement comme propriétaire d'immeubles à Saint-Domingue. Le ministre de la Marine
et des Colonies donna un avis favorable à sa demande le 26 floréal

---

(1) Archives de la Bibliothèque nationale, Coll. Chérin, vol. 85.

an XII (16 mai 1804) [1]. Le maire de Saint-Malo, M. de Brécy, certifia, le 24 pluviose an XIII (15 février 1805) que M^me Marie-Élisabeth David, veuve Fournier de Bellevüe, âgée de 57 ans, propriétaire dans l'île de Saint-Domingue, n'a aucune propriété ni emploi, qu'elle est grabataire et dépourvue de tout moyen d'existence, et qu'elle a, ainsi que son fils, sa femme et ses trois enfants, besoin pour subsister des bienfaits du gouvernement [2]. »

Elle mourut en mai 1805, n'ayant eu qu'un fils :

(1) Archives nationales. Section moderne. F. 95612.
(2) *Ibid.*

## XV

## RENÉ-CHARLES-MARIE DE FOURNIER, Comte de Bellevüe, Capitaine de Cavalerie, Maire de Saint-Coulomb.

Né à Saint-Domingue le 31 août 1764, il fut ondoyé le 4 septembre et reçut le complément des cérémonies du baptême en l'église Sainte-Anne de Limonade, le 10 mars 1765. Il eut pour parrain Charles Fournier de la Chapelle et pour marraine sa grand-mère, Marie du Gas (Arch. Fournier). Son père l'emmena avec lui en France en 1777 et sollicita pour lui en 1781 une place de sous-lieutenant au régiment de Condé-Dragons. Il était SOUS-LIEUTENANT AU BATAILLON DES MILICES DE LIMONADE, quand il reçut, le 17 mars 1785, un congé d'un an pour aller en France avec son père. Par brevet du 10 octobre 1787, il fut nommé CAPITAINE DE CAVALERIE AU RÉGIMENT DE ROYAL-PICARDIE, où son père avait servi.

Nous ignorons ce qu'il devint pendant la Révolution, et nous ne le retrouvons qu'en 1797, époque à laquelle il demeurait à Dinan avec ses cousins, René et Jean de Bellevüe, et où ils étaient tous les trois dans la plus profonde misère.

Ayant épousé en 1799 Mademoiselle le Poitevin de la Ville-Noël, dame de la Grand'Maison, en Saint-Coulomb, il alla demeurer dans cette commune, dont il fut élu MAIRE en 1805, poste qu'il occupa jusqu'en 1816.

Son portrait et celui de sa femme, peints par son cousin, le marquis de Bellevüe, existent chez son arrière-petit-fils, le comte Henry de Bellevüe.

Le comte de Bellevüe avait épousé à Dinan, « dans une chambre, à cause de la persécution de l'Église catholique, et devant l'abbé Charles-Louis Vielles, prêtre catholique du diocèse de Noyon », le 29 avril 1799, *Mademoiselle Marie-Catherine-Jeanne LE POITEVIN DE LA VILLENOËL*, née à Saint-Coulomb le 23 octobre 1772, fille de feu *Mathurin-Louis-Jean-Baptiste, seigneur de la Villenoël, de la Grand'-Maison, de la Villasse,* en Saint-Coulomb, et de *Marie-Hélène Onffroy,* et petite-fille de *Jean-Baptiste le Poitevin, écuyer, seigneur de la Villenoël,* et de *Françoise-Thérèse de Cherrueix.* En présence de : dame Marie-Hélène Onffroy, mère de l'épouse : de Prudence-Catherine Onffroy, veuve de Gouyon, et de demoiselle Françoise-Marie Onffroy, ses tantes; de Servais-Gabriel-Julien de Gouyon; de Jean-Baptiste le Poitevin, son frère; de Louise-Reine-Jeanne le Poitevin, et de Thérèse-Angélique le Poitevin ses sœurs ([1]). »

La famille *le Poitevin,* de bonne noblesse de Bretagne, posséda les seigneuries des Alleux, de la Villenoël, de la Villeasse, de la Grand, Maison, de la Crochardière, de la Salmonière, des Verdières, dans le pays de Saint-Malo, de Dol et de Saint-Coulomb. Elle s'armait : « d'argent à trois losanges de sinople » (arm. 1696); alias : « de gueules à trois grappes de raisin d'or, au croissant d'argent en abyme » (la Chesnaye des Bois). Elle s'est divisée en deux branches, celle des Verdières et de la Cochardière, et celle de la Villenoël. Celle-ci remonte à :

I° *Hamon Poitevin,* de Paramé, qui épousa en 1572 Marguerite Séquart, et eut :

(1) Archives Fournier.

38

IIº *Jean le Poitevin, seigneur des Alleux*, qui eut de Jeanne Davy :

IIIº *Mathurin le Poitevin, seigneur des Alleux, de la Salmonière, lieutenant de Dol,* né en 1616, qui épousa à Saint-Coulomb, le 24 mars 1667, Michelle le Gouverneur, et mourut à Saint-Coulomb le 5 avril 1709, ayant eu :

1º *Jeanne,* baptisée à Saint-Coulomb le 9 janvier 1668, qui y épousa, le 21 avril 1706, J.-B.-Pierre Larcher, chevalier, seigneur du Bois-du-Loup, en Augan, mort en 1726, laissant M^mes de Langan, Girard de la Haye, et Jocet de la Noë :

2º *Jean-Baptiste,* qui suit :

IVᵉ *Jean-Baptiste le Poitevin, sieur de la Villenoël, capitaine des gardes-côtes,* né à Saint-Coulomb le 4 janvier 1669, il épousa à Dol, le 23 septembre 1716, Françoise-Thérèse de Cherrueix, et fut député de la sénéchaussée de Dol aux États de Bretagne de 1717. Il eut :

1º *Louise-Jeanne-Thérèse,* baptisée à Saint-Coulomb le 9 mars 1719, qui y épousa, le 30 juin 1744, Louis-Claude de Châteaubriand, seigneur du Vaurenier, né à Ruca, fils de Hilaire-François, et de Claude Sauvaget;

2º *Françoise-Thérèse-Perrine,* baptisée à Saint-Coulomb le 16 avril 1722, qui y épousa, le 25 novembre 1739, son parent, Henry-Louis-François le Poitevin, seigneur de la Crochardière, capitaine des gardes-côtes, né à Carfantain en 1710, fils de Jean-François, seigneur des Verdières, de la Crochardière, capitaine des gardes-côtes, et de Marie-Jeanne Tizon, dame de Launay. Il mourut en 1774, ayant eu :

A) *Jean-François,* né à Carfantain le 8 octobre 1743, lieutenant de la milice de Rennes, mort en 1762;

B) *Françoise-Jeanne-Thérèse-Henriette,* baptisée à Carfantain le 1ᵉʳ novembre 1746, qui épousa à Pleine-Fougères, en 1772, Pierre-Malo du Breil, seigneur de la Herbedais;

C) *Pierre-Charles, seigneur de la Crochardière, capitaine des gardes-côtes,* qui épousa en 1783 Françoise le Provost, dame du Boisroux.

3º *Thérèse-Angélique*, baptisée à Saint-Coulomb le 7 août 1730, qui y épousa, le 27 février 1753, Jean-Joseph de Saint-Pair;

4º *Mathurin*, qui suit :

Vº *Mathurin-Louis-Jean-Baptiste le Poitevin, seigneur de la Ville-noël, de la Villeasse, de la Grand'Maison*; baptisé à Saint-Coulomb le 22 novembre 1735, il y épousa, vers 1770, Marie-Hélène Onffroy, née à Saint-Malo le 8 août 1745, fille de Gabriel Onffroy, seigneur du Bourg, capitaine, et de Catherine Avice, et petite-fille de Guillaume Onffroy, seigneur du Bourg, et de Françoise Patard. Il eut :

1º *Marie-Catherine-Jeanne, dame de la Villeasse, de la Grand'-Maison*, baptisée à Saint-Coulomb le 23 octobre 1772, qui épousa à Dinan, le 29 avril 1799, René-Charles-Marie de Fournier, comte de Bellevüe, dont la postérité suit;

2º *Louise-Jeanne-Reine*, baptisée à Saint-Coulomb le 6 janvier 1777, non mariée en 1799;

3º *Jean-Baptiste*, baptisé à Saint-Coulomb le 11 mai 1778, vivant en 1799;

4º *Thérèse-Angélique-Perrine*, baptisée à Saint-Coulomb le 5 novembre 1779, qui y épousa en 1811 Victor Collas de la Baronnais, ancien chef de la division de Saint-Énogat dans les guerres de la chouannerie, mort à Saint-Servan en 1835, et eut :

A) *Agathe Collas de la Baronnais*, qui épousa à Saint-Coulomb, M. Jules Moucet, fils de Julien-Jean Moucet, (né à Plumaudan le 24 août 1762, de Julien, seigneur de la Ville-ès-Grandèves, de la Vallée, et d'Yvonne Bellebon, dame du Mottay), et de Reine de la Salle. Il eut :

1º Arthur Moucet, né en 1843, mort sans postérité vers 1898;

2º Alix Moucet, née en 1846, qui a épousé en 1879 René, comte de Porcaro, dont : René, né en 1880, et Robert, né en 1881;

3º Georges Moucet, né en 1849, mort sans alliance en 1879.

B) *Victor Collas de la Baronnais*, mort sans postérité;

C) *Collas de la Baronnais*, qui a épousé Mlle de Trogoff.

La famille *Onffroy* est originaire du comté d'Eu, en Normandie, où elle fut maintenue comme noble d'extraction en 1671, et où elle est encore représentée par les Onffroy de Véret et de Bréville. La branche du Bourg s'établit en Bretagne à la Gaudelinaye, en Saint-Malo-de-Phily, à la fin du XVIIIe siècle. Elle s'arme : « d'argent au chevron de gueules, accompagné de trois trèfles de sinople. »

*Marie-Hélène-Onffroy* était fille de Gabriel, seigneur du Bourg, et de Catherine-Étiennette Avice; elle avait épousé à Saint-Servan, le 30 juillet 1771, Mathurine le Poitevin de la Villenoël; elle avait deux sœurs : *Prudence-Catherine-Onffroy*, veuve en 1799 de M. Gervais-Jean de Gouyon, seigneur de Saint-Loyal, qu'elle avait épousé en la chapelle de la Hulotais, en Saint-Servan, le 4 novembre 1766, et mère de Servais-Gabriel-Julien de Gouyon; et *Françoise-Marie-Onffroy*, non mariée en 1799. Elle avait pour parent, *Pierre-Roland Onffroy, seigneur de la Rosière*, riche colon à Saint-Domingue, qui eut de Claire de Pike : *Jacques-Roland Onffroy, marquis de Véret*, qui épousa en 1771 Louise-Augustine du Fresne de Virel, née à St-Aubin-des-Châteaux en 1752, morte à la Gaudelinaye, en Saint-Malo-de-Phily, en 1784, dont postérité.

Le comte de Bellevüe, après la mort de sa mère, Marie-Élisabeth David, renouvela une demande de secours. Le ministre de la Marine et des Colonies certifia, le 25 avril 1805, après enquête, que « M. René-Charles-Marie Fournier-Bellevüe, son épouse et leurs trois enfants, sont propriétaires d'immeubles dans la colonie de Saint-Domingue, et donne un avis favorable à leur demande de secours ([1]) ».

Il reçut un secours annuel de 75 francs qu'il fit toucher, le 6 mars 1812, par cause de maladie, par son beau-frère, M. Collas de la Baronnais. Cette somme ayant été réduite à 25 francs, le comte de Bellevüe protesta le 10 novembre 1812, et son traitement de secours de 75 francs fut rétabli le 20 décembre 1812 ([2]).

Dans un certificat du maire de Saint-Coulomb, en date du 1er janvier 1825, René-Charles-Marie-Fournier de Bellevüe est dit « réfugié

(1) Archives nationales. Section moderne. F. 95633.
(2) *Id.*

« de Saint-Domingue, infirme, sans emploi et chargé d'une nombreuse famille. »

Le même maire certifie le 1er juillet 1829 que « M. de Bellevüe, réfugié de Saint-Domingue, a perdu sa fortune dans cette colonie, et que sa famille, actuellement à sa charge, est composée de sept enfants, savoir : 1º Marie-Caroline, âgée de 28 ans; 2º Jean-Marie, âgé de 26 ans; 3º Thérèse, âgée de 24 ans; 4º Paul, âgé de 22 ans; 5º Louise, âgée de 24 ans; 6º Charles, âgé de 19 ans; et 7º Victorine, âgée de 17 ans (¹). »

Son traitement de 75 francs ayant été supprimé en 1830, le comte de Bellevüe sollicita le 24 novembre 1837 sa réadmission à ce secours. Le ministre demanda des renseignements au préfet d'Ille-et-Vilaine, qui répondit que « M. René-Charles-Marie Fournier de Bellevüe est âgé de 72 ans; qu'il a sept enfants, dont six non mariés; et qu'il vit modestement au milieu de sa famille dans la commune de Saint-Coulomb, où il est entouré de l'intérêt et de l'estime générale; mais qu'il a reçu le premier cinquième d'une indemnité de 74 000 francs comme ancien colon de Saint-Domingue, et qu'il jouit d'un revenu d'au moins 5 000 francs de rentes. Cependant que la somme de 74 000 francs attribuée à cet ancien colon sur l'indemnité de Saint-Domingue prouve l'importance de la fortune qu'il a perdue dans cette colonie; et que l'administration peut tenir compte de l'ancien état social, de l'énorme fortune perdue, et des frais d'éducation et d'entretien de sept enfants avec un revenu net d'environ 5 000 francs (²).

Le Ministre refusa le secours par lettre du 29 décembre 1837 (³).

Le comte René-Charles-Marie Fournier de Bellevüe mourut vers 1840.

Il avait eu sept enfants :

1º THÉRÈSE-JEANNE FOURNIER DE BELLEVÜE, née à Saint-Coulomb le 14 pluviose an VIII (8 mars 1800) : morte sans alliance à Saint-Coulomb;

---

(1) Archives nationales. Section moderne. F. 95633.
(2) *Id.*
(3) *Id.*

2º MARIE-CAROLINE FOURNIER DE BELLEVÜE, née à Saint-Coulomb en 1801; morte sans alliance à Saint-Coulomb;

3º JEAN-MARIE FOURNIER DE BELLEVÜE, PRÊTRE, RECTEUR DE CHATEAU-MALO ET DE SAINT-COULOMB; né à Saint-Coulomb le 9 prairial an XI (le 29 mai 1804), il fut d'abord recteur de Château-Malo, puis nommé en 1868 recteur de Saint-Coulomb, en remplacement de M. Pierre Brignon de Lehen. Il occupa ce poste jusqu'à sa mort, survenue en 1879;

4º PAUL-PRUDENT, qui suit ;

5º LOUISE-MARIE FOURNIER DE BELLEVÜE, née à Saint-Colomb le 20 avril 1809, elle fut SUPÉRIEURE DE LA COMMUNAUTÉ DES FILLES DE MARIE A SAINT-SERVAN, où elle est morte;

6º CHARLES-FOURNIER, VICOMTE DE BELLEVÜE, CHATELAIN DE KÉRANGAT, DÉCORÉ DE L'ORDRE D'ISABELLE LA CATHOLIQUE. Né à Saint-Coulomb le 12 juillet 1810, il épousa au château de Bellouan, en Ménéac, le 22 octobre 1844, Mademoiselle *Maria-Théréza Huchet de Cintré, dame de la Heuzelaye*, en Montauban, née à Bellouan le 15 novembre 1815, fille de *Charles-Elisabeth-Joseph, vicomte de Tréguil, châtelain de Bellouan*, en Ménéac, *de Couësby*, en Guégon, *ancien officier de Marine, chevalier de Saint-Louis, mort en 1834, et de Marguerite-Désirée de Robelot, dame du Verger, en Augan.*

La famille *Huchet*, d'ancienne extraction de chevalerie bretonne, dont les membres furent marquis de la Bédoyère, comtes de Cintré et de Quénétain, vicomtes de Tréguil, barons d'Orgères, est encore noblement représentée. Elle s'arme : « Ecartelé : aux 1 et 4, d'argent à trois huchets (cors de chasse) de sable (qui est Huchet); aux 2 et 3, d'azur à six billettes d'argent, 3, 2, 1, (qui est la Bédoyère) ». Devise : *Honor et Caritas.*

La famille *de Robelot* est originaire du pays de Ploërmel, où nous la trouvons dès le XIVe siècle; elle s'armait : « d'argent à trois

cœurs de gueules »; et s'est éteinte en 1809, fondue en Huchet
de Cintré et en de Porcaro.

Maria-Théréza Huchet de Cintré était sœur de la comtesse de
Kersauson de Pennendreff, de M<sup>me</sup> Louis Garnier de la
Villesbret, de M<sup>me</sup> Armand Apuril, des comtes et vicomtes
Charles, Henry et Georges Huchet de Cintré.

Le vicomte Charles de Bellevüe acheta en 1853, de M. Talbot,
qui l'avait acquise des le Maignan, la terre de Kérangat, en
Plumelec, où il demeura, ainsi qu'à Paramé et à Vannes. Le
comte de Chambord le nomma MEMBRE DU COMITÉ ROYALISTE
DU MORBIHAN.

Sa femme mourut le 1<sup>er</sup> décembre 1885, à Vannes, où il est mort
également le 27 juillet 1887, âgé de 77 ans.

Il avait eu quatre enfants :

A) CLOTILDE-MARIE-ANNE FOURNIER DE BELLEVÜE, née en
1846, morte sans alliance à Paris, le 20 juillet 1894;

B) JOSEPH FOURNIER, VICOMTE DE BELLEVÜE, CHATELAIN DE
KÉRANGAT, SOUS-LIEUTENANT AUX ZOUAVES PONTIFICAUX ET
A LA LÉGION ÉTRANGÈRE, DÉCORÉ DE LA MÉDAILLE DE MEN-
TANA, COMMANDEUR DE L'ORDRE DE CHARLES III D'ESPAGNE,
né à Bellouan, en Ménéac, le 18 février 1850, il s'engagea au
régiment des zouaves pontificaux le 19 février 1867, il fut
nommé sergent le 11 décembre 1867, et, le 20 septembre 1870,
lors de l'évacuation de Rome par les défenseurs de la Papauté,
il était sergent au bataillon de dépôt, ayant pour commandant
M. d'Albiousse, et pour capitaine M. Guérin. Il fit ensuite
la campagne de France aux volontaires de l'Ouest, et fut
nommé sergent-major le 13 octobre 1870 et sous-lieutenant
le 21 janvier 1871. Il assista aux combats de Bellesme, le
22 novembre; de Lorges, le 9 décembre; du Mans, le
10 janvier; de Sillé-le-Guillaume, le 14 janvier. Après le licen-
ciement de ce corps d'élite, à Rennes, le 13 août 1871, il
entra avec son grade à la Légion étrangère le 5 mars 1872,
puis il fut nommé au 55<sup>e</sup> régiment d'infanterie de ligne le

25 novembre 1873. Il donna sa démission le 25 mai 1875, et il épousa au Mans *Mademoiselle Claire-Charlotte-Élisabeth Hème de Lacotte*, fille de *Charles-Michel-Henry*, décédé au château des Créneaux, en Thoré (Loir-et-Cher), le 17 novembre 1903, âgé de 87 ans, et de *Mademoiselle de Guizable de Lacotte*; et sœur de M^mes Rouault de Coligny et de Fromont de Bouaille.

Elle est morte sans postérité au château de Kérangat, le 11 février 1907, âgée de 54 ans.

Le vicomte Joseph de Bellevüe est l'un des plus ardents partisans des « Blancs d'Espagne », défenseurs du drapeau blanc et tenants de la maison de Bourbon d'Espagne, dont ils affirment la légitimité au détriment de la Maison d'Orléans. Il a été nommé en 1898 PRÉSIDENT DU COMITÉ DE L'OUEST DES BLANCS D'ESPAGNE, et a prononcé des discours très appréciés aux réunions de ce parti, tenues chaque année à Sainte-Anne-d'Auray, le 29 septembre. Il a été nommé Commandeur de l'Ordre de Charles III d'Espagne.

La famille *Hème* est d'origine hollandaise et très bien alliée.

C) ANNA FOURNIER DE BELLEVÜE, née à Bellouan le 7 avril 1848, non mariée;

D) RENÉ-HENRI FOURNIER DE BELLEVÜE, né à Bellouan le 26 juillet 1853, mort à Billio, le 2 juin 1855;

E) MARIE-FOURNIER DE BELLEVÜE, née le 4 mai 1861, non mariée;

7° VICTORINE FOURNIER DE BELLEVÜE, née à Saint-Coulomb le 4 avril 1812; elle y est morte sans alliance.

# PAUL-PRUDENT DE FOURNIER, Comte de Bellevüe, Châtelain de la Grand'Maison.

Né à Saint-Coulomb le 27 août 1807 ; il épousa à Dinan, en 1836, *Mademoiselle Adèle le MÉNAGER*, née en 1814, fille de *Pierre-François le Ménager, ex-capitaine d'Infanterie, commandant de la place de Dinan*, mort à Dinan le 16 février 1837, et de *Claire-Rose de Ferron de la Sigonnière*, morte à Saint-Coulomb, le 15 juin 1861.

Pierre-François le Ménager était né à Regmalard, dans l'Orne, le 17 octobre 1767, fils de Pierre-Julien Ménager, et de Jeanne-Françoise le Page. Engagé volontaire au 1er bataillon de l'Orne en septembre 1791, il prit une part glorieuse à toutes les batailles livrées de 1792 à 1801. Lieutenant en 1800, il se distingua par son courage à la bataille d'Ulm, le 16 prairial an VIII (5 juin 1800), où il eut le bras droit emporté par un boulet, et où il fut nommé sur le champ de bataille capitaine par le général en chef, grade dont il reçut le brevet le 13 thermidor an VIII. Le 1er brumaire an XI (22 octobre 1803), il fut nommé adjudant de place à Dinan ; reçut, le 9 décembre

1815, une retraite de 1 600 francs par an, pour ses services militaires et ses blessures, et fut nommé chevalier de Saint-Louis, le 5 juin 1819. Il avait épousé à Dinan, en janvier 1813, Claire-Rose de Ferron de la Sigonnière, dont il eut deux filles : Adèle, qui épousa en 1836 Paul-Prudent, comte de Bellevüe, et Mélanie, religieuse carmélite, R. M. Marie du Sacré-Cœur, qui fonda le Carmel de Laval et mourut en 1877.

La famille *de Ferron*, dont nous avons déjà parlé à l'occasion des alliances avec les Fournier de Bellevüe en 1777 et en 1830, s'arme : « d'azur à six billettes d'argent. » La branche de la Sigonnière, ramage au milieu du xvie siècle de celle du Chesne, posséda la Sigonnière, en Taden, et produisit, entre autres :

François-René de Ferron, écuyer, seigneur de la Sigonnière, époux en 1709 de Marie-Françoise-Gabrielle de Launay, dont :

François-René de Ferron, écuyer, seigneur de la Sigonnière, de la Mettrie, qui eut de Modeste-Colombe-Servanne de Gaudrion :

François-Henri-Malo de Ferron, écuyer, seigneur de la Sigonnière, de la Villegicquel, qui épousa en la chapelle du manoir de Coutance, en Taden, le 4 mai 1762, âgé de 26 ans, Anne-Gillette-Françoise Anger, dame des Vaux, et eut :

1º Claire-Rose de Ferron de la Sigonnière, née en 1779, qui épousa en 1813 Pierre-François le Ménager, et mourut à Saint-Coulomb le 15 juin 1861;

2º M. de Ferron de la Mettrie, dont la veuve vivait en 1904.

Le comte Paul de Bellevüe est mort à Saint-Servan le 9 septembre 1887, et sa veuve y est morte en 1888.

Ils avaient eu cinq enfants :

1º PAUL-JULES-MARIE, COMTE DE BELLEVÜE, qui suit;

2º HENRY-LOUIS-MARIE FOURNIER DE BELLEVÜE, LIEUTENANT AUX ZOUAVES PONTIFICAUX, CAPITAINE AUX VOLONTAIRES DE L'OUEST, MÉDAILLÉ DE MENTANA, CHEVALIER DE LA LÉGION D'HONNEUR, TUÉ GLORIEUSEMENT A LA BATAILLE DU MANS.

Né à Dinan le 26 février 1844, il fit ses études au collège Saint-Vincent, de Rennes, pépinière de vaillants chrétiens.

Quand retentit dans le monde catholique l'appel fait par le breton la Moricière à tous les hommes de cœur et de foi pour la défense des droits de l'Église et la sauvegarde de l'indépendance du Saint-Siège, Henry n'avait que seize ans. Cet appel trouva un écho profond dans sa jeune âme de gentilhomme et de chrétien; et, malgré son jeune âge, avec l'autorisation de sa famille, quittant le collège et son pays, il alla se ranger sous la bannière de la Papauté.

Arrivé à Rome au commencement de janvier 1861, au lendemain de la bataille de Castelfidardo, il fut incorporé, le 25 janvier 1861, avec le numéro matricule 506, dans la légion du lieutenant-colonel de Becdelièvre et dans la 6e compagnie commandée par le capitaine de Moncuit, le glorieux mutilé de Castelfidardo. Il se fit bientôt remarquer par son excellente conduite, sa bonne volonté, ses aptitudes militaires et son exactitude scrupuleuse à l'accomplissement de tous ses devoirs. Nommé caporal le 1er février 1862, sergent le 21 novembre 1862, sergent-major le 6 novembre 1866, adjudant le 11 août 1867, il s'était distingué aux combats de Ponte de Correze, de Carpinetto, de Caprano, lors de la campagne faite dans les Abruzzes par les zouaves pontificaux contre les brigands italiens qui ravageaient la campagne romaine (1).

En décembre 1866, les zouaves revinrent occuper à Rome les postes abandonnés par l'armée française. Henry de Bellevüe venait d'être nommé adjudant, et était caserné au quartier de Serristori, quand, le 22 octobre 1867, des conjurés carbonari le firent sauter. Cette terrible explosion eut lieu à sept heures du soir, et Bellevüe se fit remarquer encore dans ce danger par son sang-froid et son courage. « Tandis que les survi-

---

(1) Henry de Bellevüe fit cette expédition avec Maximin Giraud, l'ancien petit pâtre de la Salette, auquel la Sainte Vierge était apparue en 1846. — Voir : *Histoire des Zouaves pontificaux*, par M. BIDARD DE LA PORTE, p. 69, et *Souvenirs des Zouaves pontificaux*, par M. LE CHAUFF DE KERGUENEC.

« vants de ce lâche attentat couraient affolés dans les ténèbres
« en poussant des cris d'effroi, les zouaves, commandés par
« l'intrépide adjudant de Bellevüe, allumèrent des torches et
« saisirent leurs armes, au moment où une bande de Garibal-
« diens, ou plutôt, une bande d'assassins, se ruait dans l'inté-
« rieur de la caserne pour piller les cadavres ou massacrer les
« soldats échappés au désastre. Les zouaves reçurent à coups de
« fusil les bandits, qui , lâches autant que scélérats, s'enfuirent
« aux premières décharges. On put alors commencer les travaux
« de sauvetage, qui furent dirigés par Henry de Bellevüe;
« et on retira des décombres vingt-deux morts et douze
« blessés (¹). »

Nommé sous-lieutenant le 28 octobre 1867, à la suite de cette
affaire, Henry assista ensuite aux combats de Monti-Parioli,
de Monte-Rotondo, de Porto-Nomentano; enfin, à la bataille
de Mentana, livrée le 3 novembre. « On se rappelle les péripéties
« de ce combat : la charge héroïque des zouaves sous le feu de
« l'ennemi embusqué derrière des meules de foin; le cri du
« colonel de Charrette : « En avant, zouaves, en avant! vous
« combattez devant l'armée française ! »; l'assaut des collines
« de Mentana au pas de course; les garibaldiens traqués, chassés,
« foudroyés, ou faits prisonniers, délogés des bois ou des replis
« de terrains où ils se cachent, bientôt enfin mis en pleine dé-
« route; Garibaldi forcé de fuir honteusement..... Là encore,
« Henry de Bellevüe, nouvellement promu sous-lieutenant, se
« fit remarquer entre tous les braves qui s'étaient signalés par
« leur audace; il fut mis à l'ordre du jour, et nommé le 23 novem-
« bre lieutenant à la 5ᵉ compagnie du 1ᵉʳ bataillon. Ainsi nos
« ancêtres gagnaient leurs éperons de chevalier, ainsi les zouaves
« gagnaient leurs épaulettes (²). »

---

(1) *Les Zouaves pontificaux*, par le baron DE CHARETTE, p. 45. — *Histoire de l'invasion des États pontificaux*, par le baron DE MÉVIUS, p. 164. — *Histoire des Zouaves pontificaux*, par M. BIARD DE LA PORTE, p. 131.

(2) *Henry de Bellevüe, capitaine aux Zouaves pontificaux*, biographie par M. HIPPOLYTE LE OUVELLO, parue dans la *Revue de Bretagne et de Vendée*, année 1871.

Quelques jours après la victoire de Mentana, Henry fut rejoint, à Rome par son cousin, le marquis Jean de Bellevüe, qui, lui aussi, venait, malgré son jeune âge, dix-sept ans, s'enrôler dans la glorieuse phalange des chevaliers catholiques, et qui devait, comme nous l'avons dit plus haut, tomber le 2 décembre 1870 à la bataille de Loigny, en héros et en martyr.

Décoré de la médaille de Mentana le 15 février 1868, le lieutenant de Bellevüe fut envoyé en novembre 1868 à la 2e compagnie du dépôt, à Rome, et assista aux fêtes qui eurent lieu à l'occasion du grand concile œcuménique, où fut promulgué le dogme de l'Infaillibilité du Pape.

Lors de la déclaration de la guerre entre la France et la Prusse Henry était en congé à Saint-Colomb, où il avait été rappelé par la nouvelle du décès de sa sœur, Louise, morte en couches, un an après son mariage avec M. Félix Besnier, ex-sergent aux zouaves pontificaux, décoré des médailles de Castelfidardo et de Mentana. Le jeune lieutenant pressentant que Victor-Emmanuel allait profiter du départ des troupes françaises de Rome pour essayer à nouveau de s'emparer des États Pontificaux, regagna aussitôt son poste de combat.

Hélas ! malgré sa vaillance, la petite troupe des zouaves pontificaux ne pouvait opposer qu'une bien faible digue au flot envahisseur de toute l'armée italienne. Elle voulut quand même affirmer jusqu'au bout son dévouement et protester contre l'usurpation et la violence, en défendant jusqu'à la fin les droits du Saint-Siège et la Ville Éternelle.

Henry de Bellevüe fit preuve d'intrépidité dans cette lutte désespérée, où il occupait un des postes les plus dangereux. Là encore, comme à Serristori et à Mentana, il mérita d'être porté à l'ordre du jour.

Lors de l'évacuation de Rome par les zouaves, le 20 septembre 1870, il était lieutenant de 1re classe à la 5e compagnie du 3e bataillon, ayant comme commandant M. E. de Nervaux, comme capitaine adjudant-major, M. Oscar Lallemand, et comme sous-lieutenant M. Gaston de Villèle.

Les défenseurs du Saint-Siège avaient fait jusqu'au dernier moment tout leur devoir; la violence avait triomphé une fois de plus du droit et de la justice; les zouaves pontificaux s'étaient sacrifiés pour l'Église, les Volontaires de l'Ouest allaient s'immoler pour la Patrie.

La justice de Dieu passait alors sur la France comme une tempête : une partie de nos provinces était envahie; plus de la moitié de notre armée était tombée au pouvoir de l'ennemi; Strasbourg avait succombé au bombardement; Metz et Paris étaient assiégés; le sol de la France entière tremblait sur la marche victorieuse de plus d'un million de barbares.

Au commencement du mois d'octobre 1870, le colonel de Charette obtient du gouvernement de la Défense nationale l'autorisation de former avec ses zouaves français un corps franc, qui, sous le nom de « Volontaires de l'Ouest », déploie comme drapeau la blanche bannière du Sacré-Cœur, et va rejoindre l'armée de la Loire, qui, sous les ordres du général de la Motte-Rouge, combattait autour d'Orléans.

Henry de Bellevüe reçut le commandement de la 1re compagnie du 1er bataillon, qui avait pour chef le commandant de Moncuit. Il prit part le 10 octobre au combat d'Arthenay. A la bataille livrée le lendemain à Cercottes, il montra non seulement un grand courage, mais une réelle science militaire : avec vingt hommes il retarda la marche de l'ennemi; puis, cerné avec sa compagnie, il parvint à se faire jour et à rallier les deux autres compagnies de son bataillon, qui, au carrefour des Quatre Chemins, arrêtèrent le mouvement tournant de l'armée bavaroise, et assurèrent ainsi la retraite de l'armée française. A la suite de cette glorieuse affaire, où les zouaves avaient consacré par une victoire leur nom « de Volontaires de l'Ouest », le lieutenant de Bellevüe fut mis une fois de plus à l'ordre du jour et proposé pour la croix de la Légion d'honneur, tandis que le capitaine le Gonidec de Traissan était nommé chef de bataillon.

D'Orléans, le 1er bataillon fut envoyé au Mans, où il arriva le 19 octobre, et où il cantonna jusqu'au 9 novembre. Il partit alors pour Châteaudun et le camp de Marboué. Il prit part, le 24 novembre, au combat de Brou, et, le 2 décembre, à la bataille de Loigny, près de Patay. Dans cette bataille, que nous avons racontée précédemment, et dans laquelle fut tué le marquis Jean de Bellevüe, le lieutenant Henri de Bellevüe eut son uniforme percé de sept balles, et une huitième balle vint s'aplatir sur la poignée de son sabre. Sa courageuse conduite lui valut d'être nommé le 2 décembre capitaine de sa compagnie, poste qu'il remplissait de fait depuis six semaines. Alors épuisé de fatigues, il dut aller prendre quelques jours de repos dans sa famille, à Saint-Coulomb. Mais le devoir était là où était le danger; et malgré le délabrement de sa santé, le jeune capitaine retourna, dès le 4 janvier, à son poste de combat.

Il rejoignit sa compagnie, la 1re du 1er bataillon, à la veille des batailles livrées autour du Mans, qui furent le dernier épisode de la terrible guerre de 1870-1871; mais épisode qui, grâce au courage des « Volontaires de l'Ouest », fut une véritable épopée.

Arrivé au Mans le 19 décembre, le général Chanzy s'occupa activement de protéger les abords de cette ville, et répartit la défense en trois corps d'armée : le général Jaurès, avec le 21e corps occupait le plateau de Sargé, situé à 5 kilomètres au Nord; le général de Colomb, avec une partie du 17e et la division de Bretagne, dont faisaient partie deux bataillons des Volontaires de l'Ouest, défendait le plateau d'Auvours, Champagné et Yvré-l'Évêque, à 6 kilomètres vers le Nord-Est; le général Jauréguiberry, avec le 16e et le reste du 17e, gardait les hauteurs en avant de Pont-Lieue, à 4 kilomètres vers le Sud-Est.

Le plateau d'Auvours, qui allait être le champ de bataille des Volontaires de l'Ouest, étant situé au centre de la ligne de défense, était le point le plus important à défendre. Ce plateau, d'une étendue d'environ 3 kilomètres, et d'une altitude moyenne de 113 mètres, domine la vallée de l'Huisne, les bourg de Champagné et d'Yvré-l'Évesque, situés à l'Est et au Sud; il est appuyé en arrière à l'Ouest par le coteau du Luart. Au sommet se trouvent le château et le parc d'Auvours ; sur les versants, les fermes de Saint-Hubert, des Fouteaux et des Renardières.

Le 10 janvier, le général Gougeard, commandant la disision de Bretagne, reçut l'ordre de se porter sur la route de Thorigné, en avant de Champagné ; et il envoya de ce côté en reconnaissance le 1er bataillon des Volontaires de l'Ouest, commandé par M. de Moncuit, et dont faisaient partie les compagnies des capitaines de Bellevüe, du Bourg, Lallemand et Belon. Comme l'avant-garde arrivait près d'un petit bois, auprès de la ferme Saint-Hubert, l'ennemi ouvrit le feu. Malgré leur infériorité numérique, les zouaves ripostèrent énergiquement ; et, pendant deux heures, on se fusilla dans le bois presque à bout portant. Enfin, la nuit survenant, l'ennemi dut renoncer à forcer le passage. Deux cent cinquante zouaves pontificaux avaient, pendant plus de deux heures, tenu en échec plus de quatre mille Allemands.

Le 1er bataillon rentra à Yvré-l'Évêque ; il était décimé ; mais, cette fois encore il avait vaillamment combattu ; et le capitaine de Bellevüe fut décoré de la croix de la Légion d'honneur.

Le lendemain, mercredi, 11 janvier, dès le matin, les Prussiens attaquèrent à la fois toutes nos positions.

Le temps était froid et clair, et la neige, qui avait tombé toute la nuit, couvrait le sol d'une couche épaisse et glissante.

Les zouaves pontificaux, placés en avant de la rivière de l'Huisne, en défendirent victorieusement le passage sous le feu des Allemands, jusque vers quatre heures du soir. Les troupes qui occupaient le plateau d'Auvours reculèrent alors tout à coup, et abandonnèrent ce poste important.

Le général Gougeard comprit tout le danger de cet abandon : si l'ennemi s'empare de ce plateau, c'est la perte de la bataille et la trouée ouverte sur le Mans. Il se décida aussitôt à reprendre à tout prix les positions perdues. Après avoir essayé en vain d'arrêter et de rallier les fuyards, il arriva au galop devant le 1er bataillon des Volontaires de l'Ouest. « Allons ! Messieurs, leur dit-il, en avant pour Dieu et pour la Patrie ! Le salut de l'armée l'exige! » — Aussitôt les clairons sonnent la charge; et les zouaves — ils sont trois cents à peine, trois cents comme aux Thermopyles — les zouaves pontificaux, la baïonnette au canon, joyeux, intrépides, dédaigneux de la mort gravissent le versant du plateau et s'élancent sur les Prussiens, qui, abrités derrière des haies et des fossés, les attendent sans tirer un coup de fusil. L'effet de leur première décharge, tirée presque à bout portant, fut terrible. Les premiers rangs furent anéantis; mais l'élan était donné, et rien ne put l'arrêter.

Le capitaine de Bellevüe marchait intrépidement à la tête de sa compagnie; il est frappé à la poitrine d'une balle qui le traverse de part en part. Il tombe. Son sabre s'échappe de ses mains et est ramassé par le caporal Jammes, qui le remit à Charette, lequel l'a rendu à la famille. Sa tête s'appuie sur son bras gauche pour s'endormir du dernier sommeil; de la main droite il fait signe à ses soldats d'avancer; un dernier éclair de vaillance et d'espoir anime son regard.....

En même temps que lui, les capitaines du Bourg et Belon, les sergents Louis Lemarié et Joseph de Vaubernier, le caporal Théobald de Laugerie, les volontaires Fernand Crié, Jules Maurice, de Féligonde, Georges Dubost, Geoffre de Chabrignac, Viaud-Grand-Marais, Joseph Denost, en tout vingt-six, sont tués raides, tandis que plus de cinquante autres tombent grièvement blessés. L'abbé Fouqueray, aumônier des zouaves et originaire du Mans, se penche sur le capitaine de Bellevüe pour lui donner une dernière absolution; il est aussi lui frappé d'une balle allemande; le corps d'un martyr tombe sur le corps d'un héros : prêtre et soldat sont unis dans la mort et enveloppés dans la même gloire.

Le sacrifice de ces vaillants ne fut pas inutile. Le combat dans lequel ils succombèrent fut une victoire. A la nuit tombante, le plateau d'Auvours était de nouveau occupé par les Français. Les zouaves pontificaux avaient sauvé l'armée; ils avaient fait plus encore; ils avaient sauvé l'honneur de la Patrie.

40

Le matin de la bataille, Henry de Bellevüe s'était agenouillé à la
Table Sainte aux côtés de ses frères d'armes, les capitaines
du Bourg et Belon; et, tous trois, forts du Pain des forts », ils
s'étaient élancés au combat. Quand on a Dieu dans son cœur,
on ne recule jamais : quand on est prêt à mourir, on ne craint
pas la mort : tous trois, sans peur étant sans reproche, luttèrent
en héros et succombèrent en martyrs, ayant toujours dans une
existence, trop courte, mais si pleine de mérites et de gloire,
combattu le bon combat pour Dieu et pour la Patrie.

Henry de Bellevüe n'avait que vingt-six ans; il y avait dix ans,
presque jour pour jour, qu'il s'était croisé pour la défense de
l'Église.

Maurice du Bourg, son camarade et son ami, était âgé de trente-
deux ans; il avait eu l'honneur d'être le premier zouave
pontifical, et il avait pris une part glorieuse à tous les combats
livrés en Italie et en France.

Félix Belon, né à Angers en 1841, avait vingt-neuf ans; il était
également un des vétérans de Castelfidardo; petit-neveu par
sa mère, Mademoiselle Mercier, du fameux général Mercier, dit
« la Vendée », maréchal de camp de l'armée catholique et
royale de Bretagne, l'un des héros des guerres de la Chouannerie,
il avait prouvé que bon sang ne peut mentir.

Unis dans la vie, unis dans la mort, ces trois vaillants capitaines
furent encore unis dans le tombeau. Leurs corps, rapportés au
Mans, furent inhumés dans la chapelle Sainte-Croix des Pères
Jésuites de cette ville, et leurs noms sont inscrits ensemble sur
le monument funéraire élevé au plateau d'Auvours à l'immor-
telle mémoire des héros tués dans ce combat.

Le corps du capitaine Henry de Bellevüe fut plus tard transporté
en Bretagne et repose aujourd'hui dans le cimetière de Saint-
Coulomb. Son nom est inscrit sur la plaque commémorative
placée dans l'église d'Yvré-l'Évêque, et sur celle posée dans le
chœur de la chapelle du collège Saint-Vincent de Rennes, parmi
ceux des anciens élèves de ce collège tués devant l'ennemi pendant l'Année Terrible. Son portrait en pied, peint par un zouave,

M. Lyonel, est chez son neveu, le comte Henry de Bellevüe. « Ma-
« dame, avait écrit le général de Charette à la comtesse de
« Bellevüe au lendemain de la bataille du Mans, en perdant
« votre fils, j'ai perdu un ami de dix ans. »

Henry de Bellevüe avait été frappé à mort au pied d'un pommier ;
ce pommier existe encore : sur son tronc, à hauteur d'homme,
on voit les traces de dix-sept balles, et on lit ces mots grossière-
ment gravés par la pointe d'un couteau : « *Hic cecidit Henry
de Bellevüe.* »

Sa vie a été écrite par le beau-frère de son frère, le vicomte Hippolyte le Gouvello, et ses glorieux faits d'armes sont relatés
dans toutes les histoires du régiment des zouaves pontificaux.

Telle fut l'existence, telle fut la mort d'Henry de Bellevüe :
existence toute de dévouement, de devoir et d'honneur, cou-
ronnée par une mort héroïque. — Heureuse la famille sur
laquelle rejaillit une gloire aussi éclatante et aussi pure ! Heureux ceux qui s'avancent dans la vie éclairés et guidés par de
pareils exemples ! Heureux surtout,

> Heureux qui meurt ainsi d'une mort immortelle,
> Frappé dans le combat d'une balle en plein cœur,
> Pour Dieu, pour son pays, sans reproche et sans peur !..
> Qu'importe le tombeau lorsque la mort fut belle,
> Et qu'on succombe enfin, l'uniforme en lambeau,
> Enseveli vainqueur dans les plis du drapeau ! [1]

---

[1] Voir entre autres, outre les ouvrages déjà cités : *Campagne des Zouaves Pontificaux,*
par M. JACQUEMONT. — *Les Zouaves du Pape,* par le vicomte OSCAR DE POLI. — *Le Monument d'Auvours,* par le vicomte DE LA TOUANNE. — *Les Zouaves Pontificaux et les Noces
d'argent des Zouaves Pontificaux.* — *Souvenirs de mon bataillon,* par le marquis DES S***. —
*Éloge funèbre des soldats tués au plateau d'Auvours,* par le P. BLANCHAT, 1896. — *Comptes-
rendus de l'inauguration du Monument d'Auvours.* — Collection de l'*Avant-Garde.*

Voici l'inscription qui existe sur sa tombe :

ICI-REPOSE LE CORPS DE
M. HENRY-LOUIS-MARIE
FOURNIER DE BELLEVUE
CAPITAINE AUX ZOUAVES PONTIFICAUX
TOMBÉ SUR LE CHAMP DE BATAILLE D'IVRÉ-L'ÉVÊQUE
PRÈS LE MANS — LE 11 JANVIER 1871
A L'AGE DE 26 ANS

*« Il nous fut meilleur de mourir dans le combat*
*que de voir les maux de notre peuple et la destruc-*
*tion des choses saintes. »*

(MACCHABÉES, chap. III, v. 59).

3º MARIE FOURNIER DE BELLEVÜE, RELIGIEUSE CARMÉLITE AU CARMEL DU MANS, née en 1845, elle entra en 1865 au Carmel du Mans, où elle mourut en 1868;

4º LOUISE-ADÉLAÏDE FOURNIER DE BELLEVÜE, née en 1845 ; elle épousa à Saint-Coulomb, en janvier 1869, son cousin, *Félix-Louis-Marie Besnier, ex-sergent aux zouaves pontificaux, décoré des médailles de Castelfidardo, de Mentana et de « Bene-Merenti »,* né en 1834, fils de *Félix-Marie-Charles Besnier, ex-lieutenant de dragons,* et d'ERNESTINE-MARIE-FOURNIER DE BELLEVÜE. Elle mourut en couches à Saint-Coulomb en février (ou juin) 1870, laissant un fils, *Henry Besnier,* mort en 1879. Son mari épousa en secondes noces, le 28 avril 1874, Élisabeth du Breil de Pontbriand de la Caunelaye, dont il a postérité (voir ci-dessus).

5º ÉLISABETH FOURNIER DE BELLEVÜE, SUPÉRIEURE DE LA COMMUNAUTÉ DES FILLES DE MARIE A LAVAL, née en 1852, entrée en 1889 aux Filles de Marie de Laval, dont elle est actuellement supérieure.

# XVII

**PAUL-JULES-MARIE FOURNIER, Comte de Bellevüe,
Châtelain de la Grand'Maison, de Roch-Maria,
Volontaire aux Francs-tireurs de Cathelineau, en 1870.**

Né au château de Coutances, en Taden, le 29 février 1840. Il reçut le 30 mars 1865 un brevet de capitaine au long-cours, et épousa à Sévérac (Loire-Inférieure), en avril 1865, *Mademoiselle Adèle-Marie-Augustine LE GOUVELLO DE LA PORTE*, née à Rennes, le 20 avril 1838, fille de *Henry-Joseph-Charles, comte le Gouvello de la Porte, châtelain de la Cour-de-Séverac*, et d'*Amélie du Haffont de Lestrédiagat*.

Lors de la guerre de 1870, le comte Paul de Bellevüe abandonna sans hésiter sa femme et ses trois enfants en bas âge pour s'engager comme volontaire aux francs-tireurs de Cathelineau, où il fit toute la campagne de l'Année terrible.

Revenu ensuite à Saint-Coulomb, il habita depuis : Dinan, le Mans, et le castel de Roch-Maria, en Penvenan, près de Tréguier, qu'il avait acheté en 1884.

Il est mort au Val-André, en Pléneuf, près de Lamballe, le 11 novembre 1903, âgé de 63 ans; son corps a été inhumé à Saint-Coulomb.

Lors des partages faits après la mort de ses parents, sa femme avait reçu en lot une partie du domaine de la Hunaudaye et dix fermes en Ploubezre, Brélevenez et Perros-Guirec. Elle hérita vers 1900 de sa sœur, Marie-Rose-Charlotte le Gouvello, d'une autre partie du domaine de la Hunaudaye, avec les ruines du vieux château et les fermes de la Porte et de la Brousse. Elle demeure tantôt à la Hunaudaye, et tantôt au Val-André.

La famille *le Gouvello*, d'ancienne extraction chevaleresque de Bretagne, est originaire du pays de Vannes, où elle vivait dès le XIII$^e$ siècle. Elle a produit entre autres *Éon le Gouvello, lieutenant du château d'Auray*; plusieurs maîtres des comptes et des conseillers au Parlement de Bretagne, dont l'un, *Pierre le Gouvello, seigneur de Keriolet*, se fit *prêtre* en 1637 et mourut en odeur de sainteté en 1660; un page du Roi en 1779; un maréchal de camp en 1815;

La branche de la Porte remonte à *Jean le Gouvello*, qui épousa en 1472 Jeanne Bino.

Armes : « d'argent au fer de mulet de gueules, accompagné de trois molettes de même ». Devise : « *Fortitudine.* »

Les ascendants directs de la comtesse de Bellevüe étaient :

*François-Joseph-Exupère, comte le Gouvello de la Porte, conseiller au Parlement de Bretagne,* fils de *François-Anne, conseiller au Parlement de Bretagne*; il émigra en Angleterre en 1791 et épousa à Bath Miss Sarah Perett; il ne rentra en France qu'en 1824, et eut :

1° *Henry-Joseph-Charles,* qui suit;

2° *Joseph-François-Marie le Gouvello de la Porte, seigneur du Timat,* qui épousa sa cousine, Mariette-Louise-Joséphine de Quifistre de Bavallan, fille de François-Joseph-Guy, comte de Bavallan, marquis du Boisgeffroy, lieutenant-colonel de cavalerie, chevalier de Saint-Louis, maire de Vannes, mort à Vannes en 1844, et de Rosa le Gouvello; il a eu postérité;

3° *Charles, vicomte le Gouvello, châtelain de Kérantrech, conseiller général du Morbihan*, né à Bath en 1809, qui épousa : 1° en 1846, sa cousine, Elisa le Gouvello, veuve de Paul, comte de Robien; 2° en 1856, Anne de la Moussaye, et mourut près d'Auray le 28 novembre 1889, laissant postérité.

*Henry-Joseph-Charles, comte le Gouvello de la Porte*, épousa en 1836 Amélie du Haffont de Lestrédiagat, fille unique de Jacques, seigneur de Lestrédiagat, et de Mathilde-Augustine de Talhouet, dame de Séverac, de la Hunaudaye, du Boschet, de Buhat, de Bossac, de Maurepas. Ils moururent au château de la cour de Séverac, lui, le 17 novembre 1879, elle, en mars 1881. Le partage de leurs successions fut fait entre leurs cinq enfants le 31 août 1881. Ils avaient eu :

1° *Henry-Marie-Victor, comte le Gouvello de la Porte, lieutenant-colonel d'infanterie*, qui épousa Isabelle Brossin de Saint-Didier, et reçut en lot en 1881 le château de Lestrédiagat, en Treffiagat, avec dix fermes et deux moulins y attenant. Il eut : *Louis, comte le Gouvello de la Porte*, qui a épousé en 1906 Yvonne d'Aboville;

2° *Hippolyte-Marie-Joseph, vicomte le Gouvello de la Porte, châtelain de Sévérac*, qui a épousé Floride de Terves; il reçut en 1881 la cour de Sévérac et les terres en dépendant. Il a écrit plusieurs ouvrages estimés, entre autres une vie de son parent, le bienheureux Kériolet, et la biographie du capitaine Henry de Bellevüe, il a eu dix enfants :

A) *Anne-Marie;*
B) *Pierre;*
C) *Henry;*
D) *Marguerite;*
E) *Armelle;*
F) *Yves;*
G) *René*, mort en bas âge;
H) *Gabrielle;*
I) *René;*
J) *Michel.*

3º *Adélaïde (Adèle)-Marie-Augustine le Gouvello de la Porte*, née à Rennes le 20 avril 1838, qui a épousé à Séverac, en avril 1865, le COMTE PAUL FOURNIER DE BELLEVÜE; elle reçut en 1881 dix fermes dans le Finistère et une partie du domaine de la Hunaudaye, et hérita vers 1898 de sa sœur, Marie-Rose-Charlotte, des ruines du château de la Hunaudaye, avec les fermes de la Porte et de la Brousse;

4º *Charles-Marie-Alexandre, vicomte le Gouvello de la Porte*, qui a épousé Mathilde Walsh de Serrant; il reçut en 1881 dix fermes, dont le Boschet en Carentoir, et Buhan, en Pipriac. Il est mort en 1903, laissant :

   A) *Charles*;

   B) *Hubert;*

   C) *Anne*, qui a épousé en août 1908, M. de Lafforest, de Morlaix; —

   D) *Geneviève*, qui a épousé en 1907 M. de Sagazan, dont : Guy, né en juin 1908;

   E) *Marie;*

   F) *Germaine;*

   G) *Odette.*

5º *Marie-Rose-Charlotte le Gouvello de la Porte*, qui reçut en 1881 huit fermes près de Lestrédiagat, celle de Bossac, et une partie du domaine de la Hunaudaye, dont sa sœur, la comtesse Paul de Bellevüe, hérita à sa mort en 1898.

La famille *du Haffont*, d'ancienne extraction de chevalerie de Bretagne, produisit neuf générations en 1669; un de ses membres, capitaine d'infanterie, fut fusillé à Quiberon en 1795. Elle s'est éteinte, fondue en le Gouvello.

Armes : « de gueules à la colombe d'argent, becquée et membrée d'or. »

*René du Haffont, écuyer, seigneur de Lestrédiagat, de Kerescaut,* épousa, le 6 janvier 1664, Marie-Anne le Torcol, et eut :

*Guillaume du Haffont, chevalier, seigneur de Lestrédiagat,* qui eut de Marguerite-Yvonne Quillivic :

*Marie-Charles du Haffont*, chevalier, seigneur de Lestrédiagat, qui eut de Marie-Thérèze Perrault :

*Guillaume-Charles du Haffont*, chevalier, seigneur de Lestrédiagat, né le 26 octobre 1714, qui épousa : 1º Françoise-Bernardine Richer; 2º en 1745 Hélène-Jeanne Baron, dame du Boisjaffray, avec laquelle il fut emprisonné à Quimper le 6 novembre 1793. Il eut :

1º *Jacques-Marie-Perrine*, qui suit :

2º *François*, enseigne de vaisseau en 1768;

3º *Louis-Charles*, qui eut de Thérèse-Françoise du Pays de Kerjégu : *Hélène-Thérèze-Jeanne-Françoise*, née à St-Theix, le 4 janvier 1775, admise à Saint-Cyr le 2 janvier 1789;

4º *Charles-Marie-André*, né le 24 août 1769.

*Jacques-Marie-Perrine du Haffont*, comte de Lestrédiagat, épousa en 1809 Mathilde-Marie-Félicité-Augustine de Talhouët, née en 1789, fille de Joseph-Marie-François-Louis, marquis de Talhouët, comte de Boishorand et de Sévérac, baron de la Hunaudaye, seigneur du Boschet, de la Geslinaie, de la Villequèno, de Saint-Laurent, de la Bothelleraye, de Maurepas, ex-président à mortier au Parlement de Bretagne, maire de Rennes, et d'Agathe-Félicité-Anne du Bouëxic de Guichen, dame de la Grésillonnais. Sa femme mourut veuve à Sévérac le 14 septembre 1860, n'ayant eu qu'une fille :

*Amélie du Haffont de Lestrédiagat*, qui épousa en 1836 le comte le Gouvello de la Porte, et mourut à Sévérac en 1881, ayant eu entre autres la COMTESSE PAUL DE BELLEVÜE.

Le comte et la comtesse Paul de Bellevüe ont eu huit enfants :

1º MARIE-ANNA FOURNIER DE BELLEVÜE, RELIGIEUSE CARMÉLITE, née à la Cour-de-Séverac le 19 février 1866, qui est entrée en juin 1887 au Carmel de Brest, sous le nom de « Marie-Anna de Jésus »; expulsée avec sa communauté par les lois franc-maçonnes et sectaires, elle a dû s'exiler en Belgique en 1902.

44

2º PAULE Fournier de Bellevüe, née à Saint-Servan le 26 mars 1868, qui a épousé à Penvenan, le 19 novembre 1891, *Joseph Hardy de la Largère*, fils de feu *Frédéric*, et de *Mademoiselle Cordellet*. Ce fut leur cousin, l'abbé Jean de Bellevüe, alors Directeur au Grand Séminaire de Vannes, qui célébra la cérémonie et prononça le discours de mariage. Le Saint-Père avait accordé aux mariés par un bref spécial la bénédiction papale.

La famille *Hardy*, originaire du pays de Vitré, où elle parut à la réformation de 1513, a formé les branches de la Chauffetière, fondue au XVIIe siècle en Aubin de Kerbouchart et Pinczon du Sel; de Beauvais, fondue de nos jours en Rolland de Rengervé; de la Martinière, fondue en Barrebé; enfin, de la Largère, en Etrelles, qui a produit un maire de Vitré, député aux États de Bretagne en 1786, et aux États généraux en 1789, et le général Hardy de la Largère, mort à Rennes en 1885, laissant de Zoé le Gall de Kerlinou : M^{mes} le Grontec et d'Orange.

Armes : « d'azur à deux épées d'or en sautoir, au chef d'hermines. »

Les ascendants de Joseph Hardy de la Largère sont :

*Pierre-Hardy, seigneur de la Largère*, fils de *Mathurin, seigneur du Rocher*, et d'*Anne le Moine*, qui épousa vers 1735 *Anne Reste* et eut :

*Mathurin-François Hardy, seigneur de la Largère, maire de Vitré, commissaire et député aux Etats de Bretagne, député de la Sénéchaussée de Vitré aux Etats généraux de 1789*, qui épousa, le 3 juin 1760, *Jeanne-Aimée le Moine*, fille de *Jean*, et de *Marie de Baudouard*; il mourut à Paris le 6 novembre 1792, ayant eu :

*Jean-Baptiste Hardy de la Largère*, émigré à Jersey, puis en Autriche, qui épousa *Madeleine Durdan*. Il fut anobli en 1819, à cause des services rendus par son père à la royauté, et reçut pour armes : « d'azur à deux épées d'or en sautoir, au chef d'hermines, » à la place des armes anciennes des Hardy : « d'argent à trois aiglons d'azur. » Il eut :

1º *Charles Hardy de la Largère, général de brigade*, né à Breslaù le 13 décembre 1802, qui épousa Zoé le Gall de Kerlinou, et mourut en retraite à Rennes en 1885, ayant eu :
1º *Madame le Grontec*, dont : M^{mes} de Kerlivio et de la Charrie; 2º *Madame Gustave Dorange*, dont : la comtesse Bouët-Villaumez et M^{lle} Dorange;

2º *Frédéric*, qui suit ;

3º *Jean-Hardy de la Largère, prêtre*;

*Frédéric Hardy de la Largère*, épousa vers 1860 *M^{lle} Cordelet* et eut :

1º *Une fille*, non mariée;

2º *Joseph Hardy de la Largère*, qui a épousé en 1891 PAULE DE FOURNIER DE BELLEVÜE, dont postérité.

La famille Hardy posséda à Vitré l'hôtel de la Troussanais, bâti au xvi^e siècle par les Ringues, seigneurs de la Troussanais, dit depuis « Hôtel Hardy », qu'elle vendit à la fin du xvii^e siècle à M^{lle} du Velaer, qui y installa les Sœurs de la Charité.

Joseph Hardy de la Largère n'a qu'une sœur, non mariée; il habite avec sa femme au château de Coulon, près de la Suze (Sarthe); ils ont pour enfants :

1º *Marie-Anna;*

2º *Paule;*

3º *Marguerite-Marie;*

4º *Joseph*, né au château de Coulon, le 5 avril 1898;

5º *Thérèse*, née à Coulon, le 23 février 1901;

6º *Jean.*

3º FRANÇOISE DE FOURNIER DE BELLEVÜE, née à Nantes, le 23 janvier 1870; elle a épousé à Penvenan, le 22 avril 1897, *Paul-Jacques du Perron*, fils de *Jacques-Alfred* et de *Raymonde de Rivière*, celle-ci fille de *Louis de Rivière, capitaine des grenadiers de la Garde Royale du roi d'Espagne, chevalier de Saint-Ferdinand*, et de *Clémentine de Roncali y Ceruti*.

La famille *du Perron*, noble d'extraction, est originaire du ressort de Mont-de-Marsan, dans les Landes, où elle possédait dès le XVIe siècle les seigneuries de Castaudet, du Perron-Maurin, et de Casland. Elle s'arme : « d'argent au chevron de gueules, accompagné de trois tourteaux de sable, au chef d'azur, chargé d'une levrette d'argent. » Elle a produit entre autres :

*Jean du Perron, seigneur du Perron, de Castaudet,* né en 1600, mort en 1683, ayant eu de Armandine-de Biernés, entre autres :

*Hélie du Perron, seigneur du Perron, de Maurin, de Castaudet,* né en 1638, mort en 1705, ayant eu de Catherine de Périssault onze enfants, dont deux officiers, deux prêtres et deux religieuses, et entre autres :

*Jean-Marie du Perron, écuyer, seigneur du Perron, capitaine de cavalerie,* né en 1681, qui épousa Marie Dadou, et mourut en 1773, ayant eu, entre autres :

*Joseph-Honoré du Perron, officier d'infanterie,* né en 1709, mort en 1789, qui eut de Marie de Marsan, dame de Lannux :

*Jean-Marie du Perron, général de brigade,* né en 1764, mort en 1815, qui eut entre autres, de Françoise de Cours d'Arricau : *Pierre-Damien-Paul du Perron, conseiller d'arrondissement,* né en 1793, mort en 1857, qui eut de Marie-Thérèse-Attala Darrimajou :

1o *Jacques-Alfred du Perron,* qui a épousé Raymonde de Rivière, fille de Louis, capitaine des grenadiers à cheval de la garde du roi d'Espagne, chevalier de Saint-Ferdinand et d'Hohenlohe, et de Clémentine de Roncali y Ceruti, et mourut, ainsi que sa femme, à Lesperan, près de Dax, le 1er août 1905, ayant eu : *Paul-Jacques du Perron,* qui a épousé à Penvenan, le 22 avril 1897, FRANÇOISE DE BELLEVÜE ;

2o *Jean-Bertrand-Auguste-Arthur du Perron,* qui a épousé Élisabeth de Rivière, sœur de Raymonde, et est mort au château de Projan (par Viella, dans le Gers), le 8 mars 1909, âgé de 73 ans, ayant eu : *Pierre du Perron,* qui a épousé à Roch-Maria, en Penvenan, le 16 juin 1897, HERMINE DE BELLEVÜE.

M^me Paul du Perron, née Françoise Fournier de Bellevüe, habite près de Paris, et a pour enfants :

1º *Jean-Marie du Perron*;

2º *Marguerite du Perron*;

3º *Jacqueline du Perron*, née à Clamart, le 17 novembre 1901;

4º *Paul du Perron*, né en août 1905.

4º HERMINE DE FOURNIER DE BELLEVÜE, née à Saint-Coulomb le 20 avril 1872, elle a épousé dans l'oratoire du castel de Roch-Maria, en Penvenan, le 16 juin 1897, *Pierre du Perron*, cousin germain de Paul du Perron, et fils de *Arthur du Perron*, et d'*Elisabeth de Rivière*. Ce fut son cousin l'abbé Jean de Bellevüe, directeur au Grand Séminaire de Vannes, qui célébra la cérémonie et qui prononça le discours du mariage. Ils ont habité au château de Projan, près Viella (Gers), puis à Rennes, à Saint-Servan, au Mans.

Ils ont pour enfants :

1º *Yves du Perron*, né en 1898;

2º *Michel du Perron*, né en 1899;

3º *Raymond du Perron*, né à Saint-Servan en juillet 1902.

5º HENRY, qui suit.

6º MARGUERITE-MARIE DE FOURNIER DE BELLEVÜE, née à Saint-Coulomb le 19 février 1876, morte à castel-Roc'h-Maria, en Penvenan, le 22 octobre 1897.

7º CLAIRE DE FOURNIER DE BELLEVÜE, née à Saint-Coulomb en janvier 1876, morte à Sévérac le 3 février 1879.

8º MADELEINE DE FOURNIER DE BELLEVÜE, née à Saint-Coulomb le 25 novembre 1879.

## XVIII

**HENRY FOURNIER, Comte de Bellevüe, Châtelain de la Hunaudaye.**

Né à Saint-Coulomb le 10 mai 1874, il a fait bâtir en 1905, près des ruines du château de la Hunaudaye, un pavillon où il demeure.

# RÉSUMÉ DE LA FILIATION DES FOURNIER, MARQUIS, COMTES ET VICOMTES DE BELLEVÜE

## I

HUGUES FOURNIER, CHEVALIER,
SEIGNEUR DE LA NOÜHE, 1250.

## II

GUILLAUME FOURNIER, ÉCUYER,
SEIGNEUR DE LA NOÜHE, 1295. *Agathe...*

## III

JEAN II FOURNIER, ÉCUYER, SEIGNEUR DE LA NOÜHE, 1330. — D^lle *Brice Prévost,* fille de *Aymeric,* écuyer, et de *Berthe d'Ignac.*

## IV

JEAN III FOURNIER, ÉCUYER, SEIGNEUR DE LA NOÜHE, 1360. — D^lle *de Rabeau,* fille de *Rabeau de Rabeau,* et de *d^lle de la Châtre.*

## V

JEAN IV DE FOURNIER, ÉCUYER, SEIGNEUR DE LA NOÜHE, 1382. } *Marguerite de Braye*, fille de *Thomas*, chevalier, et de *Guillemette de Champferré*.

## VI

JEAN V DE FOURNIER, ÉCUYER, SEIGNEUR DE LA NOÜHE, DE VILLARY, 1414. } *Guillemette de Fontboucher*.

42

# VII

JEAN VI DE FOURNIER, ÉCUYER, SEIGNEUR DE LA NOÜHE, DE LA LANDE, 1480.

*Louise d'Orléans de Rère, fille de Pierre, chevalier, et de Matheline de Tranchelion.*

# VIII

PIERRE DE FOURNIER, ÉCUYER, SEIGNEUR DE LA NOÜHE, DE LA LANDE, 1516.

*Françoise de Foyal, fille de Nicolas, écuyer, et de Marguerite de Lodières.*

## IX

JEAN VII FOURNIER, ÉCUYER, SEIGNEUR DE LA PINAUDIÈRE, DE MONTIFAUT, 1541. { *Jeanne de Roquemore*, fille de *Jean*, écuyer, et de *Marie Ferrière de Montifault*.

## X

JEAN VIII FOURNIER, ÉCUYER, SEIGNEUR DE LA PINAUDIÈRE, DE MONTAIGU, 1573. { *Louise de Tigny, dame des Varennes*.

## XI

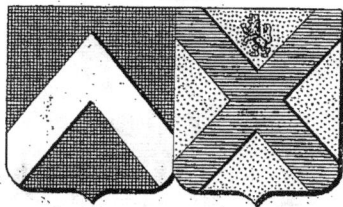

FRANÇOIS DE FOURNIER, ÉCUYER, SEIGNEUR DES VARENNES, DE BOISMARMIN, 1604, chef des branches de Boismarmin et de Varennes.

*Catherine de Malleret, dame de Boismarmin, fille d'Antoine, écuyer, et d'Anne de Boisbertrand.*

## XII

JEAN IX DE FOURNIER, ÉCUYER, SEIGNEUR DES VARENNES, DE BELLEVÜE, DE LA CHAPELLE, 1634 à 1714, chef des branches de Varennes, de Bellevüe et de la Chapelle.

*Marie-Thérèse le Febvre, fille de Robert, écuyer, seigneur de la Barre, et de Marguerite Rontier.*

# XIII

PIERRE II DE FOURNIER, COMTE
DE BELLEVÜE, CHEVALIER DE
SAINT-LOUIS, 1709 à 1755;
chef des rameaux des marquis
et comtes de Bellevüe.

*Marie du Gast*, fille de *Jacques,*
et de *Marie du Vivier.*

---

## 1º RAMEAU DES MARQUIS DE BELLEVÜE

## XIV

JEAN-JACQUES DE FOURNIER,
MARQUIS DE BELLEVÜE, CHE-
VALIER DE SAINT-LOUIS, 1737
à 1802.

*Nymphe-Perrine de la Courcière,*
fille de *Benoît-Jean,* chevalier,
et de *Nymphe-Perrine de Tardivy.*

# XV

JEAN-JACQUES-LOUIS DE FOUR-
NIER, COMTE DE BELLEVÜE,
1777 à 1869.

*Louise Blaize de Maisonneuve*, fille
de *Louis*, et de *Marie-Catherine
Fichet des Grèves.*

# XVI

ÉDOUARD-JEAN DE FOURNIER,
MARQUIS DE BELLEVÜE, 1821
à 1904.

*Aglaé Mouësan de la Villirouët*,
fille de *Charlemagne, comte de la
Villirouët*, et d'*Aglaé le Doüarin
de Lemo.*

## XVII

FRANÇOIS-XAVIER-MARIE-ANNE-
JOSEPH DE FOURNIER, MAR-
QUIS DE BELLEVÜE, né en
1854.

*Gabrielle Regnault de Bouttemont,
fille de Léopold, et de Pauline-
Marie Varin de la Brunelière.*

## 2° RAMEAU DES COMTES DE BELLEVÜE

## XIV

RENÉ-PASCAL DE FOURNIER,
COMTE DE BELLEVÜE, CHEVA-
LIER DE SAINT-LOUIS, 1739 à
1795.

*Marie-Elisabeth David de Lastour,
fille de François, et de Marie-
Elisabeth Nicaud.*

## XV

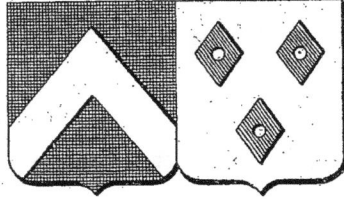

CHARLES-MARIE DE FOURNIER,
COMTE DE BELLEVÜE, 1764
à 1840, chef des rameaux
des comtes et vicomtes de
Bellevüe.

*Marie-Catherine-Jeanne le Poitevin
de la Villenoël*, fille de *Mathurin*,
et de *Marie-Hélène Onffroy*.

## XVI

PAUL-PRUDENT DE FOURNIER,
COMTE DE BELLEVÜE, 1807 à
1887.

*Adèle le Ménager*, fille de *Pierre-
François*, et de *Claire de Ferron
de la Sigonnière*.

# XVII

PAUL-JULES DE FOURNIER, COMTE DE BELLEVÜE, 1840 à 1903.

*Adèle le Gouvello de la Porte*, fille de *Charles, comte le Gouvello de la Porte*, et d'*Amélie du Haffont de Lestrédiagat*.

# XVIII

HENRY DE FOURNIER, COMTE DE BELLEVÜE, né en 1874.

43

# XVI

CHARLES DE FOURNIER, VICOMTE DE BELLEVÜE, CHATELAIN DE KÉRANGAT, 1810 à 1887.

*Marie-Thérèse Huchet de Cintré, fille de Charles, vicomte de Cintré, et de Marguerite de Robelot.*

# XVII

JOSEPH DE FOURNIER, VICOMTE DE BELLEVÜE, CHATELAIN DE KÉRANGAT, né en 1849.

*Claire Hème de Lacotte, fille de Charles, et de demoiselle de Guizable de Lacotte.*

# APPENDICE

# ARTICLE PREMIER

---

MAINTENUE DE NOBLESSE EN 1788
DES FOURNIER, COMTES DE VARENNES, DE BELLEVÜE
ET DE LA CHAPELLE.

LE ROI Louis XVI, par une ordonnance du 22 mai 1781, complétée par des Lettres patentes du 24 août 1782, avait obligé tous les gentilshommes sollicitant un grade dans l'armée de justifier de leur noblesse. Et les Fournier de Bellevüe, de Varennes et de la Chapelle, en vue de la nomination de René-Charles Fournier de Bellevüe comme lieutenant au régiment de Condé-Dragons, soumirent leurs titres de noblesse au contrôle de M. Chérin, généalogiste des Ordres du Roi.

Nous avons cru devoir reproduire ici les Mémoires et Enquêtes faites à ce sujet; savoir :

1º ENQUÊTE DE NON-DÉROGEANCE, faite à Saint-Domingue;

2º INVENTAIRE DES TITRES FOURNIS A L'APPUI DE LA GÉNÉALOGIE DES FOURNIER DE BELLEVÜE, DE VARENNES ET DE LA CHAPELLE;

3º Mémoire envoyé au roi par le Conseil supérieur du Cap Français (Saint-Domingue);

4º Arrêt de maintenue de noblesse, en date du 25 octobre 1788.

---

## 1º ENQUÊTE DE NON-DÉROGEANCE FAITE A SAINT-DOMINGUE.

Dans l'enquête de non-dérogeance des Fournier, comtes de Varennes, de Bellevüe et de la Chapelle, comparurent au Cap Français, le 20 mai 1785 :

1º *Jean-Baptiste Estève, conseiller du Roi, lieutenant général de l'Amirauté du Cap*, âgé de 62 ans, qui déclara que « MM. Fournier de Varennes, de Bellevüe et de la Chapelle jouissaient dans la colonie de Saint-Domingue de la plus grande réputation et de l'estime générale; que la mémoire de leurs ancêtres y était en grande vénération, et qu'il était de notoriété publique que leur famille avait vécu noblement et sans aucune dérogeance (¹); »

2º *Hyacinthe-Louis, vicomte de Choiseul, maréchal de camp des armées du Roi, inspecteur général de l'île de Saint-Domingue*, âgé de 62 ans; même déclaration;

3º *François, vicomte de Fontanges, colonel du régiment du Cap, chevalier de Saint-Louis*, âgé de 44 ans ; même déclaration ;

4º *Bernard de Saint-Martin, écuyer, doyen du Conseil supérieur du Cap*, âgé de 64 ans; même déclaration (²);

5º *Paul Caïron, chevalier de Saint-Louis, commandant du bataillon de milices du Cap*, âgé de 69 ans; même déclaration ;

6º *Louis-Joseph-Donadieu de Pélissier, chevalier du Grés, colonel d'infanterie, commandant en second de la partie nord du Cap, chevalier de Saint-Louis*, âgé de 50 ans; même déclaration.

---

(1) Les Estève possédaient en 1794 une caféterie à la Croix-des-Bouquets, rapportant 6 000 francs de rentes.

(2) Les Saint-Martin possédaient, en 1794, à Limonade une sucrerie.

## 2º INVENTAIRE DES TITRES FOURNIS A L'APPUI DE LA GÉNÉALOGIE DES FOURNIER DE BELLEVÜE, DE VARENNES ET DE LA CHAPELLE.

| DATES des TITRES | EXTRAIT DES TITRES | LIEUX où se trouvent les originaux |
|---|---|---|
| 1ᵉʳ septembre 1374. | Acte en latin d'un contrat de vente consenti par *Messire Jehan Fournier* et Marguerite Rabaud, sa femme, à Pierre Morillon, de quelques dépendances de la seigneurie de la *Noühe*. | Titre en latin aux archives de la seigneurie de la Noühe. |
| 17 novembre 1378. | Arrentement fait par noble et puissant seigneur Guillaume de Harcourt, chevalier, seigneur de la Ferté-Imbault, à *Jehan Fournier, écuyer*, de toutes les haies qu'il pouvait avoir entre le bois de Villesmes et le bois Fauxbert, joignant les terres de la *Noühe*, appartenant au dit Jehan Fournier, écuyer. | Archives de la Noühe. |
| Mars 1381. | Aveu et dénombrement rendu au roi par Guillaume de Harcourt, seigneur de la Ferté-Imbault, dans lequel il mentionne les terres de *Villary* et de la *Lande* possédées par *Jehan Fournier, écuyer*, en arrière-fief. | A la Chambre des comptes de Paris. |

| DATES des TITRES | EXTRAIT DES TITRES | LIEUX où se trouvent les originaux |
|---|---|---|
| 7 août 1383. | *Jean Fournier, écuyer*, paraît dans la montre faite à Paris, par M. Denfrenet, trésorier des guerres, comme un des quinze écuyers qui firent la campagne de 1383 avec Philippe de la Châtre. | Montre citée par M. de la Thaumassière dans l'*Histoire du Berry*. |
| 4 avril 1407. | Acte de partage fait entre *Jean Fournier, écuyer, Marguerite Fournier*, sa sœur, et *Foulques Fournier, prêtre*, son frère, des biens à eux laissés par leurs père et mère; le dit partage fait avec le consentement de Marguerite (de Braye), femme de Jean Fournier. | Archives de M. de Barville. |
| 4 avril 1412. | Acte de foi et hommage rendus à la Ferté-Imbault par *messire Foulques Fournier, prêtre*, du fief de *la Lande*, à lui échu par partage fait avec son frère, *Jean Fournier*. | Archives de M. de Barville. |
| 28 avril 1428. | Contrat d'acquisition fait par *Foulques Fournier, écuyer, prêtre et chanoine, de la Ferté-Imbault*, d'un chézeau situé dans la paroisse de Souesmes appelé *la Lande*. | Archives de Boismarmin. |
| 15 septembre 1446. | Aveu et dénombrement rendu par *noble homme Jean Fournier, écuyer*, à dame Catherine de Montmorency, | Archives de de la Noühe. |

| DATES des] TITRES ? | EXTRAIT DES TITRES | LIEUX où se trouvent les originaux |
|---|---|---|
| | dame de la Ferté-Imbault, des fiefs de *Villary*, en la paroisse de Souësmes, et de la *Noühe*. | |
| 3 avril 1448. | Aveu et dénombrement de la sei- gneurie de la Ferté-Imbault, qui men- tionne *Jean Fournier, écuyer, seigneur de la Noühe*. | Chambre des Comptes de Paris. |
| 8 mars 1449. | Échange fait entre *Jean Fournier, écuyer*, et Jean Villepon. | Archives de la Noühe. |
| 11 février 1455. | Transaction passée entre *Foulques Fournier, chanoine de la Ferté-Imbault*, et la veuve d'André d'Areau. | Archives de Boismarmin. |
| 7 août 1459. | Testament de *Messire Foulques Fournier*, par lequel il donne à *Jean Fournier, écuyer*, fils aîné émancipé de *Jean Fournier, écuyer, seigneur de la Noühe*, et de demoiselle Guillemette de Fontboutière, pour soutenir plus honorablement son état, le lieu de *la Lande*, en la paroisse de Souësmes, en Sologne. | Archives de M. de Barville. |
| 11 et 15 août 1459 | Acte par lequel *Jean Fournier*, fils aîné émancipé de *Jean Fournier, écuyer*, a pris possession du fief de *la Lande*, le dit acte contenant une pro- curation du dit *Jean* en faveur d'autre *Jean Fournier*, son père. | Archives de Boismarmin. |

44

| DATES des TITRES | EXTRAIT DES TITRES | LIEUX où se trouvent les originaux |
|---|---|---|
| 11 octobre 1467. | Contrat d'échange de quelques héritages entre *noble homme Jean Fournier, écuyer, seigneur de la Noühe*, et Jean Gauthier. | Archives de Boismarmin. |
| 27 avril 1476. | Contrat de vente d'un pré consenti à *Jean Fournier, écuyer, seigneur de la Noühe.* | Archives de la Noühe. |
| 12 janvier 1481. | Contrat d'acquisition de six septerées de terres fait par *Jean Fournier, écuyer, seigneur de la Noühe*, de Jacques Conighan, écuyer, et de demoiselle, sa femme. | Archives de Boismarmin. |
| 1er avril 1483. | Contrat d'acquisition fait par *Jean Fournier, écuyer, seigneur de la Noühe*, de Jean Vallée de deux journaux de pré appelé les Doulons. | Archives de la Noühe. |
| 27 octobre 1488. | Acte de partage entre noble homme Robinet d'Orléans, écuyer, au nom et comme tuteur de *Pierre Fournier, écuyer*, fils de feu *Jean Fournier, écuyer, seigneur de la Noühe*, et de demoiselle Louise d'Orléans; avec *Catherine Fournier*, veuve de messire Jean de Luynes; *Marie Fournier*, femme de Jean François, écuyer, seigneur de la Cloutière, et *Etiennette Fournier*, femme de Clément d'Arse | Archives de la Noühe. |

| DATES des TITRES | EXTRAIT DES TITRES | LIEUX où se trouvent les originaux |
|---|---|---|
| | malle, écuyer : les dites demoiselles Fournier étant les tantes du dit Pierre Fournier. Ce partage a pour objet le partage des biens de Jean Fournier et Guillemette de Fontboutière. | |
| 17 octobre 1503. | Échange de plusieurs héritages entre *Pierre Fournier, écuyer, seigneur de la Noühe,* et Pierre-André Villepont, laboureur; et acquêt fait par le même, de Jean Le Breton, laboureur, de la sixième partie d'un pré sur la rivière de Sauldre. | Archives de la Noühe. |
| 17 mai 1529. | Contrat de constitution de 15 livres tournois de rentes consenti par *noble homme Pierre Fournier, écuyer, seigneur de la Noühe,* au profit de noble homme Pierre de Sorbier, écuyer. | Archives de de M. de Barville. |
| 17 janvier 1530. | Acquêt fait par noble homme *Pierre Fournier, écuyer, seigneur de la Noühe,* à Jacquette Gossard, femme de Denis Robert, de sa part d'une terre située au terrain des Grands-Champs. | Archives de la Noühe. |
| 16 avril 1533. | Acquêt fait par le même à Pierre Buet de la sixième partie d'un pré sur la rivière de Sauldre. | Archives de la Noühe. |

| DATES des TITRES | EXTRAIT DES TITRES | LIEUX où se trouvent les originaux |
|---|---|---|
| 7 juin 1535. | Transaction en forme de partage entre *noble homme Pierre Fournier, écuyer, seigneur de la Nouhe*, de plusieurs héritages, par lui achetés, et qui étaient indivis entre lui et différents particuliers. | Archives de la Noühe. |
| 10 juillet 1549. | Acte par lequel plusieurs particuliers déclarent que les héritages ci-énoncés joignent les terres de *Jean Fournier, écuyer*. | Archives de Boismarmin. |
| 14 octobre 1555. | Sentence de la justice de la Ferté-Imbault au profit de *Jean Fournier, écuyer, seigneur de Monteltier*, fils de *Pierre, seigneur de la Noühe*. | Archives de la Noühe. |
| 8 juin 1558. | Contrat de vente d'héritages au profit de *Jean Fournier, écuyer, seigneur de Montifaut*. | Archives de Boismarmin. |
| 31 mars 1560. | Inventaire des titres et pièces remis à Pierre du Griffon, acquéreur par décret de la terre de *la Noühe*. | Archives de la Noühe. |
| 1er mai 1563. | Acte de foi et hommage rendu par *Charles Fournier, écuyer, seigneur de Monteltier et de la Lande*, au seigneur de la Ferté-Imbault. | Archives de Boismarmin. |

| DATES des TITRES | EXTRAIT DES TITRES | LIEUX où se trouvent les originaux |
|---|---|---|
| 14 mai 1565. | Partage entre noble demoiselle Jeanne de Roquemaure, veuve de feu *noble homme Jean Fournier, écuyer, seigneur de la Pinaudière*, ayant la garde noble de leurs enfants, et *Charles Fournier, écuyer, seigneur de la Lande*, de la succession de défunt *noble homme Jean Fournier, écuyer, seigneur de Monteltier*, leur frère. | Archives de Boismarmin. |
| 17 février 1571. | Transaction passée entre *Pierre* et *Clément Fournier*, enfants de défunt *François Fournier, écuyer*, et demoiselle Anne des Collières, veuve de noble homme Pierre du Griffon, par l'entremise de hauts et puissants seigneurs Balthazard de la Châtre, Louis d'Etampes, baron de la Ferté-Imbault; François d'Etampes, seigneur de Bennoure, et André du Moustier, seigneur de Breau. | Archives de la Noühe. |
| 4 février 1572. | Vente de la métairie de *Monteltier*, faite par *Charles Fournier, écuyer, seigneur de la Lande*, à demoiselle Anne des Collières, veuve de feu Pierre du Griffon, écuyer. | Archives de la Noühe. |
| 8 mars 1572. | Contrat d'acquisition de plusieurs héritages, fait par demoiselle Jeanne de Roquemaure, veuve de *noble Jean* | Archives de Boismarmin. |

| DATES des TITRES | EXTRAIT DES TITRES | LIEUX où se trouvent les originaux |
|---|---|---|
| | *Fournier, écuyer, seigneur de la Pinau-dière,* de Michel et Jacques Ferré, laboureurs. | |
| 4 juin 1572. | Contrat de mariage de *Robert Four-nier, écuyer, seigneur de la Pinaudière,* fils de feu *Jean Fournier* et de demoi-selle Jeanne de Roquemaure, avec demoiselle Françoise des Colières; de l'avis de sa mère, de *Charles Fournier, écuyer, seigneur de la Lande,* son oncle; de *Jean Fournier, écuyer,* son frère; et de *demoiselle Françoise Fournier,* sa sœur. | Archives de Boismarmin. |
| 18 et 28 octobre 1573. | Partages d'héritages indivis entre dame Jeanne de Roquemaure, veuve de *Jean Fournier, écuyer, seigneur de la Pinaudière,* et différents particuliers. | Archives de Boismarmin. |
| 26 janvier 1574. | Acte de foi et hommage rendu par Jeanne de Roquemaure, veuve de *Jean Fournier, écuyer, seigneur de la Pinaudière,* au seigneur des Bruères, près Orléans. | Archives de Boismarmin. |
| 26 juin 1574. | Cession de droits sur la succession de *Charles Fournier,* consentie par Jeanne de Roquemaure, veuve de *Jean Fournier, écuyer, seigneur de la* | Archives de Boismarmin. |

| DATES des TITRES | EXTRAIT DES TITRES | LIEUX où se trouvent les originaux |
|---|---|---|
| | *Pinaudière*, tant en son nom que se portant fort pour *Jean Fournier*, *écuyer, seigneur de Montégu*, à *Robert Fournier*, *écuyer, seigneur de la Pinaudière*. | |
| 14 juillet 1574. | Acte par lequel *Robert Fournier*, *écuyer*, *seigneur de la Pinaudière*, fils aîné de feu *Jean Fournier* et de Jeanne de Roquemaure, frère de feu *Pierre Fournier*, *seigneur de la Noühe*, et de *Charles Fournier*, *seigneur de la Lande*, et se faisant fort pour ses frères *Jean* et *François Fournier*, cède à Guillaume des Roches, écuyer, tous les droits et poursuites criminelles qui peuvent leur appartenir comme héritiers de *Charles Fournier*, *seigneur de la Lande*, contre Jean d'Etampes, baron de la Ferté-Imbault, et autres, pour l'homicide par eux commis sur la personne de *Pierre Fournier*, *écuyer, seigneur de la Noühe*. | Archives de Boismarmin. |
| 16 novembre 1574. | Quittance de la somme de 1400 livres tournois donnée à *Robert Fournier*, par Jeanne de Roquemaure, veuve de *Jean Fournier*, *seigneur de la Pinaudière*, comme fondée de la procuration de ses enfants. | Archives de Boismarmin. |

| DATES des TITRES | EXTRAIT DES TITRES | LIEUX où se trouvent les originaux |
|---|---|---|
| 19 novembre 1574. | Ratification de l'acte précédent par *Jean Fournier*, écuyer, et Louise de Tigny, sa femme. | Archives de Boismarmin. |
| 27 mars 1578. | Acte de foi et hommage rendu à Mgr l'évêque d'Orléans par *Robert Fournier, écuyer, seigneur de la Pinaudière*, pour ses maisons situées en la ville d'Orléans. | Archives de Boismarmin. |
| 10 septembre 1578. | Bail à ferme de la métairie de Montégu fait par *Jean Fournier, écuyer, seigneur de la Pinaudière et de Montégu*, à Ezéchiel Nicaut, laboureur. | Archives de Boismarmin. |
| 19 mars 1580. | Transaction sur une demande en partage de la succession de dame Jeanne de Roquemaure entre *Robert Fournier, écuyer, seigneur de la Pinaudière*, demeurant à la *Boulaye*, paroisse de Bougy, tant en son nom que se portant fort pour son frère, *Jean Fournier*, écuyer, et pour Charles le Doux, écuyer, époux de *demoiselle Claude Fournier*, François d'Estauray, écuyer, seigneur de Montenai, époux de *demoiselle Françoise Fournier*, demeurant au lieu de Montenay, paroisse de Saudres, en Berry, noble homme Menault de Baulne (?), époux de *demoiselle* | Archives de Boismarmin. |

| DATES des TITRES | EXTRAIT DES TITRES | LIEUX où se trouvent les originaux |
|---|---|---|
| | *Gabrielle Fournier*, écuyer, demeurant à *Montégut*, paroisse de Gidy, près Orléans, et René de Fontenay, écuyer, seigneur de la Romamène, époux de demoiselle *Françoise Fournier*. | |
| 9 juillet 1580. | Transaction, portant compte final, entre demoiselle Françoise des Colières, femme de *Robert Fournier*, écuyer, *seigneur de la Pinaudière*, demeurant au lieu des Allioux, paroisse de Marcilly-en-Gault, en Sologne, se portant fort pour son mari, et Charles le Doux, écuyer, seigneur de Recourt, demeurant dans la ville de Dijon, des recettes et avances faites pour et à ce dernier depuis le décès de dame Jeanne de Roquemaure, leur mère et belle-mère. | Archives de Boismarmin. |
| 23 août 1586. | Deux contrats de vente d'héritages faits à *Robert Fournier*, écuyer, *seigneur de la Pinaudière*. | Archives de Boismarmin. |
| 1er février 1587. | Contrat de vente de différents héritages consenti par Jean Poitou, laboureur, à *Robert Fournier, écuyer, seigneur de la Pinaudière, la Lande, les Allioux, et la Boulaye*, absent, ayant comme procuratrice sa femme, Françoise des Colières. | Archives de Boismarmin. |

| DATES des TITRES | EXTRAIT DES TITRES | LIEUX où se trouvent les originaux |
|---|---|---|
| 1er mars 1592. | Acte passé entre les abbesses et religieuses de Beaumont-lez-Tours, et Louise de Tigny, épouse et procuratrice spéciale de *Jean Fournier, écuyer, seigneur de Montifaut,* y demeurant en la paroisse de Selles-Saint-Denis, curateur des enfants de François d'Estauré, écuyer, seigneur de Montenay, et de *demoiselle Françoise Fournier,* pour la dot de religion de demoiselles Claude et Marguerite d'Estauré. | Archives de Boismarmin. |
| 18 juillet 1592. | Quittance donnée à Jean Fournier, *écuyer, seigneur de Montifaut.* | Archives de Boismarmin. |
| 19 juillet 1597. | Bail en justice poursuivi à la requête de *Jean Fournier, écuyer, seigneur de Montifaut,* curateur des enfants mineurs de défunt François d'Estauré et de *Françoise Fournier,* des biens des dits mineurs, notamment de Montenay. | Archives de Boismarmin. |
| 10 novembre 1598. | Ordonnance de MM. les députés pour la répartition des tailles de la généralité d'Orléans, sur la requête présentée par *Jean Fournier, écuyer,* qui, vu le contrat de mariage de son frère, *Robert Fournier, écuyer,* fils de *Jean Fournier* et de Jeanne de | Archives de Boismarmin. |

| DATES des TITRES | EXTRAIT DES TITRES | LIEUX où se trouvent les originaux |
|---|---|---|
| | Roquemaure, déclare qu'il continuera à jouir des privilèges accordés aux nobles. | |
| 10 novembre 1599. | Contrat de mariage de *Jean Fournier, écuyer, seigneur de Montifaut,* fils de *Jean, écuyer, seigneur de la Pinaudière,* et de Jeanne de Roquemaure, avec demoiselle Claude Garin, fille de feu Etienne Garin, écuyer, seigneur de la Chapelle-Ortemalle, et de demoiselle Jeanne Joubert. | Archives de Boismarmin. |
| 18 janvier 1604. | Contrat de mariage de François *Fournier, écuyer, seigneur des Varennes,* fils de *Jean, écuyer, seigneur de la Pinaudière,* et de demoiselle Louise de Tigny, avec demoiselle Catherine de Malleret, fille de feu Antoine, écuyer, seigneur de Boismarmin, et de demoiselle Anne de Boisbertrand. | Archives de Boismarmin. |
| 4 avril 1606. | Partage fait entre *François Fournier, écuyer,* époux de Catherine de Malleret, avec son beau-frère, Laurent de Malleret, écuyer. | Archives de Boismarmin. |
| 7 décembre 1619. | Extrait baptistaire de *Claude Fournier,* fils de *François* et de Catherine de Malleret, né à Sainte-Colombe, et | Registres paroissiaux de Levroux. |

| DATES des TITRES | EXTRAIT DES TITRES | LIEUX où se trouvent les originaux |
|---|---|---|
| | baptisé à Levroux, en considération de son parrain, M. le comte de Fiesque, son parrain. | |
| 2 juin 1634. | Sentence de l'élection de Châteauroux, qui, vu les titres de *François Fournier, écuyer, seigneur des Varennes*, demeurant à la paroisse de Sainte-Colombe, qui prouvent qu'il est noble et descendu d'extraction noble, ordonne qu'il jouira des privilèges accordés à la dite qualité. | Archives de Boismarmin. |
| 20 janvier 1643. | Contrat de mariage de *Claude Fournier, écuyer, seigneur de Boismarmin*, fils de feu *François, écuyer, seigneur des Varennes*, et de *demoiselle Catherine de Malleret* avec demoiselle Catherine de Boislisnard, fille de Jean-Baptiste de Boislisnard, écuyer, seigneur de Lavaut; auquel mariage ont assisté *Jean Fournier, écuyer*, et *demoiselle Catherine Fournier*, qui ont été appannés (?). Jean Fournier n'a pas signé. | Archives de M. Fournier de Bellevüe. |
| 8 novembre 1645. | Transaction passée entre *Claude Fournier* et Catherine de Malleret, sa mère, se portant fort pour Jean *Fournier*, son fils, et *Catherine Fournier*, sa fille, au sujet des dettes, que *Claude* | Archives de M. de Bellevüe. |

| DATES des TITRES | EXTRAIT DES TITRES | LIEUX où se trouvent les originaux |
|---|---|---|
| | n'était obligé par son contrat de mariage à payer que jusqu'à concurrence d'une somme de 4.000 livres tournois et qui se trouvaient plus considérables. | |
| 9 mai 1651. | Contrat de mariage de *Catherine Fournier*, fille de feu *François Fournier*, écuyer, seigneur de *Varennes*, et de demoiselle Catherine de Malleret, avec M. Florimond d'Hernaud; de l'avis de demoiselle Catherine de Malleret, de *Claude* et *Jean Fournier*, écuyers, seigneurs de *Boismarmin* et de *Varennes*, ses frères. Jean a signé. | Archives de M. de Bellevüe. |
| 11 août 1654. | Procuration donnée par Jean *Fournier* à *Claude Fournier*, son frère, pour transiger avec Florimond d'Hernaud, leur beau-frère, au sujet de la succession de leur sœur, *Catherine*. | Archives de M. de Bellevüe. |
| 28 septembre 1655. | Transaction entre les mêmes parties. | Archives de M. de Bellevüe. |
| 16 août 1658. | Acte passé entre *Claude et Jean Fournier*, par lequel il paraît qu'ils avaient acheté de Florimond d'Hernaud, leur beau-frère, l'usufruit qui lui appartenait dans le bien de *Va-* | Archives de M. de Bellevüe. |

| DATES des TITRES | EXTRAIT DES TITRES | LIEUX où se trouvent les originaux |
|---|---|---|
| | *rennes*, constitué en dot à sa femme, *Catherine Fournier*, que ce bien, ne pouvant se partager, *Claude* a cédé sa portion à Jean. Cet acte contient un compte par lequel *Claude* s'est trouvé débiteur de *Jean*. Il a été payé d'une partie par le dit délaissement, et le surplus lui a été payé le 20 avril 1662. | |
| 4 octobre 1668. | Arrêt des Commissaires préposés à la recherche des usurpations de noblesse. Cet acte énumère une quantité de titres et établit la filiation. Il a maintenu *Claude Fournier* dans sa noblesse d'extraction. *Nota.* — De *Claude* est sortie la tige de *MM. Fournier de Boismarmin* ainsi qu'il suit : *Claude* a eu : *Louis*, marié en 1683 avec demoiselle Charlotte de Barville, dont est issu : *Charles*, marié en 1719 avec Marie-Angélique de Boislisnard, dont est né *Louis-Charles*, marié en 1752 avec dame Louise de Savary d'Anthenaise et de Mauléon, d'où est sorti *Louis-Charles*, marié avec M^me de Fermey, dont sont nées trois filles. | Archives de M. de Bellevüe. |

## 3º MÉMOIRES ET PIÈCES JUSTIFICATIVES

POUR MESSIRE RENÉ - PASCAL FOURNIER, COMTE DE BELLEVÜE, ANCIEN
CAPITAINE DE CAVALERIE AU RÉGIMENT DE ROYAL-PICARDIE, CHEVALIER
DE L'ORDRE ROYAL ET MILITAIRE DE SAINT-LOUIS; ET MESSIRE
JEAN-JACQUES FOURNIER DE BELLEVÜE, SON FRÈRE AINÉ, ANCIEN
LIEUTENANT DES VAISSEAUX DU ROI, ET AUSSI CHEVALIER DE
L'ORDRE ROYAL ET MILITAIRE DE SAINT-LOUIS.

Les *sieurs Fournier de Bellevüe*, frères, sont d'une ancienne famille de
France, qui y jouit incontestablement de l'état de noblesse depuis plusieurs
siècles. Vers la fin du dernier, leur ayeul, cadet de famille, étant passé à
Saint-Domingue, y a formé une nouvelle branche. Ceux-ci et leurs ancêtres,
soit avant, soit depuis leur émigration, ont constamment pris des qualifications dans tous les actes qu'ils ont passés en Amérique ou en Europe; ils ont
tous occupé tant en de çà qu'au-delà des mers des emplois distingués dans la
robe et dans l'épée; ils ont contracté des alliances illustres. Le fil de leur
descendance est suivi sans interruption pendant un laps de plusieurs centaines
d'années; ils n'ont cessé d'être tenus et réputés pour nobles dans l'opinion
publique de leur domicile; enfin, ils ont été placés soit dans la Maison du
Roi, soit dans la Marine, soit dans la Cavalerie, en vertu de l'état dont
jouissait leur père, sans qu'il ait été besoin de produire des certificats.

Mais aujourd'hui qu'ils ont des enfants à placer au service, l'ordonnance
du 22 mai 1781 sur l'admission dans le militaire les obligeant à justifier de leurs
titres, ils les ont produits à M. Chérin, généalogiste de la Maison du Roi, et
pour le faire avec plus de succès, ils n'ont plus besoin que de soumettre au
Conseil de Sa Majesté la production dont ils ont justifié au Conseil supérieur
du Cap, et de prouver qu'ils ont rempli d'ailleurs toutes les formalités prescrites par les Lettres patentes du 24 août 1781.

Cependant, comme ils craindraient qu'on ne crût trouver encore quelque
oubli de forme dans les copies de leurs actes civils, qu'aux termes de l'article 4
de la loi ils ont fait faire sous les yeux du Conseil du Cap, transcrire par le greffier, légaliser par le Premier Président, enfin, viser et certifier par tout le

Conseil assemblé, ils ont été conseillés de se retirer devers Sa Majesté et de la supplier de déclarer valable leur production dans l'état où ils la font, et lever ainsi les objections du sieur généalogiste de ses Ordres sur la délivrance des certificats nécessaires aux fils des suppliants dans la carrière des armes.

Pour l'ordre et la clarté de ces titres et pièces, qui sont entrés en grand nombre et qui ont été mis en même temps sur le bureau sous les yeux du Conseil, il en a été dressé un inventaire fidèle, au pied duquel est un procès-verbal du 16 juin 1785, signé de tout le Conseil, comme le veut la Loi, lequel atteste la vérité et la foi due aux dites pièces y énoncées. Au moyen de cet inventaire fidèle, chaque pièce y est visée et acquiert la même authenticité que si elle était ici produite en original. Dans cet état, on ne peut donc raisonnablement faire aucune objection, puisque ces mêmes pièces, fidèlement décrites dans l'inventaire, sont certifiées et visées par le Conseil assemblé, et que les expéditions en sont faites par le greffier du Conseil du Cap, légalisées par le Premier Président, et, qu'en vertu d'arrêt, les minutes et les grosses sont restées déposées par ampliation à son greffe et à celui de la juridiction.

Si donc la production des sieurs de Bellevüe est faite en forme probante, comme ils croient l'avoir démontré, il n'est point douteux que Sa Majesté n'accueille leur demande et qu'elle n'autorise le sieur généalogiste de ses Ordres à donner à leurs fils les certificats sans lesquels ils ne pourraient entrer dans la carrière des armes, que, de père en fils, les Fournier sont en possession de parcourir.

Les sieurs de Fournier ne feront au surplus, pour le moment, remonter cette production qu'à l'an 1604. C'est ainsi qu'ils en ont usé à Saint-Domingue, cette époque étant assez reculée pour fixer la noblesse. D'ailleurs l'auteur même de leur branche y a été solennellement maintenu par jugement du sieur de Machault en 1669. Ce n'est point qu'il n'existe des titres bien antérieurs au commencement du dernier siècle; mais, n'étant que cadets des Fournier de France, qui en possèdent les originaux dans leurs archives, ils ne peuvent en rapporter de plus anciens qu'en expédition, collationnée, mais bien authentique et en forme probante, puisque les originaux dont il existe une série non interrompue sont aux châteaux de la Noë et de Bois-marmin, dont le premier a été longtemps dans leur famille et dont le second y est encore. C'est donc à dater de François Fournier, seigneur de Varennes, que les sieurs de Bellevüe produisent des titres, parce que de cette époque il y en a qui lui sont particuliers et qu'il est la souche commune des deux branches d'Amérique et du Berry.

FRANÇOIS FOURNIER, SEIGNEUR DE VARENNES, épousa donc en 1604 *demoiselle Catherine de Malleret*, fille d'*Antoine de Malleret, écuyer, seigneur de Boismarmin*. De cette union sont issues les deux branches qui subsistent aujourd'hui; l'une est l'aînée et n'a pas quitté le berceau de la famille, elle eut pour ancêtre Claude de Fournier, écuyer, seigneur de Boismarmin, dont les descendants possèdent encore Boismarmin et en portent le nom. L'auteur de la seconde branche fut JEAN FOURNIER, SEIGNEUR DE VARENNES, lequel fut marié deux fois; d'abord en France, en 1659, à *demoiselle Marguerite d'Estueard*, dont il n'est pas resté d'enfants, et depuis, en l'île de Saint-Domingue, à *demoiselle Marie-Thérèse Lefebvre* : c'est de ce second mariage que les sieurs de Bellevüe descendent.

JEAN FOURNIER, SEIGNEUR DE VARENNES, suivit alternativement dans sa nouvelle patrie le parti de la robe et celui des armes; ce qui ne doit pas étonner, la rareté des sujets, à cette époque de l'établissement des colonies, obligeant souvent à de semblables changements, et le fait existant qu'il fallait non seulement être un des notables mais même être officier de milice pour être choisi et nommé aux places de conseillers, lors de la création des Conseils en 1685 et 1701; il ne fut pas créé alors un seul Conseiller qui ne fût capitaine de milice.

Les sieurs de Bellevüe, dans leur requête présentée au Roi et à son Conseil, ayant suffisamment et victorieusement répondu aux objections de M. Chérin, croient inutile de répéter ici tous les moyens qu'ils y ont détaillés.

*Premier degré* : FRANÇOIS DE FOURNIER, SEIGNEUR DE VARENNES, ÉCUYER, épousa *demoiselle Catherine de Malleret, demoiselle de Boismarmin.* Ce degré sera étayé des pièces suivantes :

1° 10 janvier 1604. Contrat de mariage de François Fournier, écuyer, seigneur de Varennes, fils de feu Jean Fournier, écuyer, seigneur de la Pinau-dière, et de demoiselle de Tigny, avec demoiselle Catherine de Malleret, fille de feu Antoine de Malleret, écuyer, seigneur de Boismarmin, passé au château de Boismarmin, devant Me Philippe, notaire royal en la Prévôté d'Yssoudun;

46

2º 2 juin 1634. Sentence de l'élection de Châteauroux qui reconnaît la noblesse de François de Fournier, écuyer, et le décharge de la taille;

3º Rappelé au contrat de mariage de Claude de Fournier, son fils aîné, à la date du 20 janvier 1643;

4º Rappelé en un acte de transaction du 8 novembre 1645, passé entre Catherine de Malleret, sa veuve, et le dit Claude Fournier, leur fils aîné;

5º Rappelé au contrat de mariage de Catherine de Fournier, sa fille, du 9 mai 1651;

6º Rappelé au premier contrat de mariage de Jean de Fournier, son fils puîné, à la date du 28 avril 1695;

7º et 8º Rappelé en deux jugements de noblesse obtenus successivement par ses deux fils Claude et Jean, les 4 octobre 1668 et 25 juin 1669;

9º Rappelé encore dans l'acte supplétif du deuxième contrat de mariage de Jean Fournier, son fils puîné; le dit acte passé à Saint-Domingue, le 15 septembre 1695; la qualification d'écuyer lui est donnée.

*Deuxième degré* : JEAN DE FOURNIER, ÉCUYER, SEIGNEUR DE VARENNES, frère puîné de Claude de Fournier, écuyer, seigneur de Boismarmin, épouse en premières noces, en France, Marguerite d'Estueart; en secondes noces, à Saint-Domingue, Marie-Thérèse le Febvre :

1º Jean de Fournier, seigneur de Varennes, assista le 20 janvier 1643 au contrat de mariage de Claude de Fournier, écuyer, seigneur de Boismarmin, son frère aîné, avec demoiselle Catherine de Boislinard, passé devant Jean Mauduit, notaire royal;

2º Cité avec titre d'écuyer dans une transaction du 8 novembre 1645, passée entre Catherine de Malleret, sa mère, et Claude de Fournier, écuyer, seigneur de Boismarmin, son frère aîné;

3º Jean de Fournier de Varennes, écuyer, assiste avec Catherine de Malleret, sa mère, et Claude de Fournier, son frère, écuyer, seigneur de Boismarmin, au contrat de mariage de leur sœur, Catherine de Fournier, avec Florimond d'Arnaud, écuyer, seigneur des Places, 9 mai 1651, passé devant Jean Mauduit;

4º 11 août 1654. Procuration passée à Boismarmin, devant Perrussault, notaire à Yssoudun, donnée par Jean de Fournier, écuyer, seigneur de Varennes, partant pour l'armée, à Claude de Fournier, écuyer, seigneur de Boismarmin, son frère, à l'effet de réclamer contre Florimond d'Arnaud, seigneur des Places, leur beau-frère, la succession de feue Catherine de Fournier, leur sœur;

5° 27 septembre 1655. Sentence arbitrale sur l'usufruit de la terre de Varennes, faisant la dot de feue Catherine de Fournier, entre ses deux frères Claude et Jean de Fournier, écuyers, d'une part, et son mari, Florimond d'Arnault, écuyer, seigneur des Places, d'autre part;

6° 16 mai 1658. Claude de Fournier, écuyer, seigneur de Boismarmin, par acte passé à Saint-Gautier, devant Me Jean Mauduit, abandonne à Jean de Fournier, écuyer, seigneur de Varennes, son frère, la moitié dans la terre de Varennes, à eux revenue par la mort de Catherine de Fournier, leur sœur;

7° 28 avril 1659. Contrat de mariage passé devant Etiennne Tribart, notaire à Vierzon, de Jean de Fournier, écuyer, seigneur de Varennes, fils de feu François de Fournier, écuyer, seigneur de Varennes, et de demoiselle Catherine de Malleret, avec demoiselle Marguerite d'Estueart. En suite de ce contrat sont quatre quittances de la dot des 20 novembre 1661, 7 juillet 1664 et 27 mars 1666;

8° Claude de Fournier, écuyer, seigneur de Boismarmin, se fait confirmer dans sa noblesse par jugement du 4 octobre 1668, émané du sieur Tubœuf, intendant, commissaire départi dans les généralités de Bourges et de Moulins;

9° 25 juin 1669. Pareil jugement de maintenue rendu en faveur de Jean de Fournier, écuyer, seigneur de Varennes, par le sieur de Machault, intendant et commissaire départi pour la généralité d'Orléans. Ces deux jugements prouvent la filiation de Claude et de Jean jusqu'à leur trisaïeul Pierre Fournier, écuyer, époux de demoiselle Françoise de Foyal. — A dater de 1669 on cesse de voir les liaisons entre les deux frères parce que Jean de Fournier de Varennes s'était fixé à Saint-Domingue. Aussi, sans suivre davantage la filiation et les preuves des Fournier de Boismarmin, nous ne nous occuperons désormais que de celles de la branche de Varennes dont les sieurs de Bellevüe sont un rameau;

10° 15 septembre 1695. Expédition originale de l'acte supplétif du contrat de mariage incendié de Jean de Fournier de Varennes, écuyer, et de demoiselle Marie-Thérèse Lefebvre, passé devant Haguelon, notaire royal au Cap Français, île de Saint-Domingue. Le conjoint y est dit natif du diocèse de

Bourges en France et veuf, en premières noces, de demoiselle Marguerite d'Estueart;

11° 10 juillet 1701. Jean de Fournier de Varennes obtint des provisions de Conseiller au Conseil supérieur du Cap;

12° 1er juin 1703. Jean de Fournier de Varennes résigne cet office de Conseiller;

13° 15 février 1713. Jean de Fournier de Varennes reçoit une Commission de lieutenant-colonel d'un régiment de milice qui se formait alors à Saint-Domingue et qu'il avait obtenue pour récompense de ses services, moins pour l'exercer que pour transmettre à ses enfants un titre militaire qui pût être utile à ceux qui suivraient la même carrière;

14° 19 mai 1714. Extrait mortuaire de Jean de Fournier de Varennes, lieutenant-colonel de milice et commandant de Limonade.

*Troisième degré* : Pierre de Fournier de Bellevüe, époux de Marie Dugas :

Du mariage de Jean de Fournier de Varennes avec Marie-Thérèse Le Febvre, il naquit sept enfants : quatre fils et trois filles :

1° *Jean de Fournier*, qui épousa demoiselle Marguerite des Sables, dont il n'eut qu'une fille, *Renée-Marguerite de Fournier*, qui épousa à Saint-Malo, en 1745, *le chevalier de Castellane*;

2° *Jacques de Fournier de Varennes*, *écuyer*, qui épousa à Saint-Malo, en 1738, demoiselle Marie-Anne Bourdas; il fut capitaine de cavalerie, et mourut en 1755, laissant plusieurs enfants, entre autres : 1° *Jean-Jacques-Julien de Fournier de Varennes*, *écuyer*, *ancien officier d'artillerie*, *chevalier de Saint-Louis*, qui épousa, à Saint-Domingue, en 1769, sa cousine germaine, demoiselle Marie-Thérèse de Fournier de Bellevüe; 2° *Marie-Anne de Fournier de Varennes*, qui épousa, à Saint-Malo, en 1760, *le baron de Saint-Julien*; 3° *Adélaïde-Sophie-Marguerite-Thérèse de Fournier de Bellevüe*, qui épousa, à Saint-Malo, en 1778, *M. Gabriel-François-Cyrille, marquis de Lys, chevalier, seigneur de la Villeder*;

3° *Pierre de Fournier de Bellevüe*, *écuyer*, père des exposants;

4° *Charles de Fournier de la Chapelle*, *écuyer*, *procureur général au Conseil supérieur du Cap*, qui épousa, en 1740, demoiselle Marie-Louise Dureau, et eut : *Pierre-Charles de Fournier de la Chapelle*, *écuyer*;

5° *Marthe de Fournier* épousa *Jean Beaujau, capitaine d'infanterie*;

6° *Marie-Thérèse de Fournier* épousa M. *Guy le Gentil, commissaire de la marine*;

7° *Anne-Françoise de Fournier* épousa *Charles-Thomas Miniac*, seigneur de la *Ville-ès-Nouveau*.

Les pièces fournies à l'appui de ce troisième degré sont :

1° 8 janvier 1725. A cette époque le sieur Pierre de Fournier de Bellevüe était Page de Sa Majesté;

2° 7 septembre 1729. Acte de liquidation et partage de la succession de feue Marie-Thérèse Le Febvre, veuve de Jean de Fournier de Varennes, entre ses sept enfants;

3° 26 mai 1727. Brevet original de second enseigne dans le régiment des Gardes françaises, accordé au sieur Pierre Fournier de Bellevüe;

4° 16 avril 1723. Contrat de mariage, passé devant Me Camus, notaire royal de la ville du Lude, de messire Pierre Fournier, ci-devant enseigne aux Gardes françaises, fils de feus Messire Jean Fournier, lieutenant-colonel de milice et conseiller au Conseil supérieur du Cap Français, et de demoiselle Marie-Thérèse Le Febvre, avec demoiselle Marie Dugas;

5° 16 avril 1732. Acte de la célébration de ce mariage en l'église paroissiale de Saint-Vincent de la ville du Lude;

6° 13 juillet 1739. Ordonnance rendue dans une affaire de concession d'habitation par les sieurs Larnage et Maillard, gouverneur et intendant des Iles sous le Vent, en faveur du sieur Fournier de Bellevüe, capitaine de cavalerie de milice de Limonade;

7° 1er avril 1741. Commission de capitaine en second dans les milices de cavalerie de Saint-Domingue pour le sieur Fournier de Bellevüe;

8° 1er juillet 1743. Commission de capitaine donnée au même par le sieur marquis de Larnage, gouverneur général des Iles sous le Vent;

9° 19 août 1745. Procuration reçue par Auriot, notaire royal au Cap, par laquelle Messire Pierre Fournier de BELLEVÜE, commandant au quartier de Limonade, curateur de sa nièce, demoiselle Renée-Marguerite Fournier, consent au mariage de celle-ci avec le chevalier de Castellane, premier écuyer de M. l'amiral de France;

10° 11 juin 1750. Brevet de chevalier dans l'ordre royal et militaire de Saint-Louis, accordé au sieur Fournier de Bellevüe;

11° 2 juillet 1763. Acte sous seing privé par lequel demoiselle Marie Dugas, veuve de M. Pierre de Bellevüe, chevalier de Saint-Louis, achète une habitation, conjointement avec son beau-frère, M. Fournier de la Chapelle, conseiller aux deux Conseils supérieurs de Saint-Domingue;

12° 26 août 1765. Acte sous seing privé par lequel la demoiselle Marie Dugas abandonne au dit Fournier de la Chapelle sa moitié dans la dite habitation;

13° 22 octobre 1771. Acte de dépôt chez Me Doré, notaire royal au Cap, par demoiselle Marie Dugas, veuve de messire Pierre Fournier de Bellevüe, écuyer, chevalier de Saint-Louis, et par René-Pascal Fournier de Bellevüe, écuyer, de huit pièces ou titres d'honneur de la famille Fournier;

14° et 15° Contrat et acte de célébration du mariage de Jean-Jacques Fournier de Bellevüe, fils aîné de feu Pierre et de Marie Dugas, avec demoiselle Nymphe-Perrine de la Courcière, du 14 juin 1773;

16° et 17° 9 octobre 1763. Contrat et acte de célébration du mariage de M. René-Pascal Fournier de Bellevüe, leur second fils, avec demoiselle Marie-Elisabeth David;

18° 9 et 13 avril 1785. Partage des biens de demoiselle Marie Dugas, veuve du sieur Pierre Fournier de Bellevüe, entre leurs enfants.

*Quatrième degré* : 1° JEAN-JACQUES FOURNIER DE BELLEVÜE, époux de demoiselle Nymphe-Perrine de la Courcière.

1° 25 février 1737. Extrait du baptême de Jean-Jacques Fournier de Bellevüe, né à Saint-Domingue, le 13 octobre 1736, fils de M. Pierre Fournier de Bellevüe, écuyer, et de demoiselle Marie Dugas;

2° 14 juin 1773. Contrat de mariage, reçu par Sallèles et Bordier, notaires royaux au Cap, de Jean-Jacques Fournier de Bellevüe, écuyer, lieutenant de vaisseau, fils de Messire Pierre Fournier de Bellevüe, chevalier de Saint-Louis, et de demoiselle Marie Dugas, avec demoiselle Nymphe-Perrine de la Courcière;

3° 15 juin 1773. Quittance de la dot de demoiselle Nymphe-Perrine de Courcière;

4° 14 juin 1773. Acte de célébration de ce mariage dans l'église de l'Assomption de la ville du Cap;

5° 22 mai 1777. Transaction, reçue par Me Claude Joseph Giraud, notaire au Cap, passée entre messire Jean-Jacques Fournier de Bellevüe, écuyer, chevalier de Saint-Louis, conjointement avec demoiselle Perrine de la Courcière, son épouse, et le fondé de pouvoirs de la dame veuve de la Forgue;

6º 19 mars 1780. Contrat de vente d'une maison, passé devant Mᵉ Fromentin, notaire au Cap, fait par messire Jean-Jacques Fournier de Bellevüe, écuyer, chevalier de Saint-Louis, et Nymphe-Perrine de la Courcière, son épouse;

7º 28 octobre 1784. Acte reçu par Mᵉ Grimperel, notaire au Cap, par lequel Jean-Jacques Fournier de Bellevüe, écuyer, chevalier de Saint-Louis, ancien lieutenant des vaisseaux du Roi, et Nymphe- Perrine de la Courcière, son épouse, achèvent de solder le prix d'une habitation, par eux acquise précédemment.

*Quatrième degré* : 2º RENÉ-PASCAL FOURNIER DE BELLEVÜE, ÉCUYER, époux de demoiselle Marie-Elisabeth David :

1º 17 avril 1740. Extrait de baptême de René-Pascal Fournier de Bellevüe, écuyer, et de demoiselle Marie Dugas;

2º 9 octobre 1763. Contrat de mariage, reçu par Delan, notaire au Cap, de René-Pascal Fournier de Bellevüe, substitut au Conseil supérieur du Cap, écuyer, fils de Pierre Fournier de Bellevüe, écuyer, et de demoiselle Marie Dugas, avec demoiselle Marie-Elisabeth David;

3º 9 octobre 1763. Acte de célébration de ce mariage;

4º, 5º, 6º et 7º 20, 21, 29 juin et 4 juillet 1765. Quatre actes reçus par Delan, notaire au Cap, par lesquels Marie Dugas, veuve de Messire Pierre Fournier de Bellevüe, et son fils, René-Pascal Fournier de Bellevüe, écuyer, substitut au Conseil supérieur du Cap, achètent une habitation et constituent une société;

8º 30 décembre 1768. Acte reçu par Doré, notaire royal au Cap, résiliant cette société;

9º 22 octobre 1771. Acte de dépôt fait par René-Pascal Fournier de Bellevüe, et sa mère, chez M. René, notaire royal au Cap, de pièces et de titres d'honneur concernant la famille Fournier;

10º 9 et 13 avril 1785. Partage des biens de feue demoiselle Marie Dugas entre ses trois enfants;

11º 19 mai 1785. Arrêt du Conseil supérieur du Cap, qui, sur la requête des exposants, ordonne qu'il sera fait une enquête de leur non-dérogeance, conformément à l'article 3 des Lettres Patentes du 24 août 1782;

12º 20 mai 1785. Exécution de cette enquête;

13º 25 mai 1785. Arrêt du dit Conseil qui donne aux exposants et à leur collatéraux acte de notoriété de ce qu'ils n'ont jamais exercé d'état incompatible avec la noblesse, et les autorise à prouver la leur par titres;

14º 3 juin 1785. Arrêt du même Conseil qui ordonne le dépôt de leur production au greffe;

15º 16 juin 1785. Acte donné à la famille Fournier de cette production, et ordonne que la vérification en sera faite immédiatement;

16º 16 juin 1785. Inventaire des pièces produites et reconnues véritables et conformes par tous les membres du Conseil.

*Cinquième degré* : Jean-Pierre-René, Jean-Jacques-Louis, Jean-Marie-Pascal, et René-Charles-Marie Fournier de Bellevüe :

1º 30 novembre 1776. Extrait de baptême de Jean-Pierre-René, né le 11 juillet 1776, fils de M. Jean-Jacques Fournier de Bellevüe, écuyer, et de demoiselle Nymphe-Perrine de la Courcière;

2º 2 avril 1783. Extrait de baptême de Jean-Jacques-Louis-Fournier de Bellevüe, né le 12 octobre 1777, frère du précédent;

3º 2 avril 1783. Extrait de baptême de Jean-Marie Pascal Fournier de Bellevüe, né le 26 mars 1781, frère des précédents;

4º 10 mars 1765. Extrait de baptême de René-Charles-Marie Fournier de Bellevüe, né le 31 août 1764, fils de messire René-Pascal Fournier de Bellevüe, écuyer, ci-devant substitut au Conseil supérieur du Cap, ancien capitaine de cavalerie au régiment de Royal-Picardie, chevalier de Saint-Louis, et de demoiselle Marie-Elisabeth David.

Copie produite par Genneau, avocat au Conseil d'Etat et privé du Roi, dans les bureaux de Monseigneur Laurent de Villedeuil, ministre et secrétaire d'Etat, pour la demande en reconnaissance de leur noblessse faite par MM. de Bellevüe.

## 4° ARRÊT DE MAINTENUE DE NOBLESSE

POUR MM. FOURNIER DE BELLEVUE, DE VARENNES ET DE LA CHAPELLE
EN DATE DU 25 OCTOBRE 1788

*Lettre du Ministre de la Marine à Messieurs les Administrateurs de
Saint-Domingue.*

Versailles, le 16 avril 1789.

Je vous envoie, Messieurs, un Arrêt du Conseil d'État du Roi, du
25 octobre dernier, portant maintenue de Noblesse d'extraction, en faveur
de M. Fournier, Comte de Bellevue, qui désire faire enregistrer cet Arrêt
au Conseil Supérieur de Saint-Domingue; je vous prie de tenir la main à cet
enregistrement, et à son exécution.

J'ai l'honneur d'être, avec un sincère attachement, Messieurs, votre
très-humble et très-obéissant serviteur,

LA LUZERNE.

*Extrait des Registres du Conseil d'Etat du Roi du 25 octobre 1788.*

« Sur la Requête présentée au Roi, étant en son Conseil, par René-Paschal
Fournier, Comte de Bellevue, ancien Capitaine de Cavalerie au Régiment
de Royal-Picardie, Chevalier de l'Ordre royal et Militaire de Saint-Louis,
petit-fils de Jean Fournier, Seigneur de Varennes, de Bellevue et de la Chapelle, frère de Claude Fournier de Boismarmin, ayeul du sieur Fournier de
Boismarmin, Mestre-de-Camp de Cavalerie, Chevalier de l'Ordre Royal et
Militaire de Saint-Louis, et lieutenant des Gardes de S. A. R. Monseigneur le Comte d'Artois; et par Jean-Jacques Fournier de Bellevue,
ancien Lieutenant des Vaisseaux du Roi, et Chevalier de l'Ordre Royal et
Militaire de Saint-Louis; contenant qu'ayant l'honneur d'appartenir au

47

sieur Maréchal de Ségur, alors Secrétaire d'Etat et Ministre de la Guerre, le Comte de Bellevue, l'un des Supplians, lui auroit présenté un Mémoire, tendant à obtenir une place pour son fils dans le Régiment de Condé-Dragons ; que ce Ministre, exact observateur des Ordonnances, sans acception de personnes, n'auroit eu aucun égard à la connoissance particulière qu'il avoit que le père des Supplians avoit eu l'honneur d'être au nombre des Pages de Sa Majesté, d'où il étoit sorti, le 8 janvier 1725, pour être Enseigne dans le Régiment des Gardes-Françoises, qu'il n'avoit quitté le 26 Mai 1727, que pour aller commander en vertu de l'ordre du Roi, plusieurs quartiers de la partie du Cap François, sa patrie, et qu'il étoit mort décoré de la Croix de Saint-Louis; que le comte de Bellevue, lui-même, l'un des Supplians, alors Capitaine de Cavalerie, susceptible de la Croix, présentoit son Mémoire, pour qu'elle lui fut accordée et l'a obtenue ; mais tous ces titres n'ayant point permis au sieur Maréchal de Ségur de déroger à l'Ordonnance, qui assujettit tout aspirant à se pourvoir du certificat du sieur Genéalogiste de Sa Majesté, il lui manda par une lettre, en date du 6 octobre 1781, que quelqu'envie qu'il eût de l'obliger, il ne pouvoit avoir égard aux titres qu'il faisoit valoir, et qu'il étoit indispensable d'avoir ce certificat; alors il ne s'occupa plus, tant pour l'avancement de son fils, que pour l'honneur de son nom, de mettre tous ses titres en règle, à l'effet de les soumettre à l'examen du sieur Cherin, et d'obtenir son certificat. Tous les titres particuliers à sa branche, étant à Saint-Domingue, où sa famille possède les plus grands biens, depuis l'établissement qu'y forma Jean Fournier, Seigneur de Varennes, de Bellevue et de la Chapelle, son grand-père, il fût obligé d'y passer, pour faire faire lui-même la recherche de tous ses titres, et les revêtir de la forme probante prescrite par les Lettres-patentes, en forme d'Edit, du 24 Août 1782; le premier des Supplians rassembla à cet effet tous ses titres, et remplit toutes les formalités exigées par la loi. Non-seulement ces titres ont été vus, examinés, collationnés, vérifiés, et déposés au Greffe de la Juridiction du Cap-François, par sentence du Juge, sur les conclusions du Procureur de Votre-Majesté en ce siège, mais ils ont encore subi un nouvel examen, et une nouvelle vérification, lors du dépôt par ampliation qui en a été fait au Greffe de la Cour Souveraine, sur les conclusions du Procureur Général de Votre Majesté; desquels examen, vérification et dépôt, arrêts d'enrégistrement, ont été rendus et signés par chacun de Messieurs, composant la séance, pour en être par le Greffier délivré toutes expéditions. C'est dans cet état que les Supplians, repassés en France, se sont empressés de remettre leurs titres au sieur Chérin qui, les ayant eus en sa possession, pendant plusieurs mois, et les ayant examinés avec la plus scrupuleuse exactitude, n'éleva de difficulté que sur deux titres, qu'ils produisoient en copies collationnées, et dont ce Généalogiste demanda les originaux; ce qui obligea les Supplians de faire venir à grand frais, de plus de quatre-vingt lieues, les deux Notaires, dépositaires des minutes qui se trouvèrent absolument conformes aux deux copies produites par les Supplians, et sur lesquelles le sieur Chérin mit, *vu bon, conforme à l'original.* La seule difficulté qu'il opposoit alors, étant levée au moyen de cette vérification, les Supplians devoient se promettre une prompte expédition; mais le sieur Chérin, jaloux de remplir le ministère important qui lui est confié, avec toute la sévérité et l'évidence qu'il exige, différa encore de délivrer le certificat, sur quelques objections qu'il forma, et dont il fit part aux Supplians, à leur réquisition. Les Supplians se proposant par cette requête, de répondre aux objections du sieur Généalogiste, croyent devoir les présenter à Votre Majesté et à Son Conseil, dans la persuasion qu'Elle daignera accorder à leurs titres une nouvelle Sanction, par l'arrêt qu'ils sollicitent. *Première objection.* La première objection du sieur Chérin est fondée sur ce que le contrat de mariage de Jean Fournier, sieur de Varennes, avec Marie-Thérèse Lefebvre, n'est produit qu'en expédition (en forme probante à la vérité, au désir des Lettres-patentes du 22 Août 1782); mais cette expédition, dit le sieur Chérin, semble mériter moins de confiance, que si la grosse ou la minute étoit produite. *Réponse.* La minute du contrat de mariage primitif de Jean Fournier, sieur de Varennes, avec Marie Thérèse Le febvre, ayant été incendiée avec tous les autres papiers de leur famille, lors de l'incursion des ennemis dans cette Colonie, qui brûlèrent les papiers et les originaux du Greffe du Cap François, en 1691 et 1695; le dit Jean Fournier et Marie-Thérèse Lefebvre, son épouse, ainsi privés de la minute de l'acte, non moins important pour eux que pour leurs descendans, se présentèrent devant Me Haguelon, Notaire, le 15 Septembre de la même année 1695, à l'effet de passer un acte supplétif de leur contrat de mariage, et de pouvoir ainsi régler un jour leur communauté; c'est ce qu'ils firent par un acte qu'ils passèrent le même jour devant ledit Me Haguelon; dans le préambule de cet acte, y est dit que « le sieur Jean Fournier, Seigneur de Varennes, et Marie-Thérèse

« Lefebvre, sa femme, ayant perdu tous leurs titres de famille, et particu-
« lièrement leur contrat de mariage, par l'incursion des ennemis, qui ont tout
« brûlé et pillé les papiers et les originaux du Greffe, ils n'ont aucun acte
« qui puisse régler leur communauté, et que désirant suppléer à leur contrat
« de mariage, et régler leur communauté, sur leur requisition, a été par Hague-
« lon notaire soussigné, octroyé les conventions et accords, tels qu'ils étoient
« dans leur contrat de mariage. » Ce même acte, dans les qualités, énonce
Jean Fournier, Seigneur de Varennes, fils de François Fournier, Seigneur
de Varennes, et de Catherine de Malleret, ses pere et mere, natif de la Paroisse
Sainte-Colombe, Diocèse de Bourges, veuf en premières noces de Marguerite
d'Estuart. Quoique la minute de cet acte ait été déposée au Greffe du siège
royal du Cap, avec toutes les autres minutes des Notaires soumis à sa Juridiction, suivant la Déclaration du Roi, du 2 août 1717, les Supplians ayant
eu besoin d'en lever des expéditions, firent faire dans ce Greffe toutes les
recherches possibles; la minute de cet acte ne put être trouvée, quoiqu'elle
fut comprise et portée à sa date, dans le répertoire général des minutes des
Notaires, déposées au Greffe, lequel répertoire est bien antérieur à l'un des
incendies de ce Greffe, arrivé en 1734. Toutes les recherches ayant été inutiles
malgré les soins et les peines du sieur Guéron, commis Greffier, que les Supplians pressoient de leur produire une minute, déposée et portée à sa date,
sur le répertoire général du nombre des minutes d'Haguelon, Notaire, qui
avoit passé le dit acte, ledit sieur Guéron leur produisit l'inventaire de tous
les titres sauvés de l'incendie de 1734, dans lequel ils ne virent point la
minute qu'ils cherchoient. Alors les Supplians, pour lesquels il étoit intéressant
que l'on pût, en tout temps, trouver dans un dépôt public une copie authentique de cet acte, afin de pouvoir au besoin, en multiplier les expéditions;
guidés même par un exemple cité dans l'ouvrage des Loix et Constitutions
des Colonies, tome premier, page 472 (¹), présentèrent aux Officiers du Siège
royal une requête, par laquelle ils demandèrent que la grosse en forme qu'ils
rapportoient, d'un acte passé le 15 septembre 1695, devant Me Haguelon,
Notaire audit siège, entre Jean Fournier de Varennes et Demoiselle Marie-

(1) Cet Arrêt fut rendu le 17 juillet 1711, en faveur du sieur Silvecanne, et il fut ordonné
qu'il déposeroit au Greffe une simple copie de son contrat de mariage, pour suppléer la minute
qui avoit été perdue, égarée ou mangée par des poux de bois.

Thérèse Lefebvre; ensemble le certificat de Me Guéron, Greffier-Commis audit siège, qui attestoit que la minute dudit acte, quoiqu'elle fut inventoriée sur le répertoire général, ne se trouvoit point parmi les minutes qui avoient été apportées audit Greffe, fussent et demeurassent déposées au Greffe dudit siège, parmi les minutes dudit Me Haguelon, pour tenir lieu de la minute dudit acte. Les officiers du Cap, par une Sentence du 21 Mars de la même année 1785, sur les conclusions du ministère public, ordonnèrent le dépôt au Greffe du siège de la grosse de l'acte de 1695. C'est de cette grosse, devenue une véritable minute, que les Supplians présentent aujourd'hui une expédition qui est elle-même une grosse en forme probante, puisqu'elle a été collationnée, expédiée et délivrée par le Greffier en chef du Conseil, dont, pour plus d'authenticité, la signature a été certifiée par le sieur Président au Conseil Supérieur du Cap, aux termes des Lettres-patentes du 24 août 1782. Une expédition de cette nature doit donc être admise sans difficulté par les Généalogistes. L'article IV des Lettres-patentes est ainsi conçu : « Attendu les « partages des familles, dont les titres originaux restent ordinairement en « possession de la branche aînée, et vu le danger de confier à l'incertitude de « la Navigation, les originaux des titres justificatifs de la noblesse; voulons « sans tirer à conséquence, que les copies collationnées des titres constitutifs « de noblesse et Arrêt d'enrégistrement d'iceux, soient dans les preuves que les « Habitans des Colonies sont obligés de faire dans notre Royaume, et ferons « lesdites copies attestées conformes aux originaux, et signées par nos Conseils « Supérieurs, chacun dans leur ressort. » L'expédition présentée aujourd'hui, étant ainsi que le sieur Chérin en est convenu lui-même, revêtue de toutes les formalités prescrites par cet Edit, il doit se conformer au texte d'une loi précise, qui l'autorise et qui veut qu'on y ajoute la même foi qu'aux originaux. Le Législateur a rendu compte lui-même des raisons qui l'avoient porté à se relâcher en faveur des Habitans des Colonies, des rigueurs des règles et des principes constamment suivis dans le Royaume sur cette matière; il a reconnu qu'il seroit trop dangereux pour les familles d'exposer, aux risques inséparables d'une longue navigation, les titres constitutifs de leur noblesse et de leur état civil, il a voulu que dans ce cas les copies collationnées tinssent lieu des originaux. Mais au surplus combien d'autres actes de la plus grande notoriété les Supplians ne produisent-ils pas qui tous ajoutent une nouvelle force à celui déposé par ampliation dans les Greffes du Siège Royal et du Conseil du Cap? Tel est spécialement le premier contrat de mariage de ce même Jean Fournier, sieur de Varennes, avec Marguerite d'Estuart, dont les qualités se lient parfaitement avec celui déposé, dans lequel Jean Fournier, sieur de Varennes, s'annonce sous les mêmes qualités que dans le premier, et où il se dit veuf en premières noces de Marguerite d'Estuart. Cet acte doit avoir d'autant plus de poids, que c'est précisément un de ceux dont M. Chérin a demandé l'original, ce qui a nécessité les Supplians à faire venir, à grand frais, le notaire de Vierson, dépositaire de la minute, pour la soumettre à l'examen de M. Chérin, lequel après avoir collationné l'expédition produite, a mis *son vu bon, conforme à la minute*; cet acte a donc été vu, examiné et reçu par le sieur Chérin, quant au fond; quant à la forme, il est exactement conforme aux formalités prescrites par les Lettres-patentes, la première objection se trouve donc entièrement détruite. *Seconde objection.* La seconde objection ne porte que sur la longévité de Jean Fournier, sieur de Varennes, sur son émigration et sur ses changements d'état successifs, qui paroissent étonnants au sieur Chérin, et sur lesquels il demande à être autorisé de prononcer. « Jean Fournier, sieur de « Varennes, dit le Généalogiste, présent au contrat de mariage de son frère « en 1643, devoit être au moins majeur en 1658, lorsqu'il transigea avec « son frère, il devoit avoir vingt-six ans, lors de son premier mariage avec « Marguerite d'Estuart, le 28 avril 1659; il en avoit trente-six, lorsqu'il fut « maintenu dans sa Noblesse, par jugement de M. Machault, Intendant « d'Orléans; il en avoit donc soixante-deux en 1695, lorsqu'il renouvela « son contrat de mariage avec Thérèse Lefebvre, après que les Anglois eurent « brûlé les archives du Cap-François : il se dit dans cet acte officier de Milice; « il avoit 68 ans en 1701, lorsqu'il obtint des provisions de Conseiller au Con- « seil Souverain du Cap; il en avoit 70 en 1703, lorsqu'il se démit de cette « charge; il en avoit 76 en 1709, lorsqu'il devint père de Pierre Fournier de « Bellevue, père des Supplians; il en avoit 80 en 1713, lorsqu'il fut fait « Lieutenant-Colonel du Régiment de Pardieu, et par conséquent il en avoit « 81 lorsqu'il mourut en 1714, au Cap François. » Il paroît étonnant au sieur Généalogiste que l'ayeul des Supplians soit devenu père en 1709, à l'âge de 76 ans; sa longue vie, son émigration et ses changements d'état successifs sont donc le sujet de la seconde objection, sur laquelle il demande à être autorisé. *Réponse.* Premièrement la longévité de Jean Fournier, calculée à toute rigueur par le sieur généalogiste, ne seroit que de 81 ans; assurément elle n'a rien de surprenant, elle est même dans le premier ordre des possibilités; mais à suivre l'âge, par les actes où Jean Fournier, sieur de Varennes, a paru et traité, les Supplians sont fondés à le réduire à environ 76 ans. Le premier acte (après l'extrait baptistaire, suppléé par des titres en règle) où il soit fait mention de Jean Fournier, est le contrat de mariage de Claude Fournier, seigneur de Boismarmin, son frère, avec demoiselle Catherine de Boislisnard; il y est présent et l'acte porte précisément que Jean Fournier, étant alors *enfant*, n'a pu signer; si l'acte portoit qu'il étoit mineur, le calcul du sieur Chérin pourroit être admis, mais il y est spécialement dit que Jean Fournier étant alors enfant, n'a pu signer; assurément il est à présumer que le fils d'un Gentilhomme, qui jouit publiquement de cette qualité, a déjà eu, à l'âge de 5, 6, 7 ans, des commencemens d'éducation, et les premiers sont la lecture et l'écriture; dans un acte de réunion et de satisfaction, tel que peut être dans une famille un contrat de mariage, l'enfant ne pourroit-il que tenir la plume, on s'empresseroit de lui faire tracer son nom, puisqu'on en fait mention dans l'acte. L'énonciation qui y est portée, qu'étant encore *enfant il n'a pu signer*, doit donc faire conjecturer que Jean Fournier n'avoit à cette époque, que 5 ou 6 ans. Sans s'appésantir davantage sur l'âge qu'il pouvoit avoir, lorsqu'il transigea avec son frère, puisqu'on a une infinité d'exemples de transactions faites à l'amiable, entre des parties non majeures, à plus forte raison entre deux frères; sans s'arrêter également à l'âge qu'il pouvoit avoir lors de son premier mariage avec Marguerite d'Estuart, qu'il a pu contracter, quoique mineur, ni à l'arrêt de maintenue, qui n'offre aucune induction contraire au calcul ci-dessus; on voit Jean Fournier, encore enfant, et ne pouvant signer en 1643 ce qui donne à peu près l'époque de sa naissance en 1638; il est mort en 1714, son âge seroit donc de 76 ans, et n'a par conséquent rien de surprenant. Son émigration est attestée dans tous les actes de filiation de famille de Claude Fournier de Boismarmin, son frère, où il est fait mention de Jean Fournier, sieur de Varennes, Officier de Cavalerie, passé et établi dans les Colonies. Quant au prétendu changement d'Etat, il n'en est point un. En effet, lors de la création des Conseils supérieurs de la Colonie de Saint-Domingue, comme il y avoit dans cette Isle très-peu de personnes qui fussent graduées et qui fussent propres à exercer des charges de Judicature, les Gouverneurs et Intendants de cette Colonie eurent ordre de composer les Conseils des plus notables habitants de la Colonie, sans qu'il fut besoin d'être Avocat, ni même gradué; il n'y a pas même encore vingt-cinq ans que ces qualités sont requises dans les membres qui composent les Conseils, puisqu'elles ne le sont que par l'article II de l'Edit de janvier 1766, rapporté au Recueil des Loix et Constitutions, tome 5 page 9. Jean Fournier fut donc choisi lors de la création, comme un des plus notables de la Colonie, parce qu'il étoit officier de Milice, pour remplir une des places de Conseillers qu'il a exercé jusqu'en 1703, époque où les affaires étant devenues plus multipliées et plus compliquées, et ne se sentant pas les lumières nécessaires pour juger de la fortune et de la vie des Citoyens, il se démit de sa place pour continuer son service militaire. Une autre objection du sieur Généalogiste, c'est que sa démission est motivée sur son âge, et ses incommodités; il falloit sans doute une raison, pour qu'il donnât sa démission; mais assurément on ne peut exiger qu'elle eût été motivée sur des causes d'ignorance, de paresse et d'incapacité. On pourroit citer vingt magistrats modernes qui ont servi avant ou après qu'ils ont été magistrats; l'un des Supplians en est lui-même un exemple. Elevé pour le service, et pour entrer, comme son père, dans le Régiment des Gardes; les vues de sa famille changèrent à cet égard, à la mort de son père; comme il avoit déjà un frère dans la marine, on eut le projet de le faire entrer au Conseil supérieur du Cap, dans l'espérance de lui faire avoir un jour la charge de Procureur-Général qu'occupoit alors son oncle; le Suppliant se conforma au dessein de sa famille et entra comme Substitut du Procureur-Général de Sa Majesté; il en a rempli les fonctions pendant environ 18 mois, mais n'ayant point été destiné à cet état, il se détermina à donner sa démission, qu'il motiva, non sur son dégoût et sur son incapacité, mais sur sa santé, et il reprit son service, dans lequel il mérita et obtint la Croix de Saint-Louis, dont il est aujourd'hui décoré. Jean Fournier, son ayeul, tint à cette époque la même conduite; il reprit son service, en vertu et pour récompense duquel il obtint la Commission de Lieutenant-Colonel au Régiment de Pardieu en 1713. Jean Fournier ayant servi en France dans un Régiment de Cavalerie, ayant continué son service dans les Colonies, sollicita et obtint cette Commission, pour laisser, de préférence, à ses enfants un titre Militaire, qui pût être utile à ceux qui pourroient suivre la même carrière. Le sieur Chérin a trouvé étonnant que l'ayeul des Supplians soit devenu père à 76 ans; la fécondité de Marie-Thérèse Lefebvre, dans un temps où son mari

n'avoit pas plus de 76 ans, doit elle même surprendre le sieur Chérin? Mais
au surplus elle ne sauroit nuire à ses enfants, dont l'existence et la filiation
sont prouvées par des actes authentiques. *Troisième et dernière objection.*
Le sieur généalogiste remarque qu'on ne lui produit depuis l'acte supplétif
du contrat de mariage aucun acte dans lequel l'ayeul des Supplians soit dit
sieur de Varennes depuis son émigration, et il demande que Sa Majesté et
Son Conseil prononce sur ses objections, afin que l'Arrêt du Conseil qui inter-
viendra puisse servir de base à son certificat. *Réponse.* Cette troisième objection est détruite par le préambule même de l'acte supplétif du contrat de
mariage, qui est le dernier acte solennel et légal qu'ait fait Jean Fournier,
sieur de Varennes; il est dit positivement dans ce préambule qu'ayant perdu
tous leurs titres de famille, particulièrement leur contrat de mariage par l'incursion des ennemis qui ont brûlé tous les papiers et les originaux du Greffe,
ils désirent suppléer à leur contrat de mariage, pour régler leur communauté.
Comme un contrat de mariage étoit absolument nécessaire pour régler leur
communauté et assurer l'état de leurs enfans, ils y ont donc suppléé par
l'acte du 15 septembre 1695, sans avoir pu se procurer le même avantage
pour leurs autres titres perdus, dans lesquels on eut vu sans doute la qualification de seigneur de Varennes, énoncée cependant dans tous les extraits
baptistaires de ses enfants. Depuis l'époque de l'acte supplétif il n'a pu être
produit d'acte par-devant Notaires, parce que sans doute il n'en a pas été
fait, et si dans les commissions que produisent les Supplians, ces mots *Seigneur
de Varennes* ne sont pas énoncées, c'est d'abord parce que dans toutes les
commissions anciennes, souvent les noms de baptême, même ceux de famille
n'y sont pas portés, et qu'elles ne sont expédiées que sous le simple nom
connu de celui à qui on les accordoit. L'un des Supplians peut se citer encore
ici lui-même : ses premières commissions sont simplement sous le nom de
Fournier, et celles qui lui ont été accordées depuis sont sous ceux de Fournier
de Bellevue; tantôt même avec ou sans le nom de baptême. Les Supplians
peuvent encore citer leur père et oncle; le certificat de Page de leur père est
sous le nom simple de Pierre de Bellevue, en date du 8 janvier 1725; la commission d'Enseigne au Régiment des Gardes, en date du 26 mai, est sous
ceux de Fournier de Bellevue, et son contrat de mariage du 26 avril 1732,
est sous la simple désignation de Pierre Fournier. L'identité de l'individu
est cependant bien prouvée et reconnue. Les lettres d'Avocat de l'oncle des

48

Supplians, depuis Procureur-Général au Conseil Supérieur, lui sont accordées, sous le nom de Charles Fournier, et sur les mêmes actes l'enregistrement porte Charles de la Chapelle. Depuis ces premières commissions, tous les actes qu'ils ont pu passer particulièrement portent leurs noms de Fournier de Bellevue et de Fournier de la Chapelle; comme les actes qu'a pu passer leur frère aîné, second fils de Jean, portent les noms qu'il avoit de Fournier de Varennes, tandis que l'aîné de tous s'appelloit simplement Jean Fournier. Tous ces noms et désignations, par ordre de naissance, sont fidèlement énoncées dans l'acte de partage fait entr'eux le 7 septembre 1729. L'aîné est Jean Fournier, le second Jacques Fournier de Varennes, le troisième Pierre Fournier de Bellevue et le quatrième Charles Fournier de la Chapelle. On ne fait pas mention ici des filles de Jean Fournier; ceux qui en descendent, tels que les sieurs de Paroy et de la Belinaye, ayant les titres qui les concernent. D'après cette explication il ne reste plus sûrement le moindre doute, que tous les individus ci-dessus nommés ne soient les enfants de Jean-Fournier, Seigneur de Varennes, de Bellevue et de la Chapelle, et de Marie-Thérèse Lefebvre, grand-père et grand-mère des Supplians; mais quand bien même la désignation de sieur de Varennes ne seroit pas dans les actes de Jean Fournier, postérieur à l'acte supplétif de son contrat de mariage, on n'en pourroit tirer aucune induction contre les Supplians, parce que d'abord leur filiation et descendance de Jean Fournier, sieur de Varennes, veuf en premières noces de Marguerite d'Estuart, dont à grand frais ils ont produit la minute au sieur Cherin, et marié en secondes noces à Marie-Thérèse Lefebvre, est incontestablement prouvée, et en second lieu, parce qu'étant seul de son nom à Saint-Domingue, et qu'ayant même vendu sa terre de Varennes, il n'avoit plus besoin de cette qualification pour le distinguer de son frère Claude Fournier, Seigneur de Boismarmin; mais ayant eu des enfants, il leur a donné à tous, par ordre de naissance, les noms de terre et de fief qu'il avoit possédés en France; savoir, de Varennes, de Bellevue et la Chapelle, qui existent toujours en Berry, chef-lieu de la famille. Il résulte des détails dans lesquels les Supplians sont entrés, que les objections du sieur Chérin n'ont rien de solide, et qu'elles ne servent qu'à mieux établir l'état des Supplians dans la pleine jouissance duquel ils espèrent être maintenus par l'Arrêt qu'ils ont été conseillés de solliciter de la justice de Votre Majesté. Requéroient, à ces causes, les Supplians, qu'il plut à Sa Majesté leur donner

acte du contenu en la présente Requête, et aux pièces y énoncées et jointes;
ce faisant déclarer suffisante, bonne, valable et analogue à l'esprit des Lettres-
patentes du 24 août 1782, la forme dans laquelle ils font leur production, et
que le Conseil Supérieur du Cap a déjà accueillie; en conséquence, les confirmer et maintenir dans leur état de Noblesse d'extraction, eux, leur postérité
et descendans, nés et à naître en légitime mariage, tant et si longtemps qu'ils
vivront noblement et ne feront acte dérogeant; confirmer également le jugement de maintenue, rendu le 25 juin 1669, en faveur de Jean Fournier,
Ecuyer, sieur de Varennes, de Bellevue et de la Chapelle, ayeul des Supplians,
par le sieur de Machault, Intendant, Commissaire départi en la généralité
d'Orléans; comme aussi les confirmer dans le droit immémorial, d'user et se
servir des armoiries, dont eux et leurs ayeux ont usé de toute ancienneté;
ordonner qu'ils seront inscrits, si fait n'a été dans le catalogue des Nobles
de la Colonie de Saint-Domingue, pour y jouir, et sur toutes les terres de la
domination Françoise, des honneurs, franchises, immunités et priviléges,
dont les Nobles ont accoutumés de jouir, et y être maintenus dans le droit
de prendre les qualifications d'Ecuyer, de Messire et autre distinction de la
Noblesse; autoriser spécialement le sieur Généalogiste des Ordres de Sa Majesté, à délivrer aux fils des Supplians les certificats nécessaires pour leur
admission au service; finalement, ordonner que l'Arrêt à intervenir sur la
présente Requête, sera enregistré au Greffe du Conseil Supérieur de Saint-
Domingue, et par-tout où besoin sera; pourquoi toutes les Lettres-patentes
nécessaires seront expédiées sur icelui. Vu ladite requête, signée Genneau,
Avocat des Supplians; ensemble le Mémoire d'observations, les pièces jus-
tificatives, et avis du Généalogiste des Ordres de Sa Majesté; Ouï le rapport,
LE ROI ÉTANT EN SON CONSEIL, a ordonné et ordonne que le jugement du
vingt-cinq Juin mil six cent soixante-neuf, rendu par le sieur Machault, en
faveur de Jean Fournier, sieur de Varennes, de Bellevue et de la Chapelle,
ayeul des dits sieurs René-Paschal Fournier de Bellevue et Jean-Jacques
Fournier de Bellevue, sera exécuté selon sa forme et teneur; en conséquence
a maintenu et gardé de nouveau lesdits sieurs Fournier de Bellevue dans
leur Noblesse d'ancienne extraction; ordonne Sa Majesté, qu'eux, leurs
enfants, postérité et descendans nés et à naître en légitime mariage, conti-
nueront de jouir des honneurs, franchises, immunités et priviléges dont
jouissent les autres Nobles du Royaume, tant qu'ils vivront noblement et

ne feront acte de dérogance. Fait Sa Majesté défense à toutes personnes de les y troubler; ordonne que leurs noms seront inscrits, si fait n'a été, sur le catalogue des Nobles de la Colonie de Saint-Domingue et du Royaume, et que sur le présent Arrêt, toutes lettres nécessaires seront expédiées. FAIT au Conseil d'Etat du Roi, Sa Majesté y étant, tenu à Versailles, le 25 octobre mil sept cent quatre-vingt huit. »

*Signé*, LA LUZERNE.

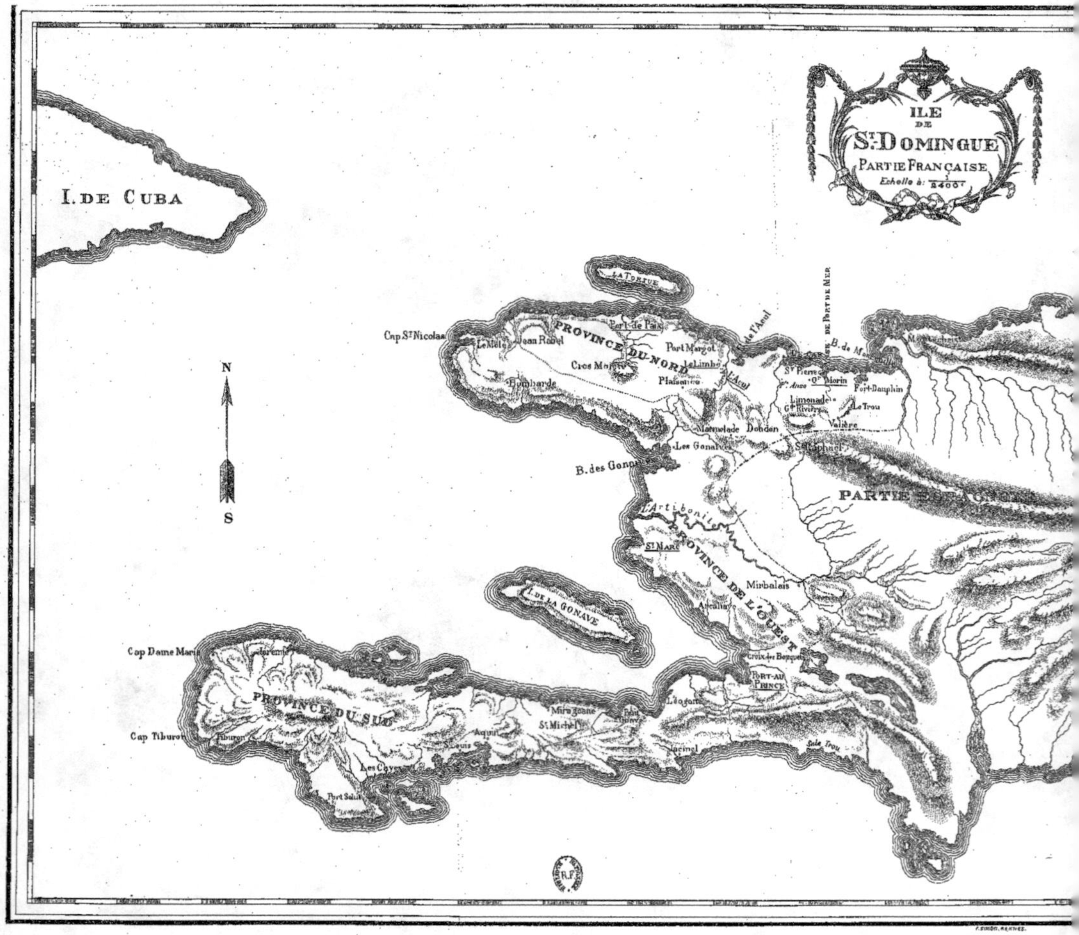

I. DE CUBA

N
S

ILE
DE
St DOMINGUE
PARTIE FRANÇAISE
Echelle à: 2400T

LA TORTUE

PROVINCE DU NORD

Cap St Nicolas
Le Môle
Jean Rabel
Port de Paix
Port Margot
Le Limbé
Cros Morne
Plaisance
B. de M.
St Pierre
Q. Morin
Fort-Dauphin
Anse
Limonade
Gt Rivière
Le Trou
Valère
St Raphaël

Bombarde

Marmelade
Dondon
Les Gonaïves

B. des Gonaïves

PARTIE

L'Artibonite
St Marc
PROVINCE DE L'OUEST

I. DE LA GONAVE

Mirbalais
Arcahaie

Cap Dame Marie
Jérémie

PROVINCE DU SUD

Croix des Bouquets
PORT-AU-
PRINCE

Cap Tiburon
Tiburon
Anguin
Mira Goane
Jacmel
St Michel
L'Açaïm

Les Cayes
Seesal
Sale Trou

Port Salut

R.F.

F. SIMON, RENNES.

# ARTICLE SECOND

## HISTOIRE DE LA COLONIE DE SAINT-DOMINGUE
### ET
## INDEMNITÉ AUX ANCIENS COLONS FRANÇAIS

### 1° Histoire de la Colonie de Saint-Domingue

LA BRANCHE des Fournier de Varennes, de Bellevüe et de la Chapelle, ayant vécu dans l'île de Saint-Domingue pendant plus d'un siècle, nous croyons utile de raconter brièvement l'histoire de cette colonie.

L'île de Saint-Domingue, une des plus vastes des Antilles, fut découverte le 6 décembre 1492, par Christophe-Colomb, qui, lors de son premier voyage, débarqua à l'embouchure de la Grand'Rivière, près d'un promontoire qu'il appela le « Cap-Saint », et où fut bâtie plus tard la ville du Cap.

Cette île, de quatre cents lieues de tour et de cent quatre-vingt lieues de long, était alors très peuplée et divisée en cinq états indépendants gouvernés par des Caciques. L'un de ces états se nommait « Haïti », qui signifie en langue caraïbe « terre montagneuse ». Colomb changea ce nom en celui d' « Hispaniola », et jeta sur ce territoire les fondations d'une ville, qu'il appela « Santo-Domingo », d'où le nom de Saint-Domingue que devait porter plus tard l'île tout entière.

Ses habitants accueillirent avec bienveillance les Espagnols. Mais ceux-ci les traitèrent avec une telle cruauté qu'un siècle après il n'y avait plus sur ce territoire qu'un millier d'indigènes.

Le premier noyau de la population française fut formé à Saint-Domingue dans la seconde moitié du xviie siècle par les « Flibustiers » ou « Boucaniers », dits aussi « Frères de la Côte », dont les exploits maritimes tiennent du prodige. Vers 1662, ils quittèrent leur île de la Tortue, située à quelques milles au Nord-Est de Saint-Domingue, débarquèrent sur cette côte au nombre de douze, sous la conduite de Pierre le Long, au Cap-Saint, dit aussi « Haut-du-Cap », et y fondèrent une paroisse sous le patronage de Saint-Pierre; paroisse qui, après la construction de la ville du Cap Français, à peu de distance au Nord, devint une trève du Cap, sous le nom de « Saint-Pierre-du-Haut-du-Cap. »

Bientôt les Boucaniers, dont la plupart étaient Français, occupèrent toute la partie Nord de l'île entre Fort-Dauphin et Port-de-Paix, puis ils s'étendirent peu à peu à l'Ouest et au Sud. En 1664, tout le territoire qu'ils occupaient, d'une superficie de près de 80 000 kilomètres carrés, environ le septième du territoire de la France, fut déclaré colonie française; et Colbert lui donna comme premier gouverneur un gentilhomme originaire de l'Anjou, Bertrand d'Ogeron de la Bouère, né à Rochefort-sur-Loire, qui attira dans cette colonie une quantité de ses compatriotes, entre autres le P. Marc, d'Angers, qui devint le chef spirituel de la colonie.

Grâce à l'intelligence et à l'énergie de M. d'Ogeron et de son neveu, M. de Pouancey, qui lui succéda en 1675, la colonie s'accrut et s'enrichit rapidement.

Elle eut successivement pour gouverneurs :

1644 à 1646, le chevalier de Fontenay;

1659, M. des Champs, seigneur de Moussac;

1660 à 1663, M. du Rossey, du Périgord;

1663 à 1664, M. de la Place, neveu du précédent;

1664 à 1675, M. d'Ogeron, de l'Anjou, mort à Paris en février 1676;

1675 à 1682, M. de Pouancey, neveu du précédent, mort en 1682;

1683, M. Franquenay;

1683 à 1690, M. Tarin de Cussy, tué en 1690 à la bataille de Limonade;

1690 à 1691, M. Dumas;

1691 à 1700, M. Ducassé (M. de Boissy, intérimaire en 1697);

1700 à 1702, le marquis de Gallifet;

1702 à 1705, M. Auger, mort en 1705;

1705 à 1707, M. de Charette;

1707 à 1710, le comte de Choiseul-Beaupré, mort en 1710;

1710 à 1712, M. de Valernod, mort en 1712;

1712 à 1713, M. de Charette;

1713 à 1716, le marquis de Blénac;

1716 à 1718, M. le marquis de Châteaumorand;

1718 à 1723, M. le marquis de Sorel (intendant : M. de Montholon);

1723 à 1731, M. le marquis de Rochalard;

1732 à 1733, M. de Vienne;

1733 à 1737, le marquis de Fayet;

1737 à 1746, le marquis de Larnage, mort en 1746;

1746 à 1748, M. de Chastenay;

1748 à 1751, le marquis de Conflans;

1751 à 1753, M. le comte du Bois de la Motte;

1753 à 1757, le marquis de Vaudreuil;

1757 à 1761, M. Jean-Bart, petit-fils du célèbre marin;

1761, M. de Bory;

1762 à 1763, le vicomte de Belzunce, mort en 1763;

1763 à 1764, le chevalier Gohin de Montreuil;

1764 à 1766, le comte d'Estaing;

1766 à 1770, le prince de Rohan;

1770 à 1771, le comte de Nolivos;

1771, le vicomte de la Ferronnays;

1772 à 1775, M. de Vallières;

1775 à 1777, le marquis d'Ennery;

1777, le comte d'Argout;

1784 à 1786, le comte de la Luzerne;

1786 à 1789, le marquis de Chilleau;

1789 à 1790, le comte de Peynier;

1790 à 1792, M. Rouxel de Blanchelande;

1792 à 1793, le comte d'Esparbéz.

A peine devenue colonie française, l'île de Saint-Domingue vit s'élever rapidement sur son territoire des villes et des paroisses, et reçut une organisation civile et militaire. Des sénéchaussées y furent établies en août 1685; puis, en juin 1701, des Conseils Supérieurs furent fondés au Cap et à Port-au-Prince, et composés des plus notables colons de l'île. En 1787 le Conseil supérieur du Cap fut réuni à celui de Port-au-Prince sous le titre de Conseil supérieur de Saint-Domingue. Tous les membres de ces Conseils avaient droit à la noblesse au second degré.

A partir de 1690, il fut établi dans les principaux centres des compagnies d'archers, qui furent transformées peua près en régiments de milice et en deux compagnies de maréchaussée.

Peu de temps après sa fondation, la colonie, par suite de la guerre déclarée en 1689 entre la France et l'Espagne, eut cruellement à souffrir des invasions des Espagnols, qui occupaient toute la partie Est de l'île de Saint-Domingue, et qui s'emparèrent de toute la plaine de Limonade, du Cap et du Limbé, mettant tout à feu et à sang; jusqu'à la paix signée à Ryswick, en 1697. Elle fut aussi éprouvée par de nombreux tremblements de terre.

En 1789, la Colonie française de Saint-Domingue, dont l'importance et la prospérité s'étaient encore accrues par suite de la guerre de l'Indépendance des États-Unis, comptait près de douze mille habitations et plus de deux milles sucreries. Environ quinze cents navires transportaient annuellement les denrées de cette île aux principaux ports de France, spécialement à Nantes, à la Rochelle, à Bordeaux, à Saint-Malo et au Havre. Son commerce s'élevait annuellement à une valeur de plus de 735 millions; et la valeur des habitations était de plus d'un milliard et demi.

L'île appartenait pour un tiers environ aux Français et pour les deux autres tiers aux Espagnols.

La partie française avait pour capitale Port-au-Prince, siège d'un archevêché, du gouvernement et du commandement militaire. Elle se divisait en trois provinces :

1º La province du Nord, ayant pour capitale le Cap, et comprenant comme paroisses principales celles de Limonade, du Fort-Dauphin, du Trou, du Quartier-Morin, du Dondon, de la Petite Anse, de Plaisance, du Limbé, de Port-Margot, de Port-de-Paix, de Marmelade;

2º La province de l'Ouest, ayant pour capitale Port-au-Prince, et comprenant entre autres les paroisses de Saint-Marc, de Bombarde, des Gonaïves, de Léogane, de Jacmel, de la Croix-des-Bouquets, de Sale-Trou, du Petit-Goave;

3º La province du Sud, ayant pour capitale Saint-Louis, et comprenant entre autres les paroisses des Cayes, de Mirogoane, d'Aquin, de Port-Salut, de Tiburon, de Jérémie.

La population était environ :

En 1670, de 2000 habitants;

En 1676, de 5000;

En 1681, de 8000;

En 1700, de 20000;

En 1755, de 190000, dont 14000 blancs, 5000 mulâtres et 171000 nègres;

En 1775, de 340000, dont 25000 blancs, 15000 mulâtres et 300000 nègres;

En 1789, de 540000, dont 60000 blancs, 30000 mulâtres et 450000 nègres;

Les « blancs ou colons », jouissaient seuls des droits politiques.

Les « mulâtres » ou « hommes de couleurs », comprenaient les « mulâtres », nés d'un blanc et d'une négresse, les « quarterons », nés d'un blanc et d'une mulâtresse, les « tiercerons », nés d'une blanche et d'une quarterone, et les « Métis » ou « sang-mêlés ».

Les » Nègres » étaient esclaves ou affranchis. Un esclave nègre valait de 2 à 3000 livres tournois, et une esclave négresse de 1000 à 2000 livres tournois.

La propriété foncière se composait d' « habitations » et de « hattes ».

L'habitation » était en réalité tout un village; elle comprenait la maison de demeure de la famille du colon, les bâtiments de la sucrerie ou de la caféterie, les magasins, les cases des nègres.

Les « hattes » étaient de vastes territoires, où l'on élevait les bestiaux.

La mesure de superficie était le « carreau », qui représentait environ un hectare.

Les principaux objets de la culture coloniale étaient, d'abord et surtout la canne à sucre, transformée en sucre, melasse et rhum; puis le coton, le

49

café, le tabac, les plantes à épices et les plantes à teinture comme l'indigo. A partir de 1759 on cultiva encore à Saint-Domingue le bambou, qui y avait été introduit par M. Fournier de Bellevüe.

Tous les colons en état de porter les armes faisaient partie de la milice et étaient répartis en compagnies; chaque quartier avait la sienne avec ses officiers. Tous les officiers étaient nommés par le gouverneur et brevetés par le Roi. Leur costume consistait en pourpoint et hauts-de-chausse en drap brodés de passements d'or et d'argent, épée avec baudrier, épaulettes à torsades, et chapeau orné d'un bouquet de plumes. A partir de 1766 l'uniforme consista en un justaucorps de drap léger, de petit Lodève bleu, doublé de toile blanche, parements bleus, collets et revers rouges, le parement fermé en dessous par trois petits boutons, un à l'épaulette, six à chaque côté de revers, trois gros au-dessous, et trois à la poche qui est coupée en travers. Veste de drap léger, petit Lodève blanc, doublée de toile blanche, sans poche ni pattes, garnie de dix petits boutons sur le devant et d'un à chaque manche. Culotte de tricot blanc, avec caleçon de toile séparé, boutons blancs timbrés d'une ancre. Chapeau brodé de galons blancs sans plumet. Épaulettes en tresse d'argent.

L'un des premiers colons français établis à Saint-Domingue avait été Jean IX de Fournier de Bellevüe, de Varennes et de la Chapelle, écuyer, qui avait quitté le Berry, vers 1685, à l'âge de cinquante ans environ, pour aller fonder un établissement à Saint-Domingue. Il s'était fixé à Limonade, dans la plaine du Cap, au Nord de l'île, près de l'anse connue sous le nom de « Port-de-Mer », où Colomb avait débarqué, en 1492. Il construisit sur ce territoire deux habitations qu'il appela : l'une « Bellevüe », l'autre « la Chapelle », du nom des seigneuries qu'il possédait dans le Berry; puis il fit bâtir près de là une petite église qu'il plaça sous le patronage de sainte Philomène, et à laquelle il donna comme premier chapelain un religieux bénédictin, le P. Rodolphe. Cette chapelle, dite depuis « Chapelle du Bord-de-Mer », existe encore près de l'habitation Bellevüe. C'est près de là qu'on a découvert, en 1883, à quatre pieds de profondeur en terre, une ancre que l'on croit avoir appartenu à la caravelle de Christophe Colomb, qui fit naufrage en ce lieu dans la nuit du 24 au 25 décembre 1492.

En 1707, M. de Fournier de Bellevüe, d'accord avec sa femme et quelques colons du voisinage, fit élever à trois lieues à l'Ouest de la chapelle Sainte-

Philomène une église sous le vocable de Sainte-Anne, qui devint le siège de la paroisse Sainte-Anne de Limonade ([1]). Cette église fut rebâtie en 1771, par les soins du P. Christophe, alors curé de Limonade; cette nouvelle construction coûta 150000 livres tournois. Ce fut M^me de Fournier de Bellevue, née du Gas, qui donna les trois autels, le pavage du chœur et les balustrades, le tout en marbre. Elle fut inhumée dans le chœur de cette église, en 1782. Précédemment les Fournier avaient également été inhumés dans l'ancienne église, dont ils étaient seigneurs fondateurs et prééminenciers en 1714, 1728 et 1755. L'église Sainte-Anne, rebâtie en 1771, fut détruite par un tremblement de terre, en 1842; elle a été relevée, en 1866, sur le même emplacement.

L'habitation de Bellevüe, en Limonade, étant venue, par suite d'alliance en 1728, au marquis le Gentil de Paroy, elle fut dite depuis « Bellevüe-Paroy », puis « Paroy ». Lors de la révolte des nègres, elle comprenait deux sucreries et deux caféteries, estimées valoir près de trois millions. Les Fournier possédaient à Limonade deux autres habitations: une qu'ils portèrent par alliance en 1766 aux Montholon, et qui fut dite depuis « Montholon »; elle valait, en 1792, un million et demi; l'autre dite « Fournier de Bellevüe », qui valait trois millions et demi; une autre, dite « Fournier de Varennes », qui valait 600000 livres tournois; une autre, dite « Entrepôt Fournier », qui valait 700000 livres tournois; enfin, une habitation, dite « la Chapelle », qui valait plus de deux millions. Ce fut sur cette propriété que M. de Fournier de Varennes, alors commandant des milices de Limonade, fit élever une chapelle sous le vocable de « Sainte-Suzanne », chapelle qui fut bénite le 23 juillet 1780; la Chapelle vint, par suite d'alliance, en 1735, aux Miniac, et prit le nom de « la Chapelle-Miniac »; elle n'est plus connue que sous le nom de « Miniac », et appartient à M. Dupuy de Saint-Martin.

En 1765, la comtesse Fournier de Bellevüe, née du Gas, acheta, moyennant 500000 livvres tournois, de Jacques Loyseau, conseiller au Conseil supé-

---

(1) *Limonade* est situé à environ cinq lieues au S.-E. de la ville du Cap; son territoire, qui joint au Nord la mer, est très fertile et arrosé par deux rivières, la Grand'Rivière et le Fossé. Il fut ravagé en 1690 par les Espagnols, et il s'y livra, en janvier 1690, une bataille, où fut tué le gouverneur de Saint-Domingue, M. de Cussy. Nous citerons, parmi les nombreuses habitations que renfermait cette paroisse, celles des de Caze, de la Belinaye, de Vilaine, du Plessis, du Gas et de la Roche de Fontenille, de Bénazé, de Brémont, Walsh, le Febvre.

rieur du Cap, une habitation importante d'une contenance de 179 carreaux de terre, située dans la paroisse « Saint-Pierre du Limbé » ([1]).

Les Fournier possédaient encore dans l'île de Saint-Domingue : une sucrerie au morne Pelé, dans la paroisse du Quartier-Morin; un terrain au quartier de la Rivière Pelée, dans la paroisse de l'Acul; une sucrerie appelée la Plaine de la Croix de l'Acul, dans la paroisse du Gros Morne; la sucrerie de Rocou, en la paroisse du Trou; enfin, un hôtel dans la ville du Cap Français ([2]), dit « Hôtel de Bellevüe », situé à l'embranchement de la rue du Palais et de la ruelle qui conduit au Morne de la Providence. Une des rues du Cap porte encore le nom de « Rue de Varennes »; et l'un des mornes (colline) du voisinage près de la baie de Bekly, s'appelle encore le « Morne Bellevüe ».

En résumé, lors de la Révolution la fortune de la famille Fournier à Saint-Domingue s'élevait à près de vingt-cinq millions.

Dès leur arrivée à Saint-Domingue, les Fournier occupèrent dans cette île de hautes situations. Capitaine des milices de Limonade en 1695, Jean de Fournier de Varennes fut nommé en 1701 Conseiller au Conseil supérieur du Cap, lors de la création de ce Conseil, et, en 1713, lieutenant-colonel du régiment de Pardieu au Cap-Français. La plupart de ses descendants furent membres du Conseil supérieur du Cap, commandants des milices de Limonade, de Sainte-Suzanne et de Bois-de-lance. Quatre d'entre eux furent créés chevaliers de Saint-Louis; et l'un d'eux, Charles Fournier de la Chapelle, fut intendant de la colonie de 1736 à 1739, et Procureur général du Grand-Conseil de 1759 à 1764.

En 1759, ce fut M. de Fournier de Bellevüe qui introduisit le bambou à Saint-Domingue. Il avait pris sur l'habitation Rochechouart, à la Marti-

---

(1) La paroisse du *Limbé*, avec port et rivière, fut fondée en 1717, à six lieues à l'ouest de la ville du Cap; son territoire, formé de terrains d'alluvions, est très fertile. Là se trouvaient entre autres les habitations des de Rosière, de Mézy, Bayon, de Libertat, etc.

(2) Les Boucaniers avaient fondé, en 1673, au Cap-Saint » un établissement qui fut transformé, en 1682, en la ville du Cap-Français; prise et brûlée en 1690, par les Espagnols, elle fut reconstruite et devint la capitale de la colonie, de 1716 à 1751, époque où la résidence du gouverneur fut transférée à Port-au-Prince. Des religieuses de N.-D. de Périgueux s'y établirent en 1724. Les fortifications furent refaites en 1748. La ville, souvent incendiée ou ruinée par des tremblements de terre, est actuellement le siège d'un évêché. Là demeuraient entre autres les de la Martre, de la Martellière, d'Alban, du Verger, de Chanteloup, de Paterson, le Febvre, Budan du Vivier, de Liniers, de Rigaud de Vaudreuil, de Durfort de Duras, de Lacaussade, de Brossard, de Vigny, Potier de la Houssaye, etc.

nique, une tige de bambou qu'il apporta sur le vaisseau royal *l'Hector*, et qu'il planta sur sa propriété de Bellevüe. L'année suivante, il donna des boutures de cet arbuste à plusieurs de ses voisins, et ce fut ainsi que cette plante se répandit bientôt dans l'île entière. Ce fut également lui qui introduisit à Saint-Domingue le lilas des Indes, connu sous le nom d' « Azedecock », et qui, le premier, mit en pratique et propagea, en 1767, l'inoculation pour combattre les ravages que la petite vérole faisait dans la colonie.

Dès le début de la révolte des nègres, en août 1791, les habitations que les Fournier de Bellevüe possédaient à Limonade et au Limbé furent détruites. Le marquis de Bellevüe était alors à Paris pour l'éducation de ses enfants; et sa femme, M^lle de la Courcière, demeurait seule à Saint-Domingue. Forcée de fuir devant les massacres et l'incendie, elle se retira en son hôtel du Cap; et l'Assemblée coloniale de cette ville l'obligea à fournir dans un délai de trois mois, en juillet 1792, 6 500 livres de farine pour le ravitaillement de la ville menacée d'être assiégée par les noirs révoltés. Au mois de novembre 1792, le colonel de Touzard remporta à « Bellevüe », en Limonade, une importante victoire sur les noirs, qui perdirent cent soixante des leurs. La marquise de Bellevüe profita de l'accalmie de 1795 pour faire relever ses habitations, mais elles furent incendiées à nouveau en 1799; et elle-même périt au Cap, lors du massacre commandé par le cruel Dessalines, de tous les blancs résidant en cette ville, en février 1804.

Reconstruites plus tard, les habitations de « Miniac » et de « Bellevüe-Paroy » existent encore. Ce fut dans cette dernière demeure que séjourna en 1820, le roi d'Haïti, Christophe. Cette habitation appartenait alors à un nègre qui s'en était emparé, et s'était, comme beaucoup de ses congénères, affublé d'un titre de noblesse : il se faisait appeler le baron Pierre Poux (1). Le roi Christophe, ayant résolu de faire un pèlerinage à Sainte-Anne de Limonade, quitta le Cap, le 15 juillet 1820, et alla coucher chez le susdit baron. Le lendemain, il se rendit à l'église Sainte-Anne; et étant tombé, pendant la messe, frappé d'une attaque d'apoplexie, il fut rapporté à « Bellevüe.

---

(1) Le roi nègre Christophe avait voulu, en 1811, à l'exemple de Napoléon, se créer une cour et donner des titres à ses officiers. C'est ainsi que l'on vit figurer dans son entourage le prince de Sale-Trou, le duc de Marmelade, le comte de Limonade, les barons de la Seringue, du Boucan, du Poux, les chevaliers Coco, Jako, etc.

Paroy », où il resta jusqu'au 8 octobre, date à laquelle il put regagner son palais de Sans-Souci, où il se suicida, le 20 octobre suivant, de deux coups de pistolet.

## 2° LA RÉVOLUTION ET LA RÉVOLTE A SAINT-DOMINGUE

C'est à la République française, œuvre de sang et de ruines, qui ne vécut que par le sang et les ruines, que nous devons la perte de la belle colonie, si riche et si florissante, de Saint-Domingue. A Haïti, comme en France, la Fraternité n'enfanta que la révolte et l'assassinat; la Liberté que la licence et l'oppression; l'Egalité que le pillage et l'incendie. A Haïti, comme en France, la République ne s'est élevée que sur des décombres et des cadavres; elle a tout détruit, tout ravagé, tout massacré; elle n'a rien su reconstituer.

La Révolte de Saint-Domingue eut pour cause l'usage imprudent et sans contre-poids que les philosophes avaient fait des idées de liberté; elle fut encouragée par les utopies des politiciens et des rhéteurs; entretenue par les Anglais et les Espagnols, jaloux de la prospérité de notre colonie, le joyau de la France (¹), dont la perte fut consommée par la folle ambition de Napoléon et par l'insouciance de la Restauration.

Cette perte causa à notre commerce national un préjudice annuel de plus de deux cents millions, et entraîna la ruine de plus de cent mille Français (²).

---

(1) L'ingérence de l'Angleterre dans la révolte de Saint-Domingue est prouvée par les lettres du comte d'Hector, commandant de la marine; par les Mémoires du baron de Bezenval et du comte de Montmorin; par les rapports de M. de la Luzerne, notre ambassadeur à Londres; par les déclarations de Lord Granville, qui reconnaît, dans une lettre au comte Stadion, que « pour créer d'utiles dérivatifs, le gouvernement britannique, suivant son habitude, entretient et excite, sur le territoire français et dans les colonies françaises, des désordres intérieurs. » Ainsi, les événements des débuts de la Révolution à Paris coûtèrent à l'Angleterre, qui les fomentait par l'action des Loges maçonniques, plus de vingt-quatre millions. (Voir : RIVAROL, Journal politique national.)

(2) « A chaque pas, écrit dans ses Mémoires, en 1816, le général d'Andigné, lieutenant de vaisseau en mission à Saint-Domingue, en 1786, on rencontre dans cette colonie des habitations de quatre-vingt mille à cent mille francs de revenu et plus, ayant à peine l'étendue d'une grande ferme de la Beauce. La population de l'île est heureuse et aisée. Les noirs créoles, traités généralement avec une grande douceur, ne paraissent ni mécontents, ni humiliés de leur sort. Il a fallu aux démagogues beaucoup de peines, de mensonges et d'intrigues pour soulever ces populations tranquilles. Ils ont fini par y réussir; et la misère, avec d'effroyables et interminables guerres civiles, a succédé dans ce pays à la prospérité ou à l'aisance. »

— Nous remarquons parmi les noms des principaux colons de Saint-Domingue ceux des

La fermentation révolutionnaire commença à Saint-Domingue dès que la nouvelle de la prise de la Bastille et de la Déclaration des droits de l'homme eut été apportée dans l'île par des passagers d'un navire de Nantes.

Les mulâtres et quelques petits colons arborèrent la cocarde tricolore et semèrent l'agitation au nom de l'Égalité et de la Liberté. Des Comités populaires se formèrent au Cap, à Léogane et à Saint-Marc; et dès le 1er octobre 1789, les troubles commencèrent par l'assassinat de M. Féraud des Baudières, au Petit-Goave, et de M. de Codère, aux Cayes. Six cents sucreries furent saccagées, mille blancs massacrés et dix mille nègres tués.

Le gouverneur de la colonie était alors le comte de Peynier, ancien chef d'escadre; l'Intendant se nommait M. de Marbois; l'armée régulière, forte de deux régiments, était sous le commandement de M. de Vincent, maréchal de camp; le régiment du Cap avait pour colonel M. de Cambefort, et pour lieutenant-colonel M. de Touzard; celui de Port-au-Prince avait pour colonel M. de Mauduit (1), et pour lieutenant-colonel M. de Cournoyer.

membres des familles de Mach'nemara, des Clos de la Fonchais, Cottineau, Aubert du Petit-Thouars, Astier, de Planchoury, de Chavigny, de Menou, de Grimoard, de Malherbe, de Coupigny, de Thouars, de Mons, de Meynard, de la Molère, de Stapleton de Trèves, de Turpin, de Beaujau, Caré de Candé, de Gallifet, de Montalembert, du Casse, Constantin de la Lorie, Loyseau, Brard, de Vigny, de Najac, Walsh, de North, de Mallet, du Paty de Clam, Ferron de la Ferronnays, de Gouy d'Arcy, de Surmont, de Kerbiquet, de la Moissonnière, Fouche, de Manneville, de Saint-Avoye, de Bray de Guéniveau, le Bouteiller, de la Rochefoucauld, de Villaines, de Saint-Chéron, de Vergès, le Séneschal de Carcado, Fleuriau, du Moustier, de Ségur, Estève, Lemeilleur, de Beauvoir, de Caradeuc, de Saulx-Tavannes, d'Etchegoyen, de Scépaux, de Marbœuf, de Livès, Sarrebourg d'Audeville, de Beaunier, Cottin de Melleville, de Baudry, de Couessin, de Pichon-Longueville, de Latond, Tripier, Basson, de Thasson, Vinet, d'Anglade, Esmangard, etc.

(1) *De Mauduit du Plessix* (Thomas-Antoine), dit le chevalier de Mauduit, » né à Hennebon, diocèse de Vannes, le 12 septembre 1753, fils d'Antoine-Joseph et de Françoise-Anne Hardouin, fit comme officier d'artillerie la campagne d'Amérique sous les ordres de Rochambeau, et fut créé chevalier de Saint-Louis. A son retour en France, en 1783, il devint major du régiment des chasseurs des Vosges, puis il fut envoyé, en 1787, à Saint-Domingue, comme colonel du régiment de Port-au-Prince. Il combattit avec énergie le progrès des idées révolutionnaires; et il était l'effroi des perturbateurs de la colonie, quand, le 2 mars 1791, débarquèrent à Port-au-Prince des bataillons des régiments de Normandie et d'Artois, infestés des idées révolutionnaires. Les soldats de ces bataillons descendent à terre malgré leurs officiers, et, avec l'aide des matelots et de la populace parviennent à soulever le régiment de Port-au-Prince contre son colonel, M. de Mauduit. Celui-ci, sans songer à sa propre sûreté, assura l'abord le salut du gouverneur, le comte de Blanchelande, puis revint courageusement faire face à l'émeute. Saisi par des forcenés, il fut massacré le 4 mars 1791, et sa tête fut promenée en triomphe au bout d'une pique dans les rues de Port-au-Prince.

Grâce à l'attitude énergique de ces chefs, les premiers troubles furent bientôt apaisés; l'Assemblée provinciale du Cap, dite « « Comité du Nord », fit sa soumission, tandis que l'Assemblée de Saint-Marc, dite « Comité du Sud », continuait à fomenter la révolte.

Le 26 octobre 1789, d'après les ordres du gouverneur, le comte de Peynier, M. de Marbois, cédant sa charge d'Intendant à M. de Proissy, partit pour la France afin d'annoncer au Roi et à l'Assemblée Nationale les premiers troubles de Saint-Domingue et de solliciter l'emploi de promptes mesures pour la protection de la colonie. Mais le gouvernement, ne comprenant pas l'importance de cette révolte, n'ordonna aucune répression. « Voilà donc, écrit au chevalier de Coigny le comte de Vaudreuil (¹), le 19 décembre 1789, voilà donc nos colonies en feu ! La philosophie, au nom de l'Humanité, va faire égorger vingt-cinq mille créoles par leurs esclaves qui, ensuite, s'entre-égorgeront eux-mêmes. »

Dès le début de l'année 1790, le Comité du Sud, rompant ouvertement avec le Conseil supérieur établi à Port-au-Prince, s'intitula « Assemblée générale de la partie française de Saint-Domingue » et se constitua, le 14 avril, à Saint-Marc, sous la présidence de l'ancien Comité du Nord, M. de la Chevasnerie (²). Quelques jours après sa réunion, cette assemblée reçut communication des décrets de l'Assemblée constituante, des 8 et 28 mars, qui déclaraient que tout propriétaire ou contribuable, quelle que fût sa race, avait droit de jouir des droits politiques. Cette déclaration imprudente accrut l'audace du Comité de Saint-Marc, dont les membres posèrent, le 28 mai, les bases d'une nouvelle constitution et refusèrent de reconnaître l'autorité du gouvernement, le comte de Peynier, à la place duquel ils nommèrent M. de Fierville. En face de cette déclaration de guerre, le comte de Peynier ordonna la dissolution de l'Assemblée de Saint-Marc et chargea le colonel de Mauduit de l'exécution de cet ordre.

---

(1) *Correspondance du comte de Vaudreuil*, t. I, p. 68. — Joseph-François-de-Paule *de Rigaud*, *comte de Vaudreuil*, né à Saint-Domingue, le 2 mars 1740, était fils de Joseph, marquis de Vaudreuil, riche colon de cette île, qui en fut le gouverneur de 1753 à 1757; il fit la guerre de Sept ans comme aide-de-camp du prince de Soubise, puis il fut nommé lieutenant général et grand fauconnier de France. Il resta pendant toute l'émigration attaché à la personne du comte d'Artois, et la Restauration le créa Pair de France et gouverneur du Louvre. Il mourut à Paris, en janvier 1817, et ses héritiers reçurent, en 1827, 223 000 francs sur l'indemnité accordée aux anciens colons de Saint-Domingue.

(2) *M. Libault de la Chevasnerie* possédait des habitations à Saint-Domingue.

M. de Mauduit, à la tête de son régiment, entra à Saint-Marc le 31 juillet, pénétra dans la salle des séances et en expulsa les membres du Comité rebelle. Ceux-ci déclarèrent traîtres à la patrie MM. de Peynier et de Mauduit, et firent exécuter aux Cayes plusieurs officiers dont ils avaient pu s'emparer.

D'accord avec le Comité du Nord, le gouverneur envoie alors le régiment du Cap rejoindre celui de Port-au-Prince, et ordonne au général de Vincent d'aller à la tête de ce corps d'armée réprimer la révolte et s'emparer des coupables. Grâce à l'appui des matelots du navire français *Le Léopard*, qui s'étaient insurgés contre leurs chefs, les membres de l'Assemblée de Saint-Marc se préparent à la résistance; mais la ville de Saint-Marc fut p ise à nouveau en août sur les rebelles, dont quatre-vingt-cinq furent arrêtés et envoyés en France sur le navire *Le Léopard*.

Après ce succès le comte de Peynier et l'Assemblée du Nord décidèrent d'envoyer à Paris des Commissaires, chargés de présenter à l'Assemblée Constituante un rapport sur les derniers événements survenus dans la colonie. Mais ces Commissaires furent devancés par les insurgés du *Léopard* qui, à leur débarquement à Brest, avaient été l'objet d'une ovation de clubistes et des membres du district, et avaient gagné Paris pour circonvenir les membres du gouvernement.

L'Assemblée Constituante, après avoir entendu à sa barre les deux parties, finit par approuver, dans sa séance du 12 octobre, la conduite du Comité du Nord et de M. de Peynier, et décida d'envoyer à Saint-Domingue deux vaisseaux, *Le Fougueux* et *Le Borée*, qui devaient être armés à Brest et transporter dans la colonie deux bataillons des régiments d'Artois et de Normandie et un détachement d'artillerie. Mais en même temps elle ordonna le rappel de M. de Peynier et nomma à sa place comme gouverneur, M. Rouxel de Blanchelande, gentilhomme capable et dévoué, mais de peu d'initiative et d'énergie (¹).

(1) *M. Rouxel de Blanchelande* (Philibert-François), était né à Dijon, en 1735, fils d'un lieutenant-colonel d'infanterie. Entré au service dès l'âge de douze ans, il était major au régiment d'Auxerrois quand il fut envoyé, en 1779, à la Martinique avec ce régiment. Là, plusieurs actions d'éclat lui méritèrent le grade de brigadier. Nommé en 1781 gouverneur de Tabago, puis en 1783 de la Dominique, il occupa ce dernier poste jusqu'à la Révolution. Il revint alors en France, et il espérait ne plus quitter sa famille et son pays, quand il fut nommé, en novembre 1790, gouverneur de Saint-Domingue. Il occupa ce poste difficile avec courage et dévouement pendant près

Cependant, à Saint-Domingue la lutte avait repris plus acharnée et plus sanglante. Excités par un mulâtre nommé Ogé, venu exprès de Paris pour fomenter la révolte, les hommes de couleur et les nègres affranchis avaient déclaré qu'étant contribuables et propriétaires, ils devaient bénéficier des décrets de mars 1790, et ils avaient fait paraître une proclamation affirmant l'égalité de leurs droits et de ceux des blancs. Passant ensuite de la parole aux actes, Ogé, à la tête de trois cents insurgés, s'empare, dans la nuit du 28 au 29 octobre, de toutes les habitations situées dans la plaine de Limonade, incendie les bâtiments et les plantations, et massacre un des colons, M. Sicard, propriétaire de l'habitation Mazères. Poursuivis par les troupes du Cap, les mulâtres furent battus quelques jours après au Dondon; plusieurs d'entre eux furent faits prisonniers, dont Ogé et son lieutenant Chavannes, qui furent roués dans la ville du Cap, le 26 février 1791, tandis que dix-neuf de leurs camarades étaient pendus.

Ces exécutions, bien que méritées, était impolitiques; elles n'eurent pour résultat que d'étendre la révolte parmi tous les hommes de couleur; et la colonie était en pleine insurrection lors de l'arrivée des troupes françaises envoyées par la Constituante.

Ces troupes, réunies à Brest dès la fin d'octobre 1790, n'en étaient parties que le 30 novembre; et la plupart des soldats, séduits par les clubistes de Brest, étaient plutôt favorables à ceux qu'ils avaient mission de combattre. Aussi, quand ils arrivèrent en vue de Port-au-Prince, le mercredi 2 mars 1791, M. de Blanchelande, le nouveau gouverneur, prévenu des dispositions de la majeure partie du contingent, s'opposa au débarquement. Cette mesure ne fit qu'accroître l'effervescence des expéditionnaires; les soldats se soulevèrent contre leurs officiers et descendirent malgré eux à Port-au-Prince, où ils furent reçus aux acclamations des révoltés et des milices de la ville, qui, à leur exemple, s'insurgèrent contre leurs chefs, et allèrent grossir les rangs des rebelles. Après avoir abondamment fraternisé dans tous les cabarets du port, ceux-ci se répandent dans la ville, ouvrent les portes des prisons

de deux ans; débordé enfin par la Révolution, il fut destitué; renvoyé en France et mis en jugement comme aristocrate et rebelle aux volontés du peuple. Traduit après quatre mois de détention devant le tribunal révolutionnaire, il fut condamné à mort et guillotiné à Paris, le 15 avril 1793. Son fils, Jean-Philibert-Maurice, alors âgé de dix-neuf ans, fut également arrêté comme complice de son père et exécuté le 20 juillet 1794.

et se livrent à tous les excès. A la tête de quelques militaires restés fidèles, le colonel de Mauduit parvient à protéger le départ du gouverneur pour le Cap Français; puis, sacrifiant sa vie à son devoir, il essaye de faire rentrer son régiment dans la discipline et de s'opposer aux saturnales des factieux et des bandits. Mais la rébellion triomphe : le colonel est lâchement saisi, assassiné, et sa tête est promenée en triomphe dans les rues de la cité. Cet horrible attentat ouvre les yeux de beaucoup de soldats : il est trop tard : la municipalité révoltée de Port-au-Prince fait cerner l'ancien régiment du colonel de Mauduit par des troupes commandées par M. de Caradeuc (¹), l'oblige à mettre bas les armes et à s'embarquer pour la France.

A la suite de cette facile et honteuse victoire, M. de Caradeuc fut nommé par les révoltés gouverneur à la place de M. de Blanchelande.

Celui-ci, réfugié au Cap, avait fait partir pour la France plusieurs des officiers des troupes de débarquement abandonnés par leurs soldats, avec mission de rendre compte au ministre de la guerre des faits qui venaient d'avoir lieu à Port-au-Prince, et de réclamer de nouveaux secours. Puis, d'accord avec les Comités du Nord et du Sud, il fit nommer dans chaque paroisse des députés, qui constituèrent une assemblée coloniale, laquelle siégea d'abord à Léogane, en août 1791, puis au Cap.

Mais alors une autre armée, plus nombreuse et plus redoutable, va entrer en ligne : les nègres, qui jusque-là étaient restés fidèles à leurs maîtres, les colons blancs, vont se joindre aux mulâtres pour ruiner la colonie.

Le vendredi 19 août 1791, les noirs d'une des habitations du Limbé se soulevèrent et massacrèrent leur contremaître. Le surlendemain, les esclaves de la sucrerie de la Gossette, en la paroisse de la Petite-Anse, appartenant à M. de Gallifet, suivirent cet exemple et assassinèrent le gérant, M. Mossut. Bientôt la révolte se propagea dans toute la plaine du Cap, de Léogane, de la Petite-Anse, de l'Acul, du Limbé, de Limonade. Les nègres, sous la direction d'un des leurs, nommé Bouttman, incendièrent toutes les

(1) *De Caradeuc* (Jean-Baptiste), fils de Jean-François, seigneur de la Grandais, qui avait émigré en 1740 à Saint-Domingue, et y avait épousé Amable Simon. Il s'était marié à Paris, en 1785, avec sa nièce, demoiselle de la Toisonblanche. Il avait été nommé, en 1790, président du Comité du Nord et fut l'un des chefs des révoltés de Saint-Domingue. Il mourut en 1810, laissant postérité, qui existe encore en Amérique. Une de ses sœurs, épouse de M. Boissonnière de Mornay, reçut 270 000 francs sur l'indemnité de Saint-Domingue.— Il était cousin du fameux procureur général la Chalotais.

habitations, dont les propriétaires durent se réfugier dans la ville du Cap, que M. de Blanchelande avait fait mettre en état de résister à une attaque des révoltés.

Ceux-ci, au nombre de plus de onze mille, établirent des camps fortifiés à Léogane, au Limbé et à Limonade; puis, ayant choisi comme chefs les noirs Jeannot, Bouttman, Marroni, Mayaca, Jean-François et Biassou, ils portèrent partout le pillage et l'incendie. Ils firent périr soixante blancs dans d'affreuses tortures, et parcoururent toute la plaine du Nord, le fer et le feu dans les mains, portant en guise de drapeau le cadavre d'un enfant blanc empalé au bout d'une pique. En quelques jours toute cette contrée, longue de quinze lieues et large de huit, était au pouvoir des nègres, qui avaient ravagé près de deux cents habitations et causé aux colons une perte de plus de six cents millions.

Le régiment du Cap, fort de douze cents hommes et grossi de plusieurs colons volontaires, sous les ordres des lieutenants-colonels de Touzard et de Cambefort, des capitaines de Rouvray et d'Assas, s'avance contre les révoltés. Partout les nègres sont battus : le 28 août, au Morne-Rouge, à deux lieues au Sud du Cap; le 7 septembre, à la Petite-Anse; le 28, à Marmelade; le 10, à l'habitation Bréva, à Saint-Pierre-du-Haut-du-Cap; le 14, à l'habitation du Nord, en Limonade; le 17, à l'habitation Guillaudeu, dans la même paroisse; le 18, à l'habitation Tiby; le 19, à l'habitation Chavaneau; le 23, à l'habitation Puttet; les 24 et 25, à l'habitation Gallifet.

L'armée coloniale victorieuse s'établit alors dans trois camps : l'un près du Cap, commandé par M. de Touzard; l'autre au Morne-Rouge, avec M. d'Assas; le troisième au Haut-du-Cap, avec M. de Cambefort. Puis elle se divisa en deux colonnes de marche : la première, sous la direction de M. de Touzard, s'empara de Port-Margot, puis du Limbé, après avoir, le 16 octobre, livré un combat meurtrier autour de l'habitation Fournier de Bellevüe; la seconde, dirigée par M. de Cambefort, se rendit maîtresse de la plaine de l'Acul, après une violente escarmouche, dans laquelle fut tué le chef nègre Bouttman.

Battus dans les plaines du Nord, les noirs de Biassou reprirent l'avantage dans la province de l'Ouest; ils s'emparèrent de Mirebalais, de la Croix-des-Bouquets, des habitations de Menou, Lefebvre, Baudin; puis, remontant vers le Nord, du Dondon, de Sans-Souci et du fort de Belair. A la fin de novembre, ils attaquèrent la ville du Cap, mais ils furent repoussés et durent se retirer après avoir perdu cent cinquante hommes.

Cependant les Commissaires envoyés en France en août 1791 par l'Assemblée coloniale étaient arrivés à Paris. Introduits, le 30 novembre, dans la salle de la Constituante, ils racontèrent les événements survenus à Saint-Domingue, les massacres commis par les révoltés et, protestant de leur attachement pour la France, réclamèrent des secours immédiats en troupes et en argent pour empêcher la ruine totale de la colonie.

Le lendemain, des députés extraordinaires de la ville de Saint-Malo furent également introduits dans l'Assemblée et demandèrent, au nom des intérêts du commerce, une prompte répression des désordres commis à Saint-Domingue et la protection de cette colonie, « qui rapportait annuellement plus de deux cents millions à la Métropole et faisait vivre six millions de Français. » — M. Brissot, député de Paris [1], prit alors la parole, et dans un long discours, il rejeta sur les colons la responsabilité de l'insurrection, prétendant que la « révolte de Saint-Domingue n'était pas le fait des noirs, mais des blancs, qui voulaient se séparer de la Métropole.... Ce sont les blancs, qui, dans leur haine pour les principes nouveaux, veulent créer des difficultés à la mère-patrie et se séparer de la Nation française. » — En vain les commissaires coloniaux firent voir l'absurdité de cette assertion; « comment supposer que ce sont les colons blancs qui, pour jouer un tour au gouvernement et essayer de faire une contre-révolution, ont livré aux flammes leurs habitations et leurs plantations, ont fait massacrer leurs enfants, leurs femmes et eux-mêmes ! » — Brissot maintient son dire : « il applaudit aux idées égalitaires des hommes de couleur, qui, opprimés par les aristocrates, représentent à Saint-Domingue le Tiers-État et réclament justement la jouissance de leurs droits politiques; » il vante l'esprit d'indépendance des nègres « dont le cœur a palpité au nom de la Liberté, et qui ont eu le courage de briser leurs fers... Les coupables, conclut-il, ce sont M. Blanchelande

---

(1) *Brissot* (Jean-Pierre), dit « Warville », né en 1754, près de Chartres, fils d'un boulanger. Il était franc-maçon notoire et agent de police besogneux avant la Révolution. Il avait fondé à Paris, en 1784, la « Société des Amis des Noirs », pour obtenir l'abolition de l'esclavage. Il fut élu député à l'Assemblée législative, puis à la Convention, où il fut l'âme du parti girondin. Il vota la mort du Roi; puis, proscrit et arrêté avec les Girondins, il fut exécuté à Paris avec vingt-et-un d'entre eux, le 31 octobre 1793.

et les membres de l'Assemblée coloniale, qui, en refusant aux mulâtres et aux noirs les droits proclamés par la déclaration des droits de l'homme, ont fait acte de contre-révolution. Mais la Nation saura protéger tous les citoyens contre toutes les tyrannies : *périssent les colonies plutôt qu'un principe !* (¹) »

. La discussion continua aux séances des 3, 6, 8 et 10 décembre ; et l'Assemblée décida enfin : 1° le rappel et la mise en accusation de M. de Blanchelande et des membres les plus compromis de l'Assemblée coloniale ; 2° la suppression de cette Assemblée ; 3° l'envoi à Saint-Domingue de sept commissaires civils médiateurs, et d'une troupe de six mille hommes, composée en grande partie de Gardes nationales, ayant pour mission de rétablir l'ordre et de maintenir aux hommes de couleur leurs droits politiques.

Ces troupes devaient s'embarquer à Brest et gagner Saint-Domingue sous le commandement de M. de la Jaille ; mais au moment de l'embarquement, les clubistes de Brest ameutèrent la foule pour empêcher le départ des soldats ; M. de la Jaille fut grièvement blessé, et le départ des navires fut ajourné. Ce ne fut qu'au commencement de janvier 1792 que onze cents soldats des régiments de Walsch, de Provence et de Béarn se mirent en route pour la colonie.

Saint-Domingue était alors en proie à toutes les horreurs de la guerre civile. Les nègres, au nombre de cent mille environ, parcouraient en maîtres toutes les campagnes, brûlant les maisons, ravageant les récoltes, et égorgeant les blancs qui n'avaient pour refuge que les villes du Cap et de Port-au-Prince, elles-mêmes menacées par les noirs et décimées par la famine et les maladies.

M. de Blanchelande, par lettres du 28 janvier et des 15 et 20 février 1792, avait insisté auprès de la Constituante et réclamé l'envoi immédiat d'au moins vingt mille hommes et de quatre-vingt millions de vivres et de fournitures de toute sorte ; et ce ne fut que le 24 mars que l'Assemblée se décida enfin à voter l'envoi de huit mille soldats, dont deux mille Gardes nationales, deux bataillons d'infanterie de la division du Morbihan, et un bataillon de celle du Finistère. Mais sur ces entrefaites, un semblant d'accord ayant eu lieu entre les colons et les révoltés, ces troupes ne s'embarquèrent pas.

(1) Ce mot fameux n'était, en fait, que la répétition, ou plutôt le résumé d'un discours prononcé trois mois auparavant à la Convention, par M. Victor de Lameth, riche colon de Saint-Domingue, et franc-maçon militant, comme tous les membres dirigeants de la Convention : « Je suis, avait-il dit, un des plus riches propriétaires de la colonie ; mais je préférerais perdre toute ma fortune plutôt que de consentir à la violation d'un principe. »

Grâce, en effet, aux efforts de M. de Blanchelande, les mulâtres et les nègres affranchis avaient enfin compris que leur intérêt les engageait à s'unir aux colons pour sauver la colonie; et ils avaient, le 17 avril, conclu un traité de pacification, qui fit cesser momentanément les troubles.

A la nouvelle de cette accalmie, le gouvernement français envoya à Saint-Domingue deux commissaires civils, Santhonax et Polverel; rappela M. de Blanchelande et le remplaça comme gouverneur par M. d'Esparbez, homme âgé et incapable. Les nouveaux fonctionnaires, accompagnés de deux escadrons des dragons d'Orléans, commandés par le lieutenant-colonel Laveaux, arrivèrent à Saint-Domingue le 18 septembre 1792, tandis que M. de Blanchelande et son fils, alors âgé de dix-neuf ans, partaient pour la France. Ils furent arrêtés à leur arrivée à Lorient et enfermés dans les prisons de Paris. Après quatre mois de détention, Blanchelande fut traduit devant le tribunal révolutionnaire; « accusé et convaincu d'avoir ordonné des arrestations illégales et des déportations arbitraires à Saint-Domingue, alors qu'il en était gouverneur; d'avoir refusé de faire exécuter le décret du 15 mai 1791; enfin, d'avoir approuvé l'arrêt de l'Assemblée coloniale du 17 avril 1792, qui maintenait l'esclavage », il fut condamné à mort et guillotiné le 15 avril 1793. Son fils, accusé d'avoir été le complice de son père, fut également guillotiné le 20 juillet 1794.

A Saint-Domingue, les nouveaux commissaires, choisis parmi les plus ardents révolutionnaires, se signalèrent par leur cupidité, leur férocité et leur haine sectaire pour les colons blancs, qu'ils traitaient d'aristocrates. Ils se conduisirent enfin de telle façon que bientôt l'insurrection recommença avec une nouvelle violence; mais cette fois, non plus pour, mais contre les Républicains.

Le chef de cette nouvelle révolte fut le nègre Toussaint, dit « Louverture ».

Ce Toussaint, né en 1743, était, lors de la première insurrection, esclave surveillant sur l'habitation Bréda, située à une lieue du Cap, et appartenant au comte de Noé, qui l'aimait et voulait l'affranchir. Malgré ses relations avec Biassou et Jean-François, il avait refusé de prendre part aux premiers mouvements, et il n'entra dans la lutte qu'au commencement de l'année 1793, après l'assassinat de Louis XVI, et quand la révolte eut pour but l'affranchissement des esclaves et l'indépendance de Saint-Domingue.

A la nouvelle de l'exécution de Louis XVI, Toussaint et Jean-François déclarèrent que la colonie était, par le fait de la mort du Roi, libérée de tout engagement avec la France, et qu'ils n'obéiraient pas à un gouvernement arbitraire d'assassins et de bandits. Ils s'allièrent aux Espagnols et s'insurgèrent contre les Commissaires français.

Le 20 juin 1793 les nègres de Toussaint s'emparèrent de la ville du Cap et l'incendièrent. Le feu, mis dans plusieurs endroits à la fois, dura deux jours et détruisit toute la ville; deux mille habitants périrent dans les flammes. De là, les insurgés se répandirent dans les plaines du Nord, saccageant et massacrant; et bientôt, grâce à l'appui d'une armée espagnole, commandée par le marquis d'Hermona, ils furent maîtres de presque toute la partie française de l'île.

La Convention, en apprenant cette nouvelle révolte et son but, espéra donner satisfaction aux nègres, et proclama, le 4 février 1794, l'affranchissement de tous les noirs et l'égalité de leurs droits à ceux des blancs et des hommes de couleur.

Quand ce décret de la Convention parvint à Saint-Domingue, l'armée insurgée était campée à Marmelade. Toussaint, alors jaloux de Jean-François, auquel le gouvernement espagnol avait conféré la grandesse et le titre de lieutenant-général, et séduit par la promesse que lui fit le colonel français, Laveaux, de le faire nommer général, abandonna les Espagnols. Il quitta secrètement le camp de Marmelade avec tous les noirs qui lui étaient fidèles, et alla rejoindre les troupes du colonel Laveaux. Prenant alors l'offensive contre les Espagnols du marquis d'Hermona et les noirs de Jean-François, il fut successivement victorieux au Gros-Morne, à Plaisance, à Marmelade, au Dondon, à l'Acul et au Limbé. Le commissaire Polverel, témoin des succès de Toussaint, s'étant écrié : « Cet homme fait ouverture partout ! » la voix publique surnomma le chef nègre « Louverture », nom qu'il a porté depuis dans l'histoire.

Du Limbé, Toussaint-Louverture se rendit à Port-au-Prince, dit alors Port-de-Paix, et prêta serment de fidélité à la République française entre les mains de Laveaux, resté seul commissaire à Saint-Domingue.

D'Esparbez, Santhonax et Polverel avaient en effet été rappelés en France pour répondre devant la Convention d'accusations portées contre leur administration par des colons de Saint-Domingue, qui leur reprochaient des malversations, des massacres et des emprisonnements arbitraires. Les débats entre les accusateurs et les accusés s'ouvrirent le 30 janvier 1795 et durèrent jusqu'au 19 août. Bien que convaincus de crimes aussi nombreux qu'abominables, les commissaires furent renvoyés indemnes.

Pendant l'instruction de ce procès, les troubles continuaient à Saint-Domingue. Une sédition, fomentée par les mulâtres, avait éclaté au Cap, en mars 1795; le général gouverneur Laveaux avait été saisi et jeté en prison par les factieux. Mais Toussaint-Louverture, à la tête de ses Noirs, s'empara du Cap et délivra Laveaux, qui, en reconnaissance, le nomma général de division et lieutenant au gouvernement de Saint-Domingue. Peu après, le traité de Bâle, conclu le 5 avril 1795 entre la France et l'Espagne, ayant forcé les Espagnols à déposer les armes et Jean-François à s'expatrier, Toussaint et Laveaux régnèrent en maîtres sur l'île tout entière.

En avril 1796, Laveaux, nommé député au Corps législatif, ayant quitté Saint-Domingue pour se rendre à Paris, Toussaint-Louverture fut proclamé général en chef et gouverneur de la colonie.

Sous sa direction, l'île commença à respirer. La ville du Cap et les habitations de la province du Nord se relevèrent et le commerce reprit. Jaloux de toute autorité autre que la sienne, il força, peu après, la commissaire Santhonax, qui était revenu à Port-au-Prince, à se rembarquer pour la France; puis, apprenant que le Directoire envoyait pour le remplacer le général d'Hédouville, il traita avec le gouvernement anglais, qui le reconnut roi d'Haïti. Quand Hédouville arriva au Cap avec trois frégates, il dut rembarquer au plus vite, emmenant avec lui environ quinze cents hommes de toute couleur, restés fidèles au parti français.

Resté maître de Saint-Domingue, Toussaint s'efforça de lui rendre la paix et la prospérité en proclamant une amnistie générale et en rendant aux anciens colons résidant encore dans l'île leurs habitations, dans lesquelles les nègres s'engagèrent à servir volontairement pendant cinq ans.

Cette accalmie durait depuis trois ans, et Toussaint—Louverture était à l'apogée de sa puissance, quand un mulâtre, Rigaud, commandant des milices de la province du Sud, recommença la guerre civile.

Après plusieurs combats et d'affreux massacres, commis par les deux armées, la victoire resta à Toussaint; et cette nouvelle révolte fut étouffée en novembre 1799.

Le Premier Consul Bonaparte, apprenant les nouveaux succès de Toussaint-Louverture, lui envoya une députation, composée du commissaire Raymond, des généraux Michel et Vincent, pour lui confirmer le titre de général en chef et lui dire que, comme par le passé, la France comptait sur sa fidélité. Le général nègre ne répondit rien; mais, profitant des guerres qui retenaient en Europe toutes les armées du continent, il s'empara de toute la partie espagnole de l'île de Saint-Domingue; et, le 28 janvier 1801, il se fit nommer président à vie de cette île tout entière. La lettre qu'il écrivit au Premier Consul pour lui annoncer cette nomination, portait comme envoi : « Le premier des Noirs au premier des Blancs. »

Bonaparte, irrité de l'orgueil de ce nègre, qui osait traiter avec lui d'égal à égal, résolut de le châtier, et envoya à la fin de 1801 une escadre de cinquante-quatre vaisseaux, commandée par le contre-amiral Magon (1), et dix mille cinq cents hommes, sous les ordres des généraux Leclerc (2), Humbert (3) et Rochambeau (4), avec ordre de s'emparer de Toussaint-Louverture et de le ramener à Paris.

Cette flotte mit à la voile le 14 décembre 1801 et jeta l'ancre en vue de la ville du Cap le 3 février 1802.

(1) *Magon de Saint-Hélier* (Charles-René), né à Paris le 12 novembre 1763, fils de René, gouverneur de l'île Bourbon, intendant de Saint-Domingue, et de Jacquette de la Pierre. Marin célèbre, commandeur de la Légion d'honneur, il fut tué au combat naval de Trafalgar, en avril 1805, sans postérité.

(2) *Leclerc* (Charles-Emmanuel), né à Pontoise en 1770, fils d'un meunier, fut nommé adjudant-général en 1793, général de brigade en 1796, et épousa, en 1800, Pauline Bonaparte, sœur du premier consul; nommé commandant de l'expédition de Saint-Domingue, en décembre 1801, il mourut dans l'île de la Tortue, le 2 novembre 1802; son corps fut rapporté en France par le général Humbert, qui, pendant la traversée, vécut maritalement avec la veuve de Leclerc, laquelle épousa en secondes noces le prince Camille Borghèse.

(3) *Humbert* (Joseph-Amable), né près de Remiremont en 1757, fils d'un maquignon; il était marchand de peaux de lapins lors de la Révolution et devint, en 1792, général de brigade, de simple volontaire. Envoyé combattre les chouans, il prit part à la bataille et aux massacres de Quiberon, et fut nommé, en 1796, général de division; destitué pour concussion, il rentra en grâce en 1797 et fut envoyé, en 1801, à Saint-Domingue, avec le général Leclerc dont il ramena le corps en France, en novembre 1802; disgracié à son arrivée à cause des rapports scandaleux qu'il avait eus pendant la traversée avec Pauline Bonaparte, veuve de Leclerc, il acheta, près de Ploërmel, le château de la Villeder, qui devait plus tard appartenir aux Fournier de Bellevüe et où il habita jusqu'en 1809; il passa alors en Amérique, où il mourut en 1823.

(4) *Rochambeau* (Donatien de Vimeur, vicomte de), né à Vendôme en 1750, fils du maréchal comte de Rochambeau et de demoiselle Tellès d'Acosta; il devint colonel de Royal-Auvergne en 1778, maréchal de camp et chevalier de Saint-Louis en 1791, lieutenant général des Iles-sous-

Le général noir avait alors sous ses ordres une armée régulière de 20 000 hommes ; il résolut de se défendre. Mais cette troupe ayant été réduite par la défection des régiments du nègre Dessalines, Toussaint dut se réfugier dans les Mornes du Chaos, où il fit enterrer ses trésors, s'élevant à trente-deux millions, et où il se retrancha, après avoir, dit-on, fait fusiller ceux qui avaient procédé à l'enfouissement de sa fortune.

Battu à la fin de février 1802 au plateau de la Ravine par les troupes de Rochambeau, après un combat qui dura trois jours et qui coûta la vie à plus de quinze cents Français, Toussaint s'établit au Dondon et à Marmelade. La soumission aux Français des chefs noirs Dessalines et Christophe et le traité de paix conclu à Amiens, le 27 mars 1802, entre la France et l'Angleterre, le forcèrent à faire des propositions de paix. Le général Leclerc, qui avait déjà perdu cinq mille hommes et en avait un grand nombre de malades des fièvres dans les hôpitaux, accepta ces propositions. « Où donc, demanda-t-il au chef nègre, aurais-tu trouvé des armes pour continuer à nous combattre ? » — « J'aurais pris les vôtres ! » répondit fièrement l'ancien esclave.

Toussaint prêta à nouveau serment de fidélité à la France ; mais Leclerc trahit sa confiance ; il s'empara par surprise du général noir et de sa famille, le 10 juin, et les fit partir pour la France. Débarqué à Landerneau, le 10 juillet, Toussaint-Louverture fut emmené à Paris et emprisonné d'abord au Temple, puis au château de Joux, près de Besançon, où il mourut après dix mois de captivité, le 27 avril 1803. Sa femme et ses trois fils furent alors transférés au château d'Agen, puis internés à Belle-Ile. La Restauration leur rendit la liberté ; mais alors un des enfants était mort et la veuve de Toussaint mourut elle-même, le 16 mai 1816, dans les bras de ses deux fils, Isaac et Placide.

Après l'embarquement de Toussaint-Louverture, le général Leclerc gouverna la colonie jusqu'à sa mort, survenue à l'île de la Tortue, le 2 novembre 1802 ; il fut alors remplacé par le général Rochambeau, qui allait avoir à réprimer une nouvelle révolte des Noirs soulevés par Dessalines.

---

le-Vent en 1792, gouverneur de Saint-Domingue en 1796, et fut destitué la même année. Il revint dans cette île, en 1802, avec le général Leclerc, et en fut gouverneur à la mort de celui-ci, en novembre 1802. Il se signala par sa cruauté envers les Noirs. Assiégé au Cap et vaincu par les Anglais, en novembre 1803, il fut fait prisonnier et détenu en Angleterre jusqu'en 1811. Il fut tué à la bataille de Leipzig, le 18 octobre 1813.

Cette nouvelle insurrection fut marquée par d'horribles massacres commis par les deux partis. Puis, à la suite de la rupture de la paix d'Amiens, une flotte anglaise étant venue bloquer le Cap, les Français, comme les nègres, durent capituler. Rochambeau fut fait prisonnier le 30 novembre 1803, et emmené en Angleterre, tandis que Saint-Domingue était déclarée colonie et République indépendante sous le nom d' « Haïti », sous le protectorat de l'Angleterre et sous la présidence de Dessalines.

Ce Président, homme cruel et vindicatif, se signala par les pires excès, et les massacres des Blancs recommencèrent dans toutes les provinces. Il donna l'ordre d'égorger tous les colons restés dans l'île, sans distinction d'âge ni de sexe : ce fut une affreuse boucherie qui dura deux mois (février et mars 1804), et dans laquelle périt entre autres, au Cap, la marquise de Fournier de Bellevüe.

Dessalines, se faisant un piédestal de tous ces cadavres, se fit proclamer gouverneur général à vie, puis empereur d'Haïti, sous le nom de Jean-Jacques Ier, le 8 octobre 1804.

Son règne fut de courte durée. En face de son ambition se dressa celle du mulâtre Pétion, qui fit assassiner l'assassin Dessalines, le 18 octobre 1806. Pétion lui-même, vaincu bientôt par le nègre Christophe, ancien lieutenant de Toussaint, dut se réfugier dans la province du Sud, où il se fit proclamer président, tandis que Christophe prenait le titre de Roi d'Haïti, sous le nom de Henry Ier, le 28 mai 1811.

Le nouveau roi noir, singeant Napoléon, se créa une Cour et décerna à ses officiers des titres de noblesse : le chef de l'armée fut le maréchal, prince du Limbé; le ministre d'Etat, comte de Limonade; le gouverneur du Cap, duc de Marmelade; et l'on entendit annoncer dans les salons de Sa Majesté Henry Ier, les comtes de Sale-Trou, de Bombarde, du Boucan, les barons de la Seringue, de Tordbeck, du Pou, du Troudeau, les chevaliers Jako, Coco, etc.

Cependant, comme à Saint-Domingue, les révolutions s'étaient succédé en France, et le roi Louis XVIII avait remplacé l'empereur Napoléon.

L'une des premières pensées du nouveau roi fut de tâcher de rendre à la France son ancienne colonie; et, dès le mois de juin 1814, conseillé par son ministre de la marine, M. Malouet, ancien colon de Saint-Domingue (¹),

_____

(1) Le *baron Malouet* possédait à Saint-Domingue des habitations à Limonade, à Fort-Dauphin et à Ouanaminthe, valant près de trois millions.

il envoya dans l'île trois ambassadeurs pour entrer en négociations avec le président Pétion et le roi Christophe. Le retour de Napoléon et les Cent Jours arrêtèrent ces négociations, qui furent reprises en 1816 par M. de Fontanges, ex-colon des Gonaïves; du Petit-Thouars, ex-colon du Limbé; et Esmangard, ex-colon des Cayes. Les propositions des ambassadeurs français ayant été repoussées, Louis XVIII, après avoir menacé le roi Christophe d'envoyer des troupes pour reconquérir la colonie, abandonna provisoirement la pensée de rentrer en possession de Saint-Domingue.

Les négociations dans ce sens ne furent reprises qu'en avril 1825, comme nous le dirons plus loin, entre le roi Charles X et le président Boyer, qui avait succédé au roi Christophe, lequel s'était suicidé le 20 octobre 1820. Finalement la France reconnut l'émancipation de son ancienne colonie, à la condition que ses habitants paieraient une indemnité de cent cinquante millions, dont soixante-dix-huit seulement furent versés.

L'émancipation de Saint-Domingue et l'abandon de notre ancienne colonie fut une cause de ruine pour le commerce français, non moins que pour les colons. Elle ne fut pas plus avantageuse pour les habitants d'Haïti, qui, depuis lors, sont la proie de révolutions successives et de guerres civiles. Sans entrer dans de longs détails, disons seulement que le président actuel de la République haïtienne est le vingt-troisième depuis la révolte; et que la plupart d'entre eux ont péri suicidés ou assassinés. — A Haïti, comme en France, « la République est le gouvernement qui divise le moins. »

Nous croyons devoir citer à ce sujet un article de M. A. Dorville, paru dans le *Petit Journal* en 1904.

« A HAÏTI. — *Centenaire de son émancipation. — Un siècle d'anarchie. Pages sanglantes et pages burlesques.*

« La République haïtienne va incessamment célébrer le centenaire de son indépendance. C'est, en effet, au mois d'octobre 1804, que la Noire Antille brisa les derniers liens qui la rattachaient à la France.

« Haïti, au xviiie siècle, était un des plus beaux fleurons de notre couronne coloniale. A la veille de 1789, c'était une terre merveilleusement prospère. Les décisions de la Constituante, de la Législative et de la Convention, émancipant des catégories différentes de la population, n'aboutirent qu'à provoquer de terribles guerres de races. Les Métis se jetèrent sur les Petits-Blancs, c'est-à-dire sur les commerçants venus d'Europe; les Nègres se précipitèrent sur les Grands-Blancs, c'est-à-dire sur les riches planteurs, qui appartenaient en général à la noblesse.

« Un Noir d'Afrique, fils d'esclave, esclave lui-même, Toussaint-Louverture, ayant reçu du gouvernement français le commandement en chef de l'île, profita de son autorité pour proclamer, en 1801, l'indépendance d'Haïti. Cette tentative d'émancipation était prématurée. On réussit à s'emparer de la personne de l'émancipateur et à l'embarquer pour Brest. Mais la disparition du chef et sa mort au fort de Joux, en 1803, furent habilement exploitées par les insurgés : la rébellion, loin de se calmer, devint générale. Pour comble de malheur, des épidémies décimaient l'armée d'occupation. Finalement nous dûmes évacuer l'île à la fin de 1804, après avoir enterrré, en quelques semaines, 24 000 de nos soldats. Haïti était perdu pour la France.

« Il y a donc aujourd'hui un siècle que les Haïtiens sont libres et indépendants; mais de cette émancipation ils n'ont pas à être bien fiers, car l'histoire qu'ils ont vécue durant ces cent années est une des plus ténébreuses, des plus sanglantes, et, en même temps, des plus burlesques qui soient.

« Dessalines, qui se fait proclamer empereur sous le nom de Jacques Ier, le 8 octobre 1804, est tué en 1806 d'un coup de fusil par ses soldats.

« Christophe, qui lui succède et prend le nom de Henri Ier, se donne la mort pour ne pas tomber entre les mains de ses ennemis vainqueurs.

« Les présidents Boyer, Rigaud, Pétion, Hérard, Guerrier, Pierrot, Riche, gouvernent au milieu de dissensions civiles irrépressibles. Rigaud et Pétion meurent de chagrin et de désespoir.

« La « sécession » qui aboutit en 1884 à l'établissement d'un Etat distinct, la République Dominicaine, assura le calme à la partie orientale d'Haïti, tandis que l'anarchie se maintenait en permanence dans la partie occidentale.

« A la mort de Riche (1846), deux candidats étaient en présence, les généraux Paul et Souffrant. Le Sénat hésitait. Le général Soulouque, auquel personne n'avait songé tout d'abord, arriva à point comme le troisième larron de la fable.

« La collection des tyranneaux sanguinaires et ridicules qui opprimèrent successivement la Noire Antille est aussi riche que variée. Mais Faustin-Robespierre-Napoléon Soulouque est resté célèbre entre tous.

« Né dans l'esclavage, en 1786, son éducation première avait été nécessairement négligée ; pourtant il savait signer son nom, écrire même une lettre, et lire passablement. Il avait fait ses premières armes sous Dessalines, et il était capitaine en 1820 ; Boyer l'avait promu chef d'escadron ; il avait été nommé colonel par Hérard, général de brigade par Guerrier, et général de division par Riche. Il fut proclamé président le 1er mars 1847. Un an après, il était empereur.

« Prenant son rôle au sérieux, Faustin Ier voulut que sa cour fût montée à l'instar de celles des plus illustres souverains de l'Europe : on y vit un grand aumônier, un grand pannetier, un maréchal du palais, un maréchal des logis, des chambellans, des maîtres des cérémonies, un intendant des menus plaisirs ; des gouverneurs des châteaux impériaux, des pages, des hérauts d'armes, des gentilshommes et dames d'honneur.

« Faustin Ier créa deux ordres, dont il se proclama grand-maître : l'Ordre militaire de Saint-Faustin et l'Ordre civil de la Légion d'honneur.

« Il organisa une noblesse impériale. La première création comprit 59 ducs, 100 comtes, 336 barons et 346 chevaliers. Les généraux Pierrot, Lazare, Souffrant et Bobo furent nommés maréchaux de l'empire, avec le titre de Princes et d'Altesses sérénissimes.

« Parmi les titres bizarres conférés aux courtisans de Soulouque, nous remarquons ceux de Jean-Joseph, frère de l'empereur, duc de Port-de-Paix ; Charles Alerte, grand pannetier, duc de Limonade ; de Mare, duc des Cahots ; Cyprien Toni, duc du Trou ; Linding, duc de Marmelade ; Segrellier, duc du Trou-Bonbon ; Joseph Hector, duc de l'Anse-à-Veau. Les noms des comtes ne sont pas moins étranges ; nous voyons figurer : Zéphir-Toussaint, comte des Côtes-de-Fer du Nord ; Noël-Jean-Jacques, comte de Coupe-Halaine, bibliothécaire général de l'Empire ; Damas Labondrie, comte de la Tortue ; Louis-Charles Petit, comte de Grand-Gosier ; Jean-Charles Janvier, comte de Numéro-Deux, commandant la gendarmerie ; Salomon, comte de la Seringue, directeur du génie militaire ; puis encore, le comte des Guêpes, le comte du Diamant, le comte des Perches, etc. On s'est beaucoup égayé en Europe de ces qualifications. Elles sont empruntées aux localités d'Haïti que baptisa la joyeuse fantaisie des colons français du XVIIe siècle.

« Une ordonnance du 9 novembre 1849 fixa les divers costumes de tous ces dignitaires. Voici quel était celui des princes et des ducs : « Tunique blanche, qui descendra au-dessous du genou; manteau bleu de roi, dont la longueur descendra au bas du ras de la jambe, brodé en or de la largeur de trois pouces, doublé en taffetas rouge, attaché au cou avec un gland d'or, avec plumes aux couleurs nationales flottantes (le bleu et le rouge placés horizontalement) pour les princes et maréchaux de l'Empire, et sept plumes rouges flottantes pour les ducs. » Les ducs étaient-ils agréables à voir en cet équipage? Qu'on nous permette d'en douter.

« Pour singer les monarques d'Europe, Soulouque, naturellement, voulut se faire sacrer. La couronne impériale, l'anneau, le globe, le sceptre et la main de justice, l'épée et le manteau furent exactement copiés sur ceux du sacre de Napoléon Ier. Ils avaient été commandés à une maison de Paris, qui, rappelant avec quelle irrégularité rentraient les arrérages de la dette haïtienne, apporta quelque retard aux projets du monarque en insistant pour être payée comptant.

« Tout ce déploiement de pompe souveraine n'empêcha pas, quelques années plus tard, Soulouque d'être honteusement battu, déposé, remplacé par un mulâtre qu'il avait condamné à mort, Geffrard, lequel fut démoli à son tour par Salnave, lequel fut fusillé, etc., etc.

« On n'en finirait plus de relater tous les épisodes de la sombre et émouvante tragédie qui constitue, depuis cent ans, la vie politique de la grande Antille Noire. Les annales haïtiennes seront-elles moins mouvementées au cours du xxe siècle? Souhaitons-le sans trop l'espérer. Heureux les peuples qui n'ont pas d'histoire ! »                                                        A. DORVILLE.

### 3° INDEMNITÉ AUX ANCIENS COLONS FRANÇAIS DE L'ILE DE SAINT-DOMINGUE

La Chambre des Députés français, dans sa séance du 17 avril 1825, décida de réclamer au Président de la République Boyer une somme de *cent cinquante millions*, comme indemnité d'une partie des pertes subies par les anciens colons français de Saint-Domingue; et, moyennant ces versements, *qui ne représentaient que le dixième à peine de la valeur des biens* que possédaient ces colons, la France aurait consenti à reconnaître l'émancipation de son ancienne colonie.

Le baron de Mackau fut envoyé dans l'île avec une armée navale pour notifier, et au besoin imposer au Président d'Haïti les volontés du gouvernement français. Boyer dut se soumettre, et signa, le 11 juillet 1825, l'engagement de payer cent cinquante millions en trente annuités de chacune cinq millions, les six premières annuités, soit trente millions, devant être versées immédiatement. Ce qui fut fait. Le reste, soit cent vingt millions, fut réduit successivement à 90 millions en 1832, et le 16 février 1838, à 60 millions, sur lesquels la République haïtienne ne versa que 48 millions; elle ne donna donc au total que 78 millions au lieu des 150 convenus.

Or, comme ces 150 millions ne représentaient déjà que le dixième de la valeur des propriétés des anciens colons, l'indemnité payée ne fut réellement que le vingtième de cette valeur, soit le remboursement d'une seule année de revenus. Ainsi M. Jean-Jacques-Louis Fournier de Bellevüe, mon grand-père, inscrit pour recevoir d'abord 120628 francs réduits à 89623 fr. 86, ne toucha de fait que 60314 francs, alors que la valeur de ses anciennes propriétés était de 1 million 206 000 francs.

Le roi nomma, le 9 mai 1826, une Commission chargée de faire la répartition de cette indemnité; Commission dont fut membre le marquis de Bellevüe, et qui répartit de suite les 30 millions versés.

Voici ce que nous trouvons, concernant la famille Fournier, dans l' « Etat des liquidations de l'indemnité de Saint-Domingue, opérées pendant les années de 1827 à 1833 par la Commission chargée de répartir l'indemnité attribuée aux anciens colons français de Saint-Domingue, en exécution de la loi du 30 avril 1826 ([1]) ».

## I° BRANCHE DES FOURNIER DE BELLEVÜE.

1° *Tome III*, page 48.

*Paroisse de Limonade.* — Bien rural : *Sucrerie Fournier de Bellevüe* :

Anciens propriétaires : 1° *Jean-Jacques Fournier de Bellevüe* et sa femme, *Nymphe-Perrine de la Courcière*, propriétaires des deux tiers; 2° *René-Pascal*

_____

(1) Bibliothèque Nationale. — Six volumes in-4°.

*Fournier de Bellevüe*, propriétaire d'un tiers; 3° *Marie-Anne-Perrine- Adélaïde Fournier de Bellevüe, comtesse de Ferron de la Ferronnais*, propriétaire d'un tiers.

Somme totale allouée :................................... 358.579 fr. 18

Héritiers réclamants et répartitions :

1° *Jean-Pierre-René Fournier, marquis de Bellevüe*, et *Jean-Jacques-Louis Fournier de Bellevüe*, enfants et héritiers de Jean-Jacques Fournier de Bellevüe et de Nymphe-Perrine de la Courcière, reçoivent..... 166.593 fr. 06

2° *René-Charles-Marie Fournier, comte de Bellevüe*, fils et unique héritier de René-Pascal Fournier de Bellevüe, reçoit.............. 96.193 fr. 06

3° *Auguste-Pierre-Marie de Ferron, comte de la Ferronnais*, et demoiselle *A. de la Ferronnais*, enfants et héritiers de Marie-Anne-Perrine-Adélaïde Fournier de Bellevüe et du comte de la Ferronnais, reçoivent  96.193 fr. 06

2° *Tome III, page 61.*

*Paroisse du Quartier-Morin.* — Bien rural : *Sucrerie au Quartier du Morne-Pelé.*

Anciens propriétaires : comme ci-dessus.
Héritiers réclamants : comme ci-dessus.
Somme allouée : valeur non indiquée et non comprise dans la première répartition.

3° *Tome III, page 156.*

*Paroisse du Limbé.* — Bien rural : *Sucrerie Fournier de Bellevüe.*
Anciens propriétaires : comme ci-dessus.
Héritiers réclamants : comme ci-dessus.
Somme allouée : valeur non indiquée et non comprise dans la première répartition. (*Nota* : cette sucrerie, dans les partages de 1785, avait été estimée avoir une valeur égale à celle de Limonade, soit : 358.579 fr. 18).

4° *Tome III, page 150.*

*Paroisse de l'Acul.* — Bien rural : *Terrain au quartier de la rivière Pelée.*
Anciens propriétaires : *Nymphe-Perrine de la Courcière*, épouse de *Fournier de Bellevüe.*

Héritiers réclamants : *Jean-Pierre-René Fournier, marquis de Bellevüe*, et son frère, *Jean-Jacques-Louis-Fournier de Bellevüe*, enfants et héritiers de Nymphe-Perrine de la Courcière, épouse Fournier de Bellevüe.

Indemnité allouée :.................................................... 6.666.fr. 66

### 5º *Tome III, page* 236.

*Paroisse du Gros-Morne.* — Bien rural : *Sucrerie* et *hatte de la Plaine de la Croix de l'Acul.*

Ancien propriétaire : *Charles-François David.*

Héritier réclamant : *René-Charles Fournier, comte de Bellevüe*, légataire universel de son oncle maternel, Charles-François David.

Somme allouée.................................................... 74.000 fr.

### 6º *Tome V, page* 36.

*Paroisse du Trou.* — Bien rural : *Sucrerie Rocou.*

Ancien propriétaire : *Charles-François des Portes de Saint-Nudec.*

Héritiers réclamants : *Jean-Pierre-René Fournier, marquis de Bellevüe*, et son frère, *Jean-Jacques-Louis Fournier de Bellevüe*, héritiers pour une part.

Somme allouée : valeur non indiquée et non comprise dans la première répartition.

### 7º *Tome V, page* 124.

*Ville du Cap Français.* — Bien bâti : *Moitié d'une maison au Cap.*

Ancien propriétaire : *Nymphe-Perrine de la Courcière*, épouse *Fournier de Bellevüe.*

Héritiers réclamants : *Jean-Pierre-René Fournier, marquis de Bellevüe*, et son frère, *Jean-Jacques-Louis Fournier de Bellevüe.*

Somme allouée.................................................... 5.888 fr. 00

## IIº Branche des Fournier de Varennes.

*Tome V, page* 52.

*Paroisse de Limonade.* — Bien rural : *Sucrerie Fournier de Varennes, au quartier de Rocou.*

Anciens propriétaires : 1º *Adélaïde-Sophie-Marguerite-Thérèse de Fournier de Varennes*, épouse de *Lys*; 2º sa sœur, *Anne-Françoise Fournier de Varennes*; chacune pour moitié.

Héritiers réclamants : 1º *Gabriel-Jean-Marie de Lys*; 2º *Eugénie-Marie-Thérèse de Lys*, épouse *Dorn*; 3º *Hortense-Marie-Etienne de Lys*, veuve *Gouyon de Beaucorps*; 4º *Amélie-Marie-Rose-Fortunée de Lys*, épouse de *Cahouët du Fourneau*; héritières chacune pour 13/24 dans la succession de leurs mères et tante.

Somme allouée . . . . . . . . . . . . . . . . . . . . . . . . . . . . . . . . . . . . . . 59.183 fr. 76

## BRANCHE DES FOURNIER DE LA CHAPELLE.

1º *Tome I, page 36.*

*Paroissse de Limonade.* — Bien rural : Montholon, *à Fossé.*

Anciens propriétaires : *Demoiselle Fournier de la Chapelle,* épouse de *Montholon.*

Héritier réclamant : *Adélaïde-Marie de Montholon*, veuve du comte de *Narbonne-Lara*, seule héritière de sa mère, à cause de la renonciation de ses deux sœurs.

Somme allouée. . . . . . . . . . . . . . . . . . . . . . . . . . . . . . . . . . 142.746 fr. 37

2º *Tome III, page 48.*

*Paroisse de Limonade.* — Bien rural : *Demi-sucrerie et entrepôt Fournier.*

Anciens propriétaires : (de cette moitié : *Pierre-Charles de Fournier, marquis de la Chapelle*); de l'autre moitié : M. de Pestre.

Héritiers réclamants (pour la moitié Fournier de la Chapelle) : 1º *Amélie-Jeanne-Ursule-Gabrielle Fournier de la Chapelle*, épouse de *Le Play de la Chapelle*; 2º *Zélie-Louise-Charles Fournier de la Chapelle*, sa sœur, épouse de *Le Play*; héritières pour moitié de leur père, le marquis de la Chapelle.

Somme allouée. . . . . . . . . . . . . . . . . . . . . . . . . . . . . . . . . . . 70.679 fr. 80

### IV° FAMILLES ALLIÉES AUX FOURNIER.

1° LE GENTIL DE PAROY : *Guy le Gentil, marquis de Paroy*, fils de *Marie-Thérèse de Fournier de Varennes*, possédait :

1° *A Limonade*. — Bien rural : *Deux sucreries et deux caféteries, dites « Paroy »*.

Somme allouée............................... 292.496 fr. 16

2° *A Limonade*. — Bien rural : *Caféterie de Paroy*.

Somme allouée.................................. 22.100 fr. 00

2° DE LA BELINAYE : *Charles, comte de la Belinaye*, époux de *demoiselle de Miniac*, fille d'*Anne-Françoise de Fournier de Varennes*.

*Paroisse de Limonade.* — Bien rural : *Deux sucreries dites de la Belinaye*.

Somme allouée (à ses fils) ...................... 213.114 fr. 09

## RÉCAPITULATION

### 1° BRANCHE FOURNIER DE BELLEVÜE :

Indemnités allouées en 1828.................... 445.133 fr. 84

Soit pour la valeur réelle : au moins............ *4 millions 1/2*

Et, comme cette valeur n'était que le 1/5, la valeur

était ....................................... *9 millions*

### 2° BRANCHE FOURNIER DE VARENNES :

Indemnités allouées........................... 59.183 fr. 00

Valeur réelle................................. 592.000 fr. 00

### 3° BRANCHE FOURNIER DE LA CHAPELLE :

Indemnités allouées........................... 213.426 fr. 17

Valeur réelle................................. *2 millions*

### 4º Familles alliées :

Indemnités allouées................................. 527.710 fr. 25
Valeur réelle........................................ 5 *millions.*

La famille Fournier possédait donc dans la colonie de Saint-Domingue plus de DIX-SEPT MILLIONS, lors de la révolte des nègres.

# ARTICLE TROISIÈME

GÉNÉALOGIES DE QUELQUES-UNES DES FAMILLES
ALLIÉES A LA MAISON FOURNIER

## I°. — FAMILLE DE BOISLISNARDS.

I° PIERRE I VERGNAUD, vivait en 1306, en Rancon (Haute-Vienne), et eut :

II° PIERRE II VERGNAUD, dit *damoiseau* en 1314 et 1336, qui eut de Marguerite :

III° JEAN I VERGNAUD, ÉCUYER, SEIGNEUR DE BOISLISNARDS, en Rancon, qui épousa Marie Le Jarrige, et vivait en 1367, dont :

IV° JEAN II VERGNAUD, SEIGNEUR DE BOISLISNARDS, en 1380 et 1415, dont :

V° AYMERIC, SIRE DE BOISLISNARDS, qui épousa : 1° en 1420, Marguerite de Villard; 2° en 1430, Isabelle de l'Age, et eut :

VI° ANTOINE I DE BOISLISNARDS, SEIGNEUR DE BOISLISNARDS, en 1468, époux de Catherine le Pannavaire, dont, entre autres :

VII° FRANÇOIS I DE BOISLISNARDS, SEIGNEUR DE BOISLISNARDS, DE LA BASTIDE, qui épousa, en 1497, Anne de Boisbertrand, fille de Guillaume et de Marguerite Couraud, et mourut en 1542, ayant eu entre autres :

VIII° JOACHIM DE BOISLISNARDS, ÉCUYER, SEIGNEUR DE BOISLISNARDS, DE TERRIÈRE, CAPITAINE DE RANÇON, qui épousa, en 1522, Gabrielle de Murand, dame de Terrière, dont :

1º *François II*, qui suit;

2º *Pierre III, seigneur de la Tour de Rivarennes*, qu'il acheta en 1561 moyennant 1 200 livres tournois, de Pierre de Boisbertrand; il épousa, en 1567, Louise Couraud, et eut : *Louis, seigneur de la Tour de Rivarennes*, qui épousa, en 1601, Marguerite de Boisbertrand, fille de Jean, seigneur de Connives, et de Françoise de la Ménardière. Il mourut en 1635, ayant eu :

A) *Jean, seigneur de Montaigu*, mort sans postérité, vers 1642;

B) *Gabrielle*, qui épousa, en 1629, Charles de Moussy;

C) *Françoise*, qui épousa, en 1633, Hugues de Moussy, dont : Louis de Moussy, qui épousa Jeanne de Vérisnes;

D) *Charlotte*, qui épousa François de Vaillant ;

3º *Claude I*, chef de la branche de Margou, qui suivra.

IXº François II de Boislisnards, écuyer, seigneur de Boislisnards, de Terrière, de la Bastide, capitaine de Rançon, épousa en 1559 Françoise de la Garde, fille d'Antoine, seigneur de Tranchelion, et mourut en 1585, ayant eu :

1º *Jean III*, qui suit;

2º *Joachim II, chef de la branche de Terrière, qui viendra*;

3º *Paule*, qui épousa Antoine de Vouhet, seigneur de Boubon;

4º *Claude II, seigneur de la Bastide*, qui épousa, en 1597, Marguerite de la Tour, et eut :

A) *Françoise*, qui épousa, en 1618, René de Vérisnes, seigneur de la Maisonneuve, dont postérité;

B) *Jeanne*, qui épousa Aymon de Duris, seigneur de Conflans, de Montignon, et assista, en 1644, au mariage de Catherine de Boislisnards avec Claude de Fournier, seigneur de Boismarmin;

C) *Paule*, épousa René de la Thuile, seigneur de Vernusse, dont postérité.

Xº Jean III de Boislisnards, écuyer, seigneur de Boislisnards, eut de Renée de Blon :

1º *Jacques*, qui suit ;

2º *Marguerite*, qui épousa, en 1618, Jean Couraud, seigneur de la Croze ;

3º *Jeanne*, qui épousa, en 1631, Annet de Crémone.

XIº Jacques de Boislisnards, seigneur de Boislisnards, épousa : 1º en 1644, Marie de Magnac ; 2º en 1640, Marie de Montbel et mourut en 1659, ayant eu :

XIIº Geoffroy de Boislisnards, écuyer, seigneur de Boislisnards, qui épousa, en 1674, Elisabeth Blactor, et mourut en 1702, dont :

XIIIº Mathieu de Boislisnards, écuyer, seigneur de Boislisnards, qui épousa, en 1719, Madeleine de Marrau, et eut :

1º *Pierre-Joseph, officier*, tué à la bataille de Minden, en 1759 ;

2º *Claude, officier*, tué à Minden ;

3º *Jean IV*, qui suit ;

4º *Joseph, seigneur de la Coste, officier*, blessé à Minden, qui émigra à l'armée des Princes en 1791 et mourut en 1811 ;

5º *Pierre-Joseph, seigneur des Roches, officier*, blessé à Minden, tué à Quiberon en 1795.

XIVº Jean IV de Boislisnards, écuyer, seigneur de Boislisnards et de Sème, officier, chevalier de Saint-Louis, il assista avec ses quatre frères à la bataille de Minden, en 1759 ; il y fut blessé avec deux d'entre eux, tandis que les deux autres furent tués. Il épousa, en 1782, Marie-Anne Ramproux du Vignaud, et eut :

*Adélaïde de Boislisnards, dame de Boislisnards*, qui épousa, en 1808, Eugène, vicomte de Châteaubodeau, fils de Pierre et de Louise-Marguerite de Fournier de Boismarmin.

### Branche de Margou et de Lavau.

IX° Claude I de Boislisnards, écuyer, seigneur de Margou, des Chézeaux, officier, vendit, en 1578, les Chézeaux à Françoise Ancelon, épouse de Pierre du Genest. Il épousa : 1° en 1571, Renée du Breil, dame de Margou; 2° en 1589, Françoise de la Couture, et mourut en 1616, ayant eu :

1° *François III*, qui suit;

2° *Françoise*, qui épousa, en 1612, René de la Trémouille, seigneur de la Bruère, qui assista, en 1644, au mariage de sa nièce, Catherine de Boislisnards, avec Claude de Fournier de Boismarmin, et eut postérité;

3° *Joachim, seigneur de Villeneuve, de la Salle*, qui épousa : 1° Marquise de Bourges, 2° en 1646, Marie du Breuil. Il assista, en 1644, avec sa première femme au mariage de sa nièce, Catherine, et lui donna 1 250 livres tournois;

4° *Baptiste de Boislisnards, écuyer, seigneur de Lavau, officier*, épousa, vers 1615, Catherine de Bellair; il testa le 26 avril 1650 et fut inhumé dans l'église de Chitray, ayant eu :

A) *Louis, écuyer, seigneur de Lavau, de Villeneuve*, qui testa le 24 octobre 1664, et donna 10 000 livres tournois a sa sœur Catherine, épouse de Claude de Fournier de Boismarmin; il mourut sans alliance en novembre 1691;

B) *Jeanne*, épousa, le 30 avril 1639, Jacques de Launay, seigneur de Vauneuf; elle assista, en 1644, au mariage de sa sœur Catherine, et eut postérité ;

C) *Catherine*, épousa, le 20 janvier 1644, Claude de Fournier, écuyer, seigneur de Boismarmin, et fut inhumé, le 9 mars 1680, dans l'église de Chitray, ayant eu postérité;

5° *Jeanne*, épousa : 1° Laurent de Malleret, écuyer, seigneur de Boismarmin, oncle de Claude de Fournier; 2° en 1616, Sylvain de Bridiers, et eut entre autres, du 2e lit : Paul de Bridiers, baron de Saint-Julien, QUI ASSISTA EN 1643 AU MARIAGE DE SON COUSIN, LOUIS DE FOURNIER DE BOISMARMIN, AVEC CHARLOTTE DE BARVILLE.

X° FRANÇOIS III DE BOISLISNARDS, ÉCUYER, SEIGNEUR DE MARGOU, DE LA BOURRELIÈRE, épousa : 1° en 1610, Françoise de la Marche; 2° en 1638, Françoise de la Trémouille, fille de Georges et de Charlotte de Vouhet, dont :

1° *Jean*, qui suit;

2° *Françoise*, qui épousa, en 1643, Charles de Barathon.

XI° JEAN DE BOISLISNARDS, ÉCUYER, SEIGNEUR DE MARGOU, GENTIL-HOMME DE LA MAISON DU ROI, ASSISTA EN 1644 AU MARIAGE DE SA COUSINE CATHERINE AVEC CLAUDE DE FOURNIER, et épousa, en 1644, Françoise de Vérisnes, fille de René, seigneur de la Maisonneuve, et de Françoise de Boislisnards; il mourut en 1670, ayant eu :

1° *Honorat*, qui suit;

2° *Marie*, qui épousa Jean de Boislisnards de l'Etang;

3° *Marguerite de Boislisnards de Montignon, religieuse à Longefon*, en 1669 et 1680.

XII° HONORAT DE BOISLISNARDS, ÉCUYER, SEIGNEUR DE MARGOU, DE MONTIGNON, CAPITAINE DE LA 2e COMPAGNIE DU BAN DE LA NOBLESSE DU BERRY, en 1690; épousa, en 1676, Françoise de Vaillant, fille de François et de Françoise de Boislisnards, dame de la Tour de Rivarennes. Il mourut en 1695, ayant eu :

1° *François-Honorat*, qui suit;

2° *Françoise-Charlotte*, qui épousa, en 1667, Charles de Forges de l'Etang;

3° *Jean-Alexis, chevalier de Malte*, en 1700, *commandeur de Monchamp, grand prieur d'Auvergne*, mort le 8 novembre 1786, âgé de plus de 101 ans;

4° *Dorothée*, qui épousa, en 1720, Louis des Collards.

XIII° François-Honorat de Boislisnards, chevalier, seigneur de Margou, de Montignon, officier, qui épousa en 1707 Elisabeth de Béchillon, et mourut en 1722, ayant eu :

Marthe-Elisabeth-Marguerite, dame de Margou, de Montignon, qui épousa, en 1732, François de la Faire, et vivait encore en 1790, veuve et ayant postérité. Une de ses filles avait été reçue à Saint-Cyr en 1748, et se fit Carmélite.

### Branche de Terrière, d'Aché, des Chézeaux, de l'Etang, etc.

X° Joachim de Boislisnards, écuyer, seigneur de Terrière, épousa : 1° en 1585, Marie du Breuil; 2° le 16 octobre 1594, Jeanne de Poix, fille de Joachim et d'Anne Godelar, et sœur de René et de Gabriel de Poix, seigneur de Marescreux, qui assistèrent, en 1594 et 1604, aux mariages de jean VIII Fournier et de François III Fournier; sœur aussi de René de Poix, dit le jeune, seigneur de la Genestière, qui épousa en 1596 Diane Fournier, nièce de Jean VIII et cousine de François III Fournier. Il eut :

1° François, seigneur de Terrières, mort en 1640, sans postérité de Madeleine de Couhé;

2° Jean, qui suit;

3° Autre Jean, seigneur des Chézeaux, chef de ce rameau, qui suivra;

4° Charles, seigneur du Chastelier, chef de ce rameau, qui viendra.

XI° Jean de Boislisnards, écuyer, seigneur d'Aché, en Chitray, qui épousa en 1611 Marie de Fadat, fille de Jacob, seigneur de Varennes, et de Philiberte Lecomte, et nièce de Louise de Fadat, qui avait épousé René de Poix, seigneur de Marescreux, l'aîné. Il mourut en 1657, ayant eu :

1° Noël, qui suit;

2° Jean, seigneur de Fontparnac, qui épousa en 1651 Marie Perrussault, et assista, en 1644, au mariage de sa parente, Catherine de Boislisnards, avec Claude Fournier. Il eut : Jean, seigneur d'Aché, qui épousa en 1678 Jeanne Perrussault, et Françoise, qui épousa en 1694 Jacques de Poix, seigneur des Carres;

3º *Baptiste, seigneur de Pierre-Levée, chef de ce rameau, qui viendra*;

4º *Anne*, qui épousa, en 1645, Léonard de la Trémouille, seigneur de la Bruère;

5º *Madeleine*, qui épousa, en 1655, Jacques de Launay, seigneur de Villeneuve.

XIIº Noël de Boislisnards, écuyer, seigneur de Terrière, du Mesle, qui épousa Marie Petit et mourut en 1652, dont :

1º *Sylvain I*, qui suit;

2º *Madeleine*, qui épousa : 1º Jean de Lanet, 2º Gaspard de Mazières.

XIIIº Sylvain I de Boislisnards, écuyer, seigneur de Terrière, du Mesle, épousa : 1º Suzanne Perrussault, 2º Marie Poullin, et mourut en 1712, ayant eu :

1º *Jean*, qui suit ;

2º *Marie*, qui épousa, en 1694, Pierre d'Argier, seigneur de Saint-Plantaire.

XIVº Jean de Boislisnards, écuyer, seigneur de Terrière, de Mesle, qui épousa, en 1704, Marie Foulonneau, dame du Fresne, et mourut en 1722, dont :

XVº Sylvain II de Boislisnards, seigneur de Terrière, mort sans alliance en 1725.

### 1º Rameau des Chézeaux, de la Romagère.

XIº Jean de Boislisnards, écuyer, seigneur de Salvache, des Chézeaux, épousa, en 1623, Catherine Beyrot, dame de Lignac, et acheta, le 6 décembre 1628, moyennant 4 000 livres tournois, les Chézeaux, de Georges de Genest, fils de François, seigneur de la Brosse, et de Jeanne de Fournioux (peut-être de Fournier?). Il eut :

1º *Jean*, qui suit;

2º *Sylvine*, qui épousa, en 1657, Mathieu de Lanet, seigneur de Tussac, dont postérité.

XIIº JEAN DE BOISLISNARDS, ÉCUYER, SEIGNEUR DES CHÉZEAUX, épousa, en 1656, Renée de la Thuile, fille d'Henry et de Paule de Boislisⁿards, et eut :

1º *Léonard*, qui suit;

2º *Jean, seigneur de l'Etang*, chef de ce rameau, qui viendra;

3º *Charles, seigneur de la Charpraie*, chef de ce rameau, qui viendra;

4º *Jean, seigneur du Breuil*, chef de ce rameau, qui viendra;

5º *Jeanne*, qui épousa, en 1682, Ferdinand de Barathon, fils de Charles, et de Françoise de Boislisnards.

XIIIº LÉONARD DE BOISLISNARDS, ÉCUYER, SEIGNEUR DES CHÉZEAUX, DE LA ROMAGÈRE, épousa, en 1691, *Anne-Louise de Quinsac*, AVEC LAQUELLE IL ASSISTA, EN 1720, AU MARIAGE DE SA NIÈCE, MARIE-ANGÉLIQUE DE BOISLISNARDS, AVEC CHARLES FOURNIER DE BOISMARMIN. Il mourut en 1740, dont :

1º *Jean*, qui suit;

2º *Antoine, seigneur de la Romagère*, QUI ASSISTA AU MARIAGE DE SA COUSINE, EN 1720, et épousa, en 1737, Marie-Anne de Forges, fille de Pierre, seigneur de Boubon, et de Marie-Anne de Vérisnes; il eut :

A ) *Pierre-Joseph*, mort en 1797;

B ) *Jean-François, seigneur de Boubon, de Blanzay, lieutenant d'infanterie, chevalier de Saint-Louis*, qui vendit Boubon, en 1769, à Sylvain de Boislisnards, seigneur de Mesle; il émigra et mourut sans postérité;

3º *Anne*, QUI ASSISTA, EN 1720, AU MARIAGE DE SA COUSINE, et épousa, en 1731, Jean de Vérisnes, fils de Jacques et de Marguerite de Nollet, dont elle eut postérité qui s'est continuée.

XIVº JEAN DE BOISLISNARDS, CHEVALIER, SEIGNEUR DES CHÉZEAUX, DE FOIX, baptisé à Rivarennes en 1696, *capitaine de cavalerie*, épousa, en 1727, Madeleine-Angélique Turpin, dame de Vihiers, et mourut en 1774, ayant eu :

1º *Léonard II*, qui suit;

2º *Gabriel, capitaine de cavalerie*, qui épousa Anne-Suzanne-Henriette de la Balme, et mourut en émigration, ayant eu : *Marguerite-Cécile*, qui épousa M. d'Harrart et mourut en 1832;

3º *Marie-Madeleine*, née à Rivarennes, le 27 août 1740, admise à Saint-Cyr le 31 mars 1751.

XVº Léonard II, de Boislisnards, chevalier, seigneur des Chézeaux, capitaine de cavalerie, chevalier de Saint-Louis, épousa, en 1779, Victoire-Catherine de Barmond, et mourut en 1804, dont :

1º *Gabriel-Armand*, mort sans postérité, en 1845;

2º *Madeleine*, qui épousa, en 1811, *Jean Ravet Duvignaux*.

2º Rameau du Chastellier, de Villeneuve, de la Noraye.

XIº Charles de Boislisnards, écuyer, seigneur du Chastellier, de Villeneuve, épousa, en 1623, Jeanne de Fadat, fille de Jacob et de Philiberte Lecomte; il assista, en 1644, au mariage de sa cousine, Catherine de Boislisnards, avec Claude de Fournier; il mourut en 1675, ayant eu :

1º *François*, mort en 1660, sans postérité de Gabrielle de Besdon;

2º *Jean*, qui suit;

3º *Claude, seigneur de la Noraye, officier*, qui épousa : 1º Françoise de Lanet, 2º en 1700, Marguerite de Turgis, et mourut sans postérité, en 1709;

4º *Marie*, qui épousa : 1º Charles de Barathon, seigneur de la Romagère; 2º en 1669, Louis Guyot, seigneur de la Pérelle.

XIIº Jean de Boislisnards, écuyer, seigneur du Chastellier, épousa Vincente de Mareuil, fille de Charles, seigneur de Montifaut, et de Marguerite de François d'Espagne, et eut :

1° *Jean, seigneur du Chastellier, de la Noraye,* qui épousa : 1° en 1707, Sylvine Gallaud, fille d'Abraham, et de Jeanne de Forges; 2° en 1710, Marthe Brossin;

2° *Charles,* qui suit;

3° *Françoise,* qui épousa Claude de Morel;

4° *Anne,* qui épousa, en 1712, Charles de Piedgut;

5° *Louis, seigneur du Vergnaud, officier,* qui épousa, en 1719, Renée de Launay;

6° *Marie-Anne, religieuse à Longefond,* en 1684 et 1701.

XIII° CHARLES DE BOISLISNARDS, ÉCUYER, SEIGNEUR DU CHASTELLIER, épousa, en 1696, Catherine de Crublier, et eut :

XIV° CHARLES III DE BOISLISNARDS, ÉCUYER, SEIGNEUR DE CHAS-TELLIER, DE VILLENEUVE, qui épousa : 1° Marie de Launay, 2° en 1776, Louise de Constantin, et mourut à Ciron, en 1741, ayant eu :

*Françoise,* qui épousa, en 1746, Gabriel de Breton, seigneur du Mas, dont postérité.

### 3° RAMEAU DE PIERRE-LEVÉE, DE LA NOUË.

XII° BAPTISTE DE BOISLISNARDS, ÉCUYER, SEIGNEUR DE PIERRE-LEVÉE, épousa : 1° en 1644, Françoise Perrussault; 2° en 1653, Louise de Bernot; 3° en 1665, Marie de Saint-Léger, et mourut en 1692, dont :

1° *Louis,* qui suit;

2° *Sylvain, seigneur de Fontparnac, chef de ce rameau, qui viendra;*

3° *Jean, seigneur de Pierre-Levée,* qui épousa, en 1700, Jeanne de Lanet.

XIII° LOUIS DE BOISLISNARDS, ÉCUYER, SEIGNEUR DE BELLE-LOUE, épousa, en 1673, Renée de la Vergne, et eut :

1° *Jean, seigneur de Mesle,* qui épousa, en 1704, Charlotte Perreau, dont : *Marie-Catherine,* qui épousa, en 1727, *François Matheron,* seigneur de l'Etang;

2º *Charles, seigneur de Lesse*, qui épousa, en 1706, Marguerite de Vouhet, dont : *Berthe*, qui épousa, en 1740, Jean de Lanet, seigneur de Couny, dont postérité;

3º *François, seigneur de la Noue*, qui épousa Marie Perrunault et mourut en 1757, dont : 1º *Marguerite*, qui épousa Pierre de Boislisnards du Coudray; 2º *Catherine*, qui épousa, en 1771, Jean Gabard;

4º *Sylvain, seigneur de Charrault*, qui épousa, en 1726, Jeanne Sartou, et mourut sans postérité, en 1746.

### 4º Rameau de l'Etang.

XIIIº Jean de Boislisnards, écuyer, seigneur de l'Etang, épousa, le 1er décembre 1696, Marie de Boislisnards de Margou, fille de Jean et de Françoise de Vérisnes; ils moururent à Chitray, lui le 2 novembre 1703, elle, le 28 juin 1718, ayant eu :

1º *Marie-Angélique*, née à la Grange en Chitray, baptisée le 4 mai 1699, qui y épousa, le 15 janvier 1720, Charles Fournier, écuyer, seigneur de Boismarmin, fils de Louis et de Charlotte de Barville, dont postérité;

2º *Léonard*, qui suit.

XIVº Léonard de Boislisnards, écuyer, seigneur de l'Etang, de Salvache, de Pleinpinard, des Terrières, baptisé à Chitray, le 14 septembre 1702, assista au mariage de sa sœur, en 1720, et épousa, le 30 septembre 1725, Marie-Anne d'Auvergne, dont :

XVº Léonard-Bertrand de Boislisnards, écuyer, seigneur des Terrières, de la Robrie, de la Chaize, qui épousa, en 1760, Angélique de Crémille, et eut :

XVIº Alexandre-Léonard de Boislisnards, page en 1786, officier a l'armée de Condé en 1793, chevalier de Saint-Louis, en 1797; il prit part à l'insurrection royaliste de 1815, en Vendée, et mourut en 1824. Il avait épousé : 1º Agathe Garat de Saint-Priest; 2º, en 1809,

Félicité Pinault de Bonnefond; 3°, en 1819, Joséphine-Radegonde de la Faire, et eut :

1° *Charles-Alexandre*, qui épousa Cécile de Boscal de Réals et mourut au Breuil en 1847; ayant eu : *Caroline*, qui épousa, le 1er mai 1888, Henry de Bonsonge;

2° *Marie-Angèle*, qui épousa, en 1845, Pierre-Alfred de Malinguéhen;

3° *Louis-Alfred*, qui épousa, en 1845, Ismalie de la Châtre, et eut : *Camille*, qui épousa, en 1871, Pierre de Malinguéhen, dont postérité.

### 5° Rameau de la Chaprais, en Rivarennes.

XIII° Charles de Boislisnards, écuyer, seigneur de la Chaprais, épousa, en 1698, Madeleine Bertrand, dame du Lys-Saint-Georges, et eut :

1° *Jean-Henry*, qui suit;

2° *Elisabeth*, qui épousa, en 1727, Charles de Bony, fils de Pierre et de Marguerite de Forges.

XIV° Jean-Henry de Boislisnards, écuyer, seigneur de Lys-Saint-Georges, épousa, en 1724, Marie Baullu, et eut :

1° *Sylvain-Claude, seigneur de Lys-Saint-Georges, de Richebourg, capitaine d'infanterie*, mort en 1816, sans postérité de Catherine-Bonne de Maillé-Brézé, demoiselle à Saint-Cyr en 1746;

2° *Marie-Anne*, qui épousa Jacques Thabaud de Bellair, trésorier à Bourges;

3° *Jacques, curé de Chaumont*;

4° *Jean-François, seigneur de Villenoir*, en 1765.

### 6° Rameau du Breuil.

XIII° Jean de Boislisnards, écuyer, seigneur du Breuil, de Tendu, épousa, en 1696, Henriette le Bloys, dame de la Pornerie, dont :

1° *Léonard-Hyacinthe*, sans postérité de Dorothée d'Auvergne, dame de la Pacaudière;

2° *Jean*, qui suit.

XIVᵒ Jean de Boislisnards, écuyer, seigneur de la Grange, épousa Elisabeth de Bourg, dame de la Grange, et eut :

1ᵒ *Louis*, qui suit;

2ᵒ *Marie-Anne de Boislisnards de la Grange, religieuse Augustine à Châteauroux en 1764;*

3ᵒ *Jacques-Louis, seigneur de Combres, garde du corps de Monsieur, lieutenant-colonel,* épousa : 1ᵒ Jeanne de Rigaud; 2ᵒ en 1815, Louise de Boislisnards de Boubon, et eut : *Anne-Thérèse,* qui épousa à Oulches, en 1836, Pierre-Louis Arnaud, baron de Lamberterie; elle fut guérie miraculeusement à Lourdes, et mourut en 1890, ayant eu : Mᵐᵉˢ de Marcour, de Monyès d'Ordières et de Bosredon.

XVᵒ Louis de Boislisnards, écuyer, seigneur du Breuil, lieutenant des grenadiers, épousa, en 1787, Jeanne de Rigault, fille de Antoine-Joseph, seigneur de Sury, et de Madeleine Gay; étant mort en 1788, sa veuve épousa son beau-frère, Jacques-Louis de Boislisnards. Il avait eu :

XVIᵒ Louis-Sébastien de Boislisnards, qui vendit le Breuil, en 1890, au baron Peynot, et mourut à Bourges en 1856, ayant eu :

1ᵒ *Louis-Charles,* qui épousa à Bayeux, en 1874, Berthe Dragon de Gomiecourt, et mourut sans postérité à Alençon, en 1883;

2ᵒ *Philippe-Charles,* qui a épousé Marie-Louise-Amélie Marabail.

### 7ᵒ Rameau de Fontparnac, de la Parsèche.

XIIIᵒ Sylvain de Boislisnards, épousa : 1ᵒ en 1689, Jeanne du Four; 2ᵒ en 1712, Jeanne de Lanet, et eut :

1ᵒ *Henry*, qui suit;

2ᵒ *François, seigneur de Fontparnac, de la Varenne, lieutenant de milice,* qui épousa : 1ᵒ en 1740, Marie Sergent; 2ᵒ Jeanne d'Anglars, et eut : *Jean-Louis, seigneur de Vernay, de Parsèche,* qui épousa, en 1787, Marie de Culon de Bauquière, dont : *Louis-François-Félix, capitaine,* qui épousa, en 1846, Jeanne-Eulalie Frégau, et mourut sans postérité, en 1866.

XIV° Henry de Boislisnards, écuyer, seigneur de Fontparnac, officier, épousa, en 1721, Marie-Anne Giraudon, et mourut en 1734, ayant eu :

1° *Etienne-Jean-Henry, seigneur de Fontparnac, lieutenant-colonel de cavalerie, chevalier de Saint-Louis*, mort sans postérité en 1790;

2° *Sylvain*, qui suit;

3° *Pierre-Jean-Henry, seigneur du Coudray, garde du corps*, qui épousa, en 1745, Marguerite de Boislisnards de la Noue, et eut : *Sylvain*, qui assista en 1781 au mariage de Louise-Marguerite de Fournier de Boismarmin avec Pierre de Chateaubodeau.

XV° Sylvain-Pierre-Henry de Boislisnards, chevalier, seigneur de Fontparnac, de Vergnaud, garde du corps, chevalier de Saint-Louis, épousa en 1767 Louise de Launay, en présence de Louis-Charles de Fournier de Boismarmin, et mourut en 1783, ayant eu :

1° *Jean-Louis, seigneur de Boubon*, qui émigra à l'armée des Princes, en 1791, et mourut sans postérité, en 1846;

2° *Louise*, qui épousa en 1815 son cousin Pierre de Boislisnards du Breuil;

3° *Marie*, née à Oulches, diocèse de Bourges, le 7 août 1775, qui fut admise à Saint-Cyr le 20 juillet 1785, et en sortit le 20 avril 1793.

## II°. — FAMILLE DE POIX.

Très ancienne famille dont le nom patronymique est Tyrel, et qui est issue des premiers ducs de Normandie. Sa filiation remonte à Gauthier Tyrel, chevalier, sire de Poix, en 1030, qui accompagna Guillaume de Normandie dans son expédition en Angleterre, en 1066. Elle s'armait : « de gueules à la bande d'argent, accompagnée de six croix recroisettées et fichées d'or, 3 en chef, 3 en pointes. »

Une branche de cette famille s'établit en Berry au commencement du xv° siècle et prit, par suite d'une alliance, en 1460, les armes de Saint-Sébastien : « de sable à trois aiglettes d'or. » Un de ses rameaux vécut en Bretagne, de 1473 à la Révolution.

Nous trouvons pour la branche du Berry :

I° ADAM TYREL, ÉCUYER, SEIGNEUR DE FORGES, DE VILLEMORT, qui, issu en 13° génération de Gauthier Tyrel, sire de Poix, en 1030, épousa, en 1408, Marie Savary, fille de Pierre, seigneur de Lancosme, et eut :

II° JEAN DE POIX, ÉCUYER, SEIGNEUR DE VILLEMORT, DE FORGES, qui épousa : 1° en 1458, Marguerite de Vouhet ; 2° en 1460, Jeanne de Saint-Sébastien. Il eut :

Du 1er lit : *Georges, chef du rameau fixé en Bretagne*, qui suivra ;

Et du 2e lit : *Florent*, qui suit.

III° FLORENT DE POIX, ÉCUYER, SEIGNEUR DE VILLEMORT, DE FORGES, épousa, en 1503, Catherine du Cartier, fille de Louis et de Françoise des Tables, parente de Christophe des Tables, écuyer, seigneur de Montchenin, en 1590 et 1594. Il eut entre autres :

IV° Joachim de Poix, écuyer, seigneur de Montchenin, de Marécreux, en Saint-Lactensin, près de Buzançays (Indre), qui épousa, en 1559, Jeanne de Gaudelan, dame de Montansault, en Saint-Lactencin. Il mourut en juillet 1579, et sa veuve vers 1586; elle était fille de René de Gaudelan et de Françoise Carré, dame de la Génestière. Il eut :

1° *René*, qui suit;

2° *Gabriel, seigneur de la Génestière,* en 1587 et 1596, mort sans alliance;

3° *Jeanne,* qui épousa, le 16 octobre 1594, Joachim de Boislisnards, seigneur de Terrières;

4° *René de Poix, le jeune, écuyer, seigneur de la Génestière, de la Mardelle,* qui épousa, par contrat passé à Rouvre, le 3 août 1596, *Diane de Fournier de la Pinaudière,* fille de feus *Robert de Fournier, écuyer, seigneur de la Pinaudière,* et de *Marie d'Escollier.* Ils vivaient en 1621 et ne semblent pas avoir eu de postérité;

5° *Antoinette,* qui épousa, en mars 1599, Hubert de Vaugirard;

6° *Catherine.*

V° René de Poix, chevalier, seigneur de Marécreux, né en 1560, signa aux contrats de mariage de Jean de Fournier, en 1599, et de François de Fournier, en 1604, et mourut vers 1608. Il avait épousé, par contrat passé à Bouge, le 1ᵉʳ juillet 1587, devant, entre autres : François de Douhault, seigneur de Rançay, et son fils, Jacques de Douhault, seigneur de la Court; Charles Garin, écuyer, seigneur de la Chapelle Hortemale, près de Buzançay; Louis le François, seigneur de la Cour de Montchenin; Louise de Fadate, dame des Varennes, fille de Jean-Baptiste, et de Catherine Carré de Charnay. Elle épousa en secondes noces, en 1611, Jean de Boislisnards, seigneur d'Aché. Elle avait eu entre autres, du 1ᵉʳ lit :

VI° Jacques de Poix, chevalier, seigneur de Marécreux, de Monchenin, puis de la Noühe, qui épousa, par contrat passé le 1ᵉʳ août 1627 devant entre autres « François Fournier, escuyer, seigneur de Varennes », Olympe du Griffon, fille de feus Pierre, seigneur de la Noühe, de la Motte, de Villeneuve, et d'Anne de Lesse, et petite-fille de Pierre du

Griffon, époux d'Anne d'Escolliers, QUI AVAIT ACHETÉ, EN 1559, LA NOÜHE, DES FOURNIER. OLYMPE REÇUT LA NOÜHE, vers 1639, de son frère, Charles du Griffon. Jacques de Poix mourut en 1673, ayant eu :

1º *Louis*, qui suit;

2º *Jacques II, seigneur de la Noühe*, mort sans postérité, en 1681;

3º *Françoise*, qui épousa Claude de Coudreau;

4º *Françoise, dame de la Noühe*, qui épousa Jean de Menou, en 1680.

VIIº LOUIS DE POIX, CHEVALIER, SEIGNEUR DE MARÉCREUX, DE LA NOÜHE, FIT HOMMAGE DE LA NOÜHE, LE 27 OCTOBRE 1681, AVEC SON BEAU-FRÈRE, JEAN DE MENOU, à Charles d'Estampes, châtelain de la Ferté-Imbault. Il épousa, en 1673, Anne de Boisé, et eut entre autres :

1º *Louis II, seigneur de la Noühe, qu'il céda, en 1719, à son frère cadet, Vincent-François*; il mourut sans alliance, vers 1724;

2º *Vincent-François*, qui suit;

3º *Françoise*, qui épousa, en 1707, René de Valenciennes, et eut : Louis de Valenciennes, père de Louis, chevalier, seigneur de la Barre, en 1769.

VIIIº VINCENT-FRANÇOIS DE POIX, CHEVALIER, SEIGNEUR DE MARÉCREUX, DE LA NOÜHE, d'abord chevalier de Malte, en 1701; épousa, en 1723, Agnès-Angélique de Savary de Lancosme, fille de Louis-François, marquis de Lancosme, et de Vendeuvre, capitaine de chevau-légers, et de Louise-Françoise de Préaulx (Louis-François Savary, fils de Louis et d'Anne de Coutances; Louis, fils d'Antoine, et de Marguerite Ollivier). Agnès de Savary avait pour frères : Louis-Alexandre de Savary, marquis de Vendeuvre, capitaine au régiment de Richelieu; Louis de Savary, seigneur de Nouzières, capitaine au même régiment, et Louis-Antoine de Savary, chevalier de Malte. Vincent-François de Poix mourut en 1733 et sa veuve épousa, le 21 mai 1734, François Antoine du Verdier, seigneur de la Chapelle-Hortemale. Elle avait eu du 1er lit, entre autres :

IXº LOUIS-FRANÇOIS-VINCENT, COMTE DE POIX, SEIGNEUR DE MARÉCREUX, DE LA NOÜHE, DE LA BARRE, EN CIRON, LIEUTENANT-COLONEL D'IN-

FANTERIE, CHEVALIER DE SAINT-LOUIS. IL SEMBLE-AVOIR VENDU LA NOÜHE, EN 1754, AUX DE SAINS. Il épousa, en 1769, Élisabeth de Pierre-Buffière, dame de Chabenet. Il fut emprisonné pendant la Révolution à Châteauroux, et mourut en 1814, au château de Marécreux, ayant eu :

1º *Louis-Jean-Baptiste-Charles*, *comte de Poix*, page de la Reine en 1783, qui émigra à l'armée des Princes, rentra en France en 1803, fut créé chevalier de Saint-Louis en 1816, et mourut à Marécreux, en 1845, ayant eu de Françoise-Charlotte du Chesneau, qu'il avait épousée en 1810 : les comtesses Henry de Préaulx et des Mazis, et la vicomtesse Jules de Châteaubodeau (Marie-Antoinette de Poix, née à Marécreux, le 9 septembre 1814, épousa, vers 1836, Jules, vicomte de Châteaubodeau, fils (?) de Pierre de Châteaubodeau, et de LOUISE-MARGUERITE DE FOURNIER DE BOISMARMIN; elle eut Stanislas et Jenny de Châteaubodeau);

2º *Thomas-Louis-Benjamin*, *baron de Poix*, d'abord chevalier de Malte en 1773, puis époux, à Paris, le 27 novembre 1810, de Joséphine d'Andigné de la Châsse, née à Paris, le 24 août 1789, fille aînée de Paul-Jean-Marie, marquis de la Châsse, mort à Nevers, le 6 juillet 1796, et de Caroline-Clotilde-Jeanne-Marie de Rafelis de Saint-Sauveur. Ils moururent au château de Chabenet, près Argentan, lui le 1ᵉʳ mars 1814, elle le 2 janvier 1858, ayant eu : 1º LOUIS-THOMAS-BENJAMIN, COMTE DE POIX, châtelain de Chabenet, mort sans alliance en octobre 1878; et 2º MARIE-LOUISE-LÉONTINE DE POIX, qui épousa le comte Stanislas de Boisé de Courcenay, dont postérité;

3º *Louis-Félix-Anne*, qui suit.

Xº LOUIS-FÉLIX-ANNE DE POIX, SEIGNEUR DE LA BARRE, né en 1779, épousa, en 1802, Anne Pinault de Bonnefond, et mourut en 1843, ayant eu :

1º *Louis-Anne*, qui suit;

2º *Jean-Charles*, châtelain de Bénavent, près le Blanc (Indre), qui épousa, en 1838, Marie-Adolphine de Namur d'Elzéa, dont : FRANÇOIS-LOUIS-FÉLIX DE POIX et la *vicomtesse Eugène-Emmanuel de Leusse*.

XI° Louis-Anne, comte de Poix, épousa, en 1829, Eugénie du Puy, et eut :

XII° Louis-Henry-Gaston, comte de Poix, châtelain de la Roche-Ploquin, en Sepmes (Indre-et-Loire), qui a épousé, en 1865, Louise-Augusta le Comte, et a :

XIII° Louis-Henry-Xavier, comte de Poix, né à Paris, en 1867, époux de demoiselle Auvray.

## Rameau de Bretagne (1).

Il remonte à :

III° Georges de Poix, écuyer, seigneur de Valeray, capitaine d'une compagnie, qui épousa, en juin 1473, Jeanne de Pallemare, dame de Valeray, et mourut à Nantes, en novembre 1510, veuf depuis 1507. Il eut, entre autres :

   1° *Jean, seigneur de Valleray, capitaine, gouverneur de Vannes*, blessé à Pavie, le 24 février 1525;

   ? 2° *André*, qui suit.

IV° André de Poix, seigneur de Saint-Romand, de Lié, de Fouesnel, en Louvigné; du Frétay, en le Chastelier; de Landeronde, en la Pennonnière; de Brécé, de Beauregard, en Saulnières; de la Bézillère, en Landéant; du Val, en Amanlis; de la Gorgène, en Cornillé, épousa, vers 1495, Jeanne le Vayer, dame de Fouesnel, dont il eut entre autres :

V° Michel de Poix, seigneur de Fouesnel, du Mesnil-Rabaud, qui épousa : 1° en 1520, Renée du Hallay; 2° vers 1550, Catherine du Han; et eut, entre autres :

(1) Pour les premiers degrés de ce rameau, la généalogie manuscrite des Tyrel, sires de Poix, est en désaccord avec *la Maison de Poix* et *les seigneurs de Fouesnel*, de M. F. Saulnier.

VI° CHRISTOPHE DE POIX, SEIGNEUR DE FOUESNEL, DE BRÉCÉ, DE LA VALETTE, en Domagné; DE BRACHET, en Chancé, qui épousa, vers 1560, Michelle le Sénéchal, dame de la Valette, et eut, entre autres :

VII° RENÉ DE POIX, SEIGNEUR DE FOUESNEL, etc., qui épousa : 1° en 1591, Jeanne Yvette; 2° en 1605, Marguerite de Kerveno, fille de Vincent, baron de Kerveno, et de Julienne de Coëtquen, et veuve de Jean de Fontenailles; elle mourut en 1611; 3° en 1613, Marie de Vauclin. Il mourut en 1636, ayant eu :

1° *Renaud*, qui suit;

2° *Bertrand, seigneur de Neuville, de la Noraye et du Bertry*, en la Bouëxière, qui épousa, en 1651, Marguerite le Métayer, et mourut en 1672, ayant eu, entre autres, *Marie-Françoise de Poix*, qui épousa, en 1680, son cousin, *Gilles de Poix.*

VIII° RENAUD DE POIX, SEIGNEUR DE FOUESNEL, etc., épousa, en 1640, Marie d'Espinasse, et mourut à Fouesnel, en 1669; sa veuve y mourut en 1693, ayant eu :

1° *Michel, seigneur de Fouesnel*, maintenu le 27 mai 1671, mort sans postérité en 1674;

2° *Jean-Baptiste, seigneur de Fouesnel, de la Tourneraye*, en Goven; du *Plessix-Raffray*, en Domagné; du *Bas-Vezin*, etc., qui épousa, en 1674, Judith-Louise le Gal, dame de la Tourneraye, et de Gohorel, et n'eut pas de postérité;

3° *Gilles*, qui suit;

4° *Jeanne*, qui épousa, en 1674, Sébastien de Lys, veuf d'Olive du Coudray et seigneur de Péaule; il mourut en 1692 et elle en 1699;

5° *Marguerite*, qui épousa, le 14 août 1670, Jean-Baptiste du Bois-baudry, baron de Trans, mort à Trans, le 23 mai 1672, sans postérité; 2° en 1674, Jacques des Vaux, comte de Lévaré.

IX° GILLES DE POIX, SEIGNEUR DE FOUESNEL, DE LA MASSAIS, en Guichen, par acquêt de Sébastien de Lys; épousa, en 1686, sa cousine, MARIE-FRANÇOISE DE POIX, et eut :

1º *Marguerite-Iris de Poix*, dame de la Massais, de la Tourneraye, de Fouesnel, née en 1686, qui épousa : 1º en la chapelle de la Massais, en 1704, René-François de Visdelou, seigneur de Bienassis, député au Parlement de Bretagne; 2º à Paris, le 28 novembre 1719, Jean-Baptiste, marquis de Montesson, et mourut en 1756; son mari épousa, en secondes noces, Marie-Charlotte-Jeanne Béraud de la Haie de Rion, et mourut à Paris en 1769. Sa veuve épousa à Paris, le 22 avril 1773, Louis-Philippe duc d'Orléans, mort en 1785; elle mourut à Paris, le 6 février 1806. Marguerite-Iris avait eu : Marie-Anne de Visdelou, qui eut de Louis, comte de la Marck : demoiselle de la Marck, qui épousa Charles de Ligne, prince, puis duc d'Arembert;

2º *Marie-Thérèse de Poix*, qui épousa : 1º en 1712, Anne-Louis-Hubert de Lasse; 2º en 1718, Hilarion du Rocher, seigneur du Tessier, et mourut sans postérité en 1719.

## III° — FAMILLE BLAIZE

BLAIZE, SIEURS DE MAISONNEUVE, en Saint-Thual; DE TRÉMIGON, en Combourg; DE LA CHESNAYE, en Plesder.

Famille originaire du pays de Paimpol, en Bretagne, qui fut anoblie en 1786, et est l'une des plus notables et des plus considérées de la ville de Saint-Malo, où elle vit depuis près de trois siècles. Elle fut anoblie en 1786 et reçut pour armes : « d'azur à une ancre d'argent, accompagnée de trois épis de froment d'or; » armes qu'elle n'a pas voulu porter.

Elle produisit un BLAIZE, CAPITAINE ROYALISTE DE SAINT-MALO, pendans les guerres de la Ligue, en 1590.

Nous trouvons depuis :

I° JEAN BLAIZE, SIEUR DE MAISONNEUVE, en Saint-Thual, près de Dol, qui appartenait à la fin du XVIIe siècle aux Garrouys. Il épousa, vers 1725, *Mathurine Mahé*, parente du fameux Mahé de la Bourdonnais. Il eut :

1° *Louis*, qui suit;

2° *Mathurine*, qui épousa *M. Guyard-Duverger*, et eut : 1° *Pierre-Jérôme Guyard-Duverger, prêtre, aumônier des Ursulines de Pontcroix*, en 1790, mort en 1809; 2° *Mathurine*, qui épousa *M. Couppon*, dont elle était veuve à Concarneau, en 1809;

3° *Louis-Pierre-Marie*, qui eut : 1° JEAN-LOUIS, vivant en 1808; 2° MARIE-PERRINE-CLAIRE, vivant à Douarnenez en 1808.

II° LOUIS-BLAIZE DE MAISONNEUVE, NÉGOCIANT ET ARMATEUR A SAINT-MALO, né à Paimpol-Plounez, en 1735; il entra, en 1755, à Saint-Malo, dans les bureaux de M. Beaugeard, qui lui fit épouser à Saint-Servan, le 8 avril 1766, sa nièce, *Marie-Jeanne Morin*, âgée de dix-sept ans, fille de *René Morin* et de *Jeanne-Françoise Beaugeard*. Elle mourut à la Hulotais, en Saint-Servan, le 24 mai 1767, sans laisser de postérité. Il épousa en secondes noces, en 1771, *Marie-Catherine Fichet des Grèves*, fille de *Claude*, armateur à *Binic*, et de *Jeanne Guibert de la Salle*.

Il fut chargé de la liquidation de la maison de commerce de M. Mahé du Grandclos; puis, vers 1778, il s'associa pour les armements et les affaires avec M. Robert de la Mennais, avec lequel il fut anobli par Lettres Royales, datées de Versailles, le 12 mai 1786, en récompense du dévouement dont ils avaient fait preuve lors des disettes de 1782 et de 1785, en faisant venir à leurs frais d'importants chargements de blé, qu'ils avaient cédés presque gratuitement aux indigents de Saint-Malo. M. Louis Blaize crut devoir refuser cet anoblissement, déclarant que tous les bourgeois de Saint-Malo étaient nobles, suivant un arrêt de 1597, du roi Henry IV; mais ses lettres d'anoblissement et la lettre de félicitations de M. de Calonne, qui accompagnait leur envoi, sont conservées dans la famille Blaize. Il fut nommé, en 1789, président du Conseil permanent de la Municipalité de Saint-Malo, et il reçut dans son hôtel, le 15 novembre 1793, le sinistre proconsul Lecarpentier; mais il profita de cette hospitalité pour donner en même temps abri et salut à un grand nombre de prêtres et de suspects.

Il mourut à Saint-Malo, en 1825, âgé de 90 ans.

Il avait eu de son second mariage onze enfants :

1o *Marie-Jeanne*, baptisée à Saint-Malo, le 23 février 1772, morte le surlendemain;

2o *Louis*, baptisé à Saint-Malo, le 12 décembre 1774, mort jeune;

3o *Emmanuel-Claude*, baptisé à Saint-Malo, le 25 décembre 1776, mort jeune;

4o *Ange-Blaize de Maisonneuve, châtelain de Trémigon, Juge au Tribunal de Commerce de Saint-Malo* en 1815; *Conseiller de l'arrondissement de Saint-Malo* en 1826; baptisé à Saint-Malo, le 9 janvier 1778, il y épousa, en 1806, *Marie-Joséphine Robert de la Mennais*, née le 24 février 1784, fille de Pierre-Louis, seigneur de la Mennais, de Corbières, puis de la Chesnaye, armateur à Saint-Malo, et de Gratienne-Jeanne Lorin, et sœur des abbés de la Mennais. Il acheta, en 1824, la terre de Trémigon, en Combourg, des Robert de la Mennais; sa femme mourut en 1851, et lui mourut à Trémigon en avril 1852, ayant eu :

A) *Ange II Blaize, avocat, directeur du Mont-de-Piété à Paris, Préfet d'Ille-et-Vilaine,* né à Saint-Malo en 1811, avocat à Rennes, puis à Paris, nommé en 1848 directeur du Mont-de-Piété à Paris, poste qu'il occupa jusqu'à 1851; et préfet d'Ille-et-Vilaine après le 4 septembre 1870; il est mort à Rennes sans postérité, le 14 février 1871;

B) *Auguste Blaize,* qui épousa, le 21 avril 1836, *Elie Salaün de Kertanguy,* qui, veuve en 1846, fut en 1854 la légataire universelle de son oncle, Féli de la Mennais, et mourut en 1891, laissant : 1º *Elie de Kertanguy, directeur de l'Assurance générale à Paris,* époux d'Alice de Steffeld; 2º *Félix de Kertanguy, capitaine de vaisseau,* époux d'Augusta de la Roche de Kérandraon;

C) *Hyacinthe Blaize, châtelain de la Chesnaye, maire de Plesguen,* qui hérita de la Chesnaye des la Mennais, en 1860, et épousa M$^{lle}$ Herwey, anglaise et protestante. Il mourut à Tours en septembre 1886, ayant eu : *M$^{me}$ Raoul* et *M$^{me}$ Pâris;*

D) *Marie-Ange Blaize,* qui épousa, le 21 avril 1836, *Félix Salaün de Kertanguy,* frère d'Elie, et mourut sans postérité en 1851;

E) *Félix Blaize,* mort célibataire à Trémigon;

F) *Auguste Blaize,* mort célibataire à Trémigon;

5º *Marie-Catherine Blaize de Maisonneuve,* baptisée à Saint-Malo, le 28 octobre 1779, y épousa, le 28 mai 1801, le fameux corsaire *Robert Surcouf,* né à Saint-Malo, le 22 décembre 1773, fils de *Charles-Joseph-Ange Surcouf* et de *Rose-Julienne Truchot de la Chesnaye.* Jean-Jacques-Louis Fournier de Bellevüe fut témoin de ce mariage, et ce fut lui qui assista son beau-frère Surcouf quand il mourut à Riancour, en Saint-Servan, le 8 juillet 1827. Il laissait cinq enfants (voir : généalogie de la famille Surcouf, plus loin);

6º *Louise Blaize de Maisonneuve,* baptisée à Saint-Malo, le 12 octobre 1781, qui y épousa, le 10 janvier 1800, Jean-Jacques-Louis Fournier, comte de Bellevüe, dont elle eut postérité, comme nous l'avons dit ci-dessus. Elle mourut au Murblanc, en Saint-Méloir des Ondes, le 4 août 1834; et son mari mourut au château de la Chipaudière, en Paramé, le 8 novembre 1869;

7° *Louis II Blaize de Maisonneuve*, qui suit;

8° *Auguste Blaize de Maisonneuve*, baptisé à Saint-Ideuc, le 21 juillet 1786, mort jeune;

9° *César Blaize de Maisonneuve, Juge au Tribunal de la Chambre de Commerce de Saint-Malo*, en 1820; baptisé à Saint-Malo le 1er janvier 1789, il y épousa M^{lle} *Clémentine Cor*, fille d'un notaire de Saint-Malo. Il fit de mauvaises affaires et ses dettes furent soldées par ses frères et sœurs. Il eut :

A*) César II Blaize de Maisonneuve*, qui a épousé M^{lle} *d'Alburquerque*, dont il a trois enfants;

B*) Clémentine Blaize de Maisonneuve*, qui a épousé M. *Coëquaud*, dont elle a un enfant;

C*) Joseph Blaize de Maisonneuve*;

D*) Méline Blaize de Maisonneuve*, qui a deux enfants;

E*) Blanche Blaize de Maisonneuve*, qui a trois enfants;

F*) Amédée Blaize de Maisonneuve*, marié en Espagne, mort sans postérité;

10° *Victoire Blaize de Maisonneuve*, baptisée à Saint-Malo, le 14 janvier 1792, qui y épousa, le 6 février 1811, *Nicolas-François Herbert de la Poribarrée*, fils de *Nicolas-Thomas*, et de *Françoise-Laurence-Charlotte Pierrèz de la Vieuville*. Veuve en 1843, elle acheta de Jean-Jacques-Louis Fournier de Bellevüe, la ferme de Pontprin, en Saint-Méloir, moyennant 43 000 francs, et mourut en 1869, laissant : 1° *Ernest Herbert de la Portbarrée*, époux de Cécile Duguen, père de M^{me} *O'Rorke* et de *Georges*, époux de Paule de la Moussaye; 2° *Clarisse Herbert de la Portbarrée*, qui épousa *Joseph Thierry*, et eut :

1° *Joseph*; 2° *Marie*, qui a épousé *le vicomte Stanislas de Lorgeril* (voir ci-dessus);

11° *Clarisse Blaize de Maisonneuve*, née en 1794, épousa, vers 1816, *Cyprien Raffron de Val*, général de brigade, châtelain de la Barbinais, en Saint-Ideuc, qui avait pris une part glorieuse à toutes les guerres de l'Empire, et était, en 1818, général commandant l'artillerie à Rennes, officier de la Légion d'honneur. Il mourut en 1854; sa veuve est morte au château de la Barbinais, en 1877, laissant :

1° *Clarisse Raffron de Val*, morte célibataire à Paramé, vers 1892;

2° *Louis Raffron de Val*, mort célibataire;

3° *Cyprien Raffron de Val*, né en 1819, mort célibataire au château de la Barbinais, le 11 février 1904;

4° *Gustave Raffron de Val, colonel d'artillerie, officier de la Légion d'honneur*, décédé vers 1905;

5° *Auguste Raffron de Val*, qui épousa Félicie Hervé de Beaulieu, et est mort en 1902, laissant trois enfants : *Germaine, Auguste* et *Cyprien*, morts tous les trois sans alliance en 1903;

6° *Jules Raffron de Val*, qui épousa, vers 1876, Aline Garnier du Plessis, et qui sont morts, laisant une fille : *Marie*.

III° Louis II Blaize de Maisonneuve, armateur, Conseiller général, Député de Saint-Malo, Président du Tribunal de Commerce et de la Chambre de commerce de Saint-Malo, Administrateur des Hospices, des Prisons et de la Caisse d'Epargne de Saint-Malo, Chevalier de la Légion d'honneur.

Baptisé à Saint-Malo le 26 juillet 1784, il continua la Maison de commerce et d'armement de son père, et épousa, vers 1823, M^{lle} *Caroline Hercouët*. Il fut nommé conseiller général du canton de Saint-Malo en 1826, député en juin 1830; ayant refusé de voter la déchéance du Roi Charles X, il donna sa démission en 1833. Il fut décoré de la Légion d'honneur, en 1836. Il reçut dans son hôtel, en la rue Saint-Vincent, à Saint-Malo, le 14 juillet 1838, le prince de Joinville, qui resta trois jours dans cette ville.

Il mourut à Saint-Malo, en 1864; sa femme était morte à Paris, en 1833. Ils avaient eu :

1° *Joseph Blaize de Maisonneuve*, qui suit;

2º *Emile I Blaize de Maisonneuve, maire de Pordic*, qui épousa *Anne-Marie Allenou*, et mourut en 1890, laissant :

A) *Marie;*

B) *Louise*, qui a épousé *M. Béziers-la-Fosse*, et a : *Marie et Joseph;*

C) *Emile II Blaize de Maisonneuve*, qui a épousé *Louise Raymond du Haut-Tertre*, dont il a *Emile III Blaize de Maisonneuve;*

D) *Louis III Blaize de Maisonneuve*, qui a épousé *M^lle de Lapelin*, d'une famille du Berry, fille du comte de Lapelin et de D^lle du Portail;

E) *Anne*, qui a épousé *René Pâturel*, dont : *René Pâturel;*

F) *Charlotte;*

3º *Caroline Blaize de Maisonneuve*, qui a épousé *Charles Rouxin;* elle est morte en 1854, et son mari est mort en 1891, ayant eu huit enfants, entre autres :

1º *Marie-Caroline Rouxin*, qui a épousé *Ernest le Pomelec*, dont : *André, Louise*, et *Charlotte le Pommelec*, qui a épousé *Adolphe Burnet;*

2º *Louisa Rouxin*, qui a épousé *Francis Duval*, et n'a pas eu de postérité;

3º *Ernestine Rouxin*, qui a épousé *Emile Bourdonnay du Clésio*, dont : *Ernestine Charles Bourdonnay du Clésio;*

4º *Aline Rouxin*, célibataire;

4º *Elisa Blaize de Maisonneuve*, qui a épousé *Louis Guilhe la Combe de Villers* et a eu :

1º *Louise de Villers*, qui a épousé *Alfred le Mordan de Langourian, châtelain de Noirmont*, en Erquy, dont : *Germaine-Virginie*, qui a épousé, le 23 avril 1901, *Alain du Breil, vicomte de Pontbriand*, fils d'Henry et de Marie Guibourg, dont postérité;

2º *Marie de Villers*, qui a épousé *Jules le Court de Béru*, et demeure à Amanlis; elle n'a pas d'enfants;

3º *Elisa de Villers*, qui a épousé *Octave-Charles Peffault de la Tour*, chef d'escadrons de cavalerie, officier de la Légion d'honneur, mort

56

à Saint-Ideuc, le 19 août 1908, âgé de 79 ans; dont : *Jeanne, Edouard et Yvonne de la Tour*;

4º *Henry de Villers*, qui a épousé *Félicitas Romanané*;

5º *Louisa Blaize de Maisonneuve*, qui a épousé, en 1851, *Hippolyte Guilhe la Combe de Villers*, *avocat*, frère de Louis, dont elle est veuve et a eu deux fils :

1º *Auguste de Villers*, qui a épousé Marie Lysillour, et a : *Anne, Auguste, Marguerite, Antoinette, Guy, Madeleine, Yvonne* et *Pierre de Villers*;

2º *Léon de Villers*, *consul de Suède et de Norwège*, qui a épousé Fortunée le Mareschal, et a : *Léon* et *Paule de Villers*;

6º *Louis Blaize de Maisonneuve*, mort sans alliance;

7º *Félicie Blaize de Maisonneuve*, morte célibataire à Saint-Malo, en février 1907;

8º *Mélanie Blaize de Maisonneuve.*

IVº J<small>OSEPH</small> B<small>LAIZE</small> <small>DE</small> M<small>AISONNEUVE</small>, <small>ARMATEUR A</small> S<small>AINT</small>-M<small>ALO</small>, né en 1826, a épousé en 1854 sa cousine *Louise le Pommelec*, fille de *Jacques*, *armateur à Binic*, et de *Louise-Vincente Veillet-Dufrêche*, celle-ci fille de D<small>lle</small> *Le Mée de la Salle*; il est mort à Saint-Malo, le 28 janvier 1893, ayant eu :

1º *Joseph Blaize de Maisonneuve;*

2º *Louise-Marguerite-Marie Blaize de Maisonneuve*, née en 1859, morte sans alliance à Binic, le 18 mai 1895;

3º *Louis-Marie Blaize de Maisonneuve*, *officier de cavalerie*, né à Saint-Malo, le 22 juin 1860;

4º *Georges Blaize de Maisonneuve*, *officier de cavalerie;*

5º *Marie-Charlotte de Maisonneuve;*

6º *Marguerite Blaize de Maisonneuve*, qui a épousé à Saint-Malo, le 2 mai 1906, *Henry, baron de Clock.*

## IV⁰. — FAMILLE FICHET

FICHET, SIEUR DES GRÈVES, en Binic; DU JARDIN, en Saint-Jacut; DES MAISONS, DE LA VILLEDURAND, DE LA SALLE-BLANCHE, en Etables; DU LIÉRON, en Guilliers; DU PORTAIL, DES CHÊNES.

Ancienne famille qui serait originaire d'Irlande, et dont des membres existaient en Bretagne dès le XIIIᵉ siècle.

Nous trouvons :

HERVÉ FICHET, CLERC A POMMERIT-JAUDY, qui fut CONDISCIPLE DE SAINT YVES A L'ÉCOLE DE DROIT, en 1275, et parut comme témoin dans l'enquête pour sa canonisation ;

GUILLAUME FICHET, qui, avec Jean Davy, son gendre, était locataire du Plessis-de-Sixt, en Sixt, R. 1427 :

I⁰ THOMAS FICHET, SEIGNEUR DES GRÈVES, ARMATEUR A BINIC, fut fait prisonnier avec son fils, en février 1627, par des corsaires barbaresques de Salé, en allant de Terre-Neuve à Marseille. Après dix mois d'esclavage à Salé, avec son fils, il fut racheté, le 25 septembre 1628, moyennant 500 livres tournois. Il revint alors à Binic mettre ordre à ses affaires, puis retourna à Salé pour prendre, comme esclave, la place de son fils, qui fut relâché. Il mourut à Salé en 1631 (¹). Il semble avoir eu :

1⁰ *Jacques*, qui suit ;

2⁰ *Robert Fichet, recteur de Tinténiac* en 1642 ; de *Saint-Ideuc* en 1667.

(1) Voir : *Notions historiques sur les Côtes-du-Nord*, par HABASQUE, I, 388, — et *Le Dévouement à la Famille*, par GARABY, dans *l'Annuaire des Côtes-du-Nord* de 1848.

IIᵒ Jacques Fichet, seigneur des Grèves, eut :

1ᵒ *Jacques-Claude,* qui suit;

2ᵒ *Jean Fichet, vaillant corsaire,* qui se distingua dans les guerres contre les Anglais, et reçut à Nantes, en 1690, une épée d'honneur. Son portrait est chez son parent, M. Benjamin Roussel;

? 3ᵒ *Jean-Julien Fichet, seigneur de Liéron,* qui épousa à Mauron, en 1726, Anne Terrien.

IIIᵒ Jacques-Claude Fichet, seigneur des Grèves, épousa à Saint-Quay, le 6 juillet 1712, *Marie le Mée,* née le 2 novembre 1696, fille de *Mathieu le Mée, seigneur de la Salle,* et d'*Anne-Jacquette Denis, dame de Prémuré;* Mathieu le Mée était fils de *Bertrand, seigneur du Rocher,* et de *Catherine Joubin.* La famille Le Mée s'armait : « d'azur au chevron d'or, accompagné en chef de deux étoiles, et en pointe d'une ancre d'or. » Il eut vingt-deux enfants, entre autres :

1ᵒ *Claude-Michel,* qui suit;

2ᵒ *Thérèse-Françoise Fichet,* née à Saint-Quay, le 18 décembre 1714, qui y épousa, le 22 novembre 1735, *Michel Roussel, seigneur du Tertre,* du Légué, fils de François et de Françoise Tréheu, et eut dix-huit enfants, entre autres :

    1ᵒ *Michel Roussel, seigneur du Tertre,* né en 1737;

    2ᵒ *Mathurin Roussel, seigneur de la Vallée,* né en 1744, qui épousa Marie Saudrais, et mourut en 1792;

    3ᵒ *François Roussel;*

3ᵒ *François-Xavier Fichet, seigneur du Portail, maire de Lamballe,* qui épousa à Lamballe, en 1763, *Françoise Rolland, dame de Boislorant,* et fut maire de Lamballe en 1797. Il eut :

    A) *Françoise-Emilie Fichet du Portail,* qui épousa, en 1788, *Louis-François Plaine, seigneur de l'Espine,* qui a eu pour petits-enfants : *le colonel Charles Plaine-Lépine, chevalier de la Légion d'honneur, châtelain de la Massais,* en Guichen, époux de Mˡˡᵉ de Labastie; *la comtesse de Briche,* et Mᵐᵉ *Charles La Chambre du Portal;*

B*) Pierre-Henry Fichet, seigneur du Portail*, né en 1770, qui épousa, en 1807, *Anne-Marie-Charlotte Ozelle;*

4º *Jean-Baptiste Fichet, prêtre;*

5º *Joseph Fichet, seigneur des Jardins*, armateur à *Saint-Malo*, né à Saint-Quay, il épousa à Saint-Servan, le 25 janvier 1771, *Jeanne Nicole-Louise-Renée Morin*, fille de *René Morin* et de *Jeanne-Françoise Beaugeard*, et sœur de *Marie-Jeanne Morin* qui avait épousé, en avril 1766, *Louis-Blaize de Maisonneuve*. Homme énergique, il tint tête au proconsul Lecarpentier, lors de sa venue à Saint-Malo, en 1794. Il fut conseiller municipal de Saint-Servan en 1798. Son portrait, gravé dans la collection Chrétien, existe au château de la Touraille. Il eut :

A*) Marie-Jeanne Fichet des Jardins*, qui épousa à Saint-Suliac, le 19 mars 1792, *Julien-René le Do des Rochettes;*

B*) Joseph Fichet des Jardins*, né à Saint-Malo, en 1780, qui épousa à Saint-Servan, le 3 novembre 1813, *Adélaïde-Rose Foucqueu des Moulins*, veuve de Joseph Pasquier de Saint-Germain;

C*) François Fichet*, né à Saint-Malo en 1783, qui épousa *Françoise-Cyprienne Giron de la Massuère*, et semble avoir eu pour petit-fils : M. FICHET, ARMATEUR A SAINT-MALO ET DIRECTEUR DES BACS DE DINARD;

6º *Louis Fichet*, qui épousa, vers 1578, *Marie-Madeleine-Catherine-Olive Guillou de Kermeury*, et eut :

A*) Etienne Fichet, lieutenant de vaisseau*, né à Saint-Brieuc, en 1760; guillotiné à Paris, le 21 janvier 1794;

B*) Marie-Andrée Fichet*, baptisée à Saint-Quay, en 1761;

C*) Françoise Fichet*, baptisée à Saint-Quay, en 1764;

D*) Madeleine-Louise Fichet*, baptisée à Saint-Quay en 1770;

7º *Augustin Fichet, seigneur des Maisons, de la Villedurand*, qui acheta, en 1767, la Villedurand, en Etables, moyennant 20 000 livres tournois, et épousa, à Saint-Quay, le 29 décembre 1772, *Marie-Angélique le Mée de la Villequenieu*, sa cousine germaine, fille de

*Jean-Baptiste, seigneur de la Villequenieu,* et de *Jeanne-Marie des Closets.* Il était négociant à Portrieux en 1801, et avait eu :

A*) Jean-Baptiste Fichet,* baptisé à Saint-Quay, le 14 octobre 1773;

B*) Marie-Jeanne Fichet,* baptisée à Saint-Quay, le 1er février 1775;

8º *Anne-Angélique Fichet,* baptisée à Saint-Quay, le 8 mars 1734; y épousa, le 18 juin 1765, *Georges-Charles Ollivier,* fils de *Georges Ollivier* et de *Jacquette Maillard.*

IVº Claude-Michel Fichet des Grèves, seigneur de la Salle-Blanche, armateur a Étables. Né en 1719, il épousa à Étables, le 14 avril 1750, *Jeanne Guibert,* dame de la Salle, fille de *François, seigneur de la Salle,* et de *Péronnelle Richard.* Il acheta, en 1765, la Salle-Blanche, en Étables, et mourut en 1785, ayant eu :

1.º *Jeanne-Angélique Fichet des Grèves,* baptisée à Étables, le 24 mars 1757, qui y épousa, le 27 février 1786, *Jacques le Pommelec,* d'une famille s'armant : « d'or au léopard au naturel tenant dans sa patte dextre une croix grecque nimbée d'argent. » Elle eut :

1º *Louis le Pommelec,* mort célibataire;

2º *François le Pommelec,* qui épousa *demoiselle Valteau,* fille du *général Valteau,* et eut : 1º *Francis le Pommelec,* qui eut de *demoiselle Gauthereau : Marguerite le Pommelec,* qui épousa *M. Bazin,* notaire à Paris, dont : *Mme Max de Coniac;* 2º *Ernest le Pommelec,* qui épousa *Caroline Rouxin,* et eut : *André, Louis, Marie, Armande, Charlotte* et *Anne le Pommelec;*

3º *Angélique le Pommelec,* qui fonda trois communautés de religieuses de l'Ordre du Saint-Esprit, et mourut sans alliance;

4º *Marie le Pommelec,* qui épousa *René Denis de Lagarde,* capitaine de vaisseau, commandant de « la Clorinde » (¹), officier de la Légion d'honneur, chevalier de Saint-Louis, mort à Dinan, le 24 avril 1849, ayant eu : A*) Augustin-Pierre-Marie Denis de Lagarde,* administrateur des Domaines, né à Paimpol, le 13 juillet 1812, mort à Saint-

---

(1) Ce fut sur *La Clorimbe* que fut tué, le 25 février 1814, Jean-Marie-Pascal Fournier de Bellevüe.

Brieuc, le 21 janvier 1886, dont : *Augustin Denis de la Garde, administrateur de la marine*, en 1872, né en 1852 ; — B) *Angélique Denis de la Garde*, qui épousa *François Duval*, et eut Francis Duval, mort sans postérité de *Louise Rouxin* ; — C) *Marie Denis de la Garde*, qui épousa son beau-frère *François Duval*, veuf d'Angélique, et eut : *René Duval, capitaine de frégate* ; *Edouard Duval*, qui épousa Mᶫᶫᵉ Fraboulet, et *Marie Duval*, qui épousa *César-Edouard Laude*, colonel d'artillerie ; — D) *Elisa Denis de Lagarde*, qui épousa *M. Challamet, conservateur des hypothèques* ;

5⁰ *Jacques le Pommelec* qui épousa *Louise Veillet-Dufrêche*, fille de *Jacques* et de *Marthe le Mée*, et eut : A) *Jacques II le Pommelec*, qui eut de *Marie Veillet-Dufrêche*, sa cousine : *a) Louise* ; *b) Marie* ; *c) Gaspard, baron le Pommelec*, qui a eu de demoiselle Guillet de la Brosse, *Marie-Antoinette* et *Alain le Pommelec* ; *d) Anne le Pommelec*, qui a épousé *Louis Rouxel de Villeféron*, dont : *François, Jeanne* et *Jacques de Villeféron* ; — B) *Edouard le Pommelec, zouave pontifical*, sans alliance ; — C) *Louise le Pommelec*, qui a épousé, en 1884, *Joseph Blaize de Maisonneuve* (voir ci-dessus, à la généalogie de la famille Blaize) ; — D) *Marie le Pommelec*, qui a épousé *Frédéric Ruellan*, d'une famille du pays de Lamballe, où elle posséda le Tiercent, Saint-Renan, Pontcadeuc, Coëtfinet, les Nouettes, et qui s'arme : « d'or au lion de sable. » Il mourut veuf, à Paris, en 1898, ayant eu : *Marie-Thérèse Ruellan*, qui épousa, en 1893, *Antoine Charil de Villanfray*, dont : *Michel, Antoinette* et *Jacques de Villanfray* ; et *Marie-Louise Ruellan*, née à Binic, le 12 avril 1872, qui y épousa, le 1ᵉʳ février 1894, *Edmond Hamon de Kervers*, fils d'*Edmond, châtelain de Lanrigan*, et de *Félicité de Lorgeril*, dont : *Marie-Paule de Kervers* ; — E) *Pauline le Pommelec*, non mariée ; — F) *Ange le Pommelec, officier d'artillerie, tué en 1870* ;

2⁰ *Marie-Catherine Fichet des Grèves*, qui épousa, vers 1771, *Louis Blaize de Maisonneuve*, mort en 1825, dont entre autres : *Louise Blaize de Maisonneuve*, qui épousa, en 1800, Jean-Jacques-Louis Fournier de Bellevüe, dont postérité (voir ci-dessus) ;

3⁰ *Louis Fichet des Grèves*, qui suit ;

4º *Félicité-Pétronille Fichet des Grèves*, qui épousa à Étables, le 9 février 1784, *François-Auguste le Saulnier de Saint-Jouan*, né en 1764, fils de *Pierre* et d'*Appolline Rouxel*, et issu d'une ancienne famille bretonne qui s'arme : « d'azur à trois poissons d'or l'un sur l'autre. » Elle eut :

1º *François le Saulnier de Saint-Jouan, maire de Binic, président du Conseil général des Côtes-du-Nord, chevalier de la Légion d'honneur*, né en décembre 1784, mort célibataire;

2º *Félicité le Saulnier de Saint-Jouan*, née en 1786, morte sans postérité de M. le Saulnier de la Hautière ;

3º *Julien le Saulnier de Saint-Jouan*, né à Saint-Brieuc, en 1789, qui épousa, vers 1818, *Amélie Fontan*, et eut : A) *Amélie le Saulnier de Saint-Jouan*, qui a épousé *Henry Besnard de Kerdreux*, dont : a) *Marie Besnard de Kerdreux*, qui a épousé M. *Bonamy*, mère de *Marie Bonamy*, épouse de M. *Paulze d'Yvoy*; b) *Louise Besnard de Kerdreux*, qui a épousé *Louis Grivart, sénateur, ministre sous Mac-Mahon*, né à Rennes en 1829, mort en 1901, dont : *René Grivart, avocat*, né en 1867, et *Marie Grivart*, qui a épousé, en 1893, M. *André Joannart, officier de cavalerie*; c) *Amélie Besnard de Kerdreux*, qui a épousé *le général Duguen*, mort sans postérité; d) *Henry Besnard de Kerdreux*, qui a épousé *Mélanie de Lacousselle*, dont : *Henry* et *Marie Besnard de Kerdreux*, épouse de M. *Ginet de Saurs*; — B) *François le Saulnier de Saint-Jouan*, né en 1822, qui a épousé : 1º sa cousine, MARIE-JOSÈPHE FICHET DES GRÈVES; 2º *Marie Glais de la Villebranche*, et est mort en 1893, ayant eu onze enfants : a) *Francis le Saulnier de Saint-Jouan, châtelain de Coat-an-Doc'h*, en Plouagat, qui a de *Marguerite de Trémereuc* : *Francis* et *Marguerite le Saulnier de Saint-Jouan*; b) *Louis le Saulnier de Saint-Jouan*, qui a de *Jeanne le Borgne de la Tour* : *Madeleine* et *Henry le Saulnier de Saint-Jouan*; c) *Alexandre le Saulnier de Saint-Jouan, officier supérieur de cavalerie*, né à Binic, le 13 décembre 1843, qui a d'*Yvonne le Borgne de la Tour* : *Roger, Xavier* et *Pierre le Saulnier de Saint-Jouan*; d) *Marie le Saulnier de Saint-Jouan*, non mariée; e) *Louise le Saulnier de Saint-Jouan*, *religieuse Ursuline; f) Ange le Saulnier de Saint-Jouan, eudiste; g) Léon le Saulnier de Saint-Jouan, non marié; h) Jean-Marie le Saulnier de Saint-Jouan, eudiste; i) Samuel le Saulnier de Saint-Jouan, non marié; j) Berthe le Saulnier de Saint-Jouan, non mariée; k) Georges le Saulnier de Saint-Jouan, qui a épousé, en 1894, M^{lle} Delpont de Vissec;*

? 5° *Anne-Félicité Fichet des Grèves*, qui épousa à Guingamp, le 8 octobre 1797, *Yves-Louis-Marie le Poullan*, et a eu pour petit-fils *Dom le Poullan, bénédictin.*

V° LOUIS FICHET DES GRÈVES, épousa, vers 1790, *Marie-Madeleine du Bois du Tallard*, et eut :

1° *Louis Fichet des Grèves*, mort célibataire ;

2° *Ange Fichet des Grèves*, mort célibataire;

3° *Emmanuel Fichet des Grèves*, mort célibataire;

4° *Marie-Josèphe Fichet des Grèves*, qui a épousé son cousin, *François le Saulnier de Saint-Jouan*, dont postérité citée plus haut.

## V°. — FAMILLE ROBERT DE LA MENNAIS

Robert, sieurs de la Mennais, en Trigavou; des Saudrayes, de Corbières, en Saint-Servan; de la Chesnaye, en Plesder; de la Ville-donée, de la Tourelle, du Val, de Granville; de la Fauvelais; de la Villorandel, en Ploubalay; du Val-Ernoul, en Saint-Méloir-des-Ondes; de Boyac, en Ploërmel (1).

Famille du pays de Saint-Malo, qui fut anoblie en 1786, et reçut comme armes : « de sinople au chevron d'argent, accompagné en chef de deux épis de blé, et en pointe d'une ancre du même. »

Nous trouvons :

I° Bertrand Robert, époux, en 1545, de *Olive Avril*, dont :

II°. Jean Robert, époux, en 1572, de *Guyonne Lesné*, dont :

III° François Robert, seigneur de la Villedorée, époux, en 1609, de *Perrine Leroy*, et mort chez les Barbaresques, en 1633, dont :

IV° François II Robert, seigneur de la Tourelle, baptisé à Saint-Malo en 1624, qui eut de *Josseline Michelot* :

V° François III Robert, seigneur des Saudrais, baptisé à Saint-Malo en 1664, qui épousa, en 1690, *Marie-Guyonne Prasier*, et mourut à Saint-Domingue, en 1694, dont :

1° *François IV*, qui suit;

---

(1) Nota. — Nous donnons des notes généalogiques sur cette famille, bien qu'elle n'ait pas été directement alliée à la famille Fournier; à cause des nombreuses relations qu'elle a eues avec elle.

2º *Julien Robert, seigneur des Saudrais, avocat à la Cour*, demeurant à Rennes, sur la place Sainte-Anne, en 1720.

VIº François IV Robert, seigneur des Saudrais, baptisé à Saint-Malo, en 1691, qui eut de *Marie Yver* :

VIIº Louis-François Robert, seigneur de la Mennais, armateur, capitaine de milice a Saint-Servan, né en 1718, qui épousa : 1º *Marie-Thérèse Pavët*; 2º le 11 avril 1752, *Jeanne Roberte Briand, dame de la Feuillée*, et vivait en 1777. Il eut du 1ᵉʳ lit :

1º *Pierre-Louis*, qui suit ;

2º *Denis-François Robert, seigneur des Saudrais, armateur*, né le 14 mai 1744, homme très érudit, qui épousa, à Saint-Malo, le 5 septembre 1775, *Félicité-Simone-Jeanne Lorin*, âgée de trente et un ans, sœur de *Gratienne Lorin*, qui épousa Pierre-Louis Robert de la Mennais; ils habitèrent le Val-Ernoul, en Saint-Méloir-des-Ondes, et moururent sans postérité, elle en 1794, lui en 1829.

VIIIº Pierre-Louis Robert, seigneur de la Mennais, de Corbières, de la Chesnaye, armateur, subdélégué de l'Intendance, capitaine de la milice de Saint-Servan, né à Saint-Servan, le 10 juin 1743; il épousa, à Saint-Malo, le 5 septembre 1775, *Gratienne-Jeanne Lorin, dame de la Chesnaye* (1), née en 1750, fille de *Pierre Lorin, seigneur de la Brousse, conseiller du Roi, sénéchal de Saint-Malo*, et de *Bertranne Roce*. Ils habitèrent Corbières, la Chesnaye et leur hôtel « La Mennais », à Saint-Malo (*nunc* : rue Saint-Vincent, nº 3).

(1) *La Chesnaye*, en Plesder, qui devait devenir célèbre par la résidence des abbés de la Mennais, appartenait anciennement aux le Porc, qui la portèrent, par alliance, vers 1495, aux Châteaubriand, seigneurs de Beaufort, en Plerguer; elle vint, vers 1570, aux Ferron, seigneurs de la Ferronnays, qui la vendirent, en 1638, aux Picot, seigneurs de Closrivière. Elle était, en 1666, la propriété des Clisson, et en 1687, celle des Arthur, qui la vendirent, le 25 novembre 1726, à Jean-Eustache de Lys, comte de Beaucé, dont la petite-fille, Madeleine Talbot de Tirconnel, épouse de Charles-François, comte de Vintimille, la revendit, le 10 avril 1778, moyennant 60 000 francs, à Pierre Lorin, qui fit reconstruire le château, tel qu'il existe encore. Sa fille, Gratienne Lorin, porta la Chesnaye à son mari, Pierre-Louis Robert de la Mennais, duquel elle vint à ses fils, les fameux abbés de la Mennais, dont hérita leur neveu, Hyacinthe Blaize de Maisonneuve. Elle a été achetée, en 1896, par M. Roger Marvaise, ancien sénateur d'Ille-et-Vilaine et maire de Saint-Pierre de Plesguen.

En 1782, lors d'une disette, M. de la Mennais fit venir quinze mille boisseaux de blé, qu'il vendit à un prix très inférieur; également, en 1786, il fit venir pour plus de trois millions de grains et de fourrages, qu'il céda à très bon marché. Aussi les Etats de Bretagne sollicitèrent, le 26 décembre 1786, pour lui et pour M. Louis Blaize de Maisonneuve, qui s'était associé à son acte charitable, des Lettres d'anoblissement, qui furent délivrées à Versailles, le 12 mai 1788. M. Blaize refusa cet anoblissement, déclarant que tous les bourgeois de Saint-Malo étaient nobles d'après un décret de 1587, du roi Henri IV.

En 1789, M. Robert de la Mennais avança 1 000 francs au maire de Saint-Malo pour combattre une nouvelle disette; et il souscrivit, le 30 septembre 1789, avec son frère, M. des Saudrais, une somme de 4 000 francs, comme don volontaire pour le soulagement de la misère publique. Il fut élu, le 9 février 1792, membre du Tribunal de commerce et commandant de la Garde nationale de Saint-Malo; puis, le 25 février 1794, trésorier des hospices de cette ville.

Sa femme mourut à Avranches, le 22 septembre 1787. Lui, ruiné par les guerres de la Révolution et de l'Empire, et par le Blocus continental, dut cesser son commerce en juin 1813. Il vendit son hôtel de la rue Saint-Vincent, et se retira, avec son frère, M. des Saudrais, à Rennes, où il mourut le 28 janvier 1828. Il avait eu :

1º *Louis-Marie Robert de la Mennais*, né à Saint-Malo, le 12 septembre 1776, mort sans alliance, en décembre 1805;

2º *Pierre-Jean*, né le 24 juin 1778, mort en bas âge;

3º *Jean-Marie Robert de la Mennais, prêtre, chanoine des diocèses de Saint-Brieuc, de Rennes, de New-York, fondateur et directeur des Frères de l'Instruction chrétienne à Ploërmel, chevalier de la Légion d'honneur*, né le 8 septembre 1780, à Saint-Malo, ordonné prêtre en 1804, vicaire à Saint-Malo en 1806, professeur au collège ecclésiastique de cette ville ; puis secrétaire de Mgr Cafarelli, évêque de Saint-Brieuc, en 1814; vicaire capitulaire de ce diocèse de 1815 à 1819 ; vicaire général du Grand-Aumônier de France de 1822 à 1824; vicaire général de Mgr de Lesquen, évêque de Rennes, en 1825, et de l'évêque de New-York en 1829. Il avait fondé, en 1822, l'Institut des Frères de l'Instruction chrétienne, à Josselin, et en 1824, à Ploërmel; il avait également fondé, en 1829, la Congrégation de Saint-Pierre à Malestroit. Il fut décoré de la Légion d'honneur en juillet 1846. Il avait acheté le château de Boyac, près de Ploërmel, des le Goaëbe, en 1822. Il fut très lié avec M. Jean-Jacques-Louis Fournier de Bellevüe, châtelain de la Villeder, près de Ploërmel, et du Murblanc, en Saint-Méloir-des-Ondes. Il mourut à l'Institut de Ploermel, le 26 décembre 1860. Inhumé d'abord dans le cimetière des Frères, son corps a été rapporté dans leur chapelle le 6 août 1900; on instruit en Cour de Rome son procès de béatification;

4º *Hugues-Félicité Robert de la Mennais*, dit « *Féli* », *prêtre; le fameux écrivain;* né à Saint-Malo, le 19 juin 1782, nommé le 23 octobre, ordonné prêtre en 1816, mort à Paris le 27 février 1854;

5º *Marie-Josèphe Robert de la Mennais*, née à Saint-Malo, le 24 février 1784, qui épousa, en 1806, *Ange Blaize de Maisonneuve*, beau-frère de *Jean-Jacques-Louis Fournier de Bellevüe* (voir ci-dessus, à la généalogie Blaize);

6º *Gratien-Claude Robert de la Mennais*, né le 2 mai 1785, mort aux colonies sans alliance, en 1818.

## VI°. — FAMILLE SURCOUF

Surcouf, sieurs de la Vallée, en Saint-Énogat; du Boisgris, en Paramé; de la Drouainière, en Cancale; de Riancour, de Belair, du Grand-Bellevue, de la Giclais, en Saint-Servan; de Bellenoë, en Dol; du Mesnil, en Plerguer; de Quettreville, près de Coutances; de Saint-Aubin, de la Maisonneuve, de Cléris, en Saint-Père-Marc-en-Poulet; des Broussardières.

Famille originaire d'Irlande, attachée à la Cour du roi Charles I<sup>er</sup> Stuart, qui vint se fixer en Bretagne lors de la Révolution d'Angleterre, vers 1643.

Elle s'armait anciennement : « de sinople à trois pommes de pin d'or. » Puis, Robert Surcouf, le fameux Corsaire, ayant reçu des Lettres de Noblesse et le titre de baron de l'Empereur Napoléon I<sup>er</sup>, en 1809, prit pour armes : « d'argent au chevron de sable chargé de trois coquilles d'or, au chef de sable chargé d'ur lion passant d'or. »

Nous trouvons en Bretagne :

I° Marin-Charles Surcouf, sieur de la Vallée, officier du Roi d'Angleterre, Charles I<sup>er</sup> Stuart, qui vint se fixer, vers 1643, à la Vallée, en Saint-Enogat, et épousa *Catherine le Marcant*, dont il eut :

1° *André Surcouf, seigneur de la Vallée*, baptisé à Saint-Malo, le 2 janvier 1645, qui épousa, en 1677, *Guillemette Vaëvien*, et eut neuf enfants :

A) *Catherine Surcouf*, née à Saint-Malo, le 26 janvier 1678, qui y épousa *Jean-Baptiste Boulet*, et mourut le 16 avril 1754;

B) *Marie Surcouf*, née à Saint-Malo, le 1<sup>er</sup> janvier 1680;

C) *André-François Surcouf*, né le 17 octobre 1678, mort le 5 avril 1690;

D) *Marie-Guillemette Surcouf*, née à Saint-Malo, le 6 mars 1689;

E) *Jean-François Surcouf*, né à Saint-Malo, le 28 août 1690;

F) *Marguerite-Julienne Surcouf*, née à Saint-Malo, le 28 août 1690;

G) *Jeanne Surcouf*, née à Saint-Malo, le 5 mars 1691;

H) *François Surcouf*, né le 25 novembre 1693;

I) *René-André Surcouf*, né à Saint-Malo, le 27 décembre 1694, mort le 5 juillet 1696;

2º *Robert Surcouf*, qui suit;

3º *Nicolas Surcouf*, né le 22 janvier 1648;

4º *Guillaume Surcouf*, né le 22 octobre 1655.

IIº ROBERT I SURCOUF, SIEUR DE LA VALLÉE, DE LA MAISONNEUVE, né en 1646, épousa en 1669 *Hélène Jan*, et eut :

IIIº ROBERT II SURCOUF, SEIGNEUR DE LA VALLÉE, DE LA MAISON-NEUVE, FAMEUX CORSAIRE MALOUIN SOUS LOUIS XIV, né à Saint-Malo, le 4 janvier 1671, qui y épousa, le 19 novembre 1697, *Bertranne Mallet*. Il mourut à la Vallée, en 1720, et sa veuve vivait encore en 1761. Il eut :

1º *Hélène-Bertranne Surcouf*, née à Saint-Malo, le 11 novembre 1699;

2º *Laurence-Angélique-Pélasgie*, née à Saint-Malo, le 10 février 1701;

3º *Robert-Charles Surcouf*, qui suit;

4º *Bertrand-Jacob*, né à Saint-Malo, le 16 février 1705, qui épousa, le 1er juillet 1727, *Marie-Thérèse Tréhouart*, et mourut le 30 septembre 1751;

5º *Henry-André*, né à Saint-Malo, le 15 mai 1706;

6º *Hélène-Laurence*, née à Saint-Malo, le 27 juin 1709, qui épousa, le 17 novembre 1733, *Etienne Piednoir, seigneur de la Villeneuve,* et mourut le 10 septembre 1776.

IVº ROBERT-CHARLES SURCOUF, SEIGNEUR DE LA MAISONNEUVE, né à Saint-Malo, le 5 juin 1702, y épousa, le 6 novembre 1725, *Françoise Pitot, dame de la Beaujardière*, qui vivait encore en 1775. Il mourut à Saint-Malo, le 28 septembre 1756, ayant eu dix-sept enfants, dont :

1° *Françoise-Bertranne*, née à Saint-Malo, le 31 mai 1727, qui y épousa, le 10 juin 1749, *Nicolas Gaillard, seigneur de la Cour*, âgé de 83 ans;

2° *Marguerite-Marie*, née à Saint-Malo, le 24 janvier 1729, qui épousa, le 27 novembre 1757, *François Garnier, seigneur de Kérigant*, dont : *François Garnier, né à Quintin* en 1759;

3° *Marie-Julienne-Olive*, née à Saint-Malo, le 2 avril 1731, qui épousa, le 10 janvier 1757, *Charles-Maurice Guillotou*, et mourut le 28 mars 1759;

4° *Robert-Charles-Bertrand Surcouf*, né à Saint-Malo, le 28 mai 1733, qui épousa, le 15 mai 1764, *Reine-Cécile Perrée, dame du Coudray*, fille de *Jacques*, fils de *Madeleine Collet*; il mourut sans postérité, le 8 janvier 1789. Sa femme fut marraine, en 1772, de Robert Surcouf, le Corsaire;

5° *Etienne-Pierre*, baptisé à Saint-Malo, le 7 octobre 1735;

6° *Thérèse-Catherine*, baptisée à Saint-Malo, le 9 février 1737; épousa, le 26 août 1760, *Yves Leclerc, écuyer*, et mourut le 24 janvier 1769;

7° *Laurence-Bertranne*, née à Saint-Malo, le 17 août 1738, qui épousa *Michel-Laurent Desvaux, seigneur du Mortier*;

8° *Charles-Joseph-Ange Surcouf*, qui suit;

9° *Bertrand-Malo Surcouf, seigneur de Saint-Aubin*, né à Saint-Malo, le 15 novembre 1741, qui épousa, le 2 mai 1770, *Françoise-Perrine Bécard, dame des Aunays*, et eut : *Luc-Robert Surcouf, seigneur de Saint-Aubin*, né à Saint-Malo, le 27 février 1771, qui épousa *Amable-Sophie Potier de la Houssaye*;

10° *Julienne-Guillemette*, née à Saint-Malo, le 25 octobre 1744, qui épousa, le 31 août 1762, *Guillaume-Hyacinthe Garnier, seigneur des Moriers*, en Cancale, capitaine des gardes-côtes de Dol, dont onze enfants;

11° *Bertranne*, née à Saint-Malo, le 3 juillet 1776, qui épousa, le 24 juillet 1764, *Thomas Potier, seigneur de la Houssaye, armateur malouin*, qui possédait une maison au Cap, à Saint-Domingue, valant 90 000 francs. Il eut entre autres : *Joseph-Marie Potier de la Houssaye*, *capitaine du vaisseau corsaire « la Confiance »*, appartenant à Robert Surcouf, en 1804; puis associé pour l'armement à M. Harembert en 1809; né à Saint-Malo, le 5 mai 1768, il mourut le 10 novembre 1830.

V° CHARLES-JOSEPH-ANGE SURCOUF, SEIGNEUR DU BOISGRIS, DE LA DROUAINIÈRE, né à Saint-Malo, le 2 août 1739, y épousa, le 21 août 1764, *Rose-Jeanne Truchet de la Chesnays*, née à Cancale, fille de *Nicolas-Joseph, seigneur de la Chesnays, capitaine de vaisseau à la Compagnie des Indes*, et de *Guillemette de Porcon de la Barbinais*, fille de *Laurent de Porcon de la Barbinais*, et de *Jeanne-Rose Portier*, et petite-nièce de *Pierre Porcon de la Barbinais*, le « *Régulus malouin* », mort en 1681, et parente de Duguay-Trouin de la Barbinais, mort en 1736. Ils habitèrent à la Drouainière, à 1 500 mètres au nord de Cancale, et eurent :

1° *Charles-Joseph-Robert*, né à Saint-Malo, le 10 juin 1765, mort sans postérité;

2° *Rose-Françoise-Angélique*, née à Saint-Malo, le 13 avril 1767, morte sans alliance;

3° *Bertrand-Joseph*, né à Saint-Malo, le 6 mars 1769;

4° *Nicolas-Auguste Surcouf, seigneur de la Gicquelais, du Grand-Bellevue, capitaine de vaisseau*, né à Saint-Malo, le 27 août 1770, qui épousa, en 1801, *Joséphine-Marie Fromy-Poucadeuc* ; il fit don à la cathédrale de Saint-Malo d'une cloche, qu'il appela « Noguette », du nom du second de son vaisseau, Noguet, et qui sert depuis à sonner le couvre-feu;

5° *Yves-Nicolas*, né à Saint-Malo, le 17 mai 1772;

6° *Robert-Charles*, qui suit;

7° *Joseph-Marie*, né à Cancale, le 23 août 1776;

8° *Rose-Hélène*, née en 1780, morte célibataire;

9° *Noël-Nicolas Surcouf*, né à Saint-Malo, le 27 décembre 1786, qui épousa *demoiselle Pingenot*, et eut : *Emmanuel Surcouf*, qui eut de *demoiselle Ross : Auguste Surcouf*, qui épousa *Jeanne-Caroline de Bon, fille de Jacques, corsaire malouin*, et a eu :

A *) Blanche Surcouf*, qui épousa, vers 1865, son cousin *Auguste, baron Surcouf, châtelain du Mesnil*, dont nous verrons plus loin la postérité;

B *) Robert-Auguste-Emmanuel Surcouf*, né à Saint-Servan, le 22 septembre 1845, *seigneur du Haut-Mesnil, de Bellenoë, sous-préfet*, de 1871 à 1876; *chevalier de la Légion d'honneur* en 1901, qui a épousé, en 1866, *Elisabeth du Bourgblanc*, dont il a : *a) Robert Surcouf, député d'Ille-et-Vilaine*, depuis 1898; né à Saint-Servan, le 30 octobre 1869; *b) René Surcouf*, né à Saint-Brieuc, le 1er avril 1871, *châtelain de Bellenoë*, qui a épousé, en mai 1903, *M^{lle} Roberty*; *c) Marie Surcouf*, née à Lannion, le 21 juin 1875, qui a épousé, en 1898, *M. Meunier, ingénieur à Saint-Brieuc*; *d) Adolphe Surcouf*, né à Saint-Aubin-d'Aubigné, le 23 avril 1880;

C *) Eugène Surcouf, capitaine de frégate, chevalier de la Légion d'honneur*, né à Saint-Servan, le 26 février 1844;

E *) Henry Surcouf*;

F *) Germaine Surcouf*.

VI⁰ Robert-Charles Surcouf, fameux corsaire malouin, baron-Surcouf, chatelain du Boisgris, de la Drouainière, de Bellenoë, de Riancour, de Belair, de la Giclais (1), du Grand-Bellevue, de Quétreville, chevalier de la Légion d'honneur.

Baptisé à Saint-Malo, le 12 décembre 1773, il habita d'abord la Drouainière avec ses parents, puis fut élevé au collège de Dinan, d'où il s'échappa. Ses parents l'embarquèrent en 1786, à l'âge de 12 ans. Il devint enseigne dans la marine marchande, en 1790, et lieutenant de vaisseaux de la marine marchande, en 1792; il fut nommé, le 10 octobre 1792, enseigne de vaisseaux dans la marine royale, puis, en 1795, capitaine dans la marine marchande. Il arma alors des bâtiments pour la course, de 1795 à 1809. L'empereur Napoléon I^{er} le nomma, en 1809, chevalier de la Légion d'honneur et baron. Il fut colonel de la Garde nationale de Cancale, de 1814 à 1817.

(1) *La Giclais* avait appartenu aux Magon; elle est maintenant la propriété des Jausion, et renferme les portraits de Surcouf et des Porcon de la Barbinais. Le Grand-Bellevüe appartenait à Nicolas Surcouf ; près de là était une chapelle sous le vocable de saint Lambert, où furent inhumés trois des membres de la famille Surcouf.

Il avait acheté en 1801, près de la porte de Dinan, à Saint-Malo, un hôtel, dit « hôtel Beaugeard, » où étaient alors les bureaux de l'Administration maritime et qui faisait face à l' « hôtel Blaize ».

Il mourut à Riancour, en Saint-Servan, le 8 juillet 1827, assisté de son beau-frère, le comte de Bellevüe, grâce auquel il reçut les secours de la religion. Il fut inhumé dans le cimetière de Saint-Malo, près de son père et de sa mère. La ville de Saint-Malo lui a érigé une statue en 1903.

Il avait épousé à Saint-Malo, le 28 mai 1801, *Marie-Catherine Blaize de Maisonneuve*, née le 21 octobre 1779, fille de *Louis Blaize*, armateur à *Saint-Malo*, et de *Marie-Catherine Fichet des Grèves*, et sœur de *Louise Blaize de Maisonneuve*, épouse de JEAN-JACQUES-LOUIS FOURNIER, COMTE DE BELLEVÜE.

Ils avaient eu cinq enfants :

1° *Caroline Surcouf*, qui épousa, vers 1825, *Louis-Casimir, comte Foucher de Careil, châtelain du Grand-Clos, de la Forêt-Neuve*, en Glénac, dont : *Auguste, comte Foucher de Careil, châtelain de la Forêt-Neuve*, mort vers 1890;

2° *Auguste Surcouf*, qui suit;

3° *Eléonore Surcouf*, qui épousa, vers 1826, *Pierre-Claude-Florian Sévoy, sous-préfet de Dinan*, petit-fils de Servan Sévoy, né en 1718, incarcéré en 1793 à la prison de Lamballe pour incivisme et dit « père de deux enfants, et âgé de 77 ans » [1]; et parent du P. François-Hippo-

---

[1] *Pierre Sévoy* avait une sœur, *Marie-Josèphe*, qui épousa *Célestin Haugoumar des Portes*, né à Lamballe en 1779, fils de *Prigent, seigneur des Portes*, capitaine des Milices de Lamballe, et eut :

1° *Marie-Louis-François*, qui suit :

2° *Eulalie Haugoumar des Portes*, née à Lamballe en 1816, qui épousa Henry-Louis, comte de France de Miniac, et mourut au château du Gage, en Pleugueneuc, laissant : Henry, comte de France, qui a épousé en 1882 Gabrielle de la Moussaye, dont il a huit enfants ;

3° *Marie-Josèphe Haugoumar des Portes*, qui a épousé Francis Fraval de Coatparquet ; *Marie-Louis-François Haugoumar des Portes*, épousa en 1840 Amédée le Goazre de Toulgoat, et eut :

1° *Charles Haugoumar des Portes, Conseiller général et Sénateur des Côtes-du-Nord*, né en 1841 ;

2° *Amélie Haugoumar des Portes*, qui a épousé Edmond, comte de Carné-Marcein, et est morte en 1897 ;

lyte Sévoy, né à Jugon, en 1707, entré aux Eudistes en 1730, supérieur des séminaires de Blois et de Rennes, auteur des *Devoirs Ecclésiastiques*, mort au séminaire de Rennes, le 11 juin 1765; et eut :

1º *Charles Sévoy*, né à Saint-Malo, le 7 décembre 1829, capitaine de mobiles en 1870, mort célibataire à Lamballe, le 21 janvier 1909;

2º *Marie-Eléonore Sévoy*, qui épousa à Lamballe, le 22 janvier 1850, *Charles, comte de Castellan, châtelain de Québriac*, et mourut au château de Québriac, le 6 octobre 1900; ayant eu : A) *Charles, vicomte de Castellan*, né à Québriac, le 8 février 1854, mort à Québriac, le 1er juin 1905, laissant de Marie-Anne-Joséphine de Suyrot, qu'il avait épousée, le 29 juillet 1885, et qui mourut à Nantes en 1896 : *Hervé, Jean, Paul* et *Charlotte*; — B) *Georges de Castellan, châtelain du Chesnay*, né à Québriac, le 25 juillet 1861, qui a épousé, le 9 octobre 1888, Jeanne de Percevaux, dont : *Georges*, né à Québriac en 1893, et *Charles*, né à Québriac en 1899 ; — C) *Marie-Angèle de Castellan*, née à Québriac, le 28 décembre 1850, qui a épousé, le 25 septembre 1877, *Pol-Aurélien-Marie-Corentin Potier de Courcy*, et est morte le 14 août 1889, dont : *Amice de Courcy*, qui a épousé, en 1899, M. *Abrial*, officier d'artillerie, dont : *Hervé, Frédéric* et *Gildas Abrial*; *Marie* et *Madeleine de Courcy*; — D) *Berthe-Laure de Castellan*, née à Québriac, le 19 août 1852, qui y a épousé, le 6 avril 1880, *Raoul-Ambroise-Marie de Bergevin, sous-intendant militaire, chevalier de la Légion d'honneur*, dont : *Berthe*, qui a épousé le vicomte Antoine de la Rivière; *Raoul* et *Gabrielle de Bergevin*;

3º *Anna Sévoy*, qui a épousé *Ludovic de la Forêt, châtelain de la Ville-au-Sénéchal*, en Irodouer, où elle est morte, le 6 mai 1907, dont : A) *Alain de la Forêt, conseiller général d'Ille-et-Vilaine*, né en 1870; — B) *Gabrielle*, qui a épousé *Jean Harscouët de Kéravel*,

3º *Georges Haugoumar des Portes*, mort en 1868 ;

4º *Françoise Haugoumar des Portes*, qui a épousé M. Huon de Kermadec ;

5º *Marie Haugoumar des Portes*, non mariée.

La famillle *Haugoumar*, originaire du pays de Lamballe, où elle vivait dès 1420, a possédé les terres des Portes, de Lermo, de la Fosse, de la Ville-Hélan, de Quefféron. Elle s'arme : « d'argent à trois fasces de sinople. »

dont : *Hervé, Marie, Jeanne, Yvonne* et *Simone Harscouët*; — C) *Yvonne*, qui a épousé le *baron Victor de Penguern*, décédé, dont : *Victor, Alain, Yvonne* et *Elvire*; — D) *Christine*, qui a épousé *René, marquis de Cramezel de Kerhué*, capitaine d'infanterie, chevalier de la Légion d'honneur, dont : *Christian, Renée, Madeleine* et *Fernande de Kerhué*;

4° *Adolphe Surcouf, châtelain de Bellenoë*, né à Saint-Malo en 1814, qui épousa, en 1850, *Marie-Julie-Emmanuelle de Freslon de Saint-Aubin*, fille d'*Emmanuel*, et de *Julie de Léon des Ormeaux*; il est mort sans postérité, vers 1880;

5° *Pauline Surcouf, dame de Riancour, de Belair*, née à Saint-Malo en 1814, qui épousa, en 1834, *Achille Guibourg de la Rougerais*, né à Châteaubriant, le 10 septembre 1799, *procureur du roi à Châteaubriant*, démissionnaire en 1831, ardent légitimiste, qui fit arrêté à Nantes, le 7 novembre 1832, avec Madame la Duchesse de Berry, qui le créa *baron*. Il est mort à Riancour, en Saint-Servan, le 28 mai 1890, ayant eu :

1° *Louise Guibourg*, qui a épousé *Paul de la Plante*, et est morte au château des Auvais, près de Laval, le 26 juin 1884, dont : — A) *Paul de la Plante*, qui a épousé, en 1886, Aimée de Baudry d'Asson, fille du comte de Baudry d'Asson, député de la Vendée, et de demoiselle de la Rochefoucauld-Bayers, dont : *Suzanne*, qui a épousé, le 20 juin 1905, *Quentin Richard du Page*; — B) *Marguerite de la Plante, dame de Riancour*, qui a épousé le *vicomte Regnault d'Evry*, dont : *Louis, René* et *Marthe d'Evry*; — C) *Marie-Thérèse de la Plante*, non mariée;

2° *Pauline Guibourg, dame de Belair*, qui a épousé, en 1857, *Hippolyte Fournel*, mort à Belair, en Saint-Servan, le 23 août 1904, dont : A) *Marie Fournel*, née en 1861, qui a épousé *Henry Lefebvre d'Argencé*, dont : *Fernand d'Argencé*, officier d'infanterie, mort le 4 février 1908; *Henry, Jean, Marc, Germaine, Christian* et *Renée d'Argencé*; — B) *Henry Fournel, châtelain de l'Eclozel*, en Nouvoitou, né en 1860, qui a épousé, en 1888, *Marthe Clémenceau de la Lande*, sa cousine, fille d'Edouard et de Jeanne Guibourg; —

C) *Anna Fournel*, née en 1861, qui a épousé, en 1895, *M. du Hamel de Milly, lieutenant de vaisseau*, dont : *Paule, Xavier, Renée du Hamel de Milly*;

3° *Marie Guibourg*, qui a épousé *Jean Gombert de la Tesserie*, mort à Laval, le 5 février 1895, dont : — A) *Jeanne de la Tesserie*, qui a épousé, le 23 octobre 1891, *Louis le Maignan de l'Ecorce, capitaine d'infanterie*, dont : *Marie* et *Yvonne le Maignan de l'Ecorce*; — B) *Yvonne de la Tesserie*.

VII° AUGUSTE, BARON SURCOUF, CHATELAIN DU MESNIL, qui épousa, vers 1832, *Adèle Sévoy*, née à Lamballe, le 8 février 1810; morte veuve à Lamballe, le 14 octobre 1900, ayant eu :

VIII° AUGUSTE, BARON SURCOUF, CHATELAIN DU MESNIL, né à Lamballe, le 6 août 1835, qui a épousé : 1° *demoiselle Gérard de Châteauvieux;* 2° sa cousine, BLANCHE SURCOUF, morte à Lamballe, le 20 décembre 1901.

Il a eu du 1er lit :

*Jacques-Robert*, qui suit;

et du 2e lit :

1° *Jean Surcouf;*

2° *Pierre Surcouf;*

3° *Joseph Surcouf, avocat*, qui a épousé, le 1er juillet 1903, *Berthe Renault*, fille de *Léon, avocat à la Cour d'appel de Paris*, et de *demoiselle Pâris*, dont postérité;

4° *Emmanuelle Surcouf*, qui a épousé *M. du Saussoy du Jonc;*

5° *Andrée Surcouf*, qui a épousé, en 1898, *M. de Villèle.*

IX° JACQUES-RORERT, BARON SURCOUF, CHATELAIN DU MESNIL, SOUS-INSPECTEUR DES DOUANES, né à Saint-Malo en 1857, a épousé : 1° *Egline* . . . . . . . . . . . . ; 2° en Algérie, en 1898, *Marie Le Normand de Lourmel*. Il a pour enfants :

1° *Egline Surcouf;*

2° *Andrée Surcouf.*

## VII°. — FAMILLE GOHIN DE MONTREUIL

GOHIN, SEIGNEURS DE LA COINTERIE, DE LA BELLOTIÈRE, DE MONTREUIL, DU BROSSAY, DE PRÉCOR, DE RAGUIN, DES AUNAYS, DE LA VARENNE, DE BOUMOIS, DES ESSARTS, DE LA BLAMERIE, DE LA HURAUDIÈRE, DE POCÉ, DE MILLY, DE TRÈVES, DE MARSON, DE MALABRY, DE CHARNÉ, en Anjou, aux environs de Tiercé, de Challains-la-Potherie et de Saumur; COMTES DE MONTREUIL ET DE TRÈVES.

Famille noble d'ancienne extraction du pays d'Anjou, qui s'arme : « écartelé : aux 1 et 4, d'argent à l'aigle éployée de sable, accompagnée en chef de trois fleurs de lys de même; aux 2 et 3, d'azur à la croix tréflée d'or (1) ».

Nous trouvons :

I° JEAN I GOHIN, ÉCUYER, SEIGNEUR DE LA COINTERIE, CONSEILLER DU DUC D'ALENÇON en 1508, CONSEILLER DU ROI ET ÉCHEVIN D'ANGERS en 1537, qui eut de *Marguerite de Lohéac, dame de la Belottière* :

II° JEAN II GOHIN, ÉCUYER, SEIGNEUR DE LA BELOTTIÈRE, DE MONTREUIL, CONSEILLER AU PRÉSIDIAL, CAPITAINE DES MILICES ET MAIRE D'ANGERS en 1561, qui épousa *Marie Belot, dame héritière de Montreuil,* et mourut en 1568, ayant eu :

III° RENÉ I GOHIN, ÉCUYER, SEIGNEUR DE MONTREUIL, DE LA BELOTTIÈRE, MAIRE D'ANGERS en 1567, né en 1536, qui épousa *Jeanne Dagues,* et mourut en 1594, ayant eu :

1° *René II*, qui suit;

---

(1) La branche des *Gohin de Charné*, détachée dès le XVIᵉ siècle, s'arme : « d'azur à la croix tréflée d'or. »

2º *Jeanne*, qui épousa, vers 1610, François Éveillard, chevalier, seigneur de Seillons, dont postérité.

IVº RENÉ II GOHIN, ÉCUYER, SEIGNEUR DE MONTREUIL, ÉCHEVIN D'ANGERS en 1608, qui eut de *Jeanne Haran* :

1º *Michel*, qui suit ;

2º *Jean-François Gohin, écuyer, seigneur des Aunays, secrétaire ordinaire de la reine, maire d'Angers* en 1655 ; qui eut de *Marguerite Sarrazin* :

A *) Jeanne, dame des Aunays*, qui épousa à Angers, le 7 janvier 1667, *Jacques-Louis de Boislève, seigneur du Planty, conseiller du Roi, président du Présidial d'Angers*, et mourut en 1681, laissant postérité, entre autres : Hyacinthe de Boislève, qui épousa, le 13 octobre 1700, Pierre de Beauchamps, lieutenant-colonel du régiment de Santerre ;

B *) René Gohin ;*

C *) Marie Gohin*, épouse, en 1673, de *Jacques de Belot de Marthou* ;

3º *Renée Gohin*, qui épousa, vers 1650, *Olivier Tréton, seigneur du Ruau*, dont postérité.

Vº MICHEL I GOHIN, ÉCUYER, SEIGNEUR DE MONTREUIL DE PRÉCOR, DE RAGUIN, épousa *Françoise Doublard* ; il acheta, vers 1650, la seigneurie de Raguin, près de Chazé-sur-Argos, des du Bellay, et la revendit peu après. (Cette terre appartient aux la Haye de Plouër, par alliance, en 1747, avec les Contades.) Il eut :

1º *Michel II*, qui suit ;

2º *Louis Gohin, écuyer, seigneur de la Varenne*, en 1667.

VIº MICHEL II DE GOHIN, ÉCUYER, SEIGNEUR DE MONTREUIL, épousa *Anne du Bois*, et eut :

VIIº RENÉ III GOHIN, ÉCUYER, SEIGNEUR DE MONTREUIL, DE BOUMOIS, CONSEILLER AU PRÉSIDIAL D'ANGERS, qui épousa, vers 1664, *demoiselle de Boumois*, et mourut en 1720, ayant eu :

1º *Marie-Marguerite*, qui épousa, en 1690, *Pierre Eveillon, seigneur d'Espluchard, maître des eaux et forêts d'Angers*, dont postérité;

2º *Nicolas*, qui suit;

3º *Anne*, qui épousa *René Trouillot, seigneur de l'Echasserie, lieutenant au Présidial d'Angers*, dont postérité;

4º *René, seigneur de la Cointerie*, qui eut de *Madeleine Paquier* : *Madeleine*, née à Angers, le 4 avril 1713, demoiselle à Saint-Cyr de 1722 à 1733;

5º ? *Jacques, seignuer du Buisson*, né en 1666, mort à Pleugueneuc, près de Dol, le 19 février 1762, dont :

A*) François, fermier général de la Motte-Beaumanoir*, né en 1702, mort à Pleugueneuc, le 28 juillet 1762;

B*) Jacques, seigneur de la Chaigne*, qui eut de *Jeanne Leguer* : *Julienne-Françoise*, baptisée à Plesder, le 28 mars 1762.

VIIIº NICOLAS DE GOHIN, ÉCUYER, SEIGNEUR DE MONTREUIL, DE BOU-MOIS, épousa, vers 1705, *Françoise-Monique le Petit*, et eut :

1º *Pierre de Gohin, chevalier, seigneur de Boumois*, qui épousa, vers 1730, *Marguerite de Falloux*, et eut une fille : *Marie de Gohin, dame de Boumois*, qui épousa, le 11 mai 1754, *Gilles-Louis-Antoine-Gabriel Aubert du Petit-Thouars, lieutenant du Roi à Saumur, ex-capitaine de cavalerie, chevalier de Saint-Louis*, auquel elle porta Boumois. Elle eut entre autres : *Aristide-Aubert du Petit-Thouars, célèbre marin*, né au château de Boumois, le 31 août 1760, élève au Collège de la Flèche en 1773, à l'Ecole militaire de Paris en 1775, sous-lieutenant au Régiment du Poitou-Infanterie en 1776, garde-marine en 1778 sur *Le Fendant*, commandé par le comte de Rigaud de Vaudreuil; il assista entre autres au combat naval d'Ouessant; puis il fut nommé commandant du *Tarleton*. Il acheta, en 1792, par souscription, deux navires, avec lesquels il alla à la recherche de la *Pérouze*. Arrêté par les Portugais, il fut emprisonné à San-Yago. Relâché en 1796, il prit part à l'expédition d'Egypte, comme commandant du *Tonnant*, sur lequel il périt glorieusement à la bataille d'Aboukir, le 1er août 1798;.

59

2º *Augustin-René-Nicolas de Gohin de Montreuil, écuyer, seigneur des Essarts*, épousa, vers 1750, *Modeste-Céleste de Chéverue, dame des Essarts*, en Angrië, et eut : *Augustin-François-Pierre de Gohin, écuyer, seigneur des Essarts, de la Blamerie, de la Huraudière*, en Challains-la-Potherie, qui mourut sans postérité, et eut pour héritier son neveu, Jean-Pierre de Gohin, comte de Montreuil;

3º *Pierre-André*, qui suit.

IXº Pierre-André de Gohin, chevalier, comte de Montreuil et de Trèves, seigneur de Pocé, de Milly, maréchal de camp, lieutenant général des Armées du Roi, commandant général des Iles françaises d'Amérique, chevalier de Saint-Louis.

Né au château de Montreuil, le 15 novembre 1722, il s'engagea comme volontaire au régiment de Royal-Piémont, en 1741, et assista au siège de Prague, où sa belle conduite le fit nommer sous-lieutenant. Il prit part ensuite à la bataille de Dettinghen, en 1743; aux sièges de Menin, d'Ypres, de Furnes, en 1744; puis, comme capitaine, aux batailles de Fontenoy, en 1745; de Raucoux, en 1746; de Laufeldt, en 1747; de Maëstrich, en 1748. Nommé, en 1755, lieutenant-colonel, il passa au Canada, comme major-général sous les ordres du marquis de Montcalm; à la bataille de Montréal, le 12 septembre 1759, il combattait aux côtés de Montcalm, et ce fut dans ses bras que tomba ce général, frappé de la blessure dont il mourut le surlendemain. Revenu en France après l'évacuation du Canada, il fut nommé, en 1761, brigadier d'infanterie et envoyé, comme commandant général des Iles françaises d'Amérique, à Saint-Domingue, dont il fut gouverneur par intérim, à la mort de M. de Belzunce, de mars 1762 à avril 1764. Il avait été créé maréchal-de-camp en 1762, et devint lieutenant-général le 5 décembre 1781. Il fut arrêté à Paris et subit un long emprisonnement en 1794. Il mourut à Nantes, en 1796. Son portrait existe au château de Montreuil.

Il avait épousé, au château d'Aradon, près de Vannes, le 1er avril 1767, *Hélène-Agnès de Stapleton*, née en 1735, fille de *Jean, comte de Trèves, seigneur des Dervallières, de Milly, de Pocé, de Marson*, mort aux Dervallières, près de Nantes, en 1774, et de *demoiselle Agnès O'Schiell*, morte aux Dervallières, en 1791; petite-fille de *Jean de Stapleton* et d'*Agnès O'Skeret*; et de *Luc O'Schiell, consul de Nantes*, et d'*Agnès Vanasse*; et sœur de *Luc-Edmond de Stapleton, marquis de Trèves, seigneur d'Arradon,* qui avait épousé en 1766, Marie-Anne de Lannion, dame d'Arradon, et qui mourut à Arradon, le 2 décembre 1816, laissant : *Joseph-Xavier de Stapleton, marquis de Trèves,* mort à Arradon en 1826, sans postérité de M^lle de Robien; sœur aussi de : *Régis-Miles-Agnès de Stapleton, chevau-léger de la garde du Roi* en 1790; de *Eléonore de Stapleton,* épouse de Jean-Baptiste-Charles Joneaux de Laurens, et morte sans postérité à Versailles, en mai 1816; et d'*Anne de Stapleton,* qui épousa, en 1780, Pierre-François de Bardon, vicomte de Segonzac, lieutenant de vaisseaux, mort veuf à Paris, en 1826, dont postérité.

La famille *Stapleton* est originaire d'Irlande, où elle vivait dès le xi^e siècle. Un de ses membres était l'un des officiers de Guillaume le Conquérant, lors de la conquête de l'Angleterre par ce prince, en 1066. La branche aînée est encore représentée en Angleterre, où ses membres sont pairs et barons. Armes : « d'argent au lion de sable. »

La comtesse Gohin de Montreuil, née Stapleton, mourut à Paris, en son hôtel, place Royale, le 2 mai 1790; elle fut inhumée le surlendemain dans la nef de l'église de Saint-Paul.

Elle avait eu :

1º *Jean-Pierre,* qui suit;

2º *Anne-Joséphine-Marie-Agnès de Gohin de Montreuil, comtesse de Trèves,* qui épousa, à Nantes, le 6 avril 1797, *Charles de Richard, baron de Castelnau, ex-officier d'artillerie.* Sous la Terreur, ils furent emprisonnés, elle à Nantes et lui à Brest. Elle mourut veuve à Nantes, le 3 février 1851. Elle avait eu : *Amable Richard, baron de Castelnau, comte de Trèves,* né à Angers, en 1798, qui épousa à Nantes : 1º en 1827, *Elisabeth-Caroline de la Roche-Saint-André;* 2º *Henriette de Gaïs,* d'une ancienne famille du Bordelais. Il vendit, en 1832, le comté de Trèves à M. de Fos et mourut sans postérité. Sa veuve est morte à Nantes, vers 1887. En 1851, la baronne de Castelnau, née de Montreuil, laissait comme héritiers : pour 2/8 sa belle fille, la baronne de Castelnau, née de Gaïs; pour 3/8, M^me V^ve du Puy de Parnay, et pour 3/8, la comtesse Frédéric Fournier de Bellevüe, née Gohin de Montreuil;

3º *Jean de Gohin, comte de Montreuil,* qui épousa, vers 1792, *demoi-*

*selle de Turpin de Crissé* (¹). Il fut arrêté et emprisonné à Nantes, avec son frère André; et, bien que malade et condamné seulement à la déportation, il périt avec lui, le 15 décembre 1793, dans une des noyades ordonnées par Carrier. On trouva dans sa ceinture quarante-cinq louis d'or, qui furent volés par les noyeurs. Comme il devait pour marcher s'aider d'un bâton: «Tu n'as pas besoin de bâton, lui cria Duranier, un des agents de Carrier; avance, b... de gueux; nous allons t'en f... un bon bâton (²)». Sa femme habitait alors à Angers, un bel hôtel, près de la place d'Armes et en face de la porte Saint-Michel. Cet hôtel fut incendié par les Vendéens, en 1795, lors du siège d'Angers; elle échappa à la Révolution et eut deux FILS, morts sans alliances. Lors de la Révolution, le fermier de la terre de Maumunon, qui appartenait aux Turpin, se laissa brûler les pieds par les bleus plutôt que de révéler le lieu où se cachaient ses maîtres;

4° *André de Gohin de Montreuil*, qui périt à Nantes, en 1794, dans les noyades ordonnées par Carrier;

5° *Modeste-Hélène de Gohin de Montreuil, dame de Marson*, qui épousa *César-Concorde Dupuy de Parnay*, brillant polytechnicien, dont elle eut: *Édouard Dupuy de Parnay*, père de: 1° *Raymond du*

---

(1) M^lle Turpin de Crissé avait pour oncle *Lancelot de Turpin, baron de Crissé*, qui eut de Madeleine de Maucour du Bourjoly: *Marie-Madeleine de Turpin de Crissé*, qui épousa à Angers, le 28 janvier 1782, *Jean-Baptiste-Joseph-Placide de Ferron du Quengo*, dont la fille, *Angélique de Ferron*, épousa en 1803 Pierre de Gohin, comte de Montreuil. M^lle Turpin de Crissé, dame de Montreuil, avait en outre deux frères: l'un mourut sans alliance, et un tiers de sa fortune vint aux Gohin de Montreuil, un tiers aux Lostanges, et un tiers aux Saint-Genys; l'autre eut deux filles: 1° *Elisabeth-Louise de Turpin de Crissé*, qui épousa *Charles-Louis-Arthur d'Adhémar, comte de Lostanges*, ex-chevalier de Malte, chevalier de Saint-Louis et de la Légion d'honneur, qui hérita du château d'Angrie, et mourut en 1847, ayant eu: A) *Adélaïde-Louise-Aglaé de Lostanges de Saint-Alvère*, qui épousa vers 1748 *Édouard-Marie-Eugène de Kermerchou, comte de Kerautem;* elle a hérité d'Angrie en 1906, et a postérité; B) *Henriette Adélaïde-Elisabeth de Lostanges, dame d'Angrie*, née à Angrie en 1839, qui y est morte célibataire le 9 mai 1906; 2° *D^lle de Turpin de Crissé*, qui épousa M. *de Flour de Saint-Genys*, et eut: *Pierre de Saint-Genys, châtelain de la Lorie*, près de Segré, qui a épousé M^lle de Nadaillac et a eu deux fils: Henry, comte de Saint-Genys, châtelain de la Lorie, époux de demoiselle Simon, et Émile, vicomte de Saint-Genys, châtelain de la Gémerais, en Segré.

(2) Registre des déclarations, 25, arch. municipales de Nantes; et « Les Noyades de Nantes », par Lallié, p. 28, 29 et 31.— Les Noyades de Nantes eurent lieu du 17 novembre 1793 au commencement de février 1794; on compta plus de 5000 noyés de toute condition, de tout âge et de tout sexe.

*Puy de Parnay*, qui épousa à Paris, vers 1864, *Stéphanie de Quiquéron de Beaujeu*, dernière du nom, fille du marquis de Quiqueron-Beaujeu et de demoiselle de Beauharnais. L'Empereur Napoléon III le nomma trésorier payeur général, et l'autorisa à relever le titre de marquis de Quiqueron-Beaujeu. Il dilapida sa fortune et eut : *Louisa*, qui eut pour parrain l'Empereur Napoléon III, et *Edouard Dupuy de Parnay, marquis de Quiqueron-Beaujeu*; 2° *Mélanie Dupuy de Parnay*, qui a épousé *M. le Moyne des Mares*, et est morte veuve et sans postérité, vers 1896.

X° JEAN-PIERRE DE GOHIN, COMTE DE MONTREUIL, CHATELAIN DE MONTREUIL, DE POCÉ, DE MILLY, DU BROSSAY, LIEUTENANT AU RÉGIMENT DE TURENNE en 1790, puis AU RÉGIMENT D'AUTICHAMPS.

Né à Paris le 7 avril 1768, à l'hôtel de ses parents, rue Poissonnière, et baptisé le même jour, à l'église de Bonne-Nouvelle. Il hérita, en 1798, à la mort de son grand-père, Jean de Stapleton, des terres de Pocé et de la moitié de Milly. Il épousa, vers 1804, *Angélique de Ferron du Quengo*, née à Pleurtuit, en 1786, fille unique de *Jean-Baptiste-Joseph-Placide, vicomte du Quengo, lieutenant de vaisseaux, chevalier de Saint-Louis*, mort en 1790, et de *Marie-Madeleine de Turpin de Crissé*, et petite-fille de *Jean-Baptiste-Célestin de Ferron, comte du Quengo*, et de *Françoise-Jeanne-Maclovie Eon de Carman*. Ils moururent au château de Montreuil, elle en 1842, lui en 1849, n'ayant eu qu'une fille :

ANNA-MARIE-ANGÉLIQUE DE GOHIN DE MONTREUIL, DAME DE MON-TREUIL, DE POCÉ, DE MILLY, DE LA BLAMERIE, DE LA HURAUDIÈRE, DU BROSSAY, etc., née en 1807, qui épousa à Angers, le 16 décembre 1830, FRÉDÉRIC-ADOLPHE DE FOURNIER DE BELLEVÜE, MARQUIS DE BELLEVÜE depuis 1870. Ils firent rebâtir, vers 1844, le château de Montreuil. Elle mourut à Angers, en 1890, et fut inhumée dans le cimetière de Montreuil; son mari mourut au château de Montreuil, le 26 février 1894. ils n'avaient eu qu'une fille :

MARIE DE FOURNIER DE BELLEVÜE, CHATELAINE DE MONTREUIL, DE POCÉ, DE MILLY, etc., née en 1836, qui vit sans alliance au château de Montreuil.

## VIII°. — FAMILLE REGNAULT DE BOUTTEMONT

REGNAULT, SEIGNEURS DE BOUTTEMONT, DE L'EPINIÈRE, en Domjean; DE L'ÉTOUVERIE, DE FINCEL, DE LA BRÉMONNIÈRE, en Tessy-sur-Vire; DE MONTFERMOREL, D'AVENAY, DE PRÉCORBIN, DE SAINT-AMANT, sous Thorigny; DU CLOS-AU-LOUP, en Airel; DU GOSSET, en Saint-Marcouf; DE LA ROUGERIE, en Anneville-en-Saire; DU CLOS, en Picauville; DES CHANTORES; DU DÉSERT; DE TRIBEHOU.

Très ancienne famille de l'Élection de Saint-Lô, en Normandie, qui fut maintenue dans sa noblesse en 1696 et 1701.

Armes : « d'argent à la croix ancrée de sable. »

Devise : *Regnat.*

La famille Regnault posséda depuis les temps les plus reculés presque tout le bourg de Tessy-sur-Vire. Jean Regnault acheta à la fin du XIVᵉ siècle, des moines de l'abbaye du Mont-Saint-Michel, la seigneurie et le fief de Bouttemont, où il établit sa principale résidence, et où sa famille habite encore. Les châtelains de Bouttemont avaient droits de moyenne justice, avec auditoire, de chapelle, de fuye, de chasse et de pêche; ils étaient seigneurs prééminenciers des églises de Tessy et de Domjean, dans lesquelles ils avaient bancs et enfeu prohibitif, dès le XIVᵉ siècle. La chapelle du château de Bouttemont est citée dès le XVIᵉ siècle.

Les Regnault de Bouttemont avaient un hôtel dans la ville de Thorigny, et furent souvent attachés à la maison des comtes de Thorigny, qui étaient depuis 1450 des Gouyon de Matignon.

Nous trouvons HUGUES DE BOUTTEMONT mentionné dans les rôles de l'Echiquier, en 1180, comme habitant le Calvados.

La généalogie remonte à :

Iᵒ JEAN I REGNAULT, SEIGNEUR D'AVENAY, puis DE BOUTTEMONT, par acquêt des Moines du Mont Saint-Michel, vers 1390; il fut maintenu, le 14 mai 1417, dans le « droit d'enfeu, dont ses ancêtres jouissaient de temps immémorial dans l'église de Tessy. » Il semble avoir eu :

IIº CHARLOT REGNAULT, ÉCUYER, SEIGNEUR DE BOUTTEMONT, D'AVENAY, ARCHER A LA MONTRE DU COMTE DE MAULÉVRIER A ROUEN, en 1484, qui eut :

1º *Jean II*, qui suit;

2º *Jacob, seigneur de Bouttemont*, en 1520.

IIIº JEAN II REGNAULT, ÉCUYER, SEIGNEUR DE BOUTTEMONT, D'AVENAY, sous Thorigny, R. 1525, eut :

1º *Guillaume*, qui suit;

2º *Isabeau*, qui épousa *Luc du Chemin, écuyer, seigneur du Ferron.*

IVº GUILLAUME I REGNAULT, ÉCUYER, SEIGNEUR DE BOUTTEMONT, D'AVENAY, en 1569 et 1575, eut :

Vº JEAN III REGNAULT, ÉCUYER, SEIGNEUR DE BOUTTEMONT, DE L'ÉTOUVERIE, qui épousa, vers 1575, *Claudine Roze*, et eut :

1º *Guillaume II*, qui suit;

2º *Marie*, qui épousa, le 6 avril 1606, *César de Hercé, écuyer, seigneur de la Haye*, fils de *Jean, seigneur de la Haye-Peaudeloup, de Hercé*, au Maine, et de *Marguerite de Vanembras.*

VIº GUILLAUME II REGNAULT, ÉCUYER, SEIGNEUR DE BOUTTEMONT, DE L'ÉTOUVERIE, en 1620, eut :

VIIº FRANÇOIS REGNAULT, ÉCUYER, SEIGNEUR DE BOUTTEMONT, DE CHANTORES, qui épousa, vers 1635, *Claude de Grimouville*, fille de *Pierre, écuyer, seigneur d'Yanville, baron de la Lande-d'Airon*, et de *Philippe d'Aubert, dame d'Aubœuf.* Il eut :

1º *Didier, seigneur de Bouttemont, de Montfermorel*, qui fit, avec ses frères, enregistrer ses armoiries par édit royal à l'Armorial général de France, en 1696;

2º *Pierre*, qui suit;

3º *Jacques, receveur de l'Abbaye du Mont-Saint-Michel* en 1685;

VIII° Pierre Regnault, écuyer, seigneur de Bouttemont, de Domjean, receveur du comté de Thorigny et de l'Abbaye du Mont Saint-Michel, bailli de Tessy, directeur de la poste de Saint-Lo de 1680 à 1697. Il épousa, vers 1675, *Françoise le Marchand d'Hauterive*, fille de *René*, seigneur de la Poterie. Il fit, en 1680, ériger sur le pont de Tessy une croix en granit, qui a été transférée en 1852 dans le parc de Bouttemont. Il eut :

1° *Jean-Baptiste*, qui suit ;

2° *Marie-Céleste*, qui épousa, vers 1700, *François du Chilleau*, seigneur de la Barre, dont : *Marie-Elisabeth du Chilleau*, qui épousa, en 1728, *Jacob Jauvre*, seigneur de la Bouchatière, ex-page du Roi.

IX° Jean-Baptiste Regnault, écuyer, seigneur de Bouttemont, conseiller du Roi, bailli de Thorigny et de Tessy, en 1697 ; nommé capitaine des Gardes de la Prévosté en 1699. Maintenu dans sa noblesse en 1701 ; il épousa, vers 1697, *Catherine Rignouf de Chantepie*, dame de Fincel, et eut :

X° Jean-Baptiste-II Regnault de Bouttemont, écuyer, seigneur de Bouttemont, capitaine-exempt des Gardes de la Prévôté de France, par commission de 1713. Il épousa, vers 1710, *Anne du Moulin*, fille de *Jean*, seigneur de Gentilly, et eut :

XI° Jacques II Regnault, écuyer, seigneur de Bouttemont, bailly de Tessy, par nomination du 23 décembre 1736 ; il épousa *Jeanne Pasquer de la Valerie*, et vivait en 1760, ayant eu huit enfants, entre autres :

1° *Pierre II Regnault de Bouttemont*, écuyer, seigneur de Bouttemont, député de la noblesse de l'élection de Saint-Lô aux Etats généraux de 1789, qui habitait Bouttemont en 1777 ;

2° *Jean-Baptiste-Pierre*, qui suit ;

3° *Michel-François*, prêtre, recteur de Domjean en 1802, né le 3 janvier 1752 ;

XII° Jean-Baptiste-Pierre Regnault de Bouttemont, écuyer, seigneur de Bouttemont, du Désert, avocat en 1776, et dernier bailli de Tessy. Il épousa, vers 1780, *Françoise Potier de Glatigny*, de la famille dés Potier de Marigny, de la Houssaye, de la Varde. Il vivait encore en 1806, ayant eu :

XIII° AGAPITH REGNAULT DE BOUTTEMONT, CHATELAIN DE BOUTTEMONT, PROPRIÉTAIRE DE PRÉCORBIN, DE SAINT-AMANT, DU CLOS-AU-LOUP, DU GOSSET, DE LA ROUGERIE, OFFICIER DES GARDES D'HONNEUR DU ROI en 1816, MAIRE DE DOMJEAN.

Né à Thorigny, le 17 août 1782; il mourut au château de Bouttemont, d'une chute de cheval, vers 1827.

Il avait épousé, le 7 septembre 1808, *Rose-Françoise Bauquet, dame du Clos-au-Loup, du Gosset, de la Rougerie,* fille de *Désiré Bauquet, seigneur du Clos-au-Loup, maire d'Airel,* mort en 1817, et de *Louise le Rouge, dame de la Rougerie et du Gosset,* morte en 1843. La *famille Bauquet,* fort ancienne en Normandie, fut anoblie en 1543; elle s'arme : « d'argent au chevron de gueules accompagné de trois losanges de même. » La *famille le Rouge* fut maintenue dans sa noblesse d'extraction dans l'arrondissement du Havre, en 1669; elle s'armait : « d'argent au chevron d'azur, surmonté d'un soleil de pourpre et accompagné de trois croissants de sable surmontés chacun d'une feuille de houx de sinople. » Il eut :

1° *Alfred Regnault de Bouttemont,* né en 1809; mort au château de Bouttemont, sans alliance, le 23 septembre 1831;

2° *Gustave-Alfred,* qui suit;

3° *Léopold-Edmond Regnault de Bouttemont,* né le 24 février 1819; il épousa à Rennes, le 5 février 1851, *Pauline-Marie Varin de la Brunelière,* née à Rennes, le 8 novembre 1825, fille de *Brice-Marie Varin de la Brunelière, procureur général à la Cour royale de Rennes, chevalier de la Légion d'honneur,* mort en 1849, et de *Céleste Béchu du Moulinroul,* morte à Rennes en 1846. (Voir ci-dessus pour les famille Varin et Béchu.) Il mourut au château de Bouttemont, le 11 juin 1860. Sa veuve hérita, en 1878, comme tutrice de sa fille, des terres du Clos-au-Loup, du Gosset, de la Rougerie; elle hérita également du côté de ses parents des terres de la Galmandière, de Chadoux, de la Haye-Foutenye et du château et domaine du Moulinroul. Elle a eu plusieurs enfants, dont n'a survécu qu'une fille : GABRIELLE-MARIE-LÉOPOLDINE REGNAULT DE BOUTTEMONT, CHATELAINE DU MOULINROUL, PROPRIÉTAIRE DU GOSSET,

DU CLOS-AU-LOUP, DE LA ROUGERIE, née à Rennes, le 3 mars 1861, qui y a épousé, le 19 juin 1883, FRANÇOIS-XAVIER-MARIE-ANNE-JOSEPH FOURNIER DE BELLEVÜE, VICOMTE DE BELLEVÜE, OFFICIER DE DRAGONS, plus tard MARQUIS DE BELLEVÜE, CHATELAIN DE LA TOU-RAILLE, CONSEILLER GÉNÉRAL DU CANTON DE CHATEAUBRIANT, né à Augan, le 4 juillet 1854, fils aîné de Edouard-Jean, marquis de Bellevüe, mort en 1904, et de Aglaé Mouësan de la Villirouët, morte en 1903.

XIVᵒ GUSTAVE-ALFRED REGNAULT DE BOUTTEMONT, CHATELAIN DE BOUTTEMONT, PROPRIÉTAIRE DE PRÉCORBIN, DE SAINT-AMANT, ETC., MAIRE DE DOMJEAN.

Né le 2 décembre 1815, il épousa, le 25 novembre 1845, *Marie-Sidonie de Miette de Laubrie*, d'une des plus anciennes familles de Normandie, où elle vivait dès le XIIᵉ siècle et qui s'arme : « de gueules à trois moutons d'or. » Il mourut en 1878, au château de Bouttemont, où sa veuve est morte en 1890, ayant eu :

XVᵒ GASTON-EDGARD-JEAN-BAPTISTE REGNAULT DE BOUTTEMONT, CHATELAIN DE BOUTTEMONT, MAIRE DE DOMJEAN, né le 4 janvier 1859, qui a épousé, au château de Neuilly-le-Malherbe, près de Caen, le 2 février 1886, *Marie-Thérèse de Saint-Pol*, née en 1863, filleule de Mgr le comte de Chambord, fille de *Alfred, comte de Saint-Pol-de-Masle, châtelain de Neuilly*, et de *Marie-Mathilde Cauchy*, fille d'Augustin-Louis, baron Cauchy, membre de l'Institut, précepteur du comte de Chambord, et de Marie de Bure.

Ils demeurent au château de Bouttemont et ont :

1ᵒ *Odette-Marie-Claire-Xavérine Regnault de Bouttemont*, née au château de Neuilly-le-Malherbe, le 12 août 1887, qui a pour parrain le marquis Xavier de Bellevüe, son oncle;

2ᵒ *Jean*, né à Bouttemont le 13 octobre 1889, mort le 26 avril 1898;

3ᵒ *Yves-Marie-Gabriel-Raymond Regnault de Bouttemont*, né à Boutte-mont le 21 décembre 1892;

4ᵒ *Cécile-Marie-Pauline Regnault de Bouttemont*, née à Bouttemont, le 18 septembre 1895.

# ARTICLE QUATRIÈME

AUTRES FAMILLES
AYANT PORTÉ LE NOM PATRONYMIQUE DE FOURNIER,
OU LE NOM SEIGNEURIAL DE BELLEVUE

I° FOURNIER, SEIGNEURS DE TRÉLO, DE LA CHATEIGNERAYE, D'ALLÉRAC, DE PELLAN, DE SAINT-MAUR, DE LA VILLENÉANT, BARONS DE RENAC.

Famille bretonne d'ancienne extraction de l'évêché de Saint-Malo, encore représentée par les branches de Pellan et de Saint-Maur, qui s'arme : « d'argent au lion de gueules, à la bordure engreslée de sable chargée de huit besants d'or. » Devise : « *Nec tacius abibis.* »

II° FOURNIER, SEIGNEURS DE LA PINSONNIÈRE, DE LA GALMELIÈRE, DE LA GARENNE, DE LIMUR, DE THARON, DE LA HUNAUDAIS, DU BOISAYRAULT, BARONS D'OYRON.

Famille bretonne d'ancienne extraction, originaire du diocèse de Nantes, encore représentée en Anjou par la branche du Boisayrault et d'Oyron, qui s'arme : « de gueules à la bande dentelée d'or, accostée de deux molettes de même. » (Elle portait comme armes anciennes : « d'argent à l'ours de sinople, au chef d'azur chargé de trois étoiles d'or. »)

III° FOURNIER, SEIGNEURS DE WARGEMONT, DE GRAINCOUR, DE BARLETTES, DE MÉRICOURT, DE BEAUMETZ, DE FORETZ, DE SAUREL, D'HEUDELIMONT, dits MARQUIS DE WARGEMONT, au XVIIIe siècle.

Famille noble de Normandie et de Picardie, qui s'armait : « d'argent à trois roses de gueules. »

IV° FOURNIER, SEIGNEURS DE FRANCHEVILLE, DE TILLY, DE HOTTOT, D'AUVRECY, DE FALAISE, DE PICAUVILLE, etc.

Famille noble de Normandie, qui s'armait : « d'azur au chevron d'or, accompagné de trois bustes humains de même. »

V° FOURNIER, SEIGNEURS DE MOUSELAIS.

Famille noble du Poitou, qui s'armait : « d'azur au griffon d'or. »

VI° FOURNIER.

Famille de Paris, anoblie au XVII° siècle, qui s'armait : « d'azur au gerfaut d'argent, empiétant un héron volant d'or. » Elle produisit : Jacques Fournier, conseiller au Parlement de Paris en 1502; Charles Fournier, conseiller au Trésor en 1560, qui épousa Anne de Vignolles et eut : Gabriel Fournier, conseiller au Châtelet à Paris, conseiller au Parlement de Bretagne en 1580, puis conseiller au Parlement de Paris en 1582, qui épousa Madeleine Milot, fille de Nicolas Milot, médecin ordinaire du Roi.

VII° FOURNIER, SEIGNEURS DES RIOUX, DE FEULHIOUX.

Famille d'Auvergne, anoblie en 1654, qui s'armait : « d'or au chef d'argent chargé de trois tiercefeuilles de sinople. »

VIII° FOURNIER, SEIGNEURS DE LA BARRE, DE SAINT-AMAND, DE SAINT-ANGE, DE PEILLOT, DE SARLOVEZ.

Famille noble du Poitou, actuellement existante, qui s'arme : « d'azur à deux chevrons d'argent accompagnés d'une étoile d'or en pointe; au chef de même chargé de deux roses de gueules. »

IX° FOURNIER, MARQUIS D'AULTANNE, COMTES DE CARLES DE PRADINES.

Famille noble originaire du Dauphiné, qui s'établit dans le Blaisois et à Saint-Domingue, et est actuellement existante. Elle s'arme : « d'argent à trois bandes de gueules chargées chacune d'une étoile d'or; au chef d'azur chargé d'un lion issant d'or, adextré d'une étoile de même. »

X° FOURNIER, SEIGNEURS DES GRIGNATS, DE MONTBOUCHER, DES ROGNES, DU RONDEAU, DE BELLEVÜE.

Famille noble, originaire du Languedoc, dont une branche se fixa dans l'Orléanais. Elle s'armait : « d'azur au chevron couronné d'argent, accompagné de trois oiseaux, deux en chef, volants et affrontés, chacun surmonté d'une étoile, et un en pointe posé en pied, becquetant, et surmonté d'une fleur de lys au pied coupé, le tout d'argent; au chef aussi d'argent chargé d'un lévrier courant de sable poursuivant un lièvre de même. »

Elle semble avoir produit :

*Lambert de Fournier de Montboucher (Lambertus Fornerii de Montebocherio)*, qui passa, le 24 décembre 1296 et en 1345, un acte avec Guillaume de Pracomtal;

*Raymond de Fournier de Montboucher*, qui passa aussi des actes avec les Pracomtal en 1374, 1381 et 1421;

*Jean de Fournier*, écuyer en 1467, qui eut : *Jamette de Fournier*, laquelle épousa : 1° Foulques de Bourgondion *(de Bourgondionis)*; 2° le 21 octobre 1470, Nicolas de Pracomtal, seigneur de Châteausallier;

*Hugues de Fournier, chevalier, seigneur des Grignats, docteur en droit, conseiller du Roi Louis XII, premier podestat de Milan, puis premier président du Parlement de Bourgogne.* Ayant accompagné le roi Louis XII dans la campagne d'Italie, ce prince, après la seconde conquête du Milanais en 1509, le nomma podestat de Milan, puis, pour le récompenser des services qu'il avait rendus dans cette charge, il lui donna, le 5 septembre 1512, la charge de second président du Parlement de Bourgogne. Le roi François Ier, le 19 juillet 1515, l'éleva à l'emploi de premier président de ce parlement. Il est dit, dans un acte de 1522 : « noble sieur Hugues Fournier, chevalier, seigneur de Grinats, premier président du duché de Bourgogne, commis et député du roi François Ier. » Il mourut à Dijon, le 31 mai 1525, et fut inhumé dans l'église des Cordeliers de cette ville, derrière le grand autel, où son tombeau existe encore avec cette inscription : « Ci-gist noble seigneur et saige messire Hugues Fournier, en son vivant doteur-ès-droits, chevalier et premier président en Bourgogne, lequel trépassa à Dijon le pénultième jour de May, l'an mil VᶜXXV. — Priez pour son âme. » — L'auteur de l'*Histoire du Parlement de Bour-*

gogne, M. Pierre Palliot, lui a attribué, en 1649, dans son volume, p. 52, les armes données ci-dessus, qui semblent être de fantaisie.

Hugues Fournier semble avoir eu pour enfants :

1º *Gaspard de Fournier*, écuyer, seigneur de Bellevüe (*Gaspardus Fournerii, de Bellevisu*), qui épousa Isabelle de Callouët, et mourut en 1544, ne laissant qu'une fille : *Gillette de Fournier*, qui épousa, par contrat du 20 mars 1544, Michel du Gast (*Michaël de Gasci*), seigneur de Venasque, de Saint-Saturnin, de Saint-Désiré, demeurant à Thor, diocèse de Cavaillon (Vaucluse), fils de Louis du Gast et de Jeanne Rousse, auquel elle porta en dot 3 000 écus d'or d'Italie; Michel du Gast mourut à Thor en 1580, laissant douze enfants ;

2º *Guillaume*, qui suit.

*Guillaume de Fournier*, docteur Régent de l'Université d'Orléans, célèbre jurisconsulte, qui publia plusieurs ouvrages de droit, entre autres un Commentaire, intitulé *De verborum significatione*, que son fils fit éditer après sa mort, en 1584. Il eut :

1º *Raoul Fournier*, seigneur du Rondeau, jurisconsulte, docteur en droit, surnommé *Erudissimus*; né le 14 septembre 1562, il fit imprimer en 1584 les manuscrits de son père, et fonda à Orléans, en 1612, une « Compagnie d'Amis des sciences et des arts »,établie sur le modèle que devait suivre, vingt-deux ans plus tard,le cardinal de Richelieu, quand il fonda l'Académie française. Il contribua, en 1615, à l'établissement à Orléans d'une Maison de retraite pour les Pères de l'Oratoire; et publia, de 1600 à 1622, dix ouvrages concernant le Droit, la Religion, la Morale, la Philosophie, la Physique et l'Histoire. Il mourut à Orléans, le 20 septembre 1627;

2º *Henry*, qui suit.

*Henry Fournier*, jurisconsulte, docteur en droit, Régent de l'Université d'Orléans, né en 1563, auteur de plusieurs ouvrages de droit, édités à Orléans de 1609 à 1629. Il mourut à Orléans en 1627, ayant eu :

*Pierre Fournier*, conseiller au Parlement de Dijon, qui épousa Philiberte de Frazans, laquelle vivait veuve sous Bourges, en 1696, mère de :

*Claude Fournier, huissier au bureau des Finances de Bourgogne*, qui fit, en 1696, enregistrer ses armoiries : «d'azur au chevron d'or surmonté d'un croissant d'argent et accompagné de trois étoiles de même, 2 en chef et 1 en pointe. »

Nous trouvons encore :

*Jean de Fournier, licencié en droit, vicaire général de Monseigneur de Lect, évêque de Montauban*, et parent de la famille de Roquemaure, en 1552;

*Isabeau Fournier*, qui épousa, en 1567, Jacques de Melet, seigneur de Maupas;

*Françoise Fournier, sœur de Charles, de Bertrand et de Jacques Fournier*, qui épousa, en 1575, Jean de Bonot, écuyer, seigneur de Saint-Marcel.

Le nom seigneurial de BELLEVÜE fut aussi porté par un grand nombre de familles.

Ainsi, nous trouvons, en Bretagne, au XVIIIᵉ siècle, des *Cadet de Bellevüe*, des *le Meur de Bellevüe*, des *Milon de Bellevüe*, des *Raison de Bellevüe*; à Saint-Domingue : des *Fleuranceau de Bellevüe*, des *Fleuriau de Bellevüe*, des *le Meilleur de Bellevüe*, des *Gouraud de Bellevüe*; dans le Vivarais, des *Beaud de Bellevüe*, qui produisirent *Jean-Louis-Charles Beaud, comte de Bellevüe*, surnommé *Tancrède*, né à Bourg-Saint-André, dans le Vivarais (Ardèche), le 26 août 1771, aide de camp du général de la Fayette en 1789, lieutenant de gendarmerie en 1790, lieutenant-colonel des royalistes de la Vendée en 1793, puis chef du canton de Lantillac et chef de division des chouans de Bretagne, de 1794 à 1795. Il fut décoré de la croix de Saint-Louis en 1814, retraité en 1816 avec le grade de lieutenant-colonel, et mourut le 2 décembre 1843.

Il existe aussi en Bretagne une famille qui, depuis quelques années, a ajouté à son nom d'*Avice* celui de *Bellevüe* :

Jean-Baptiste Avice, né en 1792, épousa à Dinan, le 13 février 1833, Angélique-Marie-Josèphe de Botherel, fille d'Alexandre et de Marie-Anne-Victoire de Lesquen. Il fut notaire et maire de Cancale, où il mourut le 16 novembre 1862, ayant eu :

Edmond Avice, armateur et marchand de vin à Saint-Servan, qui, ayant fait bâtir (lui ou son père) une villa à Cancale, qui avait été appelée « Bellevüe », ajouta à son nom d'Avice celui de Bellevüe. Alors les marquis et comtes Fournier de Bellevüe, demeurant aussi eux à cette époque dans le pays de Saint-Malo, protestèrent contre cet accaparement de leur nom, et menacèrent M. Avice de lui intenter une action judiciaire. Celui-ci, pour éviter un procès, écrivit au comte Paul Fournier de Bellevüe, à la date du 6 septembre 1895, une lettre par laquelle il s'engageait, lui et sa postérité, à faire toujours précéder de son nom d'Avice le surnom de Bellevüe. Il eut pour fils, de M^lle O'Murphy : Edmond-Paul-Marie-Noël Avice de Bellevüe, qui a épousé, en 1897, M^lle d'Arthuys, et Paul Avice de Bellevüe, qui a épousé, à Redon, en 1905, M^lle de Monestrol.

Ce dernier, ayant été inscrit sous le nom seul de « comte de Bellevüe », pour une conférence qu'il devait faire à Plélan, à une réunion de l'Union Régionaliste Bretonne, en mars 1905, le marquis Xavier Fournier de Bellevüe crut de son devoir de protester à nouveau; et M. Paul Avice de Bellevüe reconnut que « c'était par erreur qu'il avait été inscrit sous le nom de comte de Bellevüe, auquel il n'avait aucun droit, et déclara qu'il continuerait à ne porter que le nom d'Avice de Bellevüe ». (Lettres de M. Paul Avice de Bellevüe, du 28 mars 1905; du marquis de l'Estourbeillon, du 27 mars 1905; du comte de Laigue, futur beau-frère de M. Paul Avice de Bellevüe, du 29 mars 1905; et de M^lle de Monestrol, fiancée de Paul Avice de Bellevüe, de la même date.) — Toutes ces lettres reconnaissent que la famille des Avice, dits de Bellevüe, est absolument distincte de celle des Fournier, marquis, comtes et vicomtes de Bellevüe, tout en affirmant l'ancienne noblesse de la famille Avice, anoblie par le roi Louis XI en 1479. — Nul n'a jamais discuté l'honorabilité des Avice; mais pourquoi, alors que l'on n'avait que le choix entre les noms de terre portés au xviii^e siècle par des membres, toujours honorables et parfois glorieux de sa famille, prétendre accaparer un autre nom, auquel on n'a aucun droit, et qui est porté depuis plus de deux siècles par des membres d'une famille habitant le même pays?

# CORRECTIONS ET COMPLÉMENTS

Page  2, *ligne* 22 : lire *Beaujau*, au lieu de *Beaujeu.*

—   2, — 24 : lire *de Lastours*, au lieu de *de la Tour.*

—   8, — 10 : lire *contient*, au lieu de *dans.*

—  14, — 14 : mettre après Monteltier, *virgule* au lieu de *point-virgule.*

—  17, — 22 : *Françoise Ancellon* était fille de Gilles, seigneur du Boisgilles, et de Madeleine Frottier, laquelle avait épousé en secondes noces, en 1541, Christophe de Genest, seigneur de la Roche-Bellouin ; elle vivait en 1584, veuve de Pierre de Genest et ayant postérité.

—  23, — 18 : lire *Guillard*, au lieu de *Gaillard.*

—  26, — 11 : ajouter : le vicomte Joseph de Bellevüe a construit à Kérangat un fort beau château, une chapelle et une féculerie, et créé un charmant parc.

—  34, — 20 : lire *en* Quercy, au lieu de *ou* Quercy.

—  36, — 16 : lire *d'Orléans*, au lieu de *d'Orléas.*

—  40, — 19 : lire *la Thaumassière*, au lieu de *la Thaumanière.*

—  61, — 28 : lire *Rivaudes*, au lieu de *Rivaudu.*

—  68, — 19 : lire *de Vue*, au lieu de *de Vau.*

— 143, — 2 : effacer *de Marcel.*

— 144, — 14 : lire la *Thaumassière*, au lieu de la *Thaumanière.*

— 145 — 20 : ajouter : M^lle de Fournier de Bois-Marmin fut présentée pour être reçue chanoinesse le 12 juin 1789 (').

— 193, — 20 : lire 1793, au lieu de 1794.

— 216, — 16 : lire 1793, au lieu de 1797.

— 216, *M^me Garnier* : note supplémentaire (voir à la fin du complément).

— 217, *ligne* 27 : lire *du Dréneuc*, au lieu de *du Préneuc.*

— 219, — 18 : lire *Dubno*, au lieu de *Dubon.*

— 222, — 12 : lire 1887.

— 232, — 10 : lire *Madras.*

— 244, — 31 : lire *le Mesle*, au lieu de *le Nesle.*

— 245, — 20 : lire *le Mesle*, au lieu de *le Nesle.*

---

(1) Liasse de 55 pages concernant cette présentation, aux « Archives de la Noblesse de France » cabinet de La Croix.

*Page* 248, *ligne* 34 : lire *la Costière*, au lieu de *la Cortière*.
— 260, — 15 : lire *Besnier*, au lieu de *Dernier*.
— 260, — 20 : lire 1800, au lieu de 1860.
— 281, — 20 : lire *Campénéac*, au lieu de *Compénéac*.
— 283 — 20 : lire *1901* au lieu de *1891*.
— 288, — 2 : lire 40 p., au lieu de 14 p.
— 288, — 5 : lire 14 p., au lieu de 41 p.
— 315, ajouter : le capitaine Henri de Bellevüe fut nommé Chevalier de la Légion d'honneur, par décret du 19 janvier 1871.
— 319 — 19 : ajouter : Floride de Terves, morte à Sévérac, en novembre 1908.
— 445, — 23 : lire *Kermenguy*, au lieu de *Kermeury*.

Page 216.— Mᵐᵉ GASNIER. — Note complémentaire. — *Marie-Gabrielle Chambon*, qui devait devenir *Mᵐᵉ Gasnier de l'Espinay*, naquit à Saint-Domingue en 1743; elle était fille de M. Chambon, riche planteur de Port-au-Prince, et de Mˡˡᵉ de Sabran, fille du marquis de Sabran. Elle épousa à Saint-Domingue : 1º vers 1765, M. Boyer; 2º vers 1778, *Jean-Baptiste Gasnier de l'Espinay*. Elle eut, du premier lit, deux fils, et une fille, qui épousa avant la Révolution M. Baillot d'Aché, d'une famille noble du Midi, et, du second lit, trois filles.

Lors de la révolte des nègres, M. et Mᵐᵉ Gasnier de l'Espinay possédaient, dans l'île de Saint-Domingue, une sucrerie, dite « Les Vases », dans la paroisse d'Arcahaye, pour laquelle Mᵐᵉ Gasnier reçut, en 1827, sur l'indemnité aux anciens colons de Saint-Domingue, 80 000 francs; et un terrain dans la ville de Port-au-Prince, pour lequel chacune de ses trois filles reçut, également en 1827, 444 fr. 45. L'indemnité payée aux anciens colons étant à peine le dixième du capital réel, Mᵐᵉ Gasnier possédait donc à Saint-Domingue, en 1790, une fortune de plus d'un million.

Ayant essayé vainement de défendre ces propriétés contre les noirs révoltés, Mᵐᵉ Gasnier quitta Saint-Domingue en mars 1793, avec son mari, les deux fils qu'elle avait eus de son premier mariage, et les trois filles qu'elle avait du second, et elle vint demeurer à Nantes, sur la place Royale. Son mari mourut le 12 juin suivant, et ses deux fils, MM. Boyer, quittèrent Nantes; l'un regagna Saint-Domingue, où il périt assassiné par les nègres; l'autre s'engagea dans l'armée vendéenne, où il fut tué. Mᵐᵉ Gasnier alla alors habiter, avec ses trois filles, âgées de 13, 11 et 5 ans, et deux domestiques nègres, dans un hôtel situé à l'angle des rues Félix (*nunc* : rue Henry IV) et Pigalle (*nunc* : rue du Lycée). Dans cette maison, elle se retrouva avec d'anciens colons de Saint-Domingue : le *comte Louis-Joseph de Menou* ('), la *comtesse de Fournier de Varennes*, née

---

(1) Le *comte Louis-Joseph de Menou*, baron de Pontchâteau, gouverneur de Nantes, était fils de :
*Louis-Joseph I de Menou*, chevalier, seigneur de Cuissy, baron de Pontchâteau, par acquêt des Camboût, ducs de Coislin, vers 1733, brigadier des armées du Roi en 1719, nommé gouverneur des ville et château de Nantes en 1721, maréchal de camp en 1748, puis commandant des cinq évêchés de la Haute-Bretagne, lequel avait épousé, en 1722, Louise-Marie de Charitte, fille de M. de Charitte, gouverneur de Saint-Domingue de 1705 à 1713, et de demoiselle Ladoubar de Beaumanoir, dont il avait eu :
1º *Louis-Joseph II*, qui suit :
2º *Bernard de Menou*, lieutenant au régiment des Gardes françaises, qui épousa, en janvier 1757, Mˡˡᵉ de Recusson de Marcouville, et avait pour héritier, en 1827, des terres qu'il possédait à Saint-Domingue et qui valaient de 6 à 700 000 francs, son neveu, Louis de Menou;
3º *Marie-Charlotte*, qui épousa en 1740 M. de Caupenne, marquis d'Amou, gouverneur de Bayonne;

*Marie-Thérèse de Fournier de Bellevüe*, et sa sœur, la *comtesse de Ferron de la Ferronnays*, née *Marie-Adélaïde de Fournier de Bellevüe*. (Voir ci-dessus, p. 193, 216 et 219.)

Dénoncée par son domestique nègre, M^me Gasnier fut arrêtée le 20 novembre 1793 et incarcérée au Bon-Pasteur, avec M^mes de Varennes et de la Ferronnays, leur nièce Bonne de Fournier de Bellevüe, et le comte de Menou.

M^me Gasnier fut relâchée le 11 décembre, après trois semaines seulement de captivité. Résolue à profiter de sa liberté pour se dévouer à l'amélioration du sort des malheureux qui encombraient les prisons de Nantes, elle alla demeurer dans la maison qu'habitaient les Représentants du peuple, l'hôtel la Villestreux, situé dans l'île Feydau, à l'angle du quai Turenne et de la place de la Petite-Hollande. Elle s'y installa avec ses trois filles, sur le même palier que les Conventionnels, avec lesquels elle ne tarda pas à entrer en relations amicales. Elle se servit de l'influence qu'elle prit sur eux par son tact, son habileté, sa distinction et son esprit, pour adoucir le sort des prisonniers, dont elle transmettait les requêtes, et d'un grand nombre desquels elle réussit à obtenir la mise en liberté. C'est ainsi qu'elle put faire sortir du Bon-Pasteur, le 30 juillet 1794, ses amies, M^mes de Varennes et de la Ferronnays.

Quand, en novembre 1794, la Convention envoya dans l'Ouest onze Représentants avec mission d'apaiser l'insurrection de la Vendée et de la Bretagne, M^me Gasnier s'aboucha avec Ruelle, Bollet et le général Canclaux, qui, par son intermédiaire et celui de M^lle de Charette, de M. Bureau de la Bâtardière, et de son neveu, M. Bertrand-Geslin, obtinrent du général de Charette des entrevues qui aboutirent au traité de paix signé à la Jaunaie le 17 février 1795.

4° *Louise-Anne*, qui épousa en février 1750, son parent, *Edmond, marquis de Menou*, chevalier, seigneur du Mée, de Pelvoisin, capitaine aux grenadiers royaux, chevalier de Saint-Louis, dont elle eut : 1° *Edmond-Charles-Marie-Auguste, comte de Menou*, né en décembre 1751, qui reçut, en 1827, avec sa sœur et ses deux frères, une part sur l'indemnité aux anciens colons de Saint-Domingue; 2° *Louis-Edmond, vicomte de Menou*, né en décembre 1752; 3° *Jacques-Anne de Menou de Pelvoisin*, né en 1754; 4° *Charlotte-Françoise de Menou*, née en 1757, veuve en 1827 du chevalier de Bardin;

5° *Françoise-Henriette de Menou*, qui épousa en 1756 M. Johanne de Labarre, marquis de Saumery, lieutenant-colonel du régiment de Royal Piémont-Cavalerie, gouverneur du château de Chambord, grand bailli de Blois, et eut : 1° *Louis-Marie, marquis de Saumery*, né le 24 décembre 1757; 2° la marquise de Castellane-Norante; 3° la comtesse de Pourtalès, qui furent compris, en 1827, dans la répartition de l'indemnité de Saint-Domingue.

2° *Louis-Joseph II, comte de Menou*, baron de Pontchâteau, capitaine au régiment de la Rochefoucauld-Cavalerie, gouverneur de la ville et château de Nantes, chevalier de Saint-Louis, épousa à Nantes, en 1751, Bonne-Emilie Cochon de Maurepas, née à Cordemais en 1732, fille de René, marquis de Maurepas, seigneur de Cordemais, de la Haie-Mahéas, et de Reine-Rose-Marthe des Clos de la Fonchais. Arrêté à Nantes, avec son fils aîné, le 20 novembre 1793, ils furent emmenés à Paris et écroués à la Force, où le comte de Menou mourut en décembre 1793, et son fils le mois suivant. Il avait eu :

1° *Louis-Victor*, né le 19 mai 1755, mort à la prison de la Force, janvier 1794;

2° *Louis-Marie*, né le 27 avril 1753, qui hérita de son oncle Bernard de Menou, et fut compris, en 1827, avec ses deux frères et ses deux sœurs, dans la répartition de l'indemnité de Saint-Domingue;

3° *René-Marie*, mort avant 1789;

4° *Joséphine Emilie*, qui épousa le marquis de Clerval;

5° *Jacqueline-Henriette*, qui épousa le baron de Montesquieu;

6° *Maximilien-Louis-Gaspard*;

7° *Amédée-Louis-Henry*.

NOTA. — Cette branche de la famille de Menou possédait à Saint-Domingue, par les Charitte, d'importantes propriétés, pour lesquelles elle reçut en 1827, sur l'indemnité aux anciens colons, 242 263 fr. ce qui indiquait que la fortune des Menou à St Domingue s'élevait à environ un million et demi,

Après la reprise des hostilités et l'exécution de Charette, M^me Gasnier crut prudent de quitter Nantes, et, en 1797, elle alla, avec ses filles, à Paris, puis en Angleterre. Elle revint à Nantes en novembre 1802, et se réfugia à l'hôtel de M. Bertrand-Geslin, sur le boulevard Delorme, où elle mourut le 18 juin 1834, âgée de 92 ans.

Elle avait eu, nous l'avons dit, trois filles de son second mariage :

1° *Marie-Sophie Gasnier de l'Espinay*, née en 1780, qui épousa à Nantes, en décembre 1802, Louis de Maublanc, et mourut en 1828 ;

2° *Marie-Elisabeth Gasnier de l'Espinay*, née en 1782, qui épousa à Nantes, *le même jour que sa sœur aînée*, Antoine Mosneron de Saint-Dreux ;

3" *Marie-Antoinette Gasnier de l'Espinay*, née le 17 décembre 1788, qui épousa à Nantes, le 28 mars 1810, M. Joseph de Cailleux.

(Relativement à M^me Gasnier, voir : *M^me Gasnier l'Américaine*, par LENOTRE ; *Correspondant des 25 avril et 10 mai 1909* ; *Histoire de la Vendée Militaire*, par l'abbé DROCHON, t. II, p. 322 et suivantes ; *Mémoires de la comtesse de la Bouère*, etc.).

# TABLE

DES

## NOMS DE FAMILLES ET DE LIEUX

(1) Les noms de terres sont en italiques. Ceux en grands caractères sont les noms des familles alliées à la maison Fournier.

## N

# TABLE DES MATIÈRES

## CHAPITRE PREMIER

ORIGINE. — RÉSIDENCES. — ALLIANCES. — TITRES, HONNEURS ET MAINTENUES ET REPRÉSENTANTS ACTUELS DE LA FAMILLE FOURNIER DE BELLEVÜE

## CHAPITRE SECOND

### SEIGNEURIES QUE LA FAMILLE FOURNIER A POSSÉDÉES

## CHAPITRE TROISIÈME

### FILIATION DE LA FAMILLE FOURNIER

## APPENDICE

*La Touraille,* 29 *juin* 1909.

# ACHEVÉ D'IMPRIMER

LE DOUZE AOUT MIL NEUF CENT NEUF

Par Fr. SIMON, Succr DE A. LE ROY

IMPRIMEUR BREVETÉ

A RENNES

www.ingramcontent.com/pod-product-compliance
Lightning Source LLC
Chambersburg PA
CBHW070627270326
41926CB00011B/1835